25 ANOS
autêntica

DO VINIL AO STREAMING

60 ANOS EM 60 DISCOS

DO POP INTERNACIONAL

DANIEL SETTI

autêntica

Otis Redding The Beach Boys The Beatles Ike & Tina Turner Supremes The Underground Floyd Leona Jimi Hend Aretha Sab Singers Nic Mayfi Parliamen Kraftwerk C Joy Division Ta Michael Jackson Prince & The Revo Cocteau Twins U2 Guns N Roses Depeche Mode

EDITORA EXECUTIVA
Rejane Dias

EDITORAS RESPONSÁVEIS
Cecília Martins
Rafaela Lamas

REVISÃO
Anna Izabella Miranda
Bruni Emanuele Fernandes
Lorrany Silva
Marina Guedes

CAPA
Diogo Droschi
(sobre imagem de Ulrich/Shutterstock)

PROJETO GRÁFICO
Diogo Droschi

DIAGRAMAÇÃO
Guilherme Fagundes

PESQUISA ICONOGRÁFICA
Maria Eduarda Oliveira

Dados Internacionais de Catalogação na Publicação (CIP)
(Câmara Brasileira do Livro, SP, Brasil)

Setti, Daniel
    Do vinil ao streaming : 60 anos em 60 discos do pop internacional / Daniel Setti. -- 1. ed. -- Belo Horizonte : Autêntica, 2023.

    Bibliografia.
    ISBN 978-65-5928-313-2

    1. Discografia 2. Discos e gravações sonoras - Catálogos 3. Música - Apreciação 4. Música - História 5. Multimídia interativa 6. Tecnologia streaming (Telecomunicação) I. Título.

23-163047   CDD-780.9

Índice para catálogo sistemático:
1. Música : História   780.9

Aline Graziele Benitez - Bibliotecária - CRB-1/3129

 GRUPO **AUTÊNTICA**

Belo Horizonte
Rua Carlos Turner, 420
Silveira . 31140-520
Belo Horizonte . MG
Tel.: (55 31) 3465 4500

São Paulo
Av. Paulista, 2.073 . Conjunto Nacional
Horsa I . Sala 309 . Bela Vista
01311-940 . São Paulo . SP
Tel.: (55 11) 3034 4468

www.grupoautentica.com.br
SAC: atendimentoleitor@grupoautentica.com.br

Para o André.

13 Apresentação

ANOS 1960

A ASCENSÃO DO ÁLBUM

22 **Otis Redding** | *The Great Otis Redding Sings Soul Ballads* (1965)

28 **The Beach Boys** | *Pet Sounds* (1966)

37 **The Beatles** | *Revolver* (1966)

49 **Ike & Tina Turner** | *River Deep – Mountain High* (1966)

55 **The Supremes** | *The Supremes Sing Holland-Dozier-Holland* (1967)

61 **The Velvet Underground & Nico** | *The Velvet Underground & Nico* (1967)

72 **Pink Floyd** | *The Piper at the Gates of Dawn* (1967)

79 **Leonard Cohen** | *Songs of Leonard Cohen* (1967)

88 **The Jimi Hendrix Experience** | *Axis: Bold as Love* (1967)

98 **Aretha Franklin** | *Aretha Now* (1968)

ANOS 1970

OUSADIA E EXCESSOS

109 **Black Sabbath** | *Black Sabbath* (1970)

117 **The Staple Singers** | *Be Altitude: Respect Yourself* (1972)

123 **Nick Drake** | *Pink Moon* (1972)

131 **Curtis Mayfield** | *Super Fly* (1972)

139 **Patti Smith** | *Horses* (1975)

147 **Parliament** | *Mothership Connection* (1975)

156 **David Bowie** | *Station to Station* (1976)

164 **Kraftwerk** | *Trans-Europe Express* (1977)

170 **Chic** | *C'est Chic* (1978)

175 **The Clash** | *London Calling* (1979)

ANOS 1980

ENTRA EM CENA O CD

189 **Joy Division** | *Closer* (1980)
196 **Talking Heads** | *Remain in Light* (1980)
204 **Michael Jackson** | *Thriller* (1982)
216 **Madonna** | *Madonna* (1983)
222 **Prince & The Revolution** | *Purple Rain* (1984)
230 **Cocteau Twins** | *Treasure* (1984)
236 **U2** | *The Joshua Tree* (1987)
243 **Guns N' Roses** | *Appetite for Destruction* (1987)
250 **Depeche Mode** | *Music for the Masses* (1987)
256 **De La Soul** | *3 Feet High and Rising* (1989)

ANOS 1990

AUGE ANTES DA CATÁSTROFE

267 **Public Enemy** | *Fear of a Black Planet* (1990)
276 **Slint** | *Spiderland* (1991)
286 **Nirvana** | *Nevermind* (1991)
296 **Red Hot Chili Peppers** | *Blood Sugar Sex Magik* (1991)
306 **Fishbone** | *Give a Monkey a Brain and He'll Swear He's the Center of the Universe* (1993)
312 **Morphine** | *Cure for Pain* (1993)
317 **Beck** | *Odelay* (1996)
325 **Björk** | *Homogenic* (1997)
334 **Massive Attack** | *Mezzanine* (1998)
344 **Lauryn Hill** | *The Miseducation of Lauryn Hill* (1998)

A REVOLUÇÃO DIGITAL

ANOS 2000

357 **The Strokes** | *Is This It* (2001)

368 **Queens of the Stone Age** | *Songs for the Deaf* (2002)

374 **Beth Gibbons & Rustin Man** | *Out of Season* (2002)

379 **OutKast** | *Speakerboxxx/The Love Below* (2003)

389 **Sufjan Stevens** | *Illinois* (2005)

395 **TV on the Radio** | *Return to Cookie Mountain* (2006)

402 **Amy Winehouse** | *Back to Black* (2006)

410 **LCD Soundsystem** | *Sound of Silver* (2007)

419 **Low** | *Drums and Guns* (2007)

424 **Radiohead** | *In Rainbows* (2007)

O STREAMING E A REVANCHE DO VINIL

ANOS 2010

435 **Tame Impala** | *InnerSpeaker* (2010)

439 **Arcade Fire** | *The Suburbs* (2010)

447 **PJ Harvey** | *Let England Shake* (2011)

453 **Frank Ocean** | *Channel Orange* (2012)

460 **Nick Cave & The Bad Seeds** | *Push the Sky Away* (2013)

465 **Warpaint** | *Warpaint* (2014)

471 **Future Islands** | *Singles* (2014)

478 **Alabama Shakes** | *Sound & Colour* (2015)

484 **Childish Gambino** | *"Awaken, My Love!"* (2016)

489 **Lana Del Rey** | *Norman Fucking Rockwell!* (2019)

497 **Bibliografia**

507 **Agradecimentos**

APRESENTAÇÃO

Este livro, que comecei a escrever em março de 2020, nos loucos primeiros dias de confinamento pandêmico, é, sobretudo, uma declaração de amor ao universo dos discos. E à música. Quis tratar o assunto com a seriedade, o aprofundamento e a paixão que devemos ao álbum, esse objeto cultural tão significativo a partir da segunda metade do século 20 – independentemente do formato no qual ele seja saboreado. Meu plano foi contar, por meio de 60 discos da esfera pop internacional, essa linda história de seis décadas. Quero convidar o leitor e a leitora a uma viagem musical no tempo detalhada e opinativa. Comprometida com o rigor dos fatos, é claro, mas também permeada por reflexões críticas, divagações associativas e muita contextualização histórica.

Esmiúço dez discos por cada uma das últimas seis décadas. Começo nos anos 1960, quando os LPs em vinil de 12 polegadas ultrapassaram os compactos de 7 polegadas em relevância e vendagens. Depois, rumo aos 1970, era da consolidação definitiva do álbum enquanto produto e da pujança das gravadoras, fato que estimulou a exploração de todas as possibilidades à exaustão (discos conceituais, discos triplos, etc.). Passo, então, aos anos 1980 e 1990, com o surgimento e império do CD e a indústria fonográfica chegando ao seu auge lucrativo; e aterrisso nos primeiros vinte anos do novo milênio, época de diferentes revoluções digitais, primeiramente via MP3 e depois streaming, mas também do surpreendente ressurgimento das bolachas.

Álbum – um conceito atemporal

Atravessando heroicamente todas essas eras e resistindo à dança dos formatos, o álbum permanece como uma ideia, uma ferramenta, um canal de comunicação que sela um compromisso duradouro entre artista e público, em contraposição ao prazer efêmero ofertado pelos singles. Acredito que a experiência da audição disso que convencionamos chamar de álbum, ou seja, uma coleção de canções pensadas para se escutar como um todo e em determinada ordem, é comparável à de se ler um livro ou ver um filme. É um hábito que envolve uma série de ritos saborosos, da memorização da sequência de faixas ao interesse por quem tocou o que em cada gravação, ou quais foram os bastidores por trás da produção.

Felizmente, tal "liturgia" resiste e perfura as barreiras de formato. A essência dos discos continua a ser transmitida, seja pelo som cálido e analógico do vinil, pela clareza de uma versão em CD ou pela praticidade inigualável do streaming. Por isso, os textos deste projeto priorizam o conteúdo à forma, não se preocupando tanto em mergulhar no vasto oceano do colecionismo físico. Em vez de dar o caminho das pedras para se conseguir *aquela* edição japonesa disputada a tapa no Discogs de tal título, prefiro tentar passar aos leitores um pouco do que identifico como a alma de cada álbum, tentando convencê-los das razões pelas quais ele precisa ser ouvido imediatamente, na mídia que lhes estiver ao alcance.

Ou seja, reconheço que possivelmente seria mais emocionante escutar num disco de 78 rotações feito de goma-laca, executado num gramofone do começo do século 20, as pioneiras gravações de campo que captaram o *bluesman* Blind Lemon Jefferson no terraço de sua casa em 1926. Mas, quase cem anos depois, o que realmente importa é que o som produzido por Jefferson naquele momento ainda vai emocionar o ouvinte quando ele se deparar com tal faixa numa playlist enviada por alguém.

Sim, é fato que o conceito de álbum pena para ser compreendido por uma parcela das novas gerações. Uma pesquisa feita em 2019 pela plataforma Deezer com duas mil pessoas apontou que 15% dos britânicos de até 25 anos jamais escutaram um disco inteiro em sua vida. É inegável, também, que o reinado do streaming instaurou a *skipização* (hábito passar de uma faixa a outra após poucos segundos de audição) e a *playlistização* (hábito de fazer e escutar playlists, em detrimento do hábito de escutar álbuns) do gosto musical. Ainda assim, os artistas continuam a lançar discos – mesmo que virtualmente –, parte considerável do público persiste em escutá-los, e a crítica, em repercuti-los nas suas infinitas listas, como sempre fez.

No Brasil, recentemente, cresce a olhos vistos e ouvidos atentos a produção de canais de YouTube e podcasts sobre álbuns, o que mostra que o interesse pelo assunto não desaparece, só espera novas oportunidades para ser reaquecido. Mas talvez estejam em falta no mercado livros de autores brasileiros focados em discos internacionais. É essa lacuna que este livro pretende ajudar a ocupar.

Critérios para a seleção

Como toda lista, a que criei ao estipular os 60 discos deste projeto é farta em subjetividades. Misturando minhas vivências de colecionador desde a infância nos anos 1980, músico e frequentador de shows desde a adolescência nos 1990, jornalista musical e DJ desde o início dos 2000 e programador musical desde os 2010, trabalhei para preparar um apanhado eclético e representativo dos incontáveis gêneros e subgêneros. Cheguei a um território híbrido em que coexistem clássicos incontestes, campeões de vendas, alguns injustiçados e até trabalhos incensados no momento de sua chegada às lojas e plataformas, mas depois esquecidos na febre "listeira" dos finais de década. Alguns nem sequer foram resenhados no âmbito editorial brasileiro. É uma das provocações que ofereço aqui.

Também ouso apontar títulos espetaculares, mas menos "canônicos", de alguns gigantes, em detrimento de outros itens dos mesmos artistas que são onipresentes em rankings. Previsíveis ou não, os discos escolhidos são, a meu ver, peças fundamentais na linha do tempo pop e contribuem para explicar a lógica artística, as tendências comerciais e os fatores tecnológicos de cada decênio contemplado. Defendo uma saudável combinação entre tradicionalismo, revisionismo e risco. E creio no tratamento de igual para igual entre décadas. Por isso a distribuição equânime de dez álbuns por cada uma delas.

Para esta empreitada, minha lupa se dirige aos gêneros e subgêneros da árvore genealógica do pop de predominância anglo-estadunidense: rock, soul, funk, rhythm and blues, hard rock, heavy metal, punk, pós-punk, new wave, hip-hop, indie rock, indie pop, pós-rock, trip-hop, folk-rock e por aí vai. O que significa que, sim, deixei de fora algumas vertentes sonoras contemporâneas fundamentais, que devem ser abordadas por mim em futuras imersões semelhantes a esta. Leia-se a música brasileira, o jazz, os sons de Cuba e Jamaica, a música africana e a eletrônica de pista. Excluí também os discos ao vivo, no afã de poder me dedicar exclusivamente a eles em outro projeto. A discussão aqui se restringe, portanto, ao mundo complexo e maravilhoso dos trabalhos de estúdio.

Alguns dos textos tiveram partes publicadas ou foram inspirados em outros que escrevi ao longo dos anos em sites, blogues e revistas (dou o devido crédito nos casos em que se aplica). Mas cerca de 90% do conteúdo foi redigido especificamente para este livro.

Boa leitura!

A ASCENSÃO
DO ÁLBUM

Ouça uma seleção de músicas da
década em sua plataforma preferida

Quando, em 21 de junho de 1948, a Columbia Records lançou o primeiro LP de 12 polegadas em 33 + 1/3 rotações, com capacidade para 22min30 de áudio em cada lado, plantou-se a semente tecnológica de uma revolução cultural. Mas, mesmo com a indústria fonográfica vivendo o pico de sua recuperação após o final da Segunda Guerra – quatrocentos milhões de discos seriam vendidos nos EUA em 1957 –, as mudanças comportamentais e mercadológicas oriundas daquela novidade ainda demoraram alguns anos para serem notadas.

Durante a década seguinte, o formato *long play* foi como uma aposta da sua empresa criadora, ainda se restringindo a veículo para obras então associadas ao público adulto. Especialmente peças de música erudita, trilhas de filmes e musicais, projetos especiais de pretensões antropológicas (como a fabulosa série de gravações de campo *World Library of Folk and Primitive Music*, do musicólogo Alan Lomax) e jazz, febre vigente desde a segunda década do século 20.

É verdade que a primeira edição do Grammy Awards, ocorrida no início de 1959, já premiou o álbum do ano, mas quem faturou foi o compositor de trilhas sonoras Henry Mancini, distante do mercado juvenil. Este, inaugurado propriamente com o surgimento do rock'n'roll na primeira metade dos anos 1950, era ainda baseado nos compactos de 7 polegadas, os singles, cuja versão moderna, de vinil e em 45 rotações, foi lançada pela RCA em 1949. Os adoráveis disquinhos eram também o item predileto dos consumidores de soul, rhythm and blues, doo-wop e o pop dos *girl groups*, subgêneros que também são filhos do chamado *baby boom* dos anos 1940. O esquema dos singles era simples: uma canção de dois ou três minutos disposta em cada lado, alguns centavos desembolsados pelo comprador e fim de papo. Como grande força paralela de disseminação, havia o rádio, parte do cotidiano humano desde os anos 1920.

Já no início da década de 1960, porém, jovens artistas da cena de resgate do folk estadunidense começaram a explorar as vantagens de se poder contar com 45 minutos de música num único produto. Em 1963, Bob Dylan ousou colocar na praça *The Freewheelin' Bob Dylan*, um álbum completo de composições próprias e, de certa forma, interligadas. Mas foi o aumento da ambição artística da segunda geração roqueira, influenciada inclusive pelo próprio Dylan, que causou o grande terremoto. A agitação político-cultural do período e a descoberta de drogas psicodélicas pelos artistas os estimularam a levar as possibilidades de um LP mais além.

Isso se deu tecnicamente, afinal, libertas das limitações do compacto, as canções poderiam ser muito mais longas. Mas o grande salto foi a alteração na concepção de como um artista poderia se apresentar ao mundo. Mais do que uma coleção de faixas, o álbum tinha o potencial de ser visto como uma autêntica *obra*, na qual importavam também o encadeamento das canções, a amarração de sua temática, o encarte e outras variáveis. Aquela safra de garotos ousados queria agora fazer música de gente grande, demandando ao ouvinte uma atenção e um compromisso aos quais o single jamais aspirara.

E o público mostrou que estava pronto para isso. Já no final de 1967, o mercado dos álbuns era o principal braço da indústria fonográfica, movimentando US$ 1 bilhão nos EUA, país que, ao final da década, consumia cerca de duzentos milhões de LPs anuais. O rock abocanhava 60% desse *share*. Embarcando nesse *Zeitgeist*, surgia a imprensa musical moderna, que ajudaria a dar voz à juventude devoradora de discos. No início dos anos 1970, a *New Music Express* vendia impressionantes trezentos mil exemplares por semana no Reino Unido, por exemplo.

Como grande parte das reviravoltas comportamentais sessentistas, a ascensão do álbum foi um fenômeno capitaneado pelos Beatles. Não que tenha sido exatamente algo planejado. Monumental vendedora de singles, a banda de Liverpool meio que foi obrigada a apostar todas as fichas naqueles que se converteram em seus mitológicos LPs. Afinal,

tocar ao vivo, para eles, passara a constituir um tremendo aborreci-
mento e um risco de vida, graças ao delírio da Beatlemania.

Ajudou, é claro, o fato de a EMI, gravadora do quarteto, poder
disponibilizar o tempo de estúdio que fosse necessário – um mimo
obrigatório ao grupo que, entre 1963 e 1966, vendera duzentos milhões
de LPS e singles mundialmente. Contou muitos pontos também a
própria genialidade do quarteto em visualizar projetos à frente do seu
tempo, como *Sgt. Pepper's Lonely Hearts Club Band* (1967), o primeiro
disco de rock assumidamente conceitual. Fato é que, a partir de *Revolver*
(1966), álbum que inaugurou o período de reclusão em estúdio deles,
a música não seria mais a mesma.

E o melhor é saber que álbuns como esses são apenas parte do
acervo de maravilhas de uma década musicalmente mágica, transbor-
dante de clássicos de rock lisérgico, soul, folk-rock e outros subgêneros.

OTIS REDDING
The Great Otis Redding Sings Soul Ballads

[1965]

Há uma terrível cena na minissérie britânica *Southcliffe* (2013). Paul, um dono de pub devastado pelo assassinato da mulher e das duas filhas pelas mãos de um atormentado veterano de guerra, dirige enquanto entoa a plenos pulmões uma canção que emana do aparelho de som de seu carro. O personagem, vivido pelo ator Anatol Yusef, estaciona então diante de uma passarela para pedestres em uma rodovia e sai do veículo. Sem nunca abrir os olhos, prolonga a cantoria por 45 segundos, saboreando cada nuance da interpretação sofrida do cantor, com os lábios esboçando um ligeiro sorriso de significado incerto.

A seguir, ele entra na passarela e, como um atleta numa prova de salto, corre em velocidade crescente até se deparar com a grade protetora, que pula rumo a uma morte inevitável. A voz que Paul já não mais escuta, mas que agora embala os créditos derradeiros do episódio, é a de Otis Redding cantando "That's How Strong My Love Is".

Profundidade

De autoria do compositor Roosevelt Jamison, a música está longe de ser comumente associada ao suicídio. Foi gravada também por nomes como Rolling Stones e Bryan Ferry e, mesmo na versão de Otis (Dawson, Georgia, 9 de setembro de 1941), com sua explosão dinâmica no refrão, aparentemente só pode ser apreciada como uma inequívoca e autoafirmativa declaração de amor.

Mas tamanha é a carga de emoção que ele despeja em cada estrofe, preenchendo espaços de desolação e fundindo acordes e melodias como uma potente cola, que se compreende a aposta dos roteiristas de *Southcliffe* por ressignificar a canção tão radicalmente, a ponto de escolhê-la como trilha sonora para o *series finale* da vida de um personagem. "Redding soava como Little Richard tomado pelo remorso", escreveu o crítico e músico inglês Bob Stanley no livro *Yeah! Yeah! Yeah! The Story of Pop Music from Bill Haley to Beyonce* (2014). O próprio Richard, nativo de Macon, cidade da Georgia onde Redding cresceu, se encarregou de induzi-lo ao Rock & Roll Hall of Fame em 1989.

Não é coincidência, portanto, que o termo "deep soul", cunhado pelo DJ e pesquisador inglês Dave Godin, tenha sido inspirado pelo estilo e pela obra de gente como Otis Redding, um filho de pastor acostumado a cantar no coro da igreja desde os sete anos de idade. "A deep soul é uma das verdadeiras bênçãos da vida, uma força para o coração, tão poderosa e honesta que pode redimir e salvar", afirmou certa vez Godin, que foi consultor da gravadora Motown no Reino Unido e introdutor da música negra americana na vida de Mick Jagger.

Certamente, ao dizer isso ele tinha em mente as baladas de Otis: *grooves* lentos em 6 por 8 (a mesma lógica rítmica da valsa), instrumental compacto baixo-guitarra-bateria-piano, órgão a sublinhar o dramatismo gospel e muito amor sofrido, profundo, para dar ao microfone. Uma "sofrência" que, expelida por esse ouvinte de spirituals negros, calipso e country, se tornava inexplicavelmente sexy. E que reverberaria por décadas, deixando discípulos em gerações posteriores.

Beabá do soul

Envolto numa capa ilustrada por imagens seriais do cantor, assinada pelo conceituado designer gráfico Loring Eutemey – mas que poderia ter sido bolada por Andy Warhol –, *The Great Otis Redding Sings Soul Ballads* é uma espécie de carro-chefe desse subgênero soul. Lançado em março de 1965, o segundo trabalho do intérprete e compositor, sucessor de *Pain in My Heart* (1964), é o mais reluzente cartão de visita de sua obra. Mais até do que o trabalho seguinte, *Otis Blue* (1965), editado apenas seis meses depois, que o consolidaria como ídolo no Reino Unido. Marcou sua tragicamente curta vida, encerrada em um acidente aéreo quando ele tinha 26 anos. Cantando profissionalmente desde 1958, à frente da banda Johnny Jenkins & The Pinetoppers, e como artista solo desde 1962, quando emplacou o hit "These Arms of Mine" no top 20 da parada de R&B, Otis não chegou a completar dez anos de carreira.

"That's How Strong My Love Is", que já aparecera como single no final de 1964, abre um repertório que ainda abarca outras sete toadas deep soul. Duas foram escritas pelo próprio artista, incluindo a saborosa "Chained and Bound", também disponível como compacto no ano anterior. Além delas, comparecem releituras de gigantes como Sam Cooke, frequente oponente de Otis nas tertúlias sobre quem foi a maior voz soul masculina da história. De Cooke, ele transforma "Nothing Can Change This Love", elegante e comedida na gravação original de 1963, num lamento arrastado, rústico e sensual. Um de seus principais parceiros, o lendário guitarrista Steve Cropper, classificaria o grandalhão Otis como "uma mistura de Sam Cooke com Little Richard".

O maior sucesso do disco, porém, não foi uma balada. "Mr. Pitiful", um soul pesado e de notas decididas, quebrou o padrão das faixas, conseguindo o maior desempenho comercial. Lançada como single no final de 1964, alcançou o 10º lugar na parada R&B dos Estados Unidos. Ironicamente, era um som dançante cuja letra, do próprio Otis, discorria sobre a sua insistência e vocação em chorar as pitangas via música ("As pessoas não parecem entender / Como alguém pode se sentir tão triste", diz um trecho).

"Mr. Pitiful", algo que poderia ser traduzido como "Senhor Chorão", era o apelido que um DJ de Memphis grudara em Redding. Mas o astro era um reclamão com lugar de fala. Sua vida pré-fama tinha sido dura, sobretudo na adolescência, quando teve empregos como cavador de poço de água para ajudar no sustento da família numerosa. Fora, é claro, as dificuldades inimagináveis que enfrentava ao habitar o sul racista, segregado e violento dos Estados Unidos.

Os amigos certos

The Great Otis Redding Sings Soul Ballads figura no altar das grandes gravações da década de 1960 também por outro motivo: flagra um momento glorioso de Booker T. & The M.G.'s, uma das mais notórias bandas de apoio da história da música pop.

O quarteto era o pilar do inconfundível som da gravadora Stax, de Memphis, além de pioneiro na integração racial no âmbito sulista estadunidense, com dois músicos negros (o organista Booker T. e o baterista Al Jackson) e dois brancos (Steve Cropper e o baixista Donald "Duck" Dunn). Em colaboração com três sopros dos não menos reverenciados Memphis Horns, eles brilham aqui quase tanto quanto o *crooner* que acompanham. A Stax editou o LP por seu selo irmão Volt, em parceria com o ATCO, ligado à Atlantic, com produção atribuída aos quatro instrumentistas e Jim Stewart, fundador da gravadora.

Se, de tão elaborados, os singles da rival Motown consolidavam uma espécie de pop negro barroco, a estética enxuta, direta e sem firulas dos M.G.'s firmou um contraponto que enriqueceu ainda mais o legado de soul e rhythm and blues do período. O segundo álbum de Otis é uma grande vitrina dessa escola.

Como curiosidade de bastidores, uma informação nunca plenamente confirmada ou desmentida pelos envolvidos: entre os colaboradores de *Soul Ballads* também teria figurado, ainda que anônimo nos créditos oficiais, um jovem Isaac Hayes, então músico de aluguel da gravadora.

Cedo demais

Em termos comerciais, foi só depois do lançamento de *The Great Otis Redding Sings Soul Ballads* e de *Otis Blue* que as coisas começaram a dar realmente certo para Redding. Em 1966, fez sua primeira turnê pelo Reino Unido, país que o amava graças às rádios piratas especialistas em soul. Apareceu também na TV britânica, com direito a canjas de roqueiros da moda que eram seus admiradores, como Eric Burdon, do Animals. Em março e abril do ano seguinte, encabeçou a mítica excursão europeia da Stax/Volt, com Sam & Dave, Arthur Conley e outras estrelas. Na volta, roubou a cena em meio à fauna hippie branca no histórico Festival Pop de Monterey, na Califórnia.

O sucesso lhe propiciou a compra de um sítio em Macon e até um avião. E foi justamente em sua aeronave que, em 10 de dezembro de 1967, morreu num desastre aéreo, em Madison, no estado estadunidense de Wisconsin, juntamente com quatro músicos da banda The Bar-Kays. Teve seu primeiro e único número 1 nos Estados Unidos apenas após sua morte, com a maravilhosa balada "(Sittin' on) The Dock of the Bay", lançada em janeiro de 1968.

THE BEACH BOYS

Pet Sounds

[1966]

Um dos principais legados deixados pelos ícones dos anos 1960 foi a coragem de acreditar que não havia limites estéticos, estilísticos ou tecnológicos para se criar pop de qualidade. De Phil Spector aos Beatles, passando por Bob Dylan e Jimi Hendrix, entraram para a posteridade aqueles que não se conformaram com as normas pré-estabelecidas sobre como singles e álbuns deveriam ser compostos e produzidos. Para eles, tudo valia a pena se havia talento e visão envolvidos.

Pet Sounds, o 11º trabalho de estúdio dos Beach Boys, contribui com um dos mais fascinantes e genuínos capítulos dessa saga de desbravadores. Na prática, um projeto solo de Brian Wilson, o baixista, pianista, principal compositor e um dos vocalistas da banda californiana, o LP lançado pela Capitol em 16 de maio de 1966 – mesma data do enorme *Blonde on Blonde*, de Dylan – é um acontecimento musical irrepetível.

Mesmo não tendo sido plenamente compreendido no período imediato à sua chegada às lojas, o disco atestou, ao longo das décadas seguintes, que compor canções sinceras, arranjando-as de maneira ultradetalhada, orquestrando-as minuciosamente e gravando-as com todos os recursos e experimentos de estúdio possíveis, poderia gerar um resultado profundamente belo e comovedor. E sem deixar de ser pop. "Música emotiva boa nunca é constrangedora", afirmaria Brian em entrevista da época.

Pet Sounds foi chancelado imediatamente pela força dominante na cena sessentista, os Beatles, em cujo LP *Rubber Soul* (1965) Wilson assumidamente se inspirou para conceber seu repertório. Em resposta, os Fab Four operaram sob o impacto da obra-prima dos Beach Boys em pelo menos dois de seus melhores trabalhos. Mas é possível que nem mesmo eles, deuses definitivos do olimpo do rock, tenham sido tão meticulosos na feitura de um único disco.

O raio de influência de *Pet Sounds* se alastraria durante as décadas seguintes, sobretudo a partir da primeira edição em CD, de 1990, e do box comemorativo de trinta anos, de 1996. No início do novo milênio, seu criador voltou a tocá-lo em shows especiais. Onipresença ululante em listas de maiores de todos os tempos, o álbum aparece no número 1 de algumas das mais respeitáveis delas, como os top 100 e 200 das revistas britânicas *Mojo* e *Uncut*, publicados, respectivamente, em 1995 e 2016.

O DNA Wilson

Nascido em 20 de junho de 1942, Brian Wilson era o mais velho dos três irmãos de Hawthorne, subúrbio de Los Angeles, que compunham o núcleo do quinteto Beach Boys. Depois dele, vinham o baterista e vocalista Dennis (4 de dezembro de 1944) e o guitarrista e vocalista Carl (21 de dezembro de 1946). O amigo Al Jardine (voz e guitarra) era alguns meses mais novo (3 de setembro de 1942). Apenas o primo Mike Love (voz) o superava em idade (15 de março de 1941). Mesmo assim, em novembro de 1965, quando começaram os trabalhos que desaguariam em *Pet Sounds*, todos já podiam se considerar membros de uma trupe veterana, capitaneada por um gênio de apenas 23 anos.

Acostumados a cantar juntos no quarto desde criança, os irmãos Wilson se espelhavam na mãe Audrey e no violento e problemático pai Murry, ambos músicos amadores. Aos dez anos, Brian já tocava piano bem e soltava a voz na igreja de Inglewood. Apreciava a primeira geração do rock'n'roll, encantava-se ao ouvir as produções luxuriantes de Phil Spector e vibrava com os arranjos do grupo vocal The Four Freshmen, tirando de ouvido todas as suas partes de quatro vozes.

Em companhia de Mike e Al, os Wilson começaram a atuar como conjunto em setembro de 1961. A essa altura, já organizavam os vocais de forma que Mike cuidasse predominantemente das partes graves, Brian das agudas e os outros três transitassem entre diferentes papéis harmônicos, dependendo de qual gogó se encarregava do solo. O entrosamento que vinha do berço, a semelhança genética dos timbres de voz e até mesmo a unicidade fraternal no tipo de pronúncia dos versos fizeram com que os coros dos Beach Boys despontassem imediatamente como uma de suas características mais inimitáveis.

Em dezembro do mesmo ano, sob a tutela severa do pai-empresário Murry, conseguiram lançar, pelo selo Candix Records, o single "Surfin", composto por Brian e Mike de acordo com vagas diretrizes empíricas de Dennis, o único surfista propriamente dito da turma. A gravadora Capitol gostou, assinou com os rapazes em 16 de julho de 1962 e logo soltou no mercado o compacto *Surfin' Safari*, que atingiria o número 14 da parada estadunidense.

Traumas necessários

Até 1964, o quinteto emplacou um hit atrás do outro, incluindo sete no top 10 dos Estados Unidos, e produziu num ritmo insano só visto naquela década. Em dois anos, entregaram nada menos do que sete álbuns de estúdio e um ao vivo. No percurso, porém, tiveram que lidar com duas rupturas traumáticas, mas que acabaram rendendo bons frutos.

A primeira, em abril de 1964, foi a destituição do pai do papel de empresário, após este sair no braço com Dennis. O episódio abalou muito Brian, então já usuário constante de maconha e que, nos meses seguintes, passaria a tomar ácido com certa frequência. "O LSD trouxe à tona algumas de minhas inseguranças, que acho que foram para a música; eu era sensível demais", admite no livro *Wouldn't It Be Nice: Brian Wilson and the Making of the Beach Boys' Pet Sounds* (2016), de Charles L. Granata.

O segundo rompimento doloroso teve a ver justamente com o seu estado mental, que ele mesmo definiria como "paranoico" naquele período. Em dezembro de 1964, surtou num voo para Houston, obrigando seus companheiros a praticamente o arrancarem da aeronave na marra. Decidiu, então, permanecer sempre em casa compondo, não mais participando de shows ou viajando com os colegas.

Apesar do choque, o resto do grupo não teve alternativa a não ser seguir em frente, substituindo o primogênito inicialmente pelo futuro astro country Glen Campbell e, em sequência, por Bruce Johnston.

Começava uma nova etapa na trajetória dos Beach Boys que, graças a um Brian confortavelmente instalado em casa, à vontade para se aprofundar ainda mais em composição e arranjo, gerou um material que prenunciava a grandiosidade de *Pet Sounds*. Vide singles como "California Girls", de abril de 1965 (3º lugar no ranking da *Billboard*) ou os álbuns *Today!* – cujo lado B ele admitiu ter composto totalmente chapado – e *Summer Days (And Summer Nights!!)*, do mesmo ano.

Beach Boys' Party!, último dos três *long plays* de 1965, era inteiramente dedicado a versões, incluindo três dos Beatles. E foi escutando *Rubber Soul*, a primeira das cinco obras-primas transcendentais do quarteto de Liverpool, que Brian Wilson teve simultaneamente a maior crise de inveja e injeção de inspiração de sua vida. Chamou a esposa Marilyn de lado e lhe comunicou que faria o maior álbum de todos os tempos.

Obra-prima da vulnerabilidade

Mesmo gestado durante um período turbulento, durante o qual jovens da idade dos Beach Boys retornavam do Vietnã em sacos para cadáveres, *Pet Sounds* passa longe de ser um trabalho político. Entretanto, ao tentar resgatar certa inocência perdida, funciona como uma espécie de resposta necessária, ainda que circunscrita à esfera íntima, para os acontecimentos daqueles tempos.

"Mais do que uma mensagem musical, *Pet Sounds* é a magnífica fuga de Brian, sua catártica separação da banda", escreve Granata em *Wouldn't It Be Nice*. "Ao tornar seus triunfos e tragédias nossos, ele criou uma obra agudamente pessoal, que dói de tanta vulnerabilidade." As treze canções propõem uma viagem a todas as fases do enamoramento juvenil, do encantamento inicial à amarga desilusão, transitando entre devaneios nostálgicos, comunicados de forma bem clara nas letras.

A homogeneidade lírica entre as faixas, que dá ares conceituais à obra, vem da parceria entre Wilson e Tony Asher, redator publicitário britânico com bagagem musical convidado para ser o letrista do projeto. Dos encontros diários que realizaram na casa de Brian entre janeiro e fevereiro de 1966, brotaram oito das treze canções de *Pet Sounds*.

O Wrecking Crew

Na sequência, em sessões que duraram até março, as partes instrumentais foram gravadas em diferentes estúdios da área de Los Angeles: o Western, onde o grupo registrara quase todo o seu catálogo prévio, o Gold Star, preferido de Phil Spector, e o Sunset Sound. Usando como pretexto o fato de seus companheiros estarem na estrada, o integrante recluso aproveitou para realizar seu sonho de contratar músicos do chamado Wrecking Crew. Sempre presente nas produções da *Wall of Sound* de Spector, o lendário coletivo de instrumentistas de aluguel figurava nos créditos de nove entre dez sucessos das paradas, dos Byrds a Sonny & Cher.

Com a manobra, ao mesmo tempo que garantia a agilidade das gravações – tamanha a experiência daquela turma –, Brian podia expandir a sonoridade que imaginava, voando para muito além das limitações baixo-guitarra-bateria. Como não sabia escrever partituras, apresentava aos novos colaboradores apenas os nomes dos acordes, abrindo brechas para que eles pudessem improvisar um pouco, o que humanizava mais os arranjos.

De gaita barítono a tímpano, passando por electro-theremin e até buzina de bicicleta, uma quantidade impressionante de instrumentos foi utilizada nessas gravações. A "miniorquestra" tocou ao vivo em estúdio, de olho nas instruções emitidas pelo jovem compositor a partir da cabine técnica. Muitas vezes, dois ou mais executam a mesma ideia melódica, criando uma textura particular (quase o repertório todo tem, por exemplo, o contrabaixo acústico de Lyle Ritz unido ao baixo elétrico da mítica Carol Kaye ou de Ray Pohlman). Sem ensaiar previamente e tendo apenas o histórico baterista Hal Blaine com fones de ouvido para controlar os andamentos, os músicos labutaram não sabendo onde aquele peculiar som barroco ia dar. Sid Sharp cuidou de executar as partes de cordas, também elaboradas por Wilson.

Os vocais foram captados no Western e no estúdio da Columbia, numa das primeiras mesas de oito canais da cidade, o que foi determinante para que as vozes de *Pet Sounds* fossem tantas e tão bem gravadas. Os trabalhos ocorreram entre março e abril, quando o resto dos Beach Boys conseguiu espaço na agenda de sua intensa turnê norte-americana.

Eles demoraram algumas semanas para entender e apreciar a nova leva de canções que, densa e melancólica, diferia consideravelmente do material anterior, mais simples e animado. Os arranjos de voz, com até seis partes devido à presença de Bruce Johnston, eram ensaiados previamente e, uma vez ligado o botão REC, repetidos à exaustão. Depois, ainda acrescentavam novas harmonias por cima da tomada inicial escolhida. Wilson optou pela mixagem em mono, como fazia o ídolo Spector.

Celestial banzo afetivo

O doce dedilhado da guitarra de doze cordas de Jerry Cole, na introdução de "Wouldn't It Be Nice", é o onírico ponto de partida da odisseia de *Pet Sounds*. Com suas melodias irresistíveis, a canção tem surpreendentes mudanças de partes e inclusive de andamento, zanzando entre uma euforia juvenil quase ingênua e as incertezas sobre os caminhos do amor. Terceiro single, editado em julho, "Wouldn't It Be Nice" atingiu o 8º posto na parada norte-americana. Os floreios vocais do final ("Good night / Sleep tight") foram inventados por Mike Love no momento da gravação.

Primeira parceria com Tony Asher a ficar pronta, "You Still Believe in Me" traz Brian no vocal solo e a lamúria perfeita sobre o deslocamento de um jovem adulto afogado em banzo afetivo: "sei perfeitamente que não estou onde deveria". É uma atmosfera semelhante à da faixa seguinte, "That's Not Me", a única a trazer os irmãos Carl e Dennis como instrumentistas, a respeito dos remordimentos de um rapaz que abandona uma garota. E que permeia, ainda mais explicitamente, a antepenúltima música, "I Just Wasn't Made for These Times". "Fico procurando um lugar para me encaixar / Onde possa falar o que penso", geme o Wilson mais velho.

O medo dos dissabores da vida pós-adolescente assombra também a bela balada "Don't Talk (Put Your Head on My Shoulder)", na qual Brian, puro amor platônico dissolvido numa *Wall of Sound* sonhadora, implora: "Não falemos sobre o amanhã / Não fale, ponha a cabeça sobre o meu ombro". Angústia do mesmo calibre é tratada na canção "Here Today", em cujo arranjo salta aos olhos uma épica sessão instrumental de leves tintes circenses, e na deslumbrantemente triste "Caroline, No", retrato das sensações de quem testemunha um antigo amor mudar e florescer.

O clima se alegra relativamente com "I'm Waiting for the Day", uma das duas peças de coautoria de Mike Love, mas o ouvinte é reconduzido de volta à introspecção em "Let's Go Away for a While", uma das duas instrumentais da bolacha – algo raro até então no âmbito do pop jovem –, arranjada para mais de vinte músicos, incluindo dois baixos e doze (!) violinos. Com suas sobreposições de camadas percussivas, uso de vibrafone e metais, o tema tem um ar lounge, influenciado por Burt Bacharach, e mais tarde serviria de cartilha estética para aventureiros do indie rock anglo-estadunidense, como The Flaming Lips e The High Llamas. A outra faixa sem voz de *Pet Sounds* é a penúltima, homônima, que esteve próxima de ser oferecida como trilha para filme de James Bond.

Na ordem do disco, "Let's Go Away…" serve bem como um interlúdio para "Sloop John B", cantiga tradicional dos anos 1920 que Wilson rearranjou por iniciativa de Al Jardine (nunca creditado por tal). Gravada bem antes das outras doze, em 1965, "Sloop" foi, por insistência da Capitol, o segundo single, editado em março de 1966, aparecendo em 3º lugar na lista norte-americana.

E aí temos "God Only Knows". Meramente delegada a lado B de "Wouldn't It Be Nice", com tímido sucesso nas paradas, a canção se transformaria numa das mais celebradas de todos os tempos. Segundo Tony Asher, foi uma das que a dupla compôs mais rapidamente, resolvendo-a em uma sessão. Em estúdio, porém, demandou 22 tomadas. Não se sabe ao certo se pelo vocal arrepiante de Carl, ou a trompa de Alan Robinson, ou a maneira como os *backing vocals* vão evoluindo antes da estrofe final – substituindo um solo de sax previsto no arranjo original. Ou se por todos esses elementos somados. Fato é que não há alma humana que possa passar inalterada à beleza celestial de "God Only Knows".

Há quem diga, não sem razão, que *Pet Sounds* seria ainda mais espetacular se incluísse uma tal "Good Vibrations", outra das composições que estavam em andamento durante sua realização. Monumental junção entre melodia irresistível, complexidade instrumental e vocal e esmero na produção, a música encantou os demais Beach Boys, que a queriam entre as treze. Mas Brian foi irredutível, e sua autoridade de produtor do projeto prevaleceu. Fora de *Pet Sounds*, "Good Vibrations" acabou lançada em compacto em outubro, catapultando-se ao topo das paradas nos Estados Unidos e no Reino Unido.

Tabela com os Beatles

Ilustrado por uma foto de quase todos no zoológico de San Francisco feita por George Jerman – impedido de aparecer por razões contratuais, Bruce Johnston foi a exceção –, *Pet Sounds* chegou às lojas mal fazendo coceira nas medições de sucesso. Em julho escalaria ao 10º lugar nos EUA, permanecendo por dez meses nas listas, mas foi o primeiro LP da banda a não obter certificado de ouro logo de cara. De má vontade, a Capitol não o promoveu especialmente bem, lançando até uma coletânea em seguida.

No Reino Unido, porém, teve melhor acolhimento do público, que o colocou em 2º lugar no ranking local. Uma das razões da boa recepção foi o evento de audição e lançamento de *Pet Sounds* no mercado britânico, ocorrido no hotel Waldorf em Londres e prestigiado por Paul McCartney e John Lennon. Os dois beatles ouviram cada nota em silêncio total. Após o último acorde de "Caroline, No", sentaram-se juntos a um piano, trocaram cochichos, levantaram e dirigiram-se ao estúdio.

Não deu exatamente tempo de a obra de Wilson influenciar *Revolver*, que já estava encaminhado para sair em agosto, mas com certeza serviu como uma das fontes de ideias para *Sgt. Pepper's Lonely Hearts Club Band* e *Magical Mystery Tour*, ambos do ano seguinte. "Ninguém teve um impacto maior nos Beatles do que Brian", revelou mais tarde o produtor dos ingleses, George Martin.

O nível absurdo dos próximos trabalhos dos Beatles e a convicção de Wilson de que eram insuperáveis, aliás, foi um dos gatilhos para seu declínio mental no período subsequente a *Pet Sounds*. Sua habitual fragilidade emocional, as intrigas com o pai, a repercussão decepcionante de seu álbum mais rebuscado e o aumento do uso de drogas não ajudaram. O primeiro sintoma claro foi o abandono prematuro do megaprojeto *Smile*, o suposto "contra-ataque" a *Sgt. Pepper's...*, mas que ele, então já fora de combate, só conseguiria terminar quase quatro décadas depois.

THE BEATLES
Revolver
[1966]

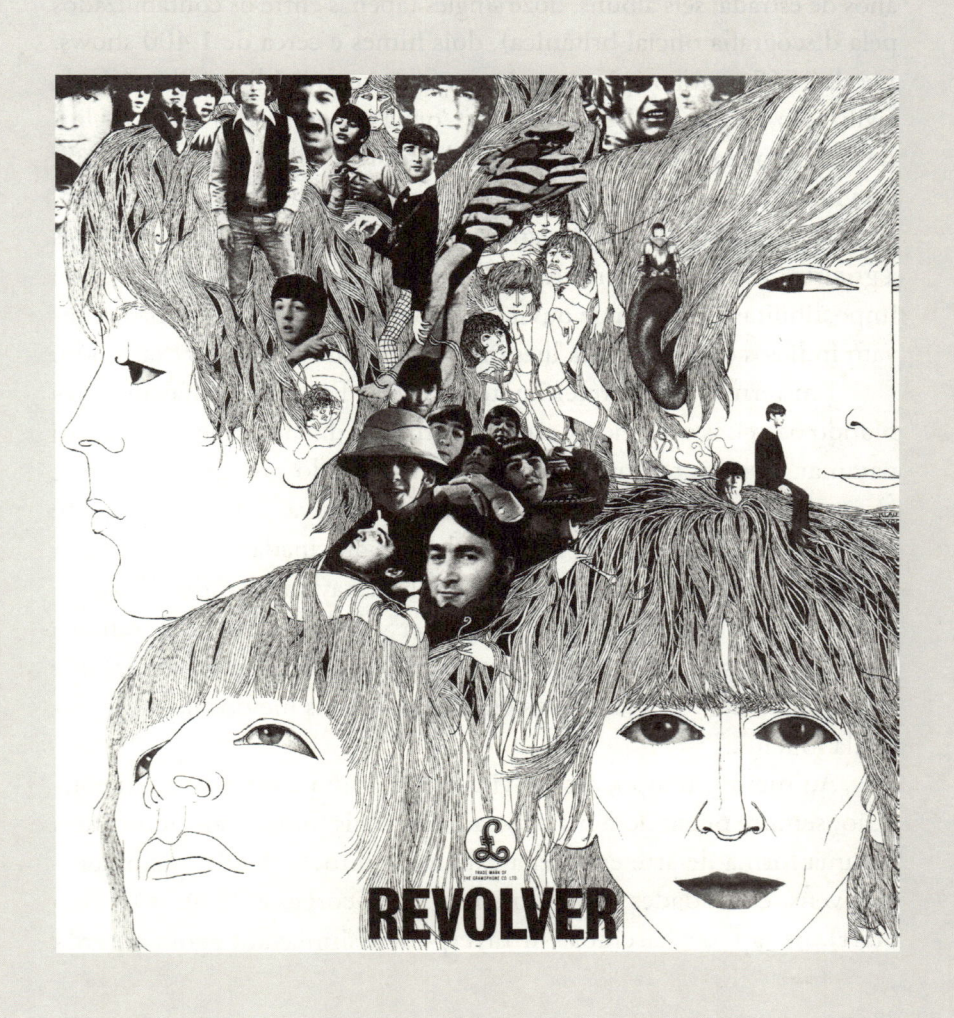

Quando 1966 começou, os Beatles já acumulavam mais de cinco anos de estrada, seis álbuns, doze singles (apenas entre os contabilizados pela discografia oficial britânica), dois filmes e cerca de 1.400 shows. Desde 1963, eram o epicentro de um fenômeno inédito na história da civilização, chamado "Beatlemania". Com a conquista dos Estados Unidos, no ano seguinte, a histeria saiu do controle de forma assustadora, e a vida de seus integrantes se transformou parcialmente num inferno. De fãs querendo cortar suas madeixas *moptop* sorrateiramente em aviões à gritaria cada vez mais ensurdecedora do público nos seus shows – que impossibilitava a banda de ouvir seu próprio desempenho –, não faltavam indícios de que a fama lhes estava cobrando um preço exagerado.

Em termos de entretenimento, os Fab Four continuavam quebrando barreiras e levando a espetacularização da música jovem a outro patamar. O mais recente grande passo havia sido protagonizar o primeiro megaconcerto pop em uma arena esportiva, a 15 de agosto de 1965 no Shea Stadium, em Nova York, para alucinada plateia estimada em 55 mil pessoas. Mas a paciência deles estava acabando. "Usaram a gente como desculpa para enlouquecer", definiria o sempre sensato George Harrison, três décadas depois, na épica série documental *The Beatles Anthology* (1995). "Nós éramos os únicos lúcidos no meio daquela loucura."

Ao mesmo tempo, a criatividade do grupo continuava em ebulição, sempre puxando a fila dos cada vez mais numerosos praticantes de uma forma de arte em plena expansão: o rock. Ainda que bastante jovens, com idades variando entre 22 (George) e 25 anos (Ringo Starr), os rapazes nascidos em Liverpool assimilavam agora a perda da inocência, inevitavelmente trazida por aqueles anos insanos. Em entrevistas cada vez mais conflitivas, não fugiam de assuntos espinhosos, e algumas declarações de John descontextualizadas, envolvendo a popularidade da banda e o nome "Jesus Cristo", provocaram a fúria da porção branca-cristã-conservadora dos Estados Unidos.

Um certo café "batizado"

Essa entrada definitiva no mundo adulto vinha reforçada e pervertida pela descoberta do LSD, ainda em março de 1965, quando um dentista amigo de John Lennon (9 de outubro de 1943) "batizou" o seu café e o de Harrison (25 de fevereiro de 1943) sem avisá-los. Ringo (7 de julho de 1940) embarcou em sua primeira viagem ao lado dos dois em agosto, enquanto Paul (18 de junho de 1942), receoso de experimentar a droga e nunca mais voltar ao normal, resistiu ao bullying dos colegas até finalmente capitular meses mais tarde (entre novembro e janeiro do ano seguinte, segundo a fonte que se consulta). Pouco depois, a primeira incursão pelo universo dos psicotrópicos virou até inspiração para "Doctor Robert", uma das faixas do repertório do que viria a ser *Revolver*. Não faltou quem jurasse que a referência era a Bob Dylan, que em 1964 introduzira a maconha aos amigos – e, ora, chamava-se Robert.

Independentemente de quem chapou antes de quem, o fato de *Help*, disco de agosto de 1965, ter sido gravado por dois beatles iniciados em lisergia, e *Rubber Soul* (de dezembro) por três, já diz muito sobre o quanto esses trabalhos diferem dos anteriores, inaugurando a etapa mais madura do quarteto. A *marijuana*, que eles consumiam regularmente pelo menos desde 1964, também ajudava a moldar essa nova face. Em *Revolver*, a erva seria outra droga a ganhar uma canção para chamar de sua, "Got to Get You Into My Life", ode esfumaçada composta por Paul McCartney, que traz o primeiro uso de um naipe de metais em gravações do grupo (dois saxes e três trompetes).

Desde *Help*, aquela que se consolidava rapidamente como a maior dupla de compositores pop de todos os tempos se mostrava capaz de ir muito além do irresistível "iê-iê-iê" de sua primeira etapa. Influenciado por Dylan, Lennon empurrava o rock para fora da adolescência, cantando angústias de gente grande na faixa-título e incorporando o folk em "You've Got to Hide Your Love Away"; Paul McCartney, por sua vez, escrevia seu primeiro *standard*, "Yesterday", aquela que iria parar no livro *Guinness World Records* como a mais regravada da história, ultrapassando as 2.200 versões (e isso numa contagem analógica da era pré-streaming). Vale lembrar que, embora assinassem juntos as canções, quase sempre elas eram majoritariamente de apenas um dos dois, com o outro se limitando a aparar arestas, dar pitacos ou simplesmente avalizar sem ressalvas a labuta do parceiro.

Com *Rubber Soul*, que saiu menos de quatro meses depois – a prolificidade era notável –, a coisa ficou ainda mais séria, e Lennon e McCartney se graduaram em composição. Faixas como "Nowhere Man", "In My Life", "You Won't See Me" e "Norwegian Wood" atestam isso. A instrumentação, de variedade sem precedentes no mundo roqueiro, e os arranjos de voz também faziam cair de forma cada vez mais vertiginosa o queixo do experiente produtor George Martin, a bordo da empreitada desde a gravação do primeiro single, "Love Me Do" (1962). Restava então uma ruptura maior, desconhecida inclusive para os envolvidos, e que só o talento, o entrosamento e o contexto histórico experimentados pelos quatro poderiam fornecer.

Tal passo se daria com o projeto de estúdio seguinte cujo nome, após propostas pouco imaginativas como "Beatles on Safari" e "Abracadabra", acabou sendo *Revolver*. Com a desistência da banda de realizar um terceiro filme – sucessor de *A Hard Day's Night*, de 1964, e *Help!*, de 1965 –, abriu-se um inesperado e necessário espaço na apertadíssima agenda coordenada pelo empresário Brian Epstein. Sobrou mais tempo e relativo conforto para os incansáveis guris, acostumados a compor do jeito que dava, durante viagens e em quartos de Holiday Inns, trabalharem nas novas músicas com um pouco mais de fôlego.

Palcos nunca mais

Quando entraram nos estúdios da EMI (futuro Abbey Road Studios) em 6 de abril de 1966, para as primeiras e não definitivas tomadas-base de "Tomorrow Never Knows", os Beatles ainda não haviam tomado a decisão definitiva de não tocar mais ao vivo. A pedra só seria posta sobre o assunto uma semana antes de se apresentarem no estádio Candlestick Park, em San Francisco, a 29 de agosto, no que seria a derradeira performance da trupe – até o mítico revival da cobertura em Londres, a 30 de janeiro de 1969. Mas, internamente, durante os meses anteriores, inclusive no período em que se gravou *Revolver*, a ideia da aposentadoria cênica crescia exponencialmente, sobretudo em conversas entre John e George. Melhor instrumentista da banda, 100% desenvolto em cena – como ainda é hoje em dia, já octogenário – e sempre o mais afeito ao papel de mestre de cerimônias, Paul seria o último a jogar a toalha.

Esse enfado cada vez menos subliminar com a aporrinhação dos shows explica o direcionamento que a feitura do sétimo *long play* rapidamente tomava. Os arranjos progressivamente sofisticados, com multicamadas de vozes e detalhezinhos, e a presença de músicos convidados eram pistas claras de que aquela página estava prestes a ser virada. Faz sentido: a banda, que nunca contara com outros instrumentistas nos palcos, não rebuscaria tanto a roupagem de seu material se, para isso, tivesse que aumentar seu tamanho para reproduzi-lo ao vivo. E a verdade é que simplesmente seria impossível ter apenas John, George, Paul e Ringo defendendo com dignidade peças como "Love You To", "Eleanor Rigby" e a própria "Tomorrow Never Knows", tamanha a complexidade inovadora dessas gravações. Ainda mais diante de dezenas de milhares de pessoas urrando, numa era em que os equipamentos para concertos *outdoor* se mostravam comicamente insuficientes.

Se desesperadora para os fãs, sob o ponto de vista dos ídolos as perspectivas de reclusão eram promissoras. Com as turnês fora do radar e as exaustivas aparições promocionais de TV também na mira, os Beatles pós-histeria poderiam mergulhar felizes no labor do estúdio, desfrutando da carta branca de tempo que seu prestígio lhes garantia junto à EMI. "Explorando os limites tecnológicos do estúdio, eles agora buscavam captar dentro de suas mentes sons nunca antes escutados, conscientes de seu lugar na hierarquia do rock e impulsionados pela necessidade de se manter à frente da concorrência", definiu o escritor Robert Rodriguez no minucioso livro *Revolver: How The Beatles Re-Imagined Rock'n'Roll* (2012).

Embora, segundo o enciclopédico site Beatles Bible, eles ainda tenham encarado 22 shows após o encerramento dos trabalhos em *Revolver* (22 de junho de 1966), o álbum já foi feito com a atitude e os benefícios libertadores do espírito "não precisaremos mais reproduzir nossas criações ao vivo". Nem nos platôs de televisão a banda queria mais pisar e, dando continuidade à inusitada iniciativa inaugurada no compacto "We Can Work It out" / "Day Tripper", de 1965, a promoção do single "Paperback Writer" / "Rain" – que antecedeu o lançamento de *Revolver* em dois meses – foi feita por meio daqueles que podem ser listados entre os primeiros videoclipes da história, dirigidos por Michael Lindsay-Hogg.

Ícones da contemporaneidade

Nas horas vagas, agora, em vez de se esconderem de *groupies* que entravam pelas janelas dos hotéis, os Beatles intensificariam ainda mais sua rotina de festas malucas, confraternizando com celebridades fascinantes, entorpecendo-se à vontade e respirando os ares alegres da Londres efervescente de 1966, ainda não totalmente contaminada pelo deslumbramento hippie. Sobretudo Paul, o único a viver de fato no centro londrino, e não em pacatos subúrbios chiques como os companheiros.

Voraz frequentador das cenas musical, performática e cinematográfica da metrópole, ele foi o principal canalizador do verniz *arty* e futurista que revestiria *Revolver*. Tornou-se um dos patrocinadores da ultramoderna galeria Indica, que tinha Peter, irmão de sua então namorada, a atriz Jane Asher, como um dos sócios. "Fora da Indica, os trejeitos autodidatas de Paul se manifestavam em seu estudo de sons distantes do rock'n'roll", explica Rodriguez, citando o interesse do beatle multi-instrumentista pelos compositores vanguardistas John Cage e Karlheinz Stockhausen e o free-jazzista Ornette Coleman.

Toda essa liberdade prestes a ser adquirida, aliada a um apetite inesgotável por diferentes fontes de inspiração e pesquisa, conferiu ao lirismo e à estética do grupo a contemporaneidade necessária. Habituados, nos primeiros LPs, a reverenciar o rock'n'roll da primeira safra e os ídolos da Motown, os Beatles agora eram o presente a ser vivido, o modelo a ser seguido, o topo da cadeia. Nem por isso, porém, deixavam de trocar figurinhas com seus colegas de geração, provocando e respondendo aos seus sons e iniciativas. Se os Rolling Stones cruzavam o Atlântico para gravar nos estúdios da Chess, meca do blues, eles cogitavam registrar *Revolver* na Stax, catedral do soul – duas semanas de estúdio em Memphis chegaram a ser reservadas, mas depois canceladas –; se Brian Wilson subia o nível do duelo e criava para os Beach Boys um pop barroco orquestrado – em *Pet Sounds* (1966 – ver texto sobre este álbum na página 28), que John e Paul ouviram atentamente –, por que não trazer um tocador de trompa (Alan Civil) para "For No One"? E, se os Byrds abraçavam ao mesmo tempo a eletrificação do folk de Dylan e a psicodelia, os Beatles simplesmente decidiam que fariam isso mais e melhor.

Segredos bem guardados

Para ajudá-los na missão, que duraria dois meses e meio, entre 6 de abril e 22 de junho, contavam novamente com a expertise tranquilizadora de George Martin, mais confiante do que nunca no ímpeto inovador de seus aprendizes. O elemento surpresa foi Geoff Emerick, que assumiu o papel de engenheiro de som da banda após Norman Smith ser promovido a produtor da EMI. Com o desprendimento e a ousadia típicos de alguém com só vinte aninhos recém-completados, Emerick constituiu um importante reforço à equipe, ajudando a tirar um som mais encorpado

de bateria e baixo e contribuindo para a modernização dos estúdios EMI, até então mais voltados a gravações de música clássica. Tudo isso, é claro, num mundo em que se gravava ainda em quatro canais, tendo como aliado o revolucionário sistema *artificial double-tracking* (ADT), uma forma analógica de dobrar as vozes gravadas numa mesma tomada, que o técnico Ken Townshend acabara de inventar.

Outras inovações mecânicas fundamentais para a alma de *Revolver* foram os sons ao contrário, mundialmente estreados durante aquelas sessões. Cronologicamente, de acordo com os diários de gravação, a primeira aparição da modalidade se dá nos indistinguíveis ruídos que permeiam "Tomorrow Never Knows". Depois, na voz de John numa fantástica música que ficou de fora do repertório de *Revolver*: "Rain". Lado B do single "Paperback Writer", lançado em 30 de maio, essa é a faixa que resume a atmosfera ácida e contemporânea do disco ao qual ironicamente não pertence, seja pela melodia e pelo fraseado siderado de Lennon – flutuando dentro e fora do tempo como um João Gilberto cósmico –, as palhetadas hipnóticas que acompanham o refrão ou as viradas surpreendentes de Ringo. Vale ressaltar que o hábito dos Beatles de aproveitar as gravações de um álbum para lançar compactos à parte, mantendo a excelência em ambas as esferas, durou por toda a carreira do quarteto, e é um dos incontáveis indícios de sua posição como entidade insuperável no cânone do rock.

A terceira leva de barulhos invertidos surge em "I'm Only Sleeping", com os sons de guitarra que George gravou, reproduziu ao contrário e aprendeu a tocar junto ao que escutava, dobrando o efeito alienígena da estripulia. Nessa faixa comparece outra brincadeira de estúdio recém-saída do forno: a de gravar o instrumental das músicas num determinado andamento e depois desacelerá-lo, mexendo fisicamente na fita, para acrescentar as vozes (recurso também utilizado em "For No One", dilacerante relato de uma separação, registrado sem a presença de Lennon).

Jorros de ecletismo

Tal combinação de craques, tanto na parte criativa quanto na técnica, possibilitou que, entre seus muitos predicados, *Revolver* se destacasse por seu ecletismo. Dotado de uma excelente diversidade de temas para as letras e estilos das canções, o disco é variado e surpreendente num nível inédito, e ainda hoje difícil de encontrar. Considerando que o formato "álbum" ainda era relativamente novo e, talvez, ainda representasse um excesso de informação a uma geração familiarizada com os singles, deve ter sido uma experiência transcendental escutar pela primeira vez tamanho jorro de brilhantismo multipolar. Ainda mais um pensado para ser apreciado como um todo, na devida ordem.

Revolver praticamente inaugura um gênero a cada faixa. "Taxman" é um soul lisérgico – com guitarra siderada gravada por Paul – e a inusitada temática dos impostos abusivos. Mas a seguir vem algo diametralmente diferente, o primeiro "pop de câmara" sobre o qual se tem notícia, "Eleanor Rigby", só com a voz de McCartney e um octeto de cordas regido por Martin. Ousadia assombrosa de Paul, então um garoto que mal havia completado 24 anos, metendo-se a fazer música quase erudita e obtendo um resultado completamente particular e ainda assim acessível.

"I'm Only Sleeping", genial folk chapado de um Lennon acima do peso e possivelmente depressivo, antecede a primeira raga-rock indiana composta por um ocidental, "Love You To", no caso, George Harrison. A sessão contou com o tablista Anil Bhagwat e dois instrumentistas inexplicavelmente não creditados, um na segunda cítara e outro no swarmandal, uma espécie de harpa caleidoscópica. "Um novato tentando imprimir uma sensibilidade pop a uma tradição que remonta a séculos era uma jogada totalmente presunçosa, para não dizer autoindulgente; mas era totalmente emblemática da confiança inata coletiva – e individual – em seu talento e da fé que tinham em sua criatividade", teoriza Robert Rodriguez em seu livro.

Com "Love You To", George oficializou o flerte do rock com a sonoridade oriental, que ele mesmo havia prenunciado ao enfiar uma cítara para colorir o *riff* de "Norwegian Wood", de *Rubber Soul*. Dessa vez, ele compusera do zero no instrumento, procurando um arranjo mais "puramente" indiano. Sobre a parafernália transcendental, acrescentou ainda uma sensacional linha de guitarra com timbragem que seus colegas dariam um braço para conseguir extrair – como aliás ele faz também, com ajuda de Paul McCartney, em "And Your Bird Can Sing" (inspirada no histórico perfil de Frank Sinatra publicado pelo jornalista Gay Talese em abril daquele ano na revista *Esquire*).

A montanha-russa de mudanças de estilo não para. De uma lindíssima balada ("Here, There and Everywhere") se salta, como quem não quer nada, a uma canção infantil ("Yellow Submarine", com os stones Mick Jagger e Brian Jones, e Marianne Faithfull no coro); e, antes que o fluxo eclético desemboque no *feel good song* inspirado nos nova-iorquinos do Lovin' Spoonful ("Good Day Sunshine", servida por delicioso solo de piano de Martin), há um desvio de 360 graus rumo à guitarrada anfetaminada, "She Said She Said", uma rara gravação sem a contribuição de Paul – George se encarregou do baixo. Nesta fusão de ternura com mau humor que só John conseguia tecer, ele relata uma conversa ocorrida em agosto de 1965, numa festa em Los Angeles, quando apresentou, com George de cúmplice, o primeiro ácido a Ringo. Presentes também estavam Roger McGuinn e David Crosby, dos Byrds. Em pleno *high* químico coletivo, o ator Peter Fonda (representado na música como uma mulher) contou que, quando sofreu um acidente com bala na infância, "deu uma morrida" e voltou. Sabia, portanto, o que era estar morto. O verso *"She said I know what is like to be dead"* era só uma das referências às drogas presentes no disco.

Como se fosse pouco, *Revolver* fecha com a gravação esteticamente mais impressionante de toda a trajetória da banda, e possivelmente a mais moderna da música pop nos anos 1960. Sob o *drone* perturbador da tambura dedilhada por George, a levada de bateria hipnótica prototecno, sem viradas e com textura nebulosa de pratos (que influenciaria todo o big beat dos anos 1990), e a linha de baixo sem alterações harmônicas de Paul cadenciam um mantra com pinta de pesadelo. A atmosfera é perfeita para a narração obsessiva da letra criada por Lennon com direta alusão, 90% literal no caso do primeiro verso, a *The Psychedelic Experience: A Manual Based on the Tibetan Book of the Dead*, livro do grão-guru do LSD, Timothy Leary, que John acabara de comprar na Indica. Sua voz nessa gravação arrepia a espinha do primeiro ao último verso pela interpretação, pela poética de aprofundamento místico, pela melodia baseada num único acorde e por sua sonoridade excepcionalmente ácida, quase liquefeita. Querendo emular, segundo o escritor estadunidense Bob Spitz, autor do livro *Beatles: a biografia*, "o Dalai Lama no alto de uma montanha", Lennon chegou a sugerir de cantá-la dependurado de cabeça para baixo. Acabou se contentando com outra inovação da dupla Martin-Emerick, a de passar a voz por um alto-falante Leslie (normalmente utilizado para os órgãos Hammond) na segunda parte da canção.

Sobre esse panorama ameaçador, emerge uma série de *loops* criados em equipamentos analógicos de fita cassete, trazendo surrealismo à massa sonora. A ideia acabou fazendo com que guitarras ao contrário, trechos orquestrados, risadas de Paul – que soam como gaivotas – e assobios sinistros de repente fossem promovidos de barulheira sem sentido a elementos componentes da canção. Nascia a primeira "mixagem experiência" que, farta em improvisos, nunca poderia ser totalmente mapeada e reproduzida. Além de grandes compositores, cantores, arranjadores e músicos, os Beatles levavam a partir daquele momento as texturas sonoras ao primeiro plano na música pop – e graças a suas experimentações. É incrível o fato de as sessões de *Revolver* terem começado justamente por "Tomorrow Never Knows", cujas versões alternativas à tomada escolhida como base (a terceira), desveladas em *Anthology*, também são de outro planeta.

Empate

Revolver é o álbum mais importante dos Beatles também porque nele John e Paul definitivamente empatam. Até 1966 havia uma leve predominância de John, mas ele, talvez por viver sempre cheio de crises e cultivar grande desconforto com a fama, foi perdendo esse papel para Paul, que na fase seguinte lideraria as grandes ideias e projetos do grupo. Mas aqui não dá para afirmar de qual deles é o disco (como é aceitável palpitar que *Rubber Soul* "pertence" um pouco mais a John e *Sgt. Pepper's* um pouco mais a Paul).

Quando Lennon apresenta joias da acidez como "I'm Only Sleeping" e "She Said She Said", McCartney responde com melodias emocionantes como "Here, There and Everywhere" e "For No One" – pedaços de inspiração muito diferentes entre si, mas igualmente geniais. Para completar e equilibrar ainda mais a tabela, Harrison, já em grande forma, emplaca pela primeira vez três de suas composições – além das já citadas, há "I Want to Tell You" –, tendo ainda a honra, pela primeira e última vez, de abrir o placar autoral com "Taxman".

Impacto incalculável

Em preto e branco, destoando bastante das multicoloridas capas de disco do período, a de *Revolver* foi criada pelo alemão Klaus Voormann, amigo da banda desde seus tempos de ralação na noite de Hamburgo – e que depois se tornaria músico da banda de John Lennon. Misturando desenhos e colagens aparentadas com a pop art – atenção para a boca falsa de George –, o trabalho utilizava como fonte até material impresso de revistas de fã-clubes dos Beatles.

Revolver foi lançado pela Parlophone, braço da EMI, no Reino Unido em 5 de agosto de 1966. No mesmo dia, chegava às lojas o único compacto da época a trazer músicas do álbum, o duplo lado A "Eleanor Rigby" / "Yellow Submarine". Curiosamente, a Capitol, gravadora da banda do outro lado do Atlântico, manteve sua peculiar tradição de adulterar os lançamentos originais e recombinar faixas de diferentes discos numa mesma edição. Em 15 de junho colocou no mercado estadunidense, então, o LP Frankenstein *Yesterday... and Today* (1966), que trazia a bizarra capa com os quatro rapazes em meio a carne crua e a bonecas decapitadas (depois recolhida das lojas e substituída por outra). Sendo assim, as revolverianas "I'm Only Sleeping", "And Your Bird Can Sing" e "Doctor Robert", combinadas a canções presentes em *Help*, *Rubber Soul* e em singles, chegaram ao conhecimento dos estadunidenses com mais de um mês de antecedência em relação ao resto do mundo.

Revolver ocupou o 1º lugar das paradas de seu país por sete semanas, permanecendo na lista por um total de 34. Também alcançou o topo nos Estados Unidos. O compacto "Eleanor Rigby" / "Yellow Submarine" foi número 1 no Reino Unido e 2 nos Estados Unidos. Lançada como single nos Estados Unidos em 1976, após integrar uma coletânea de rock clássico, "Got to Get You Into My Life" ostentou o 7º lugar. Até 2009, pelo menos cinco milhões de cópias em LP e CD do álbum haviam sido vendidas. Estatísticas da era digital ainda estão por ser atualizadas. Mas a influência do álbum transcende qualquer cifra que a indústria possa apresentar.

Contém trechos de texto originalmente publicado no site Radiola Urbana em 2004.

IKE & TINA TURNER
River Deep – Mountain High
(1966)

"Ike & Tina Turner têm sido ferozes, frenéticos, rítmicos, *blueseiros* e extremamente *soulful*; como eles soariam ao se depararem com a famosa e quase wagneriana *Wall of Sound* de Phil Spector?" A provocação era formulada por Tony Hall, executivo da gravadora Decca, na contracapa da versão original de *River Deep – Mountain High*, lançada em setembro de 1966 apenas no Reino Unido.

Pois o encontro resultou num momento discográfico peculiarmente sublime do pop sessentista. Por sua concepção híbrida – uma metade imersa na "parede de sons" de Spector e a outra regida pela encorpada crueza da produção do próprio Ike –, o LP tendia, em princípio, a desembocar numa colisão de estilos quase antagônicos; um choque de dois EPs paralelos, que pouco dialogam entre si.

Mas, quando intercaladas as cinco faixas de Phil e as sete de Turner, o resultado é fascinantemente homogêneo. Quando o caminho está se enveredando por firulas demasiadamente barrocas, irrompem os arranjos pé no chão do guitarrista para desanuviar; e, quando essa pegada *funky* começa a se repetir, vem lá um pedaço de sonho como "Every Day I Have to Cry" para encher o álbum de ternura.

É uma equação viável, em primeiro lugar, porque todas as músicas são boas; em segundo, porque Spector, o mais idiossincrático dos produtores pop, cuja presença numa gravação se identifica num compasso, compusera ou selecionara um repertório pensando no estilo vulcânico de Tina.

Sonho e pesadelo

Ike e Tina já eram uma dupla desde 1957, quando se conheceram em St. Louis, Missouri, e tornaram-se um casal com filhos e enteados em 1960. Ele, nascido Izear Luster Turner Jr. em 5 de novembro de 1931, na cidade de Clarksdale, também no Missouri, vinha na ativa desde a década de 1940. "Rocket 88", canção de sua autoria com Jackie Brenston, lançada como compacto em 1951, seria depois considerada uma das primeiras amostras de rock'n'roll.

Passado para trás por Brenston, que conseguiu que nos créditos da faixa figurasse apenas o seu nome, Ike se tornou um controlador obsessivo que não confiava em ninguém. Anna Mae Bullock, nascida em Nutbush, Tennessee, em 26 de novembro de 1939, uma garota de juventude sofrida – cresceu na pobreza e foi abandonada pela mãe – seria a mais notória e duradoura vítima de sua obsessão. A começar por seu "rebatismo" artístico como Tina Turner, feito pelo companheiro sem que ele a consultasse.

Entre 1960, quando estrearam com a faixa "A Fool in Love", e a colaboração com Spector, os dois lançaram mais de vinte singles e algo entre seis e treze álbuns, dependendo da contagem que se considere oficial. Seus shows eram uma explosão de suor, vigor e sensualidade, protagonizados por uma exuberante Tina em vestidos curtos de franjas, deslizando pelo palco como uma resposta feminina a James Brown e rasgando a garganta com sua poderosa voz. Visto por fora, parecia tudo maravilhoso.

O que o mundo só saberia muito tempo depois, em entrevista dela à revista estadunidense *People* em 1981, era uma história completamente diferente. Separada de Ike desde 1976, quando literalmente teve que fugir do marido, Tina revelou ao mundo a "vida de morte" que experimentou ao seu lado. Espancamento, tortura e estupro foram rotina nos mais de dezesseis anos em que passaram juntos. Ele chegou a queimá-la com café, e ela tentou se matar com soníferos em 1968.

Após o divórcio, em 1978, Tina ainda por cima saiu sem grana e teve que lutar na Justiça pelo direito a usar o seu consolidado pseudônimo. Por essas e outras, a sobrevivência da cantora e seu inacreditável ressurgimento como estrela pop multiplatinada, já nos anos 1980, é um dos eventos mais inspiradores da história da música pop.

Chaves de cadeia

Acontece que Phil Spector era outro mau elemento, conhecido pela excentricidade e o tratamento abusivo dado a colaboradores. Em 2009 seria condenado pelo assassinato de uma mulher, e morreria na prisão em 2021. Isso nos faz imaginar o grau de complexidade e perigo da negociação entre ele e Ike Turner para a preparação de *River Deep – Mountain High*.

Segundo o documentário *Tina* (2021), de Daniel Lindsay e T. J. Martin, o duelo entre os dois "chaves de cadeia" foi resolvido de forma simples: Spector desembolsou uma quantia não revelada de dólares a Ike para que ele não interferisse em nada, pelo menos não na parte do álbum que caberia ao produtor.

Ser Tina Turner em 1966 não era para amadores.

O Lado Spector da Força

Práticas mafiosas à parte, fato é que quando Phil mostrou a Tina, em voz e violão, a composição que daria nome ao projeto, criada com os velhos colaboradores Jeff Barry e Ellen Greenwich, ela se encantou. "Era a liberdade para fazer algo diferente", diz Tina, que também amou o arranjo, no documentário. "Era tudo tão grandioso, e minha voz soava tão diferente ali no meio." Ela começou se policiando para cantar "River Deep – Mountain High" do jeito que estava habituada, esticando as melodias com instinto blues e soul, ao que Spector rebateu: "Não, cante só a melodia".

Os vocais foram gravados na noite de 7 de março de 1966 no mítico estúdio Gold Star, em Los Angeles, numa longa sessão que acabou com a vocalista exaurida. Incendiária, Tina conduz uma apoteótica cavalgada em companhia de coro de igreja, sinos, cordas e as texturas indistinguíveis típicas do mundo spectoriano. Por trás da *Wall of Sound* aparecem os músicos do mítico coletivo de comparsas do produtor, conhecido como Wrecking Crew, entre os quais estão a baixista Carol Kaye e o baterista Hal Blaine, sob a batuta do arranjador Jack Nitzsche.

Além da faixa-título e da irresistível "Every Day I Have to Cry", o "Lado Spector da Força" do LP ainda traz a balada dramática "A Love Like Yours (Don't Come Knocking Everyday)", em que uma majestosa Tina dá nova vida à criação dos *hitmakers* da Motown Holland-Dozier-Holland; "Hold on Baby", por sua vez, é um soul acelerado e incisivo irmanado com a canção de abertura.

Ike contra-ataca

Já a porção que coube a Ike no disco figura entre o melhor material de seu catálogo. "I Idolize You" e "A Fool in Love", regravações do próprio repertório da dupla, são especiarias soul vigorosas, sanguíneas e suingadas. "Such a Fool for You", a melhor de todas, é um petardo acelerado de *riff* matador que não deixaria vazia nenhuma pista de dança respeitável. Conquistou admiradores até na França, onde foi, no ano seguinte, traduzida e gravada pelo principal *rockstar* local, Johnny Hallyday.

Juntamente com "Oh Baby!" e "Make 'Em Wait", elas se apresentam no contexto do álbum como elementos muito diferentes e ao mesmo tempo complementares à luxuriante colmeia de sons de Spector. "It's Gonna Work Fine", famosa pelas passagens em que o casal conversa, ressurge menos garageira que a versão de 1961, mas ainda potente.

Salvos pelos ingleses

Curiosamente, o LP *River Deep – Mountain High* só iria ganhar edição estadunidense em 1969, e pelas mãos da gravadora A&M. O que ocorreu foi que Spector, que vinha de um dos maiores sucessos de sua carreira, "You've Lost That Lovin' Feelin'" (1965, na voz dos Righteous Brothers), apostava altíssimo no single que dá nome ao disco. Só que, editado em maio de 1966 por seu selo Phillies, conseguiu apenas um pífio 88º lugar na parada de compactos. O mago dos hits multiorquestrados suspendeu, então, o lançamento do álbum nos EUA e fechou a gravadora. Foi a última grande produção caracterizada pela grandiloquência da *Wall of Sound*.

Porém, graças à insistência do mesmo Tony Hall ali do começo do texto, que distribuiu cópias do compacto a DJs ingleses, a música alcançou o número 3 na lista de singles do Reino Unido, onde permaneceu por um total de treze semanas. E o álbum saiu pela London, subsidiária da Decca, com exclusividade para os súditos da rainha, que o colocaram no 27º posto da parada. Ike e Tina excursionaram por terras britânicas e até se apresentaram na edição de 17 de novembro do célebre programa televisivo *Top of the Pops*, da BBC. "Só podemos deduzir que no Reino Unido apreciam mais a boa música do que nos Estados Unidos", disse Hall depois.

THE SUPREMES
The Supremes Sing Holland-Dozier-Holland
(1967)

"Naquela época [1964], a Motown tinha duas equipes profissionais que trabalhavam em dois turnos simultâneos, como os da fábrica Ford Rouge. Um deles, formado quase exclusivamente por pessoas negras, compreendia os compositores, produtores e músicos que tinham sido contratados para transformar o nome 'Hitsville' ['Vila dos Sucessos'] em realidade, trabalhando com um elenco de grupos e solistas maioritariamente novatos, ávido em prosperar no mundo da música; não dos automóveis." Nesse trecho do livro *Motown: The Sound of Young America* (2016), de Adam White e Barney Ales, fica clara a ética de "linha de montagem" adotada abertamente pela Motown, mais célebre gravadora de música pop negra da história, desde sua fundação em 1958. Tratava-se de uma lógica familiar ao fundador Berry Gordy Jr. e a Barney Ales, seu braço direito nos anos dourados da companhia, ambos oriundos do trabalho duro na indústria automobilística de Detroit, que na primeira metade do século 20 vivera seu auge.

Em 1966, a gravadora já era um fenômeno global, com seus artistas acostumados a turnês europeias e seus compositores faturando à custa de regravações de admiradores britânicos como Beatles e Kinks. Perfeitamente azeitada, a engrenagem de êxitos operava a todo vapor, tendo como principais estrelas as Supremes, trio que em sua trajetória obteria incríveis doze números 1 na parada estadunidense de singles.

Diana Ross (nascida Diane, em Detroit, Michigan, a 26 de março de 1944), Florence Ballard (Detroit, Michigan, 30 de junho de 1943) e Mary Wilson (Greenville, Mississippi, 6 de março de 1944) cresceram no mesmo conjunto habitacional em Detroit, o Brewster-Douglass, que reunia predominantemente famílias negras, habituadas à escassez de segurança e saneamento básico. Mary conheceu Florence quando participava de um coro gospel com Carolyn, irmã de Aretha Franklin. Florence cantava com Diana no grupo The Primettes, que, após recrutar também Mary, fez sua primeira audição para a Motown, em 1960. Contratadas no ano seguinte e rebatizadas como The Supremes, elas rapidamente se tornaram heroínas do Brewster-Douglass.

Dream team

Entre os diferentes núcleos de *hitmakers* dos bastidores da Motown, o favorito de Gordy era o formado por Lamont Dozier e pelos irmãos Eddie e Brian Holland. Eddie cuidava mais das letras e era quem se encarregava de mostrar as canções aos artistas; Lamont e Brian ficavam responsáveis por acordes, melodias, arranjos e produção. Este último, que emplacara seu primeiro número 1 nas paradas já em 1961, como coautor de "Please Mr. Postman", das Marvelettes, também se fazia de "olheiro" da empresa. Em setembro do mesmo ano, Brian foi uma das testemunhas da mítica audição de Stevie Wonder, então com onze anos de idade. Chegou a se envolver afetivamente com Diana, mesmo estando casado. Indiretamente, os três compositores e produtores eram também os preferidos do público estadunidense, que só naquele ano colocaria sete de suas canções no top 10 de singles.

Sem a menor vocação para perder oportunidades, Gordy, então namorado de Diana, fez valer sua mentalidade industrial capitalista ao recrutar os dois trios de protegidos para um álbum completo em colaboração (no anterior, *The Supremes A' Go-Go*, ainda havia espaço para outros autores). Os precedentes eram mais do que animadores: todos os sete primeiros números 1 das Supremes eram de autoria de Holland-Dozier-Holland, incluindo os inesquecíveis "Where Did Our Love Go", "Baby Love" (ambos de 1964), "Stop! In the Name of Love" (1965) e "You Can't Hurry Love" (1966).

"Em meados dos anos 1960, quando Berry Gordy cruzou a linha tênue entre suas raízes negras e as suas ambições de transcender [ao mercado musical não exclusivamente negro], as Supremes se mostraram o veículo perfeito para calibrar ambos os lados", explica

Mark Ribowsky em seu livro *The Supremes: A Saga of Motown Dreams, Success and Betrayal* (2009).

Numa analogia futebolística, o novo projeto equivalia a delegar a melhor trinca de atacantes à comissão técnica mais cobiçada, sob as asas de "cartolas" inquestionavelmente competentes, que analisavam minuciosamente o material produzido e seu desempenho comercial em célebres reuniões de "controle de qualidade". Contava também com o apoio imprescindível de uma monumental defesa (a lendária Funk Brothers, uma das maiores bandas de estúdio de todos os tempos) e com um sólido meio de campo (as *backing vocals* The Andantes e as cordas), colaboradores imperdoavelmente não creditados, diga-se de passagem, como era de praxe nas fichas técnicas de álbuns da Motown.

Vitrine do "som Motown"

Lançado na quarta semana de 1967, *The Supremes Sing Holland-Dozier-Holland* tem a pompa de ser o único título do vasto catálogo do selo a estampar na capa, ao lado das estrelas, o nome de compositores não intérpretes das faixas que o integram. Nem pratas da casa, como Smokey Robinson – que foi vizinho e outro *affair* de Diana – nem o casal Nicholas e Valerie Simpson, que viviam vidas de astros pop enquanto terceirizavam o ofício da composição, obtiveram o mesmo reconhecimento explícito.

O álbum retrata o cume do luxuriante *som Motown*, que um ano depois já iniciaria sua evolução a uma espécie de soul psicodélico, sob as mãos de outro produtor, Norman Whitfield. Não por acaso, foi rebatizado como *The Supremes Sing Motown* em sua versão britânica. O LP solidifica, também, um dos grandes casos de sintonia perfeita entre artista e compositor, algo muito apreciado nos anos 1960. Vale lembrar que, antes da chegada dos astros que também compunham, como Lennon-McCartney e Jagger-Richards, essa era a modalidade vigente – vide parcerias simbióticas como Phil Spector e as Ronettes, ou Burt Bacharach e Hal David com Dionne Warwick.

Não que fosse uma magia fácil de conquistar. "Nossas composições eram difíceis de aprender", afirmou Eddie Holland em 2007. "As cantoras não simplesmente ouviam as demos e já as saíam cantando; elas tinham que aprendê-las. A Diana fazia isso, com certeza. Ela ouvia. Foi por isso que as Supremes vingaram. Ela estava interpretando a visão de Holland-Dozier-Holland, o que nós ouvíamos. Não era o que ela queria, às vezes, mas tinha que ser do nosso jeito."

Mais hits

The Supremes Sing Holland-Dozier-Holland, que numa contagem de 1988 registrava mais de 1,5 milhão de cópias vendidas no mundo, já aterrissou nas lojas com dois novos número 1 para os currículos das duas trincas, lançados a partir de outubro do ano anterior: "You Keep Me Hangin' on", de guitarra *funky* e batida reta; e a irresistível "Love Is Here and Now You're Gone", com seus teclados etéreos e o baixo melodioso do monumental James Jamerson dialogando com a voz magnética de Diana, elemento fundamental da fórmula de sucesso da empreitada. Como apontaria o escritor e músico Bob Stanley em seu livro *Yeah! Yeah! Yeah!* (2014), "não importa o quão abafado ou inaudível o rádio possa estar num café ou num táxi, a voz de Diana Ross atravessa tudo, como laser; é um mistério".

Sob o encanto de tal infalível gogó, vibram no disco outras delícias que não foram hits: a levemente soturna "You're Gone (But Always in My Heart)"; marcas registradas do acelerado *shuffle* supremiano como "Mother You, Smother You", "I Guess I'll Always Love You" e "I'll Turn to Stone"; e a doce "Love Is in Our Hearts". Ainda sobra tempo para releituras de dois clássicos da gravadora, "(Love Is Like a) Heatwave" (número 1 com Martha & The Vandellas em 1963) e "It's the Same Old Song" (quinta posição com os Four Tops em 1965).

Uma pena que, ainda em 1967, o caso amoroso entre a Motown e o trio Holland-Dozier-Holland, responsável por dez dos doze números 1 das Supremes, tenha chegado ao fim, devido a divergências com Berry Gordy sobre *royalties*. Lamont Dozier morreu em 2022. Quanto a elas, foi também em 1967 que a inigualável formação original degringolou, com a demissão de Florence devido a conflitos internos. As três jamais voltariam a se entender. Pobre e com problemas de dependência química, Florence não resistiu a uma parada cardíaca em 1976. Tinha apenas 32 anos. Mary morreu em 2021.

THE VELVET UNDERGROUND & NICO

The Velvet Underground & Nico

(1967)

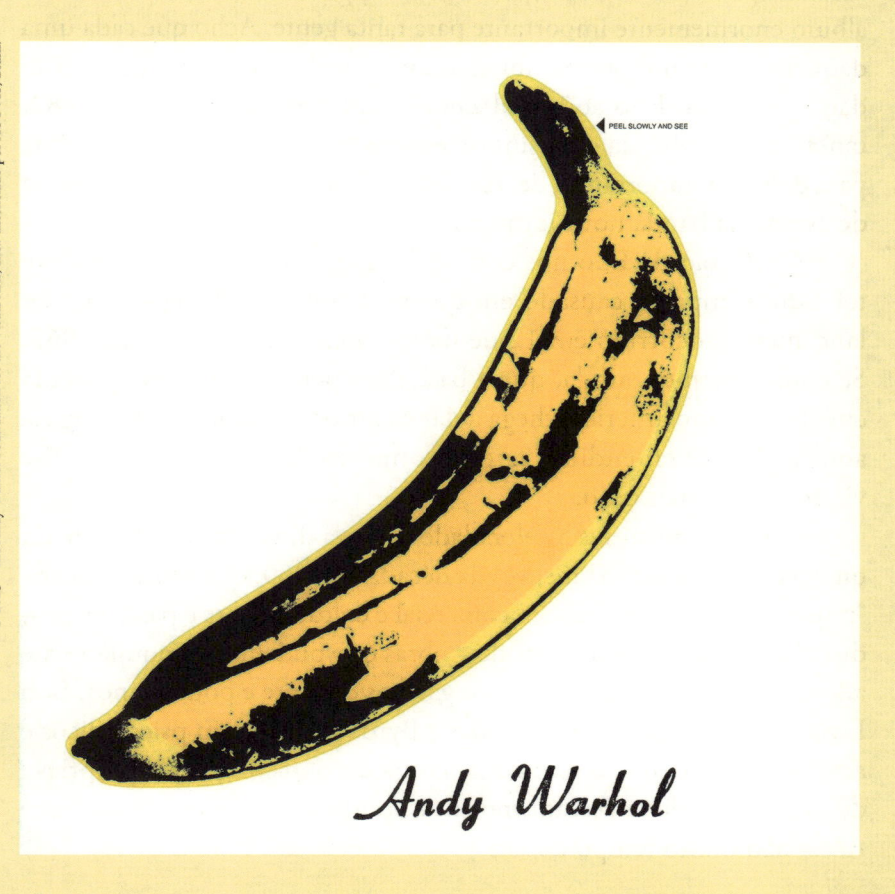

"Lou Reed me disse que o primeiro disco do Velvet Underground vendeu apenas trinta mil cópias nos cinco primeiros anos; mas foi um álbum enormemente importante para tanta gente. Acho que cada uma daquelas trinta mil pessoas formou uma banda." A famosa declaração dada por Brian Eno ao jornal *Los Angeles Times* em maio de 1982, tantas vezes replicada com sintaxe e cifras variáveis, é apropriadíssima para definir a importância de *The Velvet Underground & Nico*, trabalho de estreia da banda nova-iorquina.

A reflexão de Eno nos convida a imaginar o quão brutal deve ter sido o impacto causado em quem escutou o LP à época de seu lançamento, ocorrido em 12 de março do inigualável ano de 1967. Se considerarmos, ainda, que a base do repertório já estava gravada em abril do ano anterior, chega a dar calafrios especular como reagiria aquela elite de entendidos se esse conjunto de onze canções tivesse vindo à tona mais cedo.

Em 1966 avançava à velocidade da luz a dinâmica revolucionária que marcaria a segunda metade da década de 1960, quando a chamada "música jovem" se estabeleceu comercial e culturalmente e passou a produzir resultados de gente grande – obras que pudemos tranquilamente adorar como arte, concebidas por garotos de vinte e poucos anos. Bob Dylan já eletrificara o folk, Beatles e Byrds se tornavam psicodélicos e acenavam ao oriente, o soul paria o funk e a onda hippie se apropriava de tudo, filtrando em escapismo entorpecido sua utopia ingênua – que ruiria não muito tempo depois.

Nasce a estética indie

No meio desse panorama multicolorido, infelizmente se contam nos dedos os gatos pingados que notaram a existência do quarteto de Nova York, uma força inovadora encerrada em si mesma, 100% autêntica, totalmente diferente de seus contemporâneos geniais e que, a longo prazo, se mostraria tão influente quanto eles. Com a ressalva charmosa de que, enquanto Kinks e Beach Boys dispunham de imitadores imediatos a cada garagem suburbana do planeta, o isolamento do semianonimato fez com que apenas o Velvet Underground soasse como Velvet Underground. Ou pelo menos assim foi até sua redescoberta, que começou nos anos 1970 sob a batuta do fã declarado David Bowie, e até hoje não parou. Tampouco dá para achar entre os colegas de safra uma parceria tão *sui generis* como a que o grupo desenvolveu com o guru da pop art Andy Warhol e a fauna que orbitava o seu estúdio multidisciplinar The Factory.

O espírito *flower power* do período conectou os "britanicismos" da *Swinging London* e de Liverpool à ensolarada Califórnia, impulsionando até uma gangue de bandidos arruaceiros como os Rolling Stones a se aventurarem pela psicodelia caleidoscópica. De repente tudo se resumia em abraços, cores aguçadas pela lisergia e garotas com flores no cabelo. Faltou só combinar com Lou Reed, John Cale, Maureen Tucker e Sterling Morrison, o núcleo clássico do Velvet Underground, e a infiltrada de luxo no primeiro disco, a modelo e atriz alemã de voz sinistra Nico.

Trajando roupas e óculos escuros, raramente sorrindo em fotos e desde sempre envolvidos com a cena de artes plásticas, cinema e performance, a banda entrava atropelando o paz e amor com sua poesia urbana decadente e sonoridade adulta e experimental. Produto antibarroco e antibucólico da imundice física e moral de uma metrópole implacável de possiblidades infinitas, *The Velvet Underground & Nico* é o lado escuro do asfalto, capturado pelas letras de Reed e enroupado pelos *drones* desafiadores de Cale ao piano e à viola (na qual punha cordas de outros instrumentos). Com a ajuda das guitarras de Morrison e a bateria hipnótica ultraminimalista de Tucker, eles criaram um novo e fundamental capítulo para o rock.

Tal admirável verbete, que mais tarde chamaríamos de indie, foi escrito em 1967, mas somente certificado retroativamente pelas gerações posteriores. Sua acepção abrange também lindas canções de estruturas simples, melodias assobiáveis e tabelas docemente monótonas de acordes e atmosferas aptas aos sonhadores. Uma inesgotável fonte de inspiração para aqueles representantes de gerações vindouras que, reticentes quanto às tentações "firuleiro-tecnológicas" que a explosão do rock propiciou, buscariam direcionamentos alternativos ao gênero. Stooges e MC5 podem ter criado o punk com antecedência de alguns anos em relação à popularização do termo, mas foi o Velvet que inventou o som e a estética indie, e em sua vertente mais descolada, uma década e meia antes de sua saída do armário enquanto tal (pela mão de norte-americanos como R.E.M. e Sonic Youth ou britânicos da laia de The Jesus and Mary Chain e The Smiths).

É por essas e outras que a importante lista dos 200 melhores discos dos anos 1960 do site Pitchfork traz *The Velvet Underground & Nico* no número 1. O álbum, aliás, aparece entre as primeiras posições de praticamente todos os rankings de grandes títulos de todos os tempos. Tamanho reconhecimento no contexto da mais gloriosa era da música pop, com seus Lennons, Dylans, Arethas, Hendrixes, Dianas e Marvins, é façanha das maiores.

Cosmopolitismo nova-iorquino

"Eu não acredito mais em pintura. Temos uma oportunidade de combinar música, arte e filmes." Foi o que anunciou Andy Warhol quando apresentado ao Velvet Underground, no final de 1965. Reed, que adorava aquele provocador, embarcou na proposta multimídia a ponto de engolir, bastante a contragosto, a sugestão posterior do artista de que sua protegida Nico cantasse com eles.

Antes de ser apadrinhada por Warhol e utilizada nos inovadores *happenings* batizados *Exploding Plastic Inevitable* – como trilha sonora para projeções de filmes e show de sadomasoquismo dos atores Gerard Malanga e Ingrid Superstar –, a banda vinha ensaiando e gravando de forma caseira havia pelo menos um ano e meio. Ainda atendiam pelo nome The Primitives e contavam com Angus MacLise na bateria. Inspirados em livro de título homônimo sobre perversões sexuais escrito por Michael Leigh, adotaram o nome The Velvet Underground a tempo de sua mítica temporada de shows no Café Bizarre, em dezembro de 1965.

Judeu de classe média do Brooklyn fascinado por rockabilly e doo-wop, Lewis Allen Reed (2 de março de 1942) chegara à idade adulta com um bom repertório de experiências traumáticas, incluindo uma terapia por eletrochoques com consentimento da própria família, apavorada diante de seus problemas psiquiátricos. Por outro lado, graduara-se em Inglês pela Escola de Artes e Ciências da Universidade Syracuse e iniciara uma carreira como compositor de aluguel para a gravadora Pickwick, trabalho por meio do qual conheceu John Cale. Sua primeira experiência artística tinha sido precoce, aos dezesseis anos, quando lançou o compacto "Leave Her for Me" (1958) à frente do grupo The Jades.

Admirador de escritores como Hubert Selby, William S. Burroughs, Allen Ginsberg e Delmore Schwartz (que foi seu professor na Syracuse), Reed amava as composições com poder de síntese, que diziam muito por meio de poucos versos e palavras simples. "Eu queria ser ator; mas não era bom, então compunha meu próprio material e atuava por meio dele", declararia em 2008 à revista *Spin*. Uma resposta que o aproxima ainda mais de seus outros colegas de cânone protopunk, David Bowie e Iggy Pop, que sempre se definiram mais como atores do que músicos.

John Cale nasceu em Ammanford, no País de Gales, sete dias depois de Lou. Transferiu-se a Nova York em 1963 para ampliar seus estudos musicais acadêmicos, engraçando-se rapidamente com expoentes do meio *avant-garde* de Manhattan, como La Monte Young, John Cage e Tony Conrad, mítico performer que orbitou ao redor da primeira formação do Velvet e seu *roommate*. Relutante em relação ao folk tão em voga na época – "esta música cheia de perguntas" –, o galês gostou das letras de Reed, que o próprio estadunidense definia como "um panorama sobre a vida real". Além disso, atraído pelo aspecto repetitivo dos *riffs*, ele queria uma porta de entrada para o rock, enquanto Lou simpatizava com aquela turma excêntrica que levava a música a caminhos mais experimentais. "Eu estava interessado em explorar tanto o lado *funky* do rhythm and blues quanto o lado wagneriano", definiu Cale sua visão à época.

Aos dois se juntou o guitarrista Sterling Morrison (Long Island, Nova York, 29 de agosto de 1942), colega de longa data da Syracuse, que antes da virada do ano trouxe Maureen Tucker (Nova York, 26 de agosto de 1944), irmã mais nova de um amigo, com sua aparência "masculina", como se diria à época. Sem a formação formal de John ou a experiência de estúdios de Lou, a baterista era uma radical adepta do faça-você-mesmo, uma autodidata cujo afã pela singeleza e primitivismo rítmico ainda está por ser reconhecido com a grandeza que merece. A falta de técnica de Moe, como era apelidada, lhe impulsionou a criar uma precursora bateria desmembrada, que tocava de pé, com o bumbo virado para cima. Contrapunha os graves com pandeirola e outros detalhes percussivos, utilizando pouca caixa e quase nenhum prato ou chimbal. Sua maneira robótica e enxuta de manejar o kit peculiar, afeita a *loops* e avessa a viradas, numa era em que seus colegas de instrumentos eram cada vez mais espalhafatosos – pense em Keith Moon ou Mitch Mitchell –, é uma das marcas definitivas do modernismo de *The Velvet Underground & Nico*.

Nascida Christa Päffgen em Colônia, Alemanha, em 16 de outubro de 1938, e desde 1959 radicada em Nova York, Nico era uma notória *jet-setter* do fervo pop sessentista. Atuara em *A doce vida* (1960), de Federico Fellini, e *Chelsea Girls* (1966), de Andy Warhol, estampara a capa da revista inglesa *Woman's Own* e gravara, em 1965, o compacto "I'm Not Saying", ajudada por Jimmy Page e Brian Jones. Destruidora de corações de famosos, na metade da década já acumulava casos amorosos com o próprio Jones, Bob Dylan e Alain Delon, com quem teve o filho Ari em 1962. Com o passar dos anos, figuras como Jim Morrison e Iggy Pop engrossariam sua lista de *affairs*.

A estada provisória de Nico como apêndice do Velvet Underground, que Reed tentou sabotar como pôde, era em princípio mais uma das cartadas artístico-comerciais de Warhol, como a sua própria investidura como "produtor" do disco e a genial sacada da capa, a banana estilizada com sua assinatura. Mas a verdade é que a colaboração com a loura, cujos vocais sombrios emitiam uma vibração gótica nitidamente europeia, foi mágica enquanto durou. E rendeu três dos melhores momentos do álbum de estreia.

Som *lo-fi* embalado em pop art

Custeado por Andy Warhol e Norman Dolph, executivo e engenheiro de som da Columbia Records, *The Velvet Underground & Nico* foi predominantemente registrado, com ajuda de John Licata na mesa de mixagem, em quatro dias espalhados entre março e abril de 1966. Essas primeiras sessões ocorreram no Scepter Studios, no mesmo prédio de Manhattan que na década seguinte abrigaria a discoteca Studio 54 (quer algo mais nova-iorquino do que esse lugar?). Estima-se que o montante total não tenha ultrapassado irrisórios US$ 3 mil, o que ajuda a entender a aura *lo-fi* do álbum, um de seus aspectos mais distintivos e atrativos. A primeira fornada de gravações serviu para que o material fosse vendido de porta em porta entre as gravadoras, acabando inesperadamente na Verve, selo de jazz ligado à MGM Records. Recrutado o lendário produtor Tom Wilson (John Coltrane, Bob Dylan, Mothers of Invention), novas sessões – que incluíram algumas regravações – ocorreram em maio no TTG, em Los Angeles e, de volta à Grande Maçã, no Mayfair, em outubro.

Com Reed apresentando as composições, Cale cuidando dos arranjos, Wilson supervisionando e Dolph e Licata apertando REC, o disco não era, portanto, "produzido por Andy Warhol", como lia-se na contracapa, coisíssima nenhuma. Numa concepção exótica até hoje, o guru "pop-arteiro", que basicamente dizia "sim" para tudo o que os músicos lhe apresentavam em estúdio, fez mesmo o papel de produtor-executivo, colando seu nome à banda e vice-versa. Ao mesmo tempo, blindava a integridade artística do projeto dos pitacos de burocratas da MGM.

Para a capa, uma das mais icônicas e fascinantes de toda a história da indústria fonográfica, Warhol se inspirou numa revista que folheara numa sala de espera de médico. Conceitualmente, transcendia o próprio álbum de forma controversa e arriscada, já que, ao trazer somente a sua assinatura além da banana – e nenhuma referência ao nome da banda –, poderia ser interpretada como uma obra sua descolada do projeto. Uma das primeiras tiragens trazia uma versão adesiva da fruta ao lado da mensagem *Peel slowly and see* ("Descasque lentamente e veja"), ideia brilhante, mas que, não tão simples de executar, causou atraso no lançamento. Para complicar ainda mais, a gravadora teve que fazer uma espécie de *recall* nas lojas, porque a primeira edição trazia na contracapa a imagem espectral do ator Eric Emerson projetada sobre a banda. Cheio de problemas com drogas e a lei, Emerson precisava de grana, e ameaçou processar a MGM, que preferiu tirar os LPs das lojas a garantir a próxima dose do cara.

Poço de inovação

São muitas e fundamentais as inovações de *The Velvet Underground & Nico*. Liricamente, é um soco no estômago do "hippieismos" festivo dos anos 1960, jogando luz em assuntos tabus como o vício em drogas pesadas e sadomasoquismo. Para isso, Lou Reed se fez valer do linguajar das ruas ("Que palhaço", desdenha a narradora de "Femme Fatale"). Amante das raízes do rock'n'roll, ele sabia que sua potência vocal era limitada, e por isso encontrou seu próprio estilo, o de cantar-meio-que-falando.

Em termos de arranjos, a bolacha traz uma identidade absolutamente genuína tanto pela instrumentação (a batera torta de Maureen, as cordas de Cale) quanto pelo enfoque dado a eles ao tocar. Instituíram uma espécie de "multa" para quem apresentasse escalas de blues, preferindo o uso de afinações incomuns. A mais célebre foi a "Avestruz" criada por Lou, com todas as cordas em ré. A obsessão de Cale por repetição compulsiva – atenção para o piano maníaco de "All Tomorrow's Parties" – completa o mapeamento do DNA do grupo.

No que diz respeito à sonoridade em estúdio, as novidades são ainda mais impressionantes. É um disco no qual está sempre rolando algo não totalmente distinguível ao fundo, texturas que ora podem emular uma delicada presença fantasmagórica (os ecos de "Sunday Morning"), ora podem funcionar como um drone-pesadelo (a assustadora viola de Cale em "Venus in Furs"). O fato de ter sido gravado parcialmente de forma mais "sujona" contribui para essa mística. "'Heroin' e 'Venus' mudaram tão radicalmente para melhor que sentimos que criamos algo que ninguém pode imitar: *o som do Velvet*", escreveu John Cale a uma amiga durante o processo de composição e ensaios.

Lirismo do mundo cão urbano

Tantos atributos fazem com que praticamente cada uma das onze faixas de *The Velvet Underground & Nico* inaugure um novo mundo de referências. A deslumbrante "Sunday Morning", por exemplo, abre o repertório dando a entender que ali está uma banda de folk-rock apta a delicadezas, embaladas pela celesta, esquisita parente do piano, executada por Cale. A coisa já muda um pouco de figura na parte B quando Reed, incentivado por Warhol a escrever sobre a paranoia humana, canta "Cuidado, o mundo vem atrás de você".

O panorama se transforma de vez, sem direito à introdução, no ataque garageiro inclemente de "I'm Waiting For The Man", a epopeia de um junkie branco que se aventura nas ruas do Harlem em busca de alívio narcótico. "Ei, branquinho, o que você está fazendo nesta parte da cidade?", pergunta o traficante, sobre a mais primal das levadas de bateria, com todas as peças do instrumento em incansável uníssono rítmico de colcheias.

A calma retorna com a entrada de "Femme Fatale". Encaminhada pelo doce dedilhado de Reed e Morrison, é possivelmente a primeira canção *sonicamente indie* do rock, além de ser puramente warholiana, uma vez que cantada por Nico e de letra inspirada em Edie Sedgwick, uma das musas do artista.

O álbum se mostra uma montanha-russa de caminhos estranhamente coesa com a quarta faixa, "Venus in Furs", algo que ninguém estava preparado para ouvir em 1967 e que até hoje parece chocante. Sob a monotonia da levada mecânica criada pelo bumbo e a pandeirola de Moe – "impactantes tambores tribais que parecem anunciar a morte em pessoa", descreveria o escritor Chris Wade no livro *The Music of The Velvet Underground* (2015) – e o baixista de ocasião Morrison, Cale tece uma infernal camada sonora ininterrupta com a viola eletrificada. A estranha afinação da guitarra de Lou soma ingredientes para a criação de um clima onírico e sorumbático, inédito em um álbum de rock. Dentro dessa redoma, ele manda versos como "Golpeie-o, querida dominatrix, e cure o seu coração" ou "Sinta a chicotada, agora sangre para mim". Realmente, não dá para conceber o que deve ter sido escutar isso à época do lançamento.

Ruidosa, suja e – contravenção! – blueseira, a mais ou menos convencional "Run Run Run" traz o ouvinte de volta à superfície, mantendo um pé no caos com o solo incontrolável da guitarra de Lou. É um respiro de relativa normalidade antes de duas imersões radicalmente velvetianas. Primeiro vem "All Tomorrow's Parties", com o vocal grave e empostado – germânico, diriam alguns – de Nico, as teclas genialmente percussivas de Cale e versos sobre a "tchurma" de modernos em busca de baratos e badalações: "Quando chegar meia-noite / Ela recorrerá mais uma vez ao palhaço de domingo / E chorará atrás da porta".

A seguir, irrompe outro momento transcendental do disco, "Heroin". Juntamente com "Venus in Furs", a composição de Reed resume perfeitamente todas as transgressões de forma e conteúdo apresentadas pelo trabalho inaugural do Velvet Underground. Para começar, é uma das raras canções que funcionam plenamente ao empregar o recurso da mudança de andamento que, aqui, é o truque perfeito para expressar as oscilações de pensamentos e sensações de um usuário de heroína. Depois, prima por conter um vasto universo de sugestões mesmo sendo baseada em apenas dois acordes.

E o que dizer do arranjo, com as bumbadas selvagens e a estridência da viola ininterrupta, que parece uma buzina? Quando a parafernália acelera rumo à cacofonia, no quinto minuto, Maureen simplesmente para de tocar por trinta segundos. E, claro, há o pioneirismo da letra. Se dizer que "Ao botar a agulha na veia" alguém "Se sente como o filho de Jesus" ou que "Heroína é a minha esposa e a minha vida" causariam frisson hoje, imaginem naqueles dias. Uma obra poética divisora de águas, que tem a frase loureediana "*I guess I just don't know*" (algo como "acho que sei lá") como a reticência cético-niilista definitiva.

Depois do êxtase, tudo poderia parar por aí. Mas o álbum ainda conta com fôlego para o rock sem frescuras "There She Goes", outra escapada mais tradicionalista com direito até mesmo a citação: a introdução copia a de "Hitch Hike", canção de Marvin Gaye de 1962, depois regravada pelos Rolling Stones. Sobra ainda espaço para a bela "I'll Be Your Mirror", retrato da relação conturbada entre Lou e Nico, que ela vocaliza no melhor estilo proto-indie. É a derradeira lufada de melodia do LP, que ainda desafiará o ouvinte com as barulhentas e anárquicas "The Black Angel's Death Song" — que nome para a era do *flower power*... — e "European Son", homenagem de Reed a seu mestre Delmore Schwartz. São onze minutos de puro delírio instrumental, como se a banda estivesse antevendo o fracasso comercial do projeto (129º lugar na parada da *Billboard*) e quisesse morrer atirando, profetizando a glória póstuma.

PINK FLOYD

The Piper at the
Gates of Dawn

[1967]

No início, era o caos. Antes de *The Dark Side of the Moon* (1973) conquistar o mundo, de porcos voarem para a promoção de *Animals* (1977), de *The Wall* (1979) virar filme (1982); antes da megalomania, dos excessos progressivos, das brigas, da chatice; antes, ora, de tudo, Pink Floyd foi uma banda de som galáctico livre, imprevisível e assustadoramente psicodélico, capaz de parir um disco 100% lisérgico como *The Piper at the Gates of Dawn*, seu trabalho de estreia.

Gravado no EMI Studios – futuro Abbey Road – entre fevereiro e maio de 1967, o ano em que as drogas alucinógenas viraram onipresentes no rock, o álbum foi concebido com um espírito de desafio. A ideia era, se não domesticar, ao menos organizar parcialmente as descargas de improviso cósmico que, desde 1966, faziam a fama do grupo em locais da cena underground de Londres.

Naqueles *happening*-concertos, Syd Barrett (guitarra e voz), Roger Waters (baixo e voz), Richard Wright (teclados e voz) e Nick Mason (bateria) transavam *jams* alucinadas, num volume brutal inspirado nos shows do Cream, utilizando vagas estruturas de canções – às vezes até hits como "Louie Louie" – para manter algum tipo de fio condutor. Uma proposta semelhante à que o Velvet Underground vinha mostrando na época, nos eventos de Andy Warhol em Nova York, como o *Exploding Plastic Inevitable*. (Ver texto sobre o álbum *The Velvet Underground & Nico* na página 61.)

The Piper at the Gates of Dawn traria, então, um recorte da doideira empregada por eles como método em cena; mas, ao mesmo tempo, solidificaria o início da incursão autoral nas canções propriamente ditas, compostas principalmente por Barrett, um dos gênios perdidos do rock sessentista. "Syd era quase tão grande quanto Dylan", afirmou o estadunidense Joe Boyd, produtor de "Arnold Layne", o compacto inaugural do Pink Floyd, em evento do qual participei em Barcelona, em 2008. "See Emily Play", o segundo compacto, saiu em junho de 1967. Ambas as músicas não foram incluídas na primeira edição do LP.

Conquistando a *Swinging London*

Inicialmente nomeado Tea Set, depois Pink Floyd Sound – em homenagem aos *bluesmen* Pink Anderson e Floyd Council –, o grupo começou a tomar forma em 1964, nos corredores do curso de Arquitetura da Faculdade Politécnica de Londres. Roger Waters (Great Bookham, 6 de setembro de 1943), que viera de Cambridge, conheceu o tecladista Richard Wright (Hatch End, 29 de julho de 1943) e o baterista Nick Mason (Birmingham, 27 de janeiro de 1944), amigos que já tocavam juntos no Sigma 6. Roger trouxe Syd Barrett (Cambridge, 6 de janeiro 1946), seu amigo de infância, que também se mudara para Londres, no caso para estudar Artes. Completava a formação o guitarrista Bob Klose, que debandou em meados de 1965.

Em março de 1966, começaram a tocar aos domingos no mítico clube noturno Marquee, no evento de improvisação de som e luz Spontaneous Underground. O buchicho em torno da trupe foi crescendo ao longo dos meses seguintes, a tal ponto que, numa apresentação deles no lançamento da revista *International Times*, em 15 de outubro de 1966 na casa Roundhouse, um tal Paul McCartney estava na plateia, ao lado de gente como o cineasta Michelangelo Antonioni. O período máximo de badalação, porém, viria na residência que a banda faria no novíssimo UFO, que tinha Joe Boyd como sócio, já a partir da abertura, em 23 de dezembro do mesmo ano.

Enquanto via a *Swinging London* curvar-se a seus pés com suas doidas performances multidisciplinares, o Pink Floyd já começava a se aventurar no território das faixas de dois ou três minutos, com começo, meio e refrão. "No final de 1966, uma combinação de *timing* e sorte estava começando a funcionar para nós e, com as diferenciadas composições do Syd e o nosso estilo improvisacional, tínhamos um enfoque ainda inacabado, mas definitivamente original, para apresentar às gravadoras", revela Nick Mason no livro *Inside Out: A Personal History of Pink Floyd* (2004). Segundo Mason, naquele momento "a psicodelia estava à nossa volta, mas não entre nós", embora Syd já se atraísse cada vez mais por substâncias alteradoras da percepção.

Livres para serem psicodélicos

A Elektra se interessou, a Polydor quase fechou, mas foi a EMI a gravadora a bater o martelo com o grupo, lançando "Arnold Layne", uma antiga improvisação despirocada que o grupo adaptou para uma canção de menos de três minutos de duração. A gravação ocorreu em janeiro de 1967 no estúdio londrino Sound Techniques, sob a batuta de Boyd, antes da assinatura do contrato. Como a companhia tinha seu próprio time, aquela seria a última parceria com o produtor. Entrava em cena Norman Smith, engenheiro de gravação dos Beatles recém-promovido a produtor pela EMI, após George Martin iniciar o empreendimento que, em 1970, resultaria no célebre AIR Studio. (Ver texto sobre o álbum *Revolver* na página 37.)

Deu liga. "Como nós, ele [Smith] estava interessado em usar os equipamentos do estúdio ao máximo, era de muito boa índole e um músico competente", explica Mason em seu livro. "Mais do que isso; ele gostava de nos ensinar, em vez de revestir com mística o trabalho de produção." O grupo gostou da brincadeira, e, inspirado no contrato dos Beatles com a mesma gravadora, pediu tempo ilimitado em estúdio. Para isso, toparam inclusive reduzir de oito para cinco o percentual nos ganhos com as vendas do LP.

O repertório ensanduichava cantigas relativamente assobiáveis, ainda que escancaradamente psicotrópicas, como "Flaming" ou "Bike", entre peças híbridas e vocalizadas, mas com instrumental exuberante que transbordava lisergia. Era, em resumo, uma grande viagem, cuja decolagem, "Astronomy Domine", já de cara traga o ouvinte com sua tensão crescente, pausas ameaçadoras cheias de ecos e estranho clímax instrumental. Foram necessárias dezesseis tomadas para captá-la como devido, ainda que, como explica Nick, "Há um certo ar aleatório em *Piper*, baseado no que acontecia na época".

O voo segue por caminhos instigantes em "Lucifer Sam", uma espécie de releitura chapada do *riff* da versão televisiva original de *Batman* (1966), de Neal Hefti, que deságua num quase-refrão potente. Nem nessa, uma canção com partes definidas, a acidez dá trégua, com barulhinhos emergindo por todos os lados – a banda chafurdou fundo no acervo de efeitos sonoros da EMI – e um solo de guitarra que parece ter sido executado por um avatar extraterrestre de Dick Dale. Muito menos em "Matilda Mother", na qual as vozes processadas por geringonças como o Echorec sustentam os delirantes cânticos de Syd e o "liquefeito" órgão de Rick. "Flaming", criada pelo vocalista durante as sessões, utilizava uma tradicional balada do folclore escocês como fundação para o relato de uma experiência com – adivinhem – drogas.

With a Little Help From My Friends

O *Zeitgeist* de *The Piper at the Gates of Dawn* abrange uma conexão de engrandecer qualquer currículo. Foi gravado na sala dos estúdios EMI vizinha à que os Beatles fizeram *Sgt. Pepper's Lonely Hearts Club Band*, lançado em maio, três meses antes da bolacha do Pink Floyd chegar às lojas. Os dois quartetos trocaram figurinhas.

Mason rememora que os floyds estiveram por alguns minutos, quietinhos, no fundo do estúdio 2, durante a mixagem de "Lovely Rita", a 21 de março de 1967. Em contrapartida, exibiram em primeira mão aos rapazes de Liverpool o space jazz instrumental "Pow R. Toc H.", composto coletivamente. Presente na confraternização, John Lennon não foi uma testemunha confiável: estava loucaço de LSD.

Momento do álbum mais representativo da época *free* da banda, "Interstellar Overdrive", a outra peça assinada por todos, invoca uma parafernália orgânica e desenfreada de guitarras e teclados em brasa, *feedbacks* e ruídos indefinidos. A faixa já fora registrada várias vezes ao longo dos meses anteriores, uma até sendo usada como trilha para um filme obscuro, mas sempre terminava com durações absurdas (quinze, dezessete minutos). Enxuta a "apenas" nove minutos e quarenta segundos, marca uma espécie de limiar invisível no repertório.

O labirinto mental de Syd

As últimas quatro músicas, "The Gnome", "Chapter 24", "The Scarecrow" (lado B de "See Emily Play") e "Bike", compõem uma suíte de amostragem do lado compositor solo de Barrett, responsável por oito das onze músicas. São canções sutilmente influenciadas por bandas californianas de folk-psicodélico, como Love e Byrds, mas que, curtidas em literatura infantil vitoriana e trejeitos de excentricidade britânica, jamais poderiam ter sido imaginadas por um norte-americano. O nome do álbum, aliás, era o título do sétimo capítulo do livro infantil *The Wind in the Willows* (1908), conhecido no Brasil como *O vento nos salgueiros*, do escritor escocês Kenneth Grahame.

"Os músicos ingleses eram tão bons quanto os estadunidenses, só que mais originais", disse Boyd na mesma entrevista de 2008. "Eles aprendiam a música de uma forma excêntrica, seguindo as dicas de quem as compunha." O experimentalismo e a liberdade do trabalho de estreia do Pink Floyd endossam essa teoria à perfeição. Nessas criações de estruturas mais "normais", Norman Smith ajudou com arranjos e harmonias.

A sequência final é também uma importante introdução ao labirinto mental do *frontman*, que já dava sérios indícios de colapso devido às doses mastodônticas de comprimidos e tabletes que consumia. De acordo com Nick Mason, "havia rumores de que no apartamento de Syd você nunca deveria aceitar nenhuma bebida, nem água, porque tudo estava 'batizado'". Recomendou-se a Syd uma consulta com um psiquiatra, mas ele recusou. Foi mandado, então, para descansar na paradisíaca ilha espanhola de Formentera, mas não adiantou. Tiveram que cancelar a parte final da primeira turnê pelos EUA, tamanho o comportamento errático do guitarrista e vocalista.

David Gilmour (6 de março de 1946), conterrâneo de Cambridge e amigo de Barrett desde antes de sua mudança para Londres, ficou horrorizado ao vê-lo em maio na sessão de gravação do single "See Emily Play". Gilmour, que havia estado um ano em Paris sem ver Syd, afirmou anos depois que, no reencontro, percebeu que "ele tinha cruzado uma linha rumo à loucura". Boyd teve a mesma impressão: "depois que já não produzia mais o Pink Floyd, continuei encontrando o Syd no UFO, e vi seu declínio. Passei anos sem conseguir ouvir *The Piper at the Gates of Dawn*".

Fim de uma era, início de uma lenda

O álbum saiu na primeira semana de agosto. Em outubro, Syd simplesmente faltou a um show em Brighton; em outro, até compareceu, mas passou o tempo todo apenas assobiando. Em mais de uma ocasião, soltava todas as cordas do seu instrumento e se prostrava, olhando para o nada. A banda pensou até em imitar o "modelo de negócios" Beach Boys-Brian Wilson, no qual o principal – e problemático – compositor ficava em casa enquanto os demais músicos caíam na estrada, mas a ideia não vingou. Com uma rotina intensa de shows – em 1967 foram mais de duzentos –, Nick, Roger e Rick sabiam que precisavam tomar alguma atitude.

Jeff Beck, recém-saído dos Yardbirds, chegou a ser cogitado para a vaga que inevitavelmente se abria no *line-up*; mas foi mesmo Gilmour, que já vinha dando uma força nos palcos, o convocado para assumir a guitarra, dessa vez permanentemente. No início do ano seguinte, os companheiros já nem passavam para apanhar Syd no caminho dos concertos. Em abril ele estava oficialmente fora do Pink Floyd. Quatro anos depois, após uma tentativa breve de carreira solo com a ajuda dos ex-companheiros de banda, desapareceu para sempre dos holofotes, transformando-se numa das mais fascinantes lendas do rock. Até morrer, em 2006, viveu sob custódia familiar e cuidados médicos.

LEONARD COHEN

Songs of Leonard Cohen

[1967]

Hidra, uma das ilhas sardônicas da Grécia, 1966. Fitando o azul irrefutável do Mar Mirtoico, Leonard Cohen reflete. Aos 31 anos, o judeu canadense autoexilado há seis anos nesse paraíso de casinholas brancas já acumula em seu currículo editorial quatro livros de poesia e dois romances. O mais recente, *Beautiful Losers* (1966), até gerou bastante controvérsia em seu país de origem.

A vida de poeta e escritor expatriado ao sol é um deleite. Rende-lhe uma série de aventuras amorosas, que marcarão para sempre sua biografia, encontros formidáveis – hospedou o ícone beat Allen Ginsberg –, imersões no budismo e experimentos com drogas como o LSD e haxixe. Porém, seus livros não vendem.

Aterrorizado diante da alternativa pouco aventureira de que dispõe para sanar as finanças, a de se tornar professor universitário, ele toma uma decisão. Retornará, sim, à vida metropolitana da América do Norte. Só que trocando sua Montreal por Nova York – onde já residiu em 1956 – e, o que é mais audacioso, reinventando-se como cantor e compositor, profissão que oficializará com o lançamento, em 27 de dezembro de 1967, do histórico álbum *Songs of Leonard Cohen*.

Encontro com García Lorca

Privilegiado filho de uma das mais influentes famílias da comunidade judaica quebequense, rica a ponto de ter três empregados domésticos, Leonard Norman Cohen nasceu a 21 de setembro de 1934 em Westmount, bairro nobre de Montreal. A mãe, Masha, imigrara da Rússia nos anos 1920; o pai, Nathan, era dono de uma empresa de roupas finas e lutara na Primeira Guerra Mundial, motivo de sua invalidez progressiva nos anos posteriores. A morte de Nathan foi marcante o suficiente para que o filho, então com apenas nove anos de idade, começasse a escrever.

Em 1950, descobriu num sebo *The Selected Poems of Federico García Lorca*, o livro que o incentivou a redigir poemas. O ídolo espanhol, diga-se de passagem, viria a ser mais tarde homenageado por Leonard, que batizaria a filha como Lorca, em 1974, e traduziria seu "Pequeño Vals Vienés" na canção "Take This Waltz", de 1986.

Em maio de 1954, já estudando Literatura na Universidade McGill, onde teve aula com um de seus heróis, o poeta Irving Layton, Cohen foi publicado pela primeira vez, numa revista de Montreal. *Let Us Compare Mythologies*, o primeiro livro, saiu em maio de 1956, com 44 poemas e projeto gráfico do próprio autor. Rendeu-lhe o prêmio literário da McGill, mas um crítico reclamou da abundância de "sexo e violência" em seu conteúdo.

Flertando com romance e música

Mesmo sempre muito focado no ofício de escrever, Leonard estabeleceu também desde cedo um vínculo com a música. Na adolescência, aprendeu diferentes instrumentos, do violão ao clarinete, e chegou a atuar em bar mitzvás num trio de country formado em 1952, os Buckskin Boys. Em 1957, quando já vivia em Nova York, cursando pós-graduação na Universidade Columbia, registrou pela primeira vez sua voz em um disco, ainda que sem cantar.

Projeto da Canadian Broadcasting Company lançado pelo braço canadense do mítico selo Folkways, a coletânea *Six Montreal Poets* traz Cohen declamando oito poemas de seu livro de estreia. Em abril de 1958, quatro meses após testemunhar um bêbado Jack Kerouac recitando acompanhado por jazzistas no célebre Village Vanguard, tentou algo parecido, cantando com seu violão e declamando com o apoio do pianista quebequense Maury Kaye. Porém, insatisfeito e deprimido com a vida nova-iorquina, Leonard se mudou em dezembro de 1959 para Londres, amparado por uma bolsa do Conselho Canadense para redigir seu primeiro romance. Ao mesmo tempo, seu currículo poético aumentava com a edição de *The Spice-Box of Earth* em 1961.

Apesar de protagonizado por um *alter ego*, Lawrence Breavman, o tal romance, *A brincadeira favorita* (lançado em 1963) era um texto autobiográfico, com alusões ao declínio físico do pai morto precocemente. No começo do capítulo 3, Breavman rememora: "Seu pai vivia quase todo o tempo na cama ou em uma cabine de hospital. Quando ele estava de pé e andando, ele mentia".

A ilha

Foi na capital britânica que Cohen ouviu falar de Hidra, o paraíso insular preferido dos intelectuais autoexpatriados onde havia morado, entre outros notáveis, Henry Miller. Encantado com a ilha, em 27 de setembro de 1960 ele se tornou um proprietário local, aproveitando a herança da avó para arrematar uma casa de duzentos anos de idade e três andares, sem luz elétrica ou água encanada.

Convertido em caiçara parcial, rapidamente já tinha um amor da vida para chamar de seu, a norueguesa Marianne Stang. Passou a manter um pé em Hidra, onde dividia a casa com ela e o enteado, e o outro em Montreal, território de seus outros incontáveis *affairs*. Viajou também a países como Cuba, que ainda respirava os ares da Revolução de 1959. Simpático ao novo regime comunista, chegou a esboçar o livro *Famous Havana Diary*, que não terminou.

Durante o período "greco-canadense", outras duas coleções poéticas de Cohen vieram à tona. *Flowers for Hitler* (1964) era menos formal, com influência de cinema e quadrinhos e referências ao Holocausto; já *Parasites of Heaven* (1966) incluía versões ainda não musicadas de futuros clássicos, a exemplo de "Suzanne" e "Avalanche". Apareceu no documentário *Ladies and Gentlemen... Mr. Leonard Cohen*, de seu conterrâneo Don Owen, recitando ao violão e até – novidade – cantando. Quando na ilha, entre nadadas no mar e conversas no bar, mergulhava no que viria a ser *Beautiful Losers*, redigido durante nove meses sob efeito de ácido e *speed*, e que o levou à exaustão.

De linguagem por vezes delirante e temática recheada de tabus – religião, homossexualidade, escatologia, sexo com adolescentes, estupro –, o segundo romance de Leonard Cohen não podia passar despercebido. "Encontre uma santinha e foda-a repetidamente em alguma parte prazerosa do Céu", lê-se em uma passagem. Anos depois, em carta ao leitor para uma edição chinesa de *Beautiful Losers* em 2000, o escritor definiria o livro como uma "estranha coleção de *riffs* de jazz, piadas de pop art, kitsch religioso e preces abafadas".

Fato é que, com ou sem polêmica, a repercussão não garantiu o financiamento de sua vida de viagens, casos amorosos e arte. Até mesmo o bem-nascido Leonard precisava de dinheiro, e ele tinha certeza de que era na música que o encontraria. "Por favor, me descubram, tenho quase 30 anos", escreveu na parede do Le Bistro, um dos seus restaurantes favoritos em Montreal. Suas tipicamente autodepreciativas preces seriam atendidas.

A coragem de um "trintão"

Foi muito corajosa a atitude de Cohen de, em plena segunda metade dos anos 1960, uma época em que juventude se considerava um valor supremo, bancar o "trintão" calouro justamente em Nova York. Embolava ainda mais o seu meio de campo a saturação do mercado voz-e-violão local. Afinal, a mais culturalmente competitiva das cidades vinha, por décadas, sendo o epicentro de repetidos revivals do folk estadunidense de raiz. E, convenhamos, em 1966 as preferências dos jovens já se inclinavam mais aos rebentos da revolução psicodélica – de Beatles a Jimi Hendrix, de Pink Floyd a Byrds – do que a Pete Seeger e Joan Baez. Até a divindade imaculada dos xiitas acústicos, Bob Dylan, tinha mandado tudo às favas e aderido à guitarra elétrica.

Mas Leonard não nasceu para remar a favor da maré. Já o entregava a sua pinta de jovem Al Pacino, nada roqueira, diametralmente oposta à vigente estética hippie: nariz esplêndido de avantajadas narinas, cabelo curto, paletó e camisa social. "Nasci de terno", costumava brincar. Trocando Hidra por outra ilha, a de Manhattan, mudou-se para o célebre Chelsea Hotel, onde Mark Twain vivera e Dylan Thomas morrera. Em 2009 seria inaugurada uma placa em sua homenagem no hotel.

Conheceu Patti Smith e Lou Reed (que era fã de *Beautiful Losers*), namorou a conterrânea Joni Mitchell, tomou repetidos foras da cantora

e atriz alemã Nico e recebeu sexo oral de Janis Joplin, situação futuramente relatada na balada "Chelsea Hotel Nº 2", de 1974. Na valise,
portava suas primeiras composições musicais, um pequeno tesouro
que o isolamento helênico tornou imune à tabuada de influências
obrigatórias para quem ousava, naqueles dias vorazes, se converter
num *singer-songwriter*.

Uma das primeiras pessoas que o ouviram foi a estrela folk Judy
Collins, que gravou "Suzanne" e "Dress Rehearsal Rag" em seu álbum
In My Life (1966). Foi Judy quem melhor descreveu a escrita do amigo.
"Você acaba de escutar uma canção de Leonard e sabe que ele disse
tudo o que tinha pra dizer; ele não a abandona até ela estar finalizada."
O problema desse atributo era o tempo empregado pelo canadense no
refinamento de seus versos. No documentário *Leonard Cohen: I'm Your
Man* (2005), da diretora australiana Lian Lunson, Cohen admite às
vezes passar "anos" numa mesma composição.

O lendário produtor John Hammond seguiu a pista de Collins e
fisgou o "coroa" inexperiente para a respeitada gravadora Columbia,
casa de Miles Davis e Bob Dylan, com a qual Cohen assinou contrato
em 26 de abril de 1967. De volta por uns meses a Montreal, passou a
preparar o resto do que viria a ser *Songs of Leonard Cohen*.

Forjando uma estética

Realizadas em três estúdios diferentes da Columbia entre maio e
novembro de 1967, com uma pausa de um mês, as gravações foram
produzidas inicialmente por Hammond e depois pelo então novato
John Simon. Cohen registrou 25 canções, selecionando 10 para o repertório final. A foto de capa foi tirada em uma cabine de uma estação
de metrô de Nova York, enquanto a contracapa é ilustrada por uma
versão mexicana da "Anima Sola", imagem católica representando uma
alma (de mulher) no purgatório.

As dez composições que se escutam durante os 41 minutos do
disco configuram uma coleção muito mais "europeia" do que o trabalho de contemporâneos famosos. Ainda que as comparações fossem
inevitáveis, não se pareciam com as escritas por Dylan, ou por Paul
Simon, ou pelo escocês Donovan. Não por acaso, Leonard faria sempre

mais sucesso no Velho Continente do que nos Estados Unidos. *Songs of Leonard Cohen*, por exemplo, chegou ao número 13 da parada do Reino Unido, mas apenas ao 83 do outro lado do Atlântico.

As melodias e ritmos do álbum bebem do folclore judaico que o compositor herdou da mãe, filha de rabino que lhe cantava em ídiche e russo, da *chanson* franco-belga valseada de Jacques Brel, dos acordes de flamenco que um violonista espanhol lhe ensinara na adolescência e dos lamentos gregos que absorveu em Hidra. Em metade dos arranjos, contou com a presença não creditada do quarteto californiano Kaleidoscope, acompanhantes de Nico que se arriscavam em instrumentos pouco convencionais.

Esses traços euro-orientais são notáveis na presença de violino e bandolim, em faixas como "Stories of the Street", e no dedilhado aflamencado e insistente de "Teachers". Ou na clássica "So Long, Marianne", carta de despedida a sua companheira durante praticamente todos os seus anos de ilha, ainda que ele mantivesse paralelamente alta atividade sexual-afetiva em terras norte-americanas. O registro da canção demorou quatro semanas para ficar pronto. O romance entre Leonard e Marianne gerou o tocante documentário *Marianne & Leonard: Words of Love*, de Nick Broomfield, lançado em 2019.

Liricamente, o disco promove uma impressionante amostragem, ao mesmo tempo cerebral e sensível, do quadrado temático "vinho, mulheres, canções, religião" que o próprio Cohen, judeu praticante assombrado pela depressão, assumia como lema. É poesia musicada, mas que se sustenta sem acordes e melodias, silenciada nas páginas de um livro. Um mundo sensorial e místico de imagens fortes, desenhado por um Don Juan calejado em mil vidas; uma voz de sabedoria entre jovens adultos, emitida por um romântico devoto de John Keats.

Quase não cantor

E, claro, há também a voz. Naquele mundo folk sessentista estadunidense, onde as estrelas precisavam se distinguir pelas peculiaridades vocais, Leonard cuidou de encontrar a sua. Se Joan Baez ostentava uma técnica que beirava o lírico, Simon & Garfunkel apostavam nas harmonias refinadas e Dylan era provocativamente anasalado, o *outsider* canadense concebeu um estilo original: intimista, monótono, esfíngico.

Sua toada hipnótica, reticente a uma expressividade melódica pronunciada, era quase a de um "não cantor", atraindo o ouvinte a uma redoma de mistério. Tornou-se rapidamente a marca registrada de um trovador introvertido, mais inclinado a recitar sonetos sozinho no quarto do que em saraus. "Da mesma forma que a poesia escrita por ele tinha uma melodia implícita, suas melodias tinham uma poesia implícita", define a jornalista e escritora inglesa Sylvie Simmons em sua minuciosa biografia *I'm Your Man: a vida de Leonard Cohen* (2016).

Surgia uma nova estética, que se mostraria amplamente influente. Talentos surgidos depois, como Jarvis Cocker, Mark Sandman e Bill Callahan, que o digam. Só mesmo o próprio Cohen superaria esse estilo tão idiossincrático quando, já quinquagenário e com a voz naturalmente mais grave, se repaginou como o mais descolado dos *crooners* a partir do LP *Various Positions* (1984).

Minimalismo épico

Os trabalhos em estúdio se desenrolaram em meio a excentricidades de músico tardio – inseguro, ele mandou trazer um espelho para poder se ver cantando – e discordâncias com John Simon, defensor de arranjos mais rebuscados. Cohen, que se sentia intimidado pelos músicos profissionais, inicialmente queria gravar seguido apenas por seu violão e não muitos outros detalhes. Mas o produtor inseriu *backing vocals* e cordas. A queda de braço, que terminou com Simon entregando a mixagem ao próprio Leonard e ao engenheiro de som Warren Vincent, não teve exatamente um vencedor. O resultado saiu mais enfeitado do que o autor desejava, mas bem mais cru do que a grande média das bolachas lançadas na incrível safra 1967.

De qualquer maneira, em nenhum momento o instrumental atravessa a preciosa cumplicidade entre o narcótico canto de Leonard e o ouvinte, que se estabelece desde a primeira frase da gloriosa "Suzanne", faixa de abertura. Composta para um amor platônico, Suzanne Verdal, dançarina de dezessete anos casada com um amigo (não confundir com Suzanne Elrod, futura mãe de seus filhos), a balada precisou de dezenove tomadas para satisfazer seu dono. Recorrendo ao imaginário cristão para ilustrar o arrebatamento pela musa "meio louca", que lhe ensinou como "olhar entre o lixo e a flores", "Suzanne" persiste como um dos seus grandes hinos.

Já "Master Song" e "The Stranger Song", dois fabulosos épicos minimalistas – uma abordagem paradoxal que talvez só Cohen alcance –, nos obrigam a prender a respiração a cada carga de tensão criada, estrofe a estrofe, à espera do desenlace resolutivo que esperamos para o verso seguinte. O alívio final só vem, em forma e conteúdo, com "Sisters of Mercy", uma valsa graciosa que se faz valer novamente de metáforas religiosas para abordar dores da alma ("Quando você não se sente sagrado / Sua solidão lhe diz que você pecou"). Outro clássico.

Mais direta, "Hey, That's No Way to Say Goodbye" tem o sabor preciso de uma ruptura sentimental com alguém cuja silhueta é a de uma "tempestade dourada dormente". Mesma orientação da derradeira "One of Us Cannot Be Wrong", uma das cinco canções que compôs para o amor não correspondido da estonteante Nico, na qual lhe implora: "Deixe-me entrar na tempestade".

Songs of Leonard Cohen era o sutil prenúncio da excepcionalidade de uma carreira que, novamente pegando todos os prognósticos no contrapé, duraria outros cinquenta anos, abrangendo mais quatorze LPs de estúdio (incluindo um póstumo) e quatro livros. Com direito a extravagâncias só mesmo permitidas a um Leonard Cohen, como sua decisão de acampar com soldados israelenses na Guerra do Yom Kippur (1973), ou sua conversão em monge budista num longo retiro entre 1993 e 1999.

Publicado originalmente no site da revista *Quatro Cinco Um* em 5 de novembro de 2021 e no número 52 da mesma publicação, de dezembro de 2021.

THE JIMI HENDRIX EXPERIENCE
Axis: Bold as Love
(1967)

O fato de que a Jimi Hendrix Experience tenha lançado os seus três monumentais discos oficiais de estúdio em um período de apenas dezessete meses – entre maio de 1967 e outubro de 1968 – diz muito sobre o quão mágica foi a segunda metade da década de 1960 para o rock anglo-americano. Mais do que isso: tal testamento de prolificidade explicita o nível da genialidade da estrela do trio, Jimi Hendrix, um guitarrista afro-americano que, após anos ralando como músico de apoio incógnito de artistas soul num Estados Unidos ainda parcialmente segregado, precisou ser descoberto por ingleses brancos para ter o devido reconhecimento.

Entre o jorro de clássicos psicodélicos do trabalho de estreia, *Are You Experienced*, e o LP duplo *Electric Ladyland*, farto em longas *jams* e músicos convidados, desponta o espetacular *Axis: Bold as Love*. Lançado em 1º de dezembro de 1967, menos de seis meses após o seu antecessor, o segundo álbum da Jimi Hendrix Experience é o que melhor a sintetiza, equilibrando de forma sublime a mais inspirada safra de canções de seu líder, o auge do entrosamento dele com o baixista Noel Redding e com o baterista Mitch Mitchell, e sua bem-sucedida imersão experimentalista nas novas tecnologias de estúdio. A qualidade das composições, a sonoridade ácida, a clareza dos timbres e a volúpia da execução instrumental de *Axis: Bold as Love* ainda estão por ser superadas.

Um paraquedista canhoto

Nem sempre foi tudo assim tão divino-maravilhoso na vida de Jimi Hendrix. Pelo contrário. O caminho até o olimpo roqueiro foi longo e tortuoso para o bisneto de negros escravizados, também descendente de brancos e indígenas. Nascido a 27 de novembro de 1942 em Seattle, cidade que então tinha apenas 5% de população afro-americana, Johnny Allen Hendrix, depois rebatizado James Marshall Hendrix, era o primogênito em uma família turbulenta, fragmentada pelas idas e vindas da relação amor-ódio entre o pai, o militar Al, e a mãe Lucille. Pobre, boêmio e com problemas ligados ao alcoolismo, o casal chegou a entregar dois de seus cinco rebentos para instituições de cuidado infantil, e Buster, como Johnny/James fora apelidado pela família, cresceu acostumado a morar com tios, avós e amigos. Lucille morreu em 1958, tornando-se uma figura mitológica para o filho, que lhe dedicaria mais de uma canção.

A música entrou na vida de Buster na adolescência. Um amigo o levava a cultos de igreja, onde se impactou com os coros gospel e chegou a presenciar Little Richard no papel de pregador. Apreciava guitarristas de diferentes escolas, de Chuck Berry a Duane Eddy, passando por B. B. King, e já era um craque em *air guitar* antes de ganhar o seu primeiro instrumento, aos quatorze anos. O pai achava que tocar com a mão esquerda era coisa do diabo, então o canhoto James aprendeu a se virar também na posição destra. Sua primeira banda foi The Velvetones, mistura de rhythm and blues, blues e jazz. Depois vieram The Rocking Kings e The Tomcats.

Preso em maio de 1961 em um carro roubado – ele sempre negou saber da procedência ilícita do automóvel –, James topou um acordo que envolvia o seu alistamento no exército para escapar de uma condenação. Incorporado à concorrida 101ª Divisão Aerotransportada dos Estados Unidos, situada em Kentucky, no outro lado do país, ele se tornou paraquedista e um bom atirador, mesmo tendo problemas de visão. Anos mais tarde, revelou ter sido abusado sexualmente por um militar, embora não tenha especificado se isso ocorreu durante seu período como soldado.

Entre um salto e outro, praticava compulsivamente numa guitarra enviada pelo pai, montando o grupo The King Kasuals com o baixista Billy Cox, que anos mais tarde tocaria na sua Band of Gypsys. Aguentou dez meses de farda, até alegar o "distúrbio" de homossexualidade ao psiquiatra de plantão e deixar-se flagrar se masturbando no quartel. Finalmente, em junho de 1962, conseguiu ser liberado.

Currículo sem igual

De volta à esfera civil, o Kasuals seguiu em frente atuando na vizinha Nashville. James também esteve no Canadá ao lado de Bobby Taylor & The Vancouvers, combo que misturava soul, surf e garage rock e que tinha Tommy Chong, da dupla cômica Cheech & Chong (!), em sua formação. Nessa época, começou a usar anfetamina para aguentar as apresentações intermináveis, rebatendo a "pilha" com maconha.

Ao longo dos dois anos seguintes, ele viveria uma impressionante saga como músico de estrada, ralando no chamado circuito Chitlin', rede informal de estabelecimentos dos EUA profundos dedicados à música negra. O espantoso currículo que forjou entre uma espelunca e outra, injustamente ofuscado por sua posterior obra como artista solo, ajuda a entender a originalidade do som que ele viria a criar. Afinal, nenhum

de seus contemporâneos de cânone roqueiro, todos brancos, chegou nem perto de acumular a mesma experiência que ele antes da fama. Tocou com Carla Thomas, Jerry Butler, Slim Harpo, Chuck Jackson, Solomon Burke, Otis Redding, The Marvelettes e Bobby Womack, entre outros.

Em 1964, estabeleceu-se no Harlem, em Nova York, trabalhando com os Isley Brothers (é sua a guitarra de singles do grupo como "Testify"). Contribuiu também com "Mercy, Mercy", de Don Covay, primeira gravação sua a entrar no top 40 da parada dos Estados Unidos. Lançando mão de diferentes pseudônimos, como Maurice James, Jimmy James e Jimmy Jim, no mesmo ano ainda atuou nos Upsetters, como músico de apoio de Little Richard, e fez shows com Ike & Tina Turner.

Porém, avesso à típica rigidez dos arranjos dos artistas de soul e rhythm and blues, o cada vez mais criativo e virtuoso James nunca durava muito em nenhuma banda, sendo dispensado por querer tocar de forma mais exuberante do que lhe correspondia. Passou boa parte de 1965 prestando serviços ao *soulman* Curtis Knight. Também colaborou com o grande saxofonista King Curtis. (Ainda havia um terceiro Curtis no seu radar, o Mayfield, mas este foi apenas um inspirador, e não empregador.) Deu tempo também de fazer turnê com Joey Dee & The Starlighters, grupo mais roqueiro e integrado por brancos e negros.

O caminho rumo à carreira solo, porém, começou a ser traçado quando o guitarrista furou a bolha e cruzou a linha racial-musical não declarada daquela época, passando a frequentar a cena folk de intelectuais brancos dos cafés do badalado bairro nova-iorquino Greenwich Village. O ácido, que tomou pela primeira vez em maio de 1966, foi uma revelação, bem como a obra de Bob Dylan, autor de *Blonde on Blonde*, álbum daquele ano que embalou a sua primeira viagem lisérgica. A partir dali, à frente de seu novo trio Jimmy James & The Blue Flames, com o qual já testava efeitos sonoros tipo o *fuzzbox* e se assumia também como cantor, ele listaria o compositor de Minnesota entre os seus favoritos, ao lado de Mozart e Muddy Waters. Um ecletismo que não era bem-visto no circuito Chitlin'.

A saída era o aeroporto

Foram vários os artistas e empresários que espiaram os Blue Flames em sua residência no Cafe Wha, até a chegada de Chas Chandler, ex-baixista da banda britânica The Animals com pretensões de empresário, que convidou o *frontman* a se mudar para Londres. Hendrix hesitou, mas disse que, se lhe apresentassem a Eric Clapton, ele toparia. Em 23 de setembro de 1966, aos 23 anos, embarcou rumo ao Reino Unido com quase nada de bagagem além da guitarra e do dinheiro emprestado por amigos.

Na *Swinging London*, rapidamente Chandler e seu sócio Michael Jeffrey recrutaram para o baixo Noel Redding, inglês da cidade de Folkestone que até então era guitarrista. Dias depois, em 1º de outubro, o oficialmente rebatizado Jimi Hendrix já estava dividindo o palco com o ídolo Clapton, em *jam* ao vivo com o seu temido Cream, primeiro supergrupo e *power trio* do rock.

"Parecia o Buddy Guy louco de ácido", relatou o colega de instrumento anos mais tarde. Nem ele, nem ninguém conseguia acreditar no que ouvia. Graças à sua misteriosa perícia quanto ao uso de efeitos e da alavanca, em suas mãos a guitarra se transformava numa ferramenta tridimensional, levando a experiência musical além das fronteiras do combo ritmo + melodia + harmonia.

O astro roqueiro francês Johnny Hallyday, que testemunhou aquele encontro, ofereceu ao recém-chegado norte-americano uma turnê em seu país. Antes de tomarem o rumo de Paris, fecharam o que seria The Jimi Hendrix Experience com o baterista Mitch Mitchell, um ex-ator infantil versado no jazz moderno de John Coltrane e Charles Mingus, natural do município inglês de Ealing.

Na volta, em outubro, entraram no estúdio De Lane Lea para gravar o compacto "Hey Joe", composição do cantor Billy Roberts – e que Hallyday registraria em francês pouco depois. No lado B aparecia a primeira canção de autoria de Jimi, "Stone Free", ode ao desfrute poligâmico que ele elaborou numa noite. Saiu pelo pequeno selo Track Records, dos empresários do Who, em 16 de dezembro, chegando ao número 6 da parada inglesa.

Era o sinal verde para as gravações do material que resultaria no primeiro álbum, concretizadas nos horários que davam, em diferentes estúdios, entre viagens bate e volta que faziam para shows fora de Londres. A correria era tanta que, nessa fase, Hendrix compunha uma canção por dia e gravava três numa mesma sessão. Incluindo maravilhas que se tornariam clássicos definitivos do rock, como "Fire", "Manic Depression" e a faixa-título, *Are You Experienced* foi lançado pela Track em 12 de maio de 1967, com produção de Chandler. Alcançou o segundo lugar na parada inglesa, atrás apenas de *Sgt. Pepper's Lonely Hearts Club Band*. Numa estripulia audaciosíssima, aliás, apenas três dias após o lançamento do álbum dos Beatles, a Experience abriu um show com um cover da música que batizava o clássico dos ingleses diante de um perplexo Paul McCartney. Outros frequentadores de seus concertos, diga-se, eram Pete Townshend, Jimmy Page e os Rolling Stones, entre dezenas de outros famosos.

Faltava, porém, a conquista da sua terra natal. E ela começou a partir de junho, quando a Experience fez o mais esperado dos shows da mítica edição de 1967 do Festival Pop de Monterey, concluído com a inesquecível cena do *guitar hero* ateando fogo e esmigalhando sua Fender Stratocaster. Editado em terras estadunidenses pela Reprise em agosto, com o ponto de interrogação no nome e lista de faixas diferente, *Are You Experienced* atingiria o quinto posto da parada no ano seguinte. O autoexilado guitarrista, que menos de um ano antes saíra do país como anônimo, reinava agora também em casa, para um público predominantemente branco. Os ativistas do Panteras Negras pegariam bastante no seu pé por causa desse detalhe.

Brincando no estúdio

No frenesi daqueles tempos, mal se pode distinguir quando termina o processo de divulgação do primeiro álbum e começa a criação e gravação do que viria a ser *Axis: Bold as Love*. O grosso do repertório da segunda bolacha foi cozido no Olympic Studio, em Londres, ao longo de outubro de 1967, novamente nos escassos intervalos entre shows. Segundo testemunhas, foi a fase mais feliz do trio.

Mais uma vez, a produção do álbum acabou creditada oficialmente a Chas Chandler. Mas o grande fato técnico sobre sua feitura foi a conexão entre o apetite de Jimi por testar as possibilidades de estúdio e a capacidade de transformar isso em realidade por parte do engenheiro de som sul-africano-britânico Eddie Kramer, parceiro desde *Are You Experienced*. Kramer estava ao mesmo tempo trabalhando em *Magical Mystery Tour* (1967), trilha sonora de filme homônimo dos Beatles, e não hesitava em disponibilizar ao cliente menos famoso as novidades experimentadas com os Fab Four.

As sessões foram rápidas e intensas, mas também complicadas, devido ao tempo gasto com a exploração de truques tecnológicos arrojados como o *phasing*, novos enfoques para o *feedback* guitarrístico e o emprego de geringonças sonoras criadas sob encomenda pelo engenheiro Roger Mayer, como o pedal oitavador conhecido como Octavia. Ainda sofrendo um bocado para exercer o ofício de vocalista, ele só botava suas vozes ao final de tudo, sempre com o estúdio praticamente vazio.

Registrado em mono com apenas quatro canais, *Axis: Bold as Love* é mais claro e limpo do que o primeiro disco, além de trazer canções redondíssimas, executadas com estrondosa pegada. A multicolorida e psicodélica capa de inspiração hinduísta, desenhada por David King e Roger Law – que o cantor, num primeiro momento, reprovou –, ilustra de forma primorosa o conteúdo do LP que embalava.

Coleção preciosa

O interesse de Hendrix por ficção científica rege a brincadeira de estúdio "EXP", que abre o repertório de forma estranha, por meio de uma fake-entrevista de rádio sobre alienígenas protagonizada por ele e Mitch Mitchell, com as vozes de ambos manipuladas. Mas a impressão que dá é que o disco começa para valer em "Up from the Skies", sua segunda faixa e único single, um delicioso híbrido entre rhythm and blues e jazz pontuado pela guitarra wah-wah e pela levada com vassourinhas de Mitchell. "Se meu pai me pudesse ver agora", diz o verso final.

O clima suave se quebra de forma repentina com a brutal "Spanish Castle Magic", sobre um clube noturno perto de Seattle de mesmo nome. A música tem um dos mais estremecedores *riffs* de toda a discografia hendrixiniana, potencializado pelo piano tocado por Kramer e um baixo de oito cordas turbinado com o Octavia, executado pelo próprio Jimi. Menos pesada, com a Stratocaster operando limpa, "Wait Until Tomorrow" é uma das mais palatáveis e animadas da série. Deu canseira para gravar, porque ele não acertava a introdução dedilhada.

Depois de "Ain't No Telling", um rock acelerado, direto e sem firula, aparece uma das mais lindas baladas compostas pelo guitarrista, "Little Wing", em homenagem à mãe. "Quando estou triste, ela vem a mim", consola-se o cantor, enquanto a melodia é dobrada por um minivibrafone Glockenspiel e sua voz surge processada via *phasing* e o uso de uma caixa Leslie (amplificador de órgão).

Já "If 6 Was 9", outro grande momento de *Axis*, foi gravada quatro meses antes das sessões no Olympic, e por pouco não ficou de fora do corte final, porque a fita com a gravação original estava em mau estado. Estruturada em uma inovadora dinâmica de ruídos e silêncios envolvendo o poderoso *riff* de guitarra e os vocais, a faixa se encaminha ao *fade out* com um dos solos de guitarras mais alucinógenos da era psicodélica, soando como se uma gaivota estivesse tocando flauta. Em meio a isso, o astro avisa: "Vou morrer quando tiver que morrer / Então me deixe viver a vida".

Mal dá para respirar até a porrada "You Got Me Floatin'", suingue roqueiro de pegada dinamitadora que se tornou marca registrada da Experience. Nos *backing vocals*, comparecem Roy Wood e Trevor Burton, do Move, grupo com quem estavam em turnê – juntamente com Pink Floyd – e Graham Nash, do Hollies. E, por falar em bandas inglesas contemporâneas, a Small Faces, favorita de Redding, é a referência principal de "She's So Fine", que ele compôs e cantou. Vale registrar que, durante os três anos em que a banda existiu, o baixista nunca esteve plenamente conformado com o protagonismo exclusivo do célebre vocalista.

Antes, porém, brilha "Castles Made of Sand", possivelmente escrita a respeito do relacionamento conflituoso entre Al e Lucille. "Você não vai me machucar mais", lê-se em uma estrofe. Tão bonita quanto ela é "One Rainy Wish", na qual cascatas de guitarra floreiam a melodia vocal e ressaltam a letra sobre cores e sonhos. Por outro lado, "Little Miss Lover" apresenta o *groove* distorcido de funk-rock que influenciaria artistas de diferentes gerações posteriores, a começar pelo Funkadelic de George Clinton. Pavimenta-se bem a rota para "Bold as Love", uma quase balada soul de refrão potente e que garante um final em grande estilo, com direito à coda instrumental toda dissolvida no então revolucionário *phasing*.

Outras quatro gravações realizadas no Olympic não entraram no repertório definitivo, incluindo a psicotrópica "Little One", com Dave Mason, do Traffic, na cítara. Após quatro dias de mixagem, a labuta terminou em 31 de outubro. Só que Hendrix perdeu uma das fitas num táxi, o que acarretou uma remixagem parcial do zero. Eddie Kramer lamentou, garantindo que a primeira versão era imbatível.

Perto do fim

Axis: Bold as Love chegou às lojas britânicas em 1º de dezembro de 1967. Permaneceria na parada por 16 semanas, atingindo o 5º lugar. Nos Estados Unidos, onde foi editado em 10 de janeiro de 1968, teve desempenho até melhor, ficando na lista por 55 semanas e subindo à 3ª colocação. Curiosamente, Jimi não demonstraria especial apreço pelo álbum, incluindo nos setlists dos shows somente "Spanish Castle Magic" e "Little Wing". Já no começo de 1968, o terceiro trabalho, *Electric Ladyland*, começava a ser esboçado.

Os bastidores das turnês continuavam uma mistura de orgia e caos (o guitarrista foi preso duas vezes entre 1968 e 1969), e o desgaste era cada vez maior. A última apresentação oficial ocorreu em Denver, a 29 de junho de 1969. Mitch Mitchell ainda participou de uma das bandas seguintes montadas pelo companheiro, o Gypsy Suns and Rainbows, com a qual tocaram em Woodstock em agosto, mas foi substituído por Buddy Miles na Band of Gypsys. Voltou para uma derradeira versão da Experience, com Cox no baixo, que excursionou na primeira metade de 1970.

Jimi morreu em 18 de setembro de 1970, menos de dois anos depois do lançamento de *Axis: Bold as Love*, em um hotel londrino. Desacordado após misturar comprimidos Vesparax para dormir com álcool, anfetaminas e outras drogas, não resistiu quando o pulmão aspirou o conteúdo de seu estômago. Tinha só 27 anos.

ARETHA FRANKLIN
Aretha Now
(1968)

Um dos grandes acontecimentos musicais da segunda metade dos anos 1960 foi a ida de Aretha Franklin à Atlantic Records. Ainda adolescente, a cantora e pianista nascida em 25 de março de 1942 tinha iniciado sua trajetória como intérprete gospel, sob influência do pai, o respeitado pastor batista Clarence LaVaughn Franklin. Ele se mudara com a família de Memphis, cidade natal de Aretha, para Detroit, tornando-se amigo de gigantes do jazz e do soul, como Duke Ellington e Ella Fitzgerald, que a filha cresceu vendo de perto.

Mãe de dois filhos já aos quatorze anos, Aretha estava acostumada à precocidade. Aos dezoito anos, em 1960, ela foi contratada pela Columbia, gravadora que era sinônimo de excelência nos departamentos de jazz e folk. Migrou para a canção secular, lançando uma série de álbuns com repertório misto de jazz, rhythm and blues e *standards* da canção estadunidense. Mas foi só em 1967, quando se transferiu à Atlantic, gravadora que disputava o *share* de mercado de música negra jovem com a Motown e a Stax, que ela começou a fazer história.

Com o auxílio do mítico produtor Jerry Wexler, Aretha se decantou pela então emergente soul music, encontrando o seu estilo definitivo. O resto é história: nos mais de cinquenta anos de carreira que se sucederam, doze dos quais na Atlantic, a diva emplacou 17 hits no top 10 da parada da *Billboard* (incluindo dois números 1), ganhou dezoito Grammys, vendeu 75 milhões de discos e fez por merecer o título perpétuo de Rainha do Soul. Nas duas listas que publicou com os melhores cantores e cantoras de todos os tempos, o top 100 de 2008 e o top 200 de 2023, a revista *Rolling Stone* a posicionou no número 1.

Período turbulento

É difícil encontrar um álbum do início desta fase de Aretha – inaugurada com o lindo *Never Loved a Man the Way I Love You*, de 1967 – que não seja muito bom. Mas *Aretha Now*, o quarto da lista em ordem cronológica, é o que melhor canaliza todo talento que a cantora vinha curtindo na fase anterior e que, aplicado num novo entorno, explodia. Lançado em junho de 1968, traz apenas meia hora de música distribuída em dez faixas. Um pacote enxuto, mas farto o suficiente para a estrela demonstrar todo o prisma de tonalidades que ela era capaz de emitir, dessa vez dentro do universo soul.

O disco é também a resposta da estrela a um momento turbulento de sua vida. O casamento com o compositor e seu empresário Ted White terminava. Estressada, operava sob pressão, gravando até três LPs por ano – *Lady Soul* saíra apenas cinco meses antes, e até o fim de 1968 ainda viria *Live in Paris*. Os acontecimentos do mundo, num ano louco como aquele, tampouco ajudavam a acalmar. Em abril, no funeral de Martin Luther King, cantara o clássico gospel "Precious Lord, Take My Hand"; em agosto, entoaria o hino nacional dos Estados Unidos na Convenção do Partido Democrata.

Cardápio variado

Mesmo assim, Wexler revelou que *Aretha Now* foi um trabalho mais tranquilo de se realizar do que os seus antecessores, sendo registrado em apenas cinco dias. Como nos outros discos da etapa soul da diva, a gravação base, de voz e banda, executou-se ao vivo no Atlantic Studios de Nova York, com *overdubs* dos *backing vocals* e metais acrescentados posteriormente em outros dois canais.

O repertório é variado já na grade de créditos das canções escolhidas, na qual convivem lado a lado divindades pop-soulistas, como Sam Cooke; jovens brilhantes que deslanchariam nos anos seguintes, como Isaac Hayes; os mestres das baladas açucaradas Burt Bacharach e Hal David; e a própria Aretha. Por sugestão de Wexler, entrou também "Night Time Is the Right Time", escrita por Lew Herman, mas conhecida na voz de Ray Charles.

Mais elástico ainda, porém, é o espectro de arranjos. "Think", composição da própria cantora e de White escolhida como primeiro compacto (lançado em maio), apresentava marcação pesada de baixo e bateria no primeiro tempo dos compassos, flertando com o funk "puro" de James Brown. Chegou ao número 7 da parada da *Billboard*. Doze anos depois, ganharia nova versão para o filme *Os irmãos cara de pau* (1980), que marcou época não por acaso.

"You're a Sweet Man" copia a levada sincopada "para trás", também inventada por Brown em sua revolucionária "Cold Sweat", do ano anterior. Era uma das contribuições de Ronnie Shannon, compositor de Detroit descoberto pela própria Aretha, e de quem ela já havia gravado "Baby, I Love You" e "I Never Loved a Man (The Way I Love You)" antes. A outra era "I Can't See Myself Leaving You", lançada como single em abril de 1969, o embalo suingado perfeito para fechar o álbum.

Já "See Saw" (releitura de composição do *soulman* Don Covay), "I Take What I Want" (de Hayes, Mabon Hodges e David Porter, popularizada pela dupla Sam & Dave) e "A Change" (Dorian Burton, Clyde Otis) são petardos diretos e impiedosos, em tempo acelerado, dignos de embalar a cena dançante conhecida como northern soul, então nascente no Reino Unido.

Um hino

E, no meio de tudo, aparece "I Say a Little Prayer", o outro dos três singles do disco editados no mercado norte-americano (pelo menos outros dois, "See Saw" e "You're a Sweet Man", também sairiam em 7 polegadas na Europa). Diante do desafio de reler uma das mais inspiradas composições de Bacharach e Porter, que havia chegado ao número 4 em 1966 na voz de Dionne Warwick, Aretha tirou de letra com louvor.

Lançada em julho, sua versão, mais lenta e consideravelmente mais emotiva que a original, é um exemplar astronômico do encontro entre gospel, soul e balada. O refrão catártico, na interpretação da diva, sublinhava ainda mais a faceta pop da canção, e a gravação atingiu o número 10 da lista norte-americana em outubro de 1968, marcando para sempre a sua carreira. Burt Bacharach diria mais tarde que, com todo respeito a Dionne, a versão de Aretha tornara-se a definitiva.

Súditos craques

Tampouco se pode falar em *Aretha Now* – nem de qualquer outra joia desse período iluminado de Aretha na Atlantic – sem se mencionar a ficha técnica. Jerry Wexler e seu fiel escudeiro, o engenheiro de som e arranjador Tom Dowd (gigante que gravou a nata do jazz, soul e rock), reuniram no Atlantic Studios boa parte dos músicos que construíram o beabá da mais fina música negra, e não só, das décadas de 1960 e 1970.

A banda-base abrigava o baterista Roger Hawkins, o guitarrista Jimmy Johnson e outros membros do coletivo que no ano seguinte fundaria, com uma mãozinha de Wexler, o estúdio Muscle Shoals, em cidade de mesmo nome no Alabama. Foi em álbuns como os de Aretha que eles criaram uma reputação mundial que lhes garantiria a participação em centenas de gravações – incluindo em trabalhos de roqueiros brancos como Traffic e Rod Stewart – e seria assunto do documentário *Muscle Shoals* (2013). (Ver texto sobre o álbum *Be Altitude: Respect Yourself,* do Staple Singers, na página 117.)

Em *Aretha Now*, eles se cercam de outros gigantes dos estúdios, como o saxofonista King Curtis (coautor de "Hello Sunshine", outra belezura soul do repertório) e o cantor e compositor Bobby Womack (guitarrista em "A Change"), além do naipe de metais do Memphis Horns, orgulho da cidade natal da cantora. Menção altamente honrosa para as *backing vocals* do Sweet Inspirations (de Cissy Houston, mãe de Whitney), que dão show à parte em "I Say a Little Prayer".

ANOS 1970

OUSADIA E EXCESSOS

Ouça uma seleção de músicas da década em sua plataforma preferida

A era dourada dos álbuns, também conhecida como década de 1970, é possivelmente o período mais fascinante da septuagenária história dos LPs. Foi nesse período que os artistas puderam dar corpo a seus mais delirantes excessos, cortando suas amarras e embarcando de vez na "viagem" do disco. Até gravadoras como a Motown, consolidadas nos anos 1960 à custa de centenas de singles que marcaram uma época, deram o braço a torcer. Tiveram que se render a gente como Marvin Gaye e Stevie Wonder, gênios com muito a dizer e cujo talento não cabia mais em lançamentos de 7 polegadas.

O amor que a turma do início dos anos 1960 tivera pelos compactos se transferia às bolachas pelas mãos da nova geração. A crença dos artistas no formato era tamanha que um nome como Led Zeppelin, baluarte de um dos subgêneros mais tipicamente setentistas, o hard rock, relutava o quanto podia em lançar singles. Como as vendas eram ainda maiores do que haviam sido na era dos compactos, e um LP gerava mais lucro do que um single, a indústria deitou e rolou. Surgiam os primeiros conglomerados fonográficos gigantescos, como a WEA, fusão de Warner, Elektra, Atlantic e Asylum. E essa pujança das gravadoras, cada vez mais competidoras entre si, permitiu aos artistas, cujas contas bancárias transbordavam, arriscarem-se ainda mais.

Do Reino Unido vinha a onda do rock progressivo, apta não só aos chamados trabalhos "conceituais" – que viveram o seu auge –, mas também a composições de duração absurda, com vários "movimentos". O Queen tostou inimagináveis (para a época) quarenta mil libras em *A Night at the Opera* (1975), o disco mais caro do mundo até então, gravando durante eternos (para a época) quatro meses em quatro estúdios diferentes e flertando com todo tipo de megalomania, inclusive a ópera. Ao mesmo tempo, criadores vanguardistas de apelo pop como David Bowie tiveram liberdade para, a cada álbum, mudar totalmente de estilo, com o entusiasmado aval dos compradores de discos.

Multiplicavam-se os álbuns duplos (outra inovação de Dylan, com *Blonde on Blonde*, de 1966), e surgia o álbum triplo (George Harrison e Yes foram alguns dos adeptos). Nunca os encartes pareceram tão exuberantes, e os artistas gráficos se sentiram à vontade para contar verdadeiras sagas visuais em formato *gatefold*, os célebres encartes pensados para serem contemplados abertos, em página dupla. O mais incrível é que o público abraçou todas as extravagâncias, colocando um disco totalmente não convencional como *Tubular Bells* (1973), de Mike Oldfield, como um dos mais vendidos da década (de acordo com o levantamento de sua gravadora, Virgin, que indica dezessete milhões de cópias).

Mesmo quando enfrentou contratempos sérios, como a crise do petróleo de 1973, que aumentou em quatro vezes o custo da produção, as gravadoras apresentaram soluções lucrativas. Passaram a investir, paralelamente, em duas formas bem mais econômicas de soltar álbuns no mercado e que possuíam um apelo infalível ao grande público: as coletâneas (baratas porque reuniam material já gravado) e os discos ao vivo (econômicos porque gravados em apenas uma ou duas sessões). *Frampton Comes Alive!*, de Peter Frampton, foi o título mais vendido dos EUA em 1976 e até hoje é o disco ao vivo mais bem-sucedido de todos os tempos (superando os dez milhões de exemplares).

O mercado foi evoluindo e se adaptando, a geração de roqueiros virou adulta e ganhou até um gênero para chamar de seu (adult-oriented rock). E, quando tudo isso começou a dar sinais de cansaço, até a sua reposta antagônica, o punk, e seu sucessor mais criativo, o pós-punk, foram movimentos veiculados em LPs, mais do que em compactos. Tais contraculturas, aliás, contribuíram em muito para a diversificação do cenário, graças à proliferação dos pequenos selos independentes, alguns dos quais remam contra a maré até hoje, produzindo joias eternas da música ao longo das décadas seguintes.

BLACK SABBATH
Black Sabbath
(1970)

A vida já não estava lá sorrindo muito para Anthony Frank Iommi em meados dos anos 1960. Aproximando-se da maioridade, esse descendente de italianos e brasileiros nascido em 19 de fevereiro de 1948 na lúgubre Birmingham, um dos polos industriais da Inglaterra, tentava emplacar uma carreira de guitarrista. Mas, por causa de seu emprego diurno na cidade natal como soldador numa fábrica de folhas de metal, era praticamente impossível para ele se dedicar à música com o afinco necessário para transformá-la em profissão.

Decidiu, então, pedir demissão. Só que, em seu último dia como operário, teve que cobrir a falta de um técnico de prensa mecânica. Menos experiente no ofício, acabou sofrendo um acidente que lhe custou a perda da ponta dos dedos médio e anelar da mão direita – que, no caso de músicos canhotos como ele, é usada para determinar as notas dos acordes no braço do instrumento.

Deprimido, pensou em se matar, acreditando que nunca mais tocaria. Até conhecer a figura e a obra de Django Reinhardt, mítico belga de etnia cigana que, mesmo tendo dois dedos aniquilados em um incêndio, se converteu em um dos maiores guitarristas da história do jazz. Pouco a pouco, Iommi foi retomando o apetite musical e descobrindo maneiras de pressionar, com a mão mutilada, os trastes de sua Fender Stratocaster.

Os dedais protéticos que começou a utilizar ajudavam, mas não eram suficientes para uma execução convencional, e alguns acordes ele teve que riscar de seu repertório. No entanto, graças ao uso de cordas mais finas do que as de uma guitarra normal, com as de banjo, Tony, como era conhecido, foi encontrando o seu novo som. A maior duração, intensidade e capacidade de *bending* das notas que passou a dar com seu inusitado encordoamento foram os primeiros elementos de uma inesperada originalidade.

Mais tarde, outras opções suas, como a troca do modelo Stratocaster por um SG, o aprofundamento em distorções e a afinação de seu instrumento três semitons abaixo do padrão se agregariam à lista de segredos de sua fabulosa e assustadora invenção: o heavy metal, termo ao qual sua futura banda, Black Sabbath, seria para sempre associada.

Tudo bem que, no ritmo acelerado com que a radicalização roqueira avançava no final da década de 1960, sobretudo a promovida por nomes do hard rock como Blue Cheer e Led Zeppelin, é bem possível que em pouco tempo chegaríamos, por outras vias, a algo parecido com o tal do metal. Mas se Tony não tivesse criado os *riffs* que criou, em grande parte por causa de seu infortúnio laboral, a coisa teria sido diferente.

Speed no abatedouro

Recuperado psicologicamente do acidente, Iommi tocou no grupo The Rest, no qual conheceu o baterista conterrâneo William "Bill" Ward (5 de maio de 1948). Em 1967, ambos migraram à banda Mythology, ainda sem saber que, na mesma cidade, outra dupla nativa tentava dar seus primeiros passos no rock.

Os dois garotos em questão eram John Michael "Ozzy" Osbourne (3 de dezembro de 1948), antigo alvo preferido do bullying de Tony na Escola Moderna Secundária Birchfield Road, onde estudavam, e Terence Michael Joseph "Geezer" Butler (17 de julho de 1949). Fãs dos Beatles e música soul, Ozzy e Geezer se aventuravam na banda Rare Breed, o primeiro cantando sem nenhuma autoconfiança e o segundo se virando na guitarra.

A "ficha" de Osbourne impressionava. Após largar a escola aos quatorze anos, fora "flanelinha" em jogos do Aston Villa, um dos tradicionais times de futebol locais, e passara seis semanas preso por roubo. Trabalhou como pedreiro e açougueiro num abatedouro, onde habitualmente se drogava com *speed*. Diga-se de passagem, a imagem de Ozzy dopado enquanto chacina animais é uma cena de terror perfeitamente cabível no folclore macabro inerente ao famoso grupo que depois integraria. Tal mitologia abrangeria também o fascínio de Geezer pelos escritos do mais célebre ocultista, Aleister Crowley, e sua alegação de ser o sétimo filho de um sétimo filho, o que, para quem acreditava no demônio, era a pior das maldições possíveis.

O encontro das duas partes que viriam a formar o Black Sabbath se deu em 1968 no sexteto Polka Tulk Blues Band, com Geezer deslocado para o baixo e as presenças do saxofonista Alan Clarke e do guitarrista Jimmy Phillips. Tony quase desistiu já no primeiro ensaio, ao saber que o vocalista seria aquele mesmo moleque que ele costumava infernizar no colégio. O Polka Tulk durou apenas dois shows e, com a saída de Clarke e Phillips, surgia a Earth Blues Band.

Dedicados a covers de blues-rock britânico, Iommi, Osbourne, Butler e Ward batalharam no agitado circuito dos arredores de Birmingham e conseguiram abrir para o Ten Years After no concorrido Marquee Club, de Londres. Até que Iommi foi convidado para entrar no Jethro Tull. Sem se adaptar bem, esteve apenas alguns dias com a trupe de folk progressivo, mas o bastante para participar do lendário especial fílmico *The Rolling Stones Rock and Roll Circus* (1996) ao lado de The Rolling Stones, John Lennon, Eric Clapton, The Who, Buddy Guy e outros gigantes. Voltou ao Earth determinado a fazer o lance vingar, tomando as rédeas

como líder e imprimindo uma rotina rígida de ensaios e composições, que assinariam coletivamente.

Na cama com Geezer

Em seus primeiros concertos, o quarteto improvisava muito, até para preencher o tempo de um set completo, ainda escasso em peças autorais. Essas *jams*, porém, foram rendendo um material cada vez mais interessante, como "War Pigs", que posteriormente se transformaria num dos hinos do metal, ou a versão estendida que criaram para "Warning", música do Aynsley Dunbar Retaliation.

Mas o divisor de águas autoral da biografia desses quatro *scumbags* do feio bairro de Aston tem sua origem numa noite que Butler passou sem dormir. "Acordei e, de repente, havia esse vulto negro parado no pé da minha cama", revelou o baixista no livro *Black Sabbath: Symptom of the Universe* (2013), do jornalista britânico Mick Wall.

Jurando de pés juntos que estava sóbrio no momento da suposta aparição macabra, Geezer tomou três providências imediatas. A primeira foi escolher outra cor e decoração para as paredes do seu quarto, então pintadas de preto e enfeitadas com uma cruz invertida e um pôster satânico; a segunda foi pendurar no pescoço uma corrente com um crucifixo, dessa vez no sentido costumeiro; e a terceira foi esboçar uma composição que expressasse o assombro que sentiu naquela noite.

Influenciado pela peça "Mars", do músico erudito inglês Gustav Holst (1874-1934), Geezer apresentou a Tony a ideia para uma composição lentíssima que, segundo ele, "parecia se criar sozinha". Mais do que isso, o *riff* que bolou empregava um intervalo entre notas conhecido como trítono (por abranger três tons inteiros), cujo resultado melodicamente sombrio lhe rendera, na Idade Média, o apelido "Diabolus in Musica" e o consequente banimento pela Igreja Católica.

Com versos como "O que é isso na minha frente / Uma figura de preto apontando para mim", separados um do outro por silêncios angustiantes e cantados pela voz peculiaríssima de Ozzy, nascia "Black Sabbath", a canção. O título foi dado em homenagem ao filme de Mario Bava lançado em 1963, com Boris Karloff no elenco. No mesmo dia em que a compuseram, estrearam-na ao vivo no Pokey Hole, clube noturno na cidade de Lichfield. O público, que geralmente não dava muita bola para aqueles quatro cabeludos, entrou em transe, escutando cada nuance da música e, ao final, explodiu em aplausos confusos, oscilantes na zona cinzenta entre o êxtase e o pavor.

Convencidos de que tinham se deparado com uma direção estilística autêntica, passaram a compor norteados por um imaginário de inclinações sinistras e/ou mórbidas. O hábito de baixar a afinação de guitarra e baixo, definidor da sonoridade *from hell* do grupo, só se estabeleceria dois anos depois. Mesmo assim, ali em 1969 já acharam que era hora de rebatizar o projeto como Black Sabbath, até porque existia outra Earth em atividade. Não conseguiram atrair gravadoras, o que impulsionou o empresário Tony Hall a desembolsar quinhentas libras para que gravassem no Regent Sound, de Londres. *Black Sabbath*, o marco zero do heavy metal, seria parido numa produção independente.

Pedra fundamental

Mesmo tendo sido um dos estúdios onde os Rolling Stones haviam trabalhado no início, o Regent era rústico, com caixas de ovo como isolamento acústico e mesa só de quatro canais. Rodger Bain, o produtor que conseguiram para pilotar aquela sessão única de doze horas, realizada em 16 de outubro de 1969, não sentia especial conexão com o som ineditamente pesado dos caras. Mas, além de lograr captar a potência sabbathica, Bain trouxe algo que marcaria o álbum e a mística que o envolve: os sinos de igreja que, inseridos com os ruídos de chuva na inesquecível introdução de "Black Sabbath", a faixa de abertura, formam o cartão de visita definitivo de um recém-forjado gênero roqueiro. A banda só ouviu as badaladas quando o disco estava pronto, e chapou.

Após o impacto amedrontador da primeira canção, o ouvinte se surpreende com "The Wizard", um "groovão" que mostra os dotes percussivos de influência jazzística de Bill Ward e o entrosamento do trio instrumental como um todo. Novamente, a voz de Ozzy brilha ao entoar a letra de Butler sobre Gandalf, ele mesmo, o mago da saga O Senhor dos Anéis. A obra de J. R. R. Tolkien, aliás, estava em alta entre hard-roqueiros ingleses como o Led Zeppelin, cujo baterista, o enorme John Bonham, era amigo de Tony e Geezer.

As referências literárias também dão o tom da terceira música, "Behind the Walls of Sleep", inspirada em um conto de H. P. Lovecraft sobre um paciente psiquiátrico. O arranjo destaca mais uma vez a inventividade de Ward, cujo apelido interno, Nib, deu origem ao título "N.I.B.", tema que encerra o lado A. Com um pé no mundano, outro no oculto e o uso de um *riff* mastodôntico, retoma-se aqui a temática satânica. Entre os versos, alusões ao velho dilema sobre vender ou não a alma ao Coisa Ruim: "Siga-me e não se arrependerá / Da vida que vivia antes de nos conhecermos".

Após "Evil Woman", abertura do lado B e ponto relativamente fraco do disco, o trem volta aos trilhos com as duas derradeiras canções: "Sleeping Village", precedida por uma soturna parte acústica, e "Warning", magnífico exemplar do grave cavernoso e saturado de Geezer Butler, um homem disposto a usar todos os dedos da mão direita numa linha de baixo. Destaque também para a voz de Ozzy se apropriando totalmente de uma obra que não é de sua autoria. Se já bem longa no corte final (10min30), "Warning" escapou de ocupar um lado inteiro do LP graças à edição de Rodger Bain, que cuidou de picotar um solo de dezoito minutos de Iommi.

Imaginário macabro

Terminados os trabalhos em estúdio, era hora de convencer alguém a colocar o resultado no mercado. A Fontana, subsidiária da Philips da Holanda, se ofereceu para lançar um single no começo de 1970. Mas a gravadora pediu que fosse um cover de um hit nas paradas norte-americanas, "Evil Woman", do Crow. O grupo assentiu, a contragosto. Ao mesmo tempo, a Vertigo, outro selo da Philips, se interessou por botar na praça o álbum todo, ainda mais porque já estava feito e pago.

Antes, porém, precisavam encontrar o equivalente visual à estética "Outro Lado da Força" que se escutava nas sete faixas de *Black Sabbath*. E foi a própria Vertigo que resolveu ousar, apostando na proposta apresentada pelo fotógrafo Keith "Keef" Macmillan. Assim, em um gélido fim de madrugada do inverno entre 1969 e 1970, Macmillan clicou a modelo Louisa Livingstone em Mapledurham Watermill, uma fazenda com moinho próxima ao rio Tâmisa e que datava do século 17.

Reformado, hoje o local sedia alegres bodas e batismos. Porém, naquele amanhecer de meio século atrás, serviu como o mais amedrontador dos cenários, no qual Louisa personificou à perfeição a aparição testemunhada por Geezer. Conta-se que até um gato preto deu o ar da graça no fantasmagórico ensaio fotográfico. Para completar, Keef ainda inseriu no encarte interno uma cruz invertida e um poema sobre as sombras, escrito por seu assistente Roger Brown. Já a idiossincrática tipografia do logo da banda na capa foi obra de Sandy Field, aluna do fotógrafo.

Ocultismo, fanfarronice e sucesso

Os quatro gostaram do projeto gráfico, mas Bill levantou a bola de que aquela cruz não os representava. Dava-se a largada para a odisseia eterna do Black Sabbath em se desvencilhar de associações exageradas e caricatas à escuridão. Sem tomar muito conhecimento de tal desconforto de seus contratados, a Vertigo marcou o lançamento do disco para uma sexta-feira 13, a de fevereiro de 1970. A jogada funcionou: já em sua estreia, *Black Sabbath* ocupou o número 28 da parada britânica. Nas semanas seguintes, mesmo com TV, rádio e imprensa escrita torcendo o nariz, chegou ao oitavo posto.

Brotava em alta velocidade uma espécie de culto ao redor do quarteto, e a Warner, "nem boba nem nada", garantiu os direitos para a edição norte-americana. Lançada em junho nos Estados Unidos, alcançou a 23ª posição na lista da *Billboard*, depois superando a marca de um milhão de cópias vendidas. Uma turnê pelo país já estava agendada, com alguns shows esgotados, mas acabou cancelada porque coincidiria com o início do julgamento do maníaco Charles Manson. Não ajudou muito o fato de uma tal Igreja de Satanás ter organizado, com apoio da gravadora, um desfile em homenagem à banda em San Francisco.

Abismada com toda a fanfarronice que gerava do outro lado do Atlântico, o Black Sabbath deu de ombros. Antes mesmo que um tribunal californiano ouvisse as primeiras testemunhas sobre os tenebrosos assassinatos ordenados por Manson, Ozzy, Tony, Geezer e Bill já gravavam o seu segundo álbum, *Paranoid* (1970, 1º lugar no Reino Unido). Dessa vez, é claro, com a verba e as condições que toda lenda do rock merece.

THE STAPLE SINGERS

Be Altitude:
Respect Yourself

(1972)

Houve uma era da música pop em que o som de um disco podia ser maravilhoso de uma forma honesta e simples, sem truques tecnológicos; quando o talento e a mística dos performers, a inspiração dos compositores, a sensibilidade do produtor e a competência dos músicos eram os elementos necessários para que um álbum acontecesse. Se o estúdio onde fosse gravado se destacasse por uma sonoridade única, inexplicavelmente irreproduzível em outro endereço, aí então era tiro certo.

Quarto trabalho dos Staple Singers para a gravadora Stax, de Memphis, *Be Altitude: Respect Yourself* é dessas obras raras que cumprem todos os requisitos acima de maneira quase milagrosa. A começar pela peculiaridade da banda, uma entidade gospel familiar envolvendo duas gerações.

Um assunto familiar

Roebuck "Pops" Staples, um neto de escravizados, nasceu em Winona, Mississippi, a 28 de dezembro de 1914. Caçula de quatorze irmãos, começou a tocar guitarra ainda criança e chegou a acompanhar o lendário *bluesman* Charley Patton. Em 1933, aos dezoito anos, quando já acumulava calos pelo trabalho em plantação de algodão, Roebuck casou-se com Oceola, seu amor de infância, que tinha dezesseis. Deslocados à cidade vizinha Drew, em 11 de abril do ano seguinte tiveram a primeira filha, Cleotha, seguida de perto pelo menino Pervis, nascido a 18 de novembro de 1935.

No começo de 1936, seguiram o fluxo migratório afro-americano rumo a melhores oportunidades em Chicago. Pops deu duro em empregos como faxineiro de matadouro, enquanto Oceola foi camareira de hotel e operária. Na terceira maior cidade dos Estados Unidos, polo urbano de blues, jazz, gospel e outros gêneros musicais negros, ampliariam a família com as chegadas de Yvonne (23 de outubro de 1937) e Mavis (10 de julho de 1939).

A então mais nova representante do clã foi a mais precoce musicalmente, aos oito anos já participando de concursos cantando blues, o que lhe rendeu surra da avó, fervorosa cristã. Já Pervis tinha entre seus amigos de escola futuros astros, como Sam Cooke e Lou Rawls. Em eventos nas igrejas, a juventude local aproveitava os descuidos dos mais velhos para promover espontaneamente a fusão entre os cânticos religiosos que ouviam nos cultos e os versos e trejeitos mundanos, contribuindo para o surgimento do que logo se batizaria como soul music.

Aproveitando o talento natural que brotava em sua casa, Roebuck decidiu organizar uma banda com a prole. Na primeira etapa, Pervis foi o vocalista solo, mas, quando a puberdade deixou seu gogó esganiçado, perdeu o posto para Mavis, a pré-adolescente baixinha do vozeirão grave. Seria depois substituída por Yvonne que, mais tímida, cantava a contragosto.

No comecinho de 1948, apresentaram-se pela primeira vez, numa igreja batista, onde um irmão de Pops era pastor. Entre as inovações do patriarca estava o uso da guitarra elétrica com o efeito tremolo em arranjos gospel, o que conferia um teor místico e cavernoso ao som do grupo. Em pouco tempo a família já estava fazendo turnês por congregações de outras cidades e abrindo shows para a diva Mahalia Jackson. Ainda assim, o casal Staples encontrou fôlego para conceber outra filha, Cynthia, em 1952.

Sem o S final do sobrenome, iniciaram no ano seguinte sua longa trajetória discográfica, gravando e bancando do próprio bolso um single de 78 RPM com o antigo hino "These Are They" e uma composição de Pops, "Faith and Grace". Ainda em 1953 fecharam contrato com a gravadora United Records, mudando dois anos depois para a badalada Vee-Jay, onde emplacaram seu primeiro hit, "Uncloudy Day", em 1956. Mas Pops ainda teve que ralar como metalúrgico até que a carreira da banda deslanchasse.

O gospel segundo Bob Dylan

Em sua primeira década de existência, os Staple Singers se muniam do gospel como base, mas surpreendiam ao emprestar toques de soul e folk. Bob Dylan ficou tão magnetizado com "Uncloudy Day" que foi além de absorvê-los como influência, colaborando com eles em eventos pró-direitos civis. O cantor chegou a pedir a mão de Mavis em casamento a Pops (que recusou, afinal ela tinha quatorze anos, né, Bob?).

Mesmo sem deixar de lado a temática religiosa, na segunda metade da década de 1960 o quarteto foi se orientando a um soul mais secular. Em 1968 assinou com a Stax, que acabara de perder parte de seu valioso catálogo, em turbulenta transação envolvendo a Warner e a Atlantic. Mas foi a partir de 1970, quando selou parceria com o produtor mais notório da empresa, Al Bell, que o grupo sacramentou sua marca registrada: o som cálido, robusto, funkeado e otimista, apto a pistas de dança e paradas de sucesso, fundamental na retomada comercial e artística da gravadora que o abrigava.

Assalto às paradas

Be Altitude: Respect Yourself, a segunda colaboração com Bell, traz dois dos maiores hits do grupo: "Respect Yourself" (12º lugar nos EUA), uma irresistível maravilha dançante sobre empoderamento negro ("Se você não se respeitar / Ninguém vai estar nem aí"), cujos *backing vocals* e espírito autoafirmativo Madonna chupinharia em "Express Yourself" (número 2 em 1989); e o hino de tintes cristãos "I'll Take You There", funk de cores caribenhas composto por Bell que chegou ao topo da parada estadunidense.

Mas o resto das músicas, em que predominam as interpretações solo de Pops e Mavis – então já detentora de dois álbuns solo no currículo –, não fica atrás: saltam aos ouvidos o soul sincopado positivista "We the People", a balada pacifista "I'm Just Another Soldier" e o funk lento "Who Do You Think You Are? (Jesus Christ Superstar)", que, enfeitado com cordas, poderia estar numa trilha de filme do tipo *blaxploitation*. Ou "Name the Missing Word", outro resquício religioso, cuja linha de baixo extragrave antecipa em quatro anos a de "Ponta de lança africano (Umbabarauma)", de Jorge Ben Jor.

Meca do soul

O disco é também um dos máximos representantes do som do reverenciado estúdio Muscle Shoals, onde foi gravado entre 1971 e 1972. Perdida numa cidadezinha de mesmo nome nos cafundós do Alabama, essa casinha insuspeita à beira de uma estrada possuía como mistério sua acústica inconfundível, cuja unicidade é comparável às de outras mecas da produção de áudio, como o Sun Studio, em Memphis. (Ver texto sobre o álbum *Aretha Now* na página 98.)

Mais fácil de compreender, porém, era outro segredo do local: o quarteto de caipiras branquelos que o dirigia. Com farto portfólio de participações em álbuns e singles históricos de soul da segunda metade dos anos 1960, entre os quais clássicos de Aretha Franklin, Solomon Burke e Wilson Pickett, o baterista Roger Hawkins, o baixista David Hood, o guitarrista Jimmy Johnson e o tecladista Barry Beckett abriram o M.S. em 1969, como dissidência de outro estúdio histórico da cidade, o FAME. O megaprodutor Jerry Wexler ajudou a bancar a empreitada.

Em *Be Altitude* os quatro vão além, forjando aos Staples uma sonoridade própria sob medida, de suingue e claridade memoráveis. Al Bell ainda completou o desempenho estelar do quadrado mágico do soul sulista com os *overdubs* de outra entidade musical da região, a metaleira dos Memphis Horns.

Infernalmente entrosada e versátil, a autointitulada Muscle Shoals Rhythm Section, também conhecida como The Swampers, apareceria em centenas de gravações de destaque, criando uma pegada distinguível no mesmo nível de outras bandas de estúdio desconhecidas para o grande público, como os Funk Brothers da gravadora Motown, Booker T. & The M.G.'s, da Stax, ou o Wrecking Crew, fiéis escudeiros do produtor Phil Spector. Em seu QG, Hawkins, Hood, Johnson e Beckett passaram a receber a peregrinação não apenas da nata da música negra radicada nos estados vizinhos, mas também de astros brancos internacionais. Só para citar alguns exemplos, os Rolling Stones fizeram o grande *Sticky Fingers* (1971) lá; e Rod Stewart, o ótimo *Atlantic Crossing* (1975).

Parte da culpa dessa procura pelo lugar era do impacto que *Be Altitude* havia causado. O documentário *Muscle Shoals* (2013), de Greg Camalier, relata o episódio em que Paul Simon telefonou para Al Bell, querendo que "todos os músicos negros" que tocaram em "I'll Take You There" estivessem em seu álbum *There Goes Rhymin' Simon* (1973). Ao que Bell respondeu: "Até rola, Paul, mas eles são para lá de pálidos".

NICK DRAKE
Pink Moon
[1972]

Às vezes, só às vezes mesmo, a publicidade corporativa produz algum efeito colateral culturalmente benéfico. Caso a agência bostoniana Arnold Worldwide não tivesse utilizado a canção "Pink Moon", de Nick Drake, num comercial do Volkswagen Cabriolet de novembro de 1999, é possível que não só o maravilhoso álbum de mesmo nome, mas também o resto da obra do cantor, compositor e violonista inglês permanecessem anônimos para 99% do mundo pop por muito mais tempo.

Entrando com tudo nas então novas tecnologias de veiculação, a marca alemã enviou um *mailing* a 250 mil clientes com o anúncio e inseriu na mensagem um *link* para que os destinatários pudessem comprar na Amazon aquele obscuro CD de mesmo nome, que à época de seu lançamento original em vinil – 25 de fevereiro de 1972 – não passou da marca de cinco mil cópias vendidas. Segundo o site Discogs, para adquirir um exemplar em LP da primeira tiragem britânica atualmente, é preciso desembolsar uma média de quinhentos euros.

O *spot* multiplicou seu impacto graças a Drake e até hoje é lembrado como um clássico da propaganda automobilística em premiações como The One Club. E, o que é bastante mais importante, ajudou a fomentar a febre em torno do artista, que na virada do milênio se tornaria assunto de dois documentários, *A Stranger Among Us: Searching for Nick Drake* (1999), de Tim Clements, e *A Skin Too Few: The Days of Nick Drake* (2002), de Jeroen Berkvens. No primeiro deles, a equipe mostra uma foto de Nick Drake a jovens presentes na edição de 1998 do Festival de Glastonbury e quase nenhum deles sabe de quem se trata. Isso mudaria rapidamente.

Místico e intangível

Com seu canto aveludado e intimista, que parece acariciar a alma de quem ouve e suas melodias comoventes e inesperadas – frequentemente obtidas por seu uso de afinações peculiares ao violão –, Nick Drake foi um modernizador involuntário do folk. Seu enxuto patrimônio gravado, repartido em três álbuns oficiais e algumas canções soltas, posteriormente reorganizadas em compilações, fascina diferentes gerações, sugerindo um confuso embate entre proximidade e alienação. Alimenta uma aura de mistério que transcende a inexistência de registros em vídeo do cantor em ação e, sobretudo, a sua tragicamente precoce morte aos 26 anos, em 25 de novembro de 1974, causada por uma overdose possivelmente intencional de antidepressivos.

Em sua música há algo de místico, intangível e, em momentos, de um lirismo bucólico; ao mesmo tempo mantém um pé na urbanidade, o que lhe dá um caráter único, capaz de angariar fãs ilustres de diferentes estilos. Entre eles, o Modfather Paul Weller, a musa trip-hop Beth Gibbons e a divindade gótica Robert Smith. Pensando bem, com a roupagem adequada, bem que "Northern Sky", impecável balada do segundo trabalho de Drake, *Bryter Layter* (1970), poderia estar no setlist do Cure.

DNA excêntrico

Nicholas Rodney Drake nasceu a 19 de junho de 1948 em Mianmar (antiga Burma ou Birmânia), para onde sua família, de classe média, migrara por causa do emprego do pai, engenheiro. Voltaram a Tanworth-in-Arden, cidadezinha minúscula de três mil habitantes, vizinha a Birmingham e desprovida até mesmo de estação de trem, quando o pequeno Nick tinha quatro anos.

Compositora amadora, a mãe, Molly, se mostraria fundamental para a compreensão de seu estilo. "Eu não entendi a música dele até vinte anos após sua morte", disse a este escriba e a outros jornalistas, em evento em Barcelona em 2008, Joe Boyd, produtor dos EUA que acompanhou toda a carreira de Drake, e em cujo currículo figuram também colaborações com R.E.M. e Pink Floyd. "Só entendi quando

Gabrielle me mostrou uma fita da mãe deles. A forma como ela tocava acordes acabou sendo a chave da sua originalidade."

De fato, em ambos os documentários sobre o cantor, a atriz Gabrielle Drake mostra os áudios das fitas que a matriarca gravava de suas criações, espécies de versões *spooky* de trilhas de velhos musicais. Um tesouro familiar de arrepiar, mantido por décadas em segredo, no qual se fareja o originalíssimo gene melódico que impregnaria a obra do filho.

Gênese de uma identidade

Na adolescência, atraído pelos versos de poetas como Keats, Shelley, Blake, Baudelaire e Verlaine, Nicholas se decantou pelo curso de Literatura no Fitzwilliam, um dos colégios da Universidade de Cambridge, para onde se mudou. Em 1967 passou temporada em Aix-en-Provence, no ensolarado sul da França, onde acabou trocando o estudo de tradução francês-inglês por um autoconfinamento no quarto, com a missão de aprimorar sua técnica no violão.

Como um João Gilberto cabeludo e em mocassins tamanho 45, repetia um mesmo *riff* por horas; afrouxava todas as cordas de aço de seu instrumento e as afinava cada hora de um jeito. "Sua técnica de violão era tão limpa que levei um tempo para perceber o quão complexa era", relembra Boyd em sua autobiografia *White Bicycles: Making Music in the 1960s* (2006).

Alto e tímido – "a pessoa mais espectral que conheci", conta uma amiga em *A Stranger Among Us* –, Nick vestia sempre as mesmas roupas e transava uma maconha ocasional, enquanto se debruçava sobre o folk britânico de violonistas como Bert Jansch e Davy Graham. Eclético, bebia também do jazz modal da vanguarda sessentista e de *singer-songwriters* como Randy Newman e Van Morrison; prestava atenção, ainda, nos arranjos orquestrados de bandas de rock (The Beatles, Love) e em peças de compositores eruditos como Ravel, Debussy e Vaughan Williams.

Os dois primeiros discos

De volta à ilha, Nick se instalou em Londres e conheceu Joe Boyd num show em tributo à banda hippie estadunidense Country

Joe & The Fish. Conseguiu um contrato com a então incipiente Island Records, que nas décadas seguintes se tornaria a mais influente gravadora inglesa (casa de Bob Marley, U2 e de uma série de outros pesos pesados). Produzido por Boyd no Sound Techniques – estúdio londrino onde faria todas suas gravações –, *Five Leaves Left*, o trabalho de estreia, saiu em setembro de 1969.

O repertório trazia joias como "Time Has Told Me" e a impressionante "River Man", uma antivalsa enigmática de melodia iluminada, cuja estrutura rítmica em 5 por 4 quase entortou o cérebro do arranjador de cordas Robert Kirby. Segundo Kirby, o fato de Drake nunca começar uma frase vocal no tempo 1 do compasso confere uma preciosa atemporalidade às suas criações. Ele também destaca o hábito de Drake de compor primeiro os acordes, inserindo as melodias depois.

Bryter Layter, de novembro do ano seguinte, tinha até mais presença de cordas e piano, algo de *backing vocals* femininos e um time de colaboradores de pedigree. Músicos do grupo de folk-rock inglês Fairport Convention, já presentes na estreia, repetiam a dose, ao mesmo tempo que dava as caras uma das figuras mais requisitadas e descoladas da cena estadunidense do período, o galês John Cale, ex-Velvet Underground. Menos contemplativo, *Bryter Layter* chega a se aproximar do rock em faixas como "Hazey Jane I".

Introversão, esta danada

Colaboradores renomados, grandes e inovadoras composições, dois discos irrepreensíveis. Tudo parecia perfeito. Só faltava Nick Drake não ser Nick Drake. Cada vez mais introspectivo e inseguro, isolando-se gradualmente de família e amigos, chegou a tentar levar seu material aos palcos. Mas só se sentia à vontade se a plateia fizesse um silêncio sepulcral e prestasse atenção a cada nota, com rigor científico.

Ao terminar uma canção, gastava longos minutos mudando a afinação e, sem talento para a conversa fiada, entediava o público rapidamente. Essa dinâmica o fez desistir dos shows, decisão que não contribuiu em nada para a vendagem dos dois primeiros lançamentos, que, como o terceiro, estacionaram em risíveis cinco mil exemplares vendidos.

Progressivamente, Nick fechava-se também quando em estúdio. Sua timidez e tendência depressiva o impediam até de comunicar-se satisfatoriamente com os demais músicos, delegando a função a Boyd ou ao engenheiro de som John Wood, o produtor propriamente dito do que viria a ser seu derradeiro disco. Era a sua própria personalidade hermética que ditava o direcionamento intimista deste novo LP, *Pink Moon*, protagonizado apenas por ele, Nick Drake.

Testamento em voz e violão

Algumas obras-primas musicais envolvem a participação de centenas de instrumentistas; outras se desdobram em LPs triplos ou até quádruplos. Muitas levam anos até ficarem prontas. Registrado em apenas duas sessões noturnas em outubro de 1971 – aproveitando a franja horária pós-23 horas do concorrido Sound Techniques –, *Pink Moon*, que veio à luz quatro meses depois, é a completa antítese de tudo isso.

O álbum traz apenas a voz e o violão de Nick (que também toca piano em uma canção), captados em quatro microfones. Seu repertório de onze faixas dura exatos 28min01. É menos tempo do que gastamos tentando decifrar a capa surrealista criada pelo pouco conhecido artista Michael Trevithick, na qual um palhaço em forma de coração, uma xícara de chá e um selo postal norte-americano ilustrado por um foguete circundam uma espécie de lua feita de queijo. No projeto gráfico em *gatefold*, o desenho continua na contracapa, onde um pé de sapato "dialoga" com uma tulipa amarela, enquanto no encarte interior vemos um críptico retrato em negativo do cantor.

Três das músicas contêm apenas cinco ou menos estrofes e uma é instrumental. Ou seja, tudo muito enxuto. Ainda assim, trata-se não só de um dos melhores discos do formato acústico "nu e cru" já feitos – à altura, por exemplo de *The Freewheelin' Bob Dylan* (1963) –, como também de um dos grandes da história de qualquer gênero musical. Para completar, veste-se de uma grossa capa de mitologia, por se tratar do canto do cisne de um notável compositor (mais um) que foi embora cedo demais.

"Pink Moon", a primeira música, tem claramente um tom otimista, a ponto de ser usada para vender automóveis 27 anos mais tarde, embora não deixe de portar certa ambiguidade no verso "Lua rosa vai pegar todos vocês" (incluído em outro selo postal na contracapa). Mas quem quiser achar uma referência mais passível de interpretação suicida a encontrará enroupada pela deslumbrante melodia da seguinte, "Place to Be": "Agora estou mais escuro do que o mar mais profundo / Me entregue um lugar para estar".

Deixando tudo ainda menos claro, "Road", um dos temas de estrofe única, relativiza tanto as luzes quanto as sombras ("Você pode dizer que o sol está brilhando, se quiser"). Essa faixa, aliás, traz uma das melhores amostras do violão inconfundível de Drake, com seu dedilhado pesado, as inusitadas sequências de notas em afinação alternativa e fraseados ritmicamente imprevisíveis.

Caminho parecido percorrem as duas seguintes, "Which Will" e "Horn", esta última quase um experimento instrumental minimalista de reflexivas melodias agudas. O lado A fecha em enorme estilo com a deslumbrante "Things Behind the Sun", de repentinas mudanças de atmosfera e mensagens como "Veja ao redor e encontre o chão / Não está longe de onde está". É fascinante ver como ele consegue tantas variações de clima com apenas a voz e o violão. O lado B, por exemplo, começa em outra pegada, com "Know", inclassificável mantra de quatro notas contendo um recado que pode ser vago e gratuito, mas também não: "Saiba que eu te vejo / Saiba que não estou aí".

É um bom preparativo para outro ponto glorioso do álbum, a épica – se é que se pode chamar de épica uma balada neste formato – "Parasite", na qual ele canta: "Dê uma olhada, você pode me ver no chão / Porque sou o parasita desta cidade". De volta à casa dos pais de forma definitiva ainda em 1971, Drake confidenciaria à mãe a sensação de *outsider* revelada na letra, e que crescia no artista aos olhos dos amigos e familiares.

"Não gosto de casa, mas não suporto estar em nenhum outro lugar", disse, segundo relata Molly em entrevista incluída em *A Skin Too Few*. "Nada lhe fazia feliz", acrescenta ela, que procurou um psiquiatra para Nick nos últimos anos de sua vida, em que já pouco falava e chegava a sumir do mapa em algumas noites. Ainda de acordo com a mãe, ele lhe afirmou certa vez: "Falhei em tudo o que fiz".

Foi Molly quem achou o corpo do filho sem vida, em seu quarto, na manhã de 25 de novembro de 1974. *Pink Moon* termina com "From the Morning", que inclui os versos "E agora nós ascendemos / E estamos em toda parte", depois gravado na lápide do cantor. Desde 2003, gente do mundo inteiro visita o seu túmulo, no evento conhecido como The Annual Nick Drake Gathering.

Publicado anteriormente no site daniadsetti.medium.com a 15 de fevereiro de 2022, com trechos de texto publicado originalmente no blogue de Ricardo Setti, no site da revista *Veja*, a 25 de fevereiro de 2012.

CURTIS MAYFIELD
Super Fly
[1972]

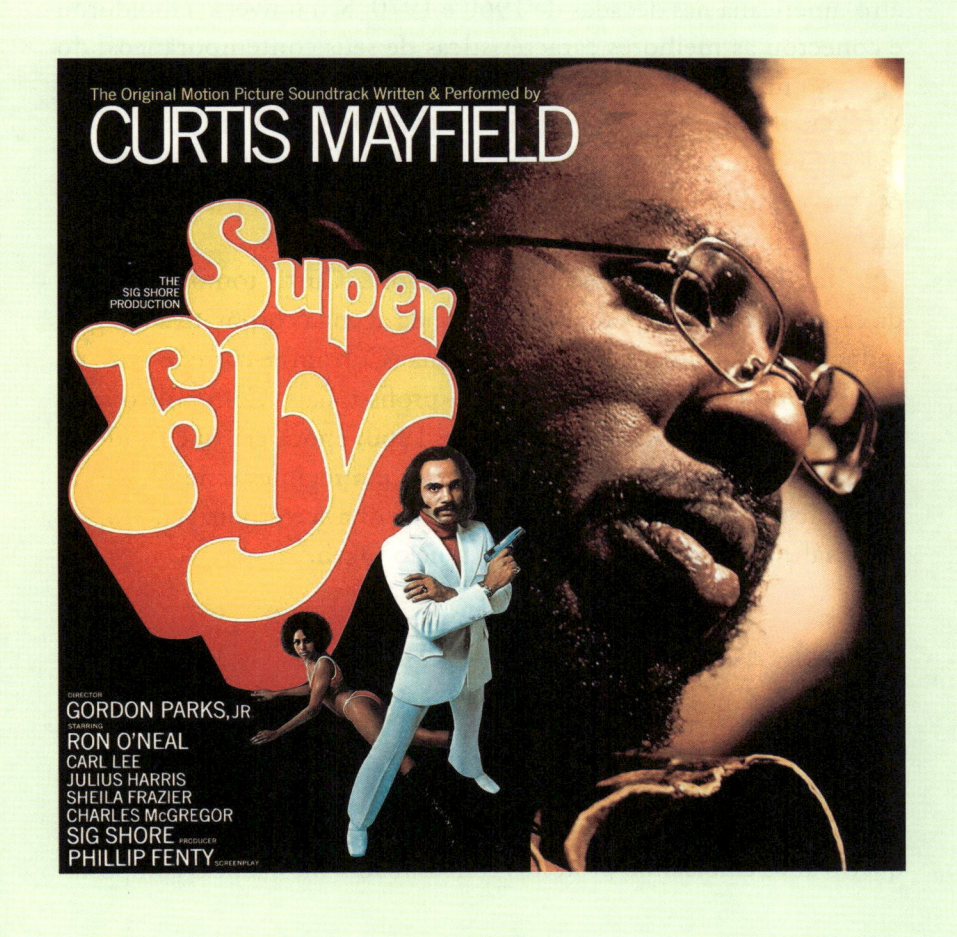

Embora não tão conhecido pelas novas gerações, Curtis Mayfield (Chicago, 3 de junho de 1942) integra com irretocável justiça o ilustríssimo clube de gênios que revolucionaram conteúdo e forma da música afro-americana nas décadas de 1960 e 1970. Seu universo emoldurou e conectou as melhores características de seus contemporâneos: do vigor do funk de James Brown aos experimentos de estúdio de Stevie Wonder, do uso elegantíssimo da voz (Marvin Gaye) aos arranjos orquestrados (Isaac Hayes), passando pelos *grooves* imaginativos de Sly & The Family Stone e até um flerte com as cartelas psicodélicas de George Clinton.

Também como seus colegas de cânone, Curtis tomou as rédeas da carreira assim que pôde, livrando-se da agenda corporativa das gravadoras ao criar uma para chamar de sua (Curtom) e correr o risco de ditar as próprias diretrizes artísticas e profissionais. Com pouco mais de vinte anos, no início da década de 1960, época em que os ídolos pop ainda eram obedientes funcionários em regimes semelhantes às linhas de montagem industriais, Curtis já editava e produzia o próprio material e compunha para artistas do selo Okeh.

Ícone dos direitos civis

Outro hábito comum a Mayfield e aos distintos membros do panteão de ouro do soul-funk foi a louvação do orgulho negro nas letras. Só que, quando James Brown, por exemplo, pegou esse bonde em 1968 com "Say It Loud – I'm Black and I'm Proud", Curtis já acumulava quatro anos embalando protestos com as toadas messiânicas compostas para seu mítico grupo, The Impressions, cuja formação mais notável protagonizou ao lado dos cantores Fred Cash e Sam Gooden. O trio soul de aura gospel chegou a ser homenageado por Bob Dylan, que na capa de seu monumental LP *Bringing It All Back Home* (1965) segurava uma cópia de *Keep on Pushing*, disco lançado por eles no ano anterior.

Sobrava personalidade nos Impressions, a começar pela originalidade harmônica das criações de Curtis, que inventou uma afinação baseada nas teclas pretas do piano para a sua guitarra, cujas cordas ele dedilhava sem palheta. Também se destacam os arranjos vocais em falsete triplo. A partir de canções como "Keep on Pushing" (1964) e, sobretudo, "People Get Ready" (1965), a banda se tornou um ícone do movimento pelos direitos civis. Curtis ascendeu gradualmente como um dos mais sagazes comentaristas do Negro Drama norte-americano, subindo o tom e ajustando o enfoque poético conforme a luta evoluía e seus maiores expoentes eram aniquilados pelo racismo.

Essa consciência negra partiu do misticismo pacifista de "People Get Ready", migrou a "We're a Winner" após o assassinato de Malcolm X e chegou a "This Is My Country", impactada pelas mortes de Martin Luther King e Robert Kennedy, que inclui a assertiva estrofe "Já paguei trezentos anos ou mais de escravidão". De forma que, quando por fim estreou em carreira solo com o maravilhoso *Curtis* (1970), dessa vez sob influência nítida do funk, das fusões ácidas de Jimi Hendrix e Santana e de um maconheirismo tardio, abundavam as suas credenciais para abordar outra faceta da realidade negra estadunidense. Seu foco agora era a precariedade dos guetos metropolitanos acossados pelas drogas, pela pobreza e pelo crime, e sua missão se convertia em refletir sobre a relação entre esses problemas e sobre o ativismo Black Power.

Sua trajetória solo foi ampliada com maestria logo em seguida, com os também ótimos *Curtis/Live!* e *Roots* (ambos de 1971). Mas para seu quarto projeto individual, Curtis se viu diante de um novo desafio. Foi convidado pelo cineasta Gordon Parks Jr. a canalizar todo o seu *street cred* numa das modalidades discográficas em expansão no início daquela década: as trilhas de filmes *blaxploitation* como *Shaft*, curiosamente dirigido por outro Gordon Parks – o pai – e musicada de maneira esplêndida por Isaac Hayes. Chegava a vez de

Super Fly. "Comecei a compor imediatamente após ler o roteiro", contaria ele depois.

A "consciência" do filme

Ainda que tenha arrebanhado US$ 27 milhões em bilheteria e gerado todo um fenômeno cultural ao retratar com crueza o entorno de um traficante que tenta deixar a vida do crime, *Super Fly* é uma película menos marcante que a sua trilha sonora. E que colheu menos louros que o LP, 1º lugar da parada de discos dos EUA durante quatro semanas de outubro de 1972. Os dois singles, "Freddie's Dead" (4ª posição – e que só aparece em versão instrumental no longa) e "Superfly" (8ª colocação), superaram a marca de um milhão de cópias vendidas. Trata-se de um caso raro de trilha que transcendeu o próprio filme para o qual foi encomendada.

Conceitualmente, o grande trunfo do sucesso das nove faixas, distribuídas em 37 minutos, deve-se ao inusitado fato de que Curtis não gostou de parte da abordagem cinematográfica de Parks. Achou que as cenas de cheiração desenfreada comandada pelo protagonista Priest (Ron O'Neal) faziam propaganda da droga.

"Não queria compactuar com um filme que glorificava essas coisas", disse ele, que justamente na primeira metade dos anos 1970 vivia uma etapa cocainômana, segundo conta o seu filho Todd Mayfield na biografia *Traveling Soul* (2016, em parceria com Travis Atria). Mais uma das muitas contradições de um artista genial, só que homem imperfeito, pregador da paz e supostamente feminista, mas que, também de acordo com o livro, chegou a andar armado e bateu em mais de uma mulher.

No entanto, o brilhantismo de Curtis o estimulou a encontrar um motivo artístico na sua própria contrariedade com o argumento de *Super Fly*. Aproveitou o cenário "vida loka" da trama para, em vez de rasgar seda para os bandidos, acionar um alerta vermelho sobre os males daquele âmbito. As músicas que concebeu para o repertório completam e aprofundam o conteúdo do roteiro como em nenhuma outra trilha sonora. "Ele talhou suas canções como estudos de personagens, cada qual se transformando em sua própria miniatura de filme", escreveu Todd. "De certa forma, ele se tornou a consciência do filme."

Vendo a própria vida na tela

O lirismo de *Super Fly* se entrincheirava, portanto, nas observações agudas de alguém que sabia do que falava. Projetando em seus personagens sua própria história de vida, o autor psicanalisa suas origens famélicas numa quebrada de Chicago, entre as pregações da avó pastora – cujo fervoroso sincretismo permitia fundir a doutrina cristã ao espiritismo –; as audições do gospel de Claude Jeter e dos Staple Singers; o bullying por sua baixa estatura, seus dentes proeminentes e sua cor; e o vácuo deixado pelo abandono do pai. "Ele sabia tanto sobre cafetões e prostitutas quanto sobre a *Bíblia* e Jesus", aponta Todd no livro. "E as indignidades que sofreu e testemunhou ao viajar pelo sul dos Estados Unidos tocaram o fundo da sua alma."

Em emocionante e inimitável falsete, a voz de anjo desse homem de rosto rechonchudo e óculos de professor universitário confere um cavalheirismo doce a tudo o que profere. Codificadas por seu timbre, frases duras como "Irmão, você sabe que está errado / Pense em todas as lágrimas e temores / Que você leva ao pessoal de casa" (da comovente "Eddie You Should Know Better") soam como tapas de chumbo, mas ainda assim desferidos com luva de pelica. E ganham um ar solene, de alguém pacífico, mas firme.

"Little Child Runnin' Wild", a primeira música, é claramente autobiográfica ("Lar destruído / Pai ausente / Mãe cansada / Ele está totalmente sozinho"), enquanto "Pusherman", executada pela banda em pontinha no filme, é uma das primeiras a utilizar a palavra *nigger* em um fonograma pop.

Composta em cinco minutos em um piano Fender Rhodes, "Freddie's Dead" representa a fineza costumeira do cantor. Sem soar demasiadamente paternalista, ele manda: "Se você que ser um junkie, OK / Mas lembre-se de que Freddie está morto". Louvável também a sensibilidade de Curtis ao dedicar uma canção a uma figura que é secundária na trama, mas com quem ele empatiza pelo assédio que sofre dos amigos e pelo final trágico. Sua narrativa para o traficante assassinado em cena trata

1970

melhor a complexidade do personagem do que o próprio roteiro do filme. "Senti muita pena de Freddie", admitiu, de acordo com sua biografia.

"Freddie's Dead" ainda retoma com maestria o questionamento sobre prioridades políticas que outro ícone dos sons negros combativos, Gil Scott-Heron, abordara em sua peça de *spoken word* "Whitey on the Moon" (1970). Em uma estrofe, Curtis se pergunta por que as pessoas negras ainda sofriam tanto em diferentes cantos do planeta, se alguns sortudos brancos já podiam até explorar o espaço: "Nós lidamos com foguetes e sonhos / Mas e a realidade, o que significa?".

As cordas enquanto voz

Entretanto, toda essa riqueza temática não teria feito de *Super Fly* um dos grandes álbuns de todos os tempos não fosse o poder de fogo de seu lado mais estritamente musical. Cozidas a partir de *jams* com sua então inseparável e fenomenal banda – na qual despontam o baixista Lucky Scott, o guitarrista Craig McMullen e o percussionista "Master" Henry Gibson –, as bases instrumentais são a síntese mais pura do DNA Mayfield, identificável ao soar de um simples compasso. Na mesma estrofe de uma canção sua podem se aglutinar, com magnetismo único, percussão caribenha e guitarras wah-wah, linhas de baixo saturado e firulas lisérgicas analógicas.

Completando a magia de *Super Fly*, entra em cena o maestro e arranjador Johnny Pate, colaborador desde os tempos de The Impressions. Sob sua batuta, agrupados e entrecortados em *riffs*, como se fossem um só instrumento, violoncelos, arpas, violinos e violas "dialogam" com outros elementos do arranjo, em vez de simplesmente figurarem ao fundo, encorpando o resultado final. Com a possível exceção de *Ocean Rain* (1984), do Echo & The Bunnymen, é difícil encontrar um álbum na música pop em que as cordas deem tanta identidade às gravações, enaltecendo a sua essência e adquirindo vida própria.

Todos os pequenos detalhes nos arranjos do LP se mostram dignos de atenção, seja na surdina do trompete e na flauta colada à linha de baixo de "Freddie…" ou nas guitarras oitavadas *à la* Wes Montgomery de "Pusherman" e "Give Me Your Love" (que no filme embala cena consideravelmente quente de sexo). "Little Child", que Curtis guardou na gaveta por três anos e só terminou depois de ler o roteiro, é tão completa em detalhes que dá para sentir duas outras "vozes" com alma independente tangenciando a composição: o sax (de instrumentista inexplicavelmente não creditado) e as cordas, que persistem sozinhas até os últimos compassos, em encerramento de arrepiar a espinha.

Jazzista da velha guarda, Pate num primeiro momento não se animou muito com as bases de poucos acordes apresentadas pelo parceiro. Depois embarcou na viagem, preenchendo os muitos espaços que as estruturas deixavam em aberto e fazendo suas cordas e sopros (em algumas faixas executadas por até quarenta músicos) emergirem como uma força única no repertório. Além disso, organizou sua orquestra de forma a gravar simultaneamente Curtis e seu combo elétrico ao vivo, o que propiciou uma organicidade vigorosa no registro em fita e permitiu a finalização das sessões no incrivelmente rápido intervalo de três dias.

Mas a relação entre os dois infelizmente não terminou bem. Sempre centralizador e protecionista de sua obra em nível paranoico, o astro se recusou a dar crédito a duas instrumentais, cuja coautoria Johnny reivindicaria pelas décadas seguintes: "Junkie Chase", um tema perfeito para uma perseguição, *blaxploitation* na veia, e a belíssima balada "Think". Curtis levou o ex-colaborador aos tribunais para manter os créditos. E venceu a batalha.

Patamar inalcançável

Super Fly era tão bom que foi difícil para o próprio autor desvencilhar-se de seu legado posteriormente. O que não significou que no restante da década ele não gestasse mais uma série de discos, alguns bem acima da média, como *Got to Find a Way* (1974). Só no período entre 1970 e 1977 esteve envolvido em quatorze álbuns: dez de seu próprio trabalho, quatro colaborativos e um com The Impressions. Virou sinônimo de trilhas sonoras ao ser recrutado para musicar longas como *Let's Do It Again* (1975, com os Staple Singers) e *Sparkle* (1976, com Aretha Franklin). Fundou várias editoras fonográficas e cogitou a criação de uma rádio AM de sons negros com Don Cornelius, apresentador do mítico programa televisivo *Soul Train*. Cedeu a uma forçosa e pouco inspirada guinada à disco music.

Como para os demais companheiros de geração, a baixada de ritmo nos anos 1980 foi inevitável, e Curtis só voltaria a ser notícia com grande destaque por uma razão tenebrosa: em 14 de agosto de 1990 uma torre de iluminação caiu sobre o cantor durante um show em Nova York, deixando-o tetraplégico. A partir de então, as dificuldades físicas o afastariam da vida artística, mas ele ainda teve forças para gravar, muito custosamente – cantando frase por frase –, o álbum *New World Order* (1995). Enfrentou outra barra pesadíssima ao ter metade da perna direita amputada em 1998, em decorrência de diabetes, mesma doença que o levaria no final do ano seguinte.

Contém trechos de texto originalmente publicado no blogue Efemérides do Éfemello a 26 de dezembro de 2014.

PATTI SMITH
Horses

(1975)

Rastrear a genealogia do punk nos permite identificar a importância fundamental de alguns artistas para a construção desse misto de movimento musical, estilo de vida e ética criativa. O Velvet Underground, por exemplo, inaugurou um canal multidisciplinar com as artes urbanas de vanguarda ao mesmo tempo que abordava liricamente tabus como drogas pesadas e sadomasoquismo; os Stooges injetaram uma brutalidade primal extra no rock da linhagem garageira sessentista, trazendo também à cena o perigo da imprevisibilidade performática. Entre os outros pontos essenciais dessa ancestralidade, despontam, ainda, a fúria político-contestatória do MC5, a transgressora fluidez cênica de gêneros do New York Dolls e o cerebralismo experimental do Television.

Mas essa árvore genealógica não estaria completa sem as aspirações literárias e poéticas de Patti Smith, apresentadas ao grande público com o seu trabalho de estreia, *Horses*. Dando continuidade à saga do ídolo Bob Dylan, Patti trouxe, a partir do LP lançado em 10 de novembro de 1975, uma nova abordagem para a poesia dentro do rock, visceral e "maldita", ainda que de inspiração romântica. Só que, ao contrário de Lou Reed e do próprio Dylan, que chegaram à poesia via música, ela se direcionou à música pelo caminho da poesia, como fizeram Jim Morrison e Leonard Cohen. Com seu original viés, a cantora, poetisa, compositora e escritora foi responsável por um dos condutos modernizadores que fizeram dos anos 1970 uma das eras mais ricas da história do rock. Figura feminina minoritária na agitação protopunk, ela driblou estereótipos, desafiou rótulos e tornou-se um ícone, conduzindo até os dias de hoje uma carreira totalmente *sui generis*.

Jagger e Rimbaud

Como a maioria dos artistas que despontam para o mundo em Nova York, Patricia Lee Smith não é natural da Grande Maçã. Nascida em 30 de dezembro de 1946 na zona sul de Chicago, polo de migração massiva de populações negras do sul dos Estados Unidos, é filha de um operário de passado militar e de uma farmacêutica e testemunha de Jeová. A família passou pela Filadélfia antes de se radicar no subúrbio rural de Deptford, perto de Nova Jersey. Desde cedo relutando em se enquadrar em padrões, Patricia tinha cabelo curto e alimentava sua rebeldia ouvindo Little Richard na aurora do rock'n'roll. Ao ver os Rolling Stones no programa televisivo de Ed Sullivan em 1964, transformou a androginia de Mick Jagger numa das obsessões estéticas de sua vida.

Um dia, num intervalo de seu trabalho numa fábrica de produtos para bebês, comprou o livro *Iluminações*, de Arthur Rimbaud, sem nunca ter ouvido falar do poeta francês. Aquela escolha aparentemente aleatória nortearia sua existência artística. Estudou Literatura na Faculdade Estadual de Glassboro (depois Universidade Rowan) e ganhou bolsa para o Museu de Arte da Filadélfia em 1966. Grávida na entrada da vida adulta, entregou a filha para adoção, "porque queria ser uma artista", segundo Philip Shaw no livro *Patti Smith's Horses* (2008). A determinação era tamanha que, quando finalmente atracou em Nova York, em 1967, chegou a dormir numa estação de metrô e num cemitério.

Tirando som (do papel)

Conseguiu um emprego na conceituada livraria Brentano's, travando contato com artistas que ajudariam a definir o seu rumo. O primeiro foi o fotógrafo Robert Mapplethorpe, com quem namorou e se aprofundou em desenhos, sobre os quais começaria a arriscar também alguns versos. Mudaram-se para o mítico Chelsea Hotel e, em 1969, já circulavam entre literatos do underground metropolitano, como William S. Burroughs e Gregory Corso. Formavam um dos casais mais descolados da cena, batendo ponto no antro definitivo daquela fauna boêmia, o Max's Kansas City. Mapplethorpe seria o autor da inesquecível foto de capa de *Horses*, na qual flagra a musa numa sala de apartamento, com visual híbrido entre o glam de gênero incerto e o toque *noir* dos grandes poetas franceses.

"Patti queria parecer Keith Richards, fumar como Jeanne Moreau, andar como Bob Dylan e escrever como Arthur Rimbaud", relata a atriz Penny Arcade, testemunha daquele "fervo", no imperdível livro *Mate-me por favor* (1997), de Legs McNeil e Gillian McCain. "Estou oculta na vida dos meus ídolos", admite a própria cantora, em outra passagem. Ela também se aventurou na pele de atriz em peças do circuito off-Broadway, como *Femme Fatale*, de Jack Curtis, e deu seus pulos na dramaturgia, escrevendo a obra *Cowboy Mouth* com outro *affair*, Sam Shepard.

Figura ainda mais importante para ela foi Lenny Kaye, produtor, jornalista e vendedor de discos que logo ficaria conhecido pela curadoria da célebre coletânea de raridades garageiras *Nuggets* (1972). Patti pediu a Lenny que fosse seu guitarrista num recital de poesia. Em 10 de fevereiro de 1971, os dois participaram de um

sarau em tributo a Bertolt Brecht na St. Mark's Church, com Lou Reed e Allen Ginsberg na plateia. A partir daquela noite, passaram a compor juntos com frequência e a trajetória musical da jovem começou a fluir paralelamente à literária, enquanto ela trabalhava na fusão das duas vertentes. "Gostava de mostrar meus poemas, mas percebi que, embora fossem maravilhosos quando apresentados, não eram grande coisa no papel", afirmaria a cantora mais tarde, segundo Shaw (2008).

Uma banda – e um estilo – em formação

Em 1972, Patti teve editado seu primeiro livro, *Seventh Heaven*, e se apresentou pela primeira vez em Londres. No ano seguinte, abriu shows para o New York Dolls. Mas foi em 1974, quando conheceu o pessoal do Television e se aproximou de seu guitarrista Tom Verlaine, que a banda de *Horses* tomou corpo. Em março, o pianista Richard Sohl se tornou o terceiro elemento daquelas sessões musicais-poéticas, que incluíam também versões para clássicos de Smokey Robinson, Bessie Smith e Velvet Underground.

Com o piano fazendo a base harmônica, voz e guitarra podiam explorar novos territórios sonoros. Entre melodias e redondilhas, a vocalista ia desenvolvendo seu inimitável estilo vocal – dotado de uma paleta interpretativa de variados graus de vulnerabilidade e força –, no qual declamações extáticas se irmanam a emotivos lamentos. "Como Rimbaud, Smith emprega a irracionalidade da linguagem, mas de maneiras que desconstroem a aspiração em direção à transcendência", teoriza Shaw (2008) no seu livro-estudo.

Em 5 de junho realizaram a primeira gravação, pelo pequeno selo Mer, no Electric Lady, histórico estúdio fundado por Jimi Hendrix, resultando em compacto que trazia no lado A justamente "Hey Joe", hit na voz do guitarrista, com participação de Verlaine. No lado B aparecia "Piss Factory", canção-poema sobre a época de Patti como trabalhadora na fábrica. Ainda em 1974, emplacaram temporada de shows em homenagem a Rimbaud, excursionaram pela Califórnia – já com cinco das oito composições de *Horses* no setlist – e, no final do ano, agregaram o refugiado checoslovaco Ivan Král no baixo e na segunda guitarra.

O burburinho em torno daquela turma já gerava disputa entre gravadoras e cenas outrora impensáveis, como Clive Davis, executivo da Arista, indo ao "muquifento" CBGB para vê-la. Em março de 1975, Davis conseguiu assegurar o contrato, com liberdade artística garantida a Smith e seus parceiros. Em junho, ganharam reforço do derradeiro integrante, Jay Dee Daugherty, baterista e técnico de som do mesmo CBGB.

Testando John Cale

Para a produção do primeiro álbum, fecharam com John Cale, multi-instrumentista do Velvet Underground, um homem capaz de transitar entre colaborações com músicos vanguardistas do quilate de Terry Riley (no ótimo LP *Church of Anthrax*, de 1971) e a labuta de produtor de bandas viscerais da talha do Stooges (no monumental *Stooges*, de 1969), além de manter ativa carreira solo. Segundo Lenny conta no livro *Lightning Striking* (2021), Cale foi escolhido "por sua sensibilidade artística, sua pegada radical, de confrontação e caos urbano". Após uma temporada de isolamento com o grupo em Woodstock, ao norte de Nova York, entraram no Electric Lady em 2 de setembro.

Produtor e banda travariam mais de um embate sobre a sonoridade almejada, já que ele queria um som mais rebuscado; e eles, algo mais cru. De uma forma ou de outra, a tensão entre os dois núcleos levou a performance dos participantes – que gravaram ao vivo na mesma sala – a um patamar de intensidade impressionante, tanto nas partes mais estruturadas quanto nas abertas a improviso. "*Horses* trata do teste de limites: entre sagrado e profano; macho e fêmea; gay e hétero; poético e demótico; eu e o outro; mortos e vivos", desenvolve Philip Shaw no livro. "Da mesma forma que o processo de gravação forçou seus participantes a seus limites, as músicas do álbum levam o ouvinte a questionar, embora sem necessariamente superar, ideias e atitudes pré-concebidas."

Do reggae ao caos

A potência e a dinâmica de *Horses* se apreciam logo de cara em "Gloria (In Excelsis Deo)", música em que Patti se apropria de "Gloria", clássico do Them lançado em 1964, pervertendo o olhar testosteronizado da original com sua poesia e interpretação. Abrindo com um de seus versos mais célebres ("Jesus morreu pelos pecados de alguém / Mas não os meus", presente no seu repertório desde o início da década), a líder conduz Lenny, Richard, Ivan e Jay Dee num galope, cujo andamento vai acelerando em pique orgástico rumo ao refrão. Dada a última nota, quase seis minutos depois, o ouvinte percebe que está diante de um disco singular. Foi o único compacto extraído do LP, editado já em 1976.

E não é pouca a surpresa causada pela segunda faixa, "Redondo Beach", que nos leva a uma direção completamente diferente. Com título emprestado da cidade californiana conhecida pela forte presença LGBTQIA+, a canção vem embalada num dos primeiros arranjos de inclinação reggae empregados por roqueiros (no rastro de "Mother and Child Reunion", lançada por Paul Simon em 1972). Serve como uma agradável preparação para um dos momentos mais densos do álbum, "Birdland", uma balada abstrata sem bateria, melódica e livre. Originalmente com cerca de quatro minutos, chegou a nove em sua tomada definitiva, após os músicos acatarem incentivo de John Cale para improvisar. É uma grande amostra da entropia música-poesia proposta pelo quinteto. O lado A fecha com "Free Money", a composição mais "pé no chão" da lista, crítica social embebida em referências bíblicas e movida por duas artimanhas tão típicas de *Horses*: o frenesi rítmico em aceleração e o vibrato da vocalista.

Inspirada no arrebatamento que sentiu quando, aos doze anos, viu sua irmã nascer, "Kimberly" é uma belíssima canção de amor fraternal, concebida em parceria com Král e Allen Lanier, do grupo hard-roqueiro Blue Öyster Cult. Sobre uma melodia terna e acessível arranjo pop-soul, ela canta: "Não me importo com muita coisa / Contanto que você esteja a salvo, Kimberly / E eu possa contemplar profundamente / Os seus olhos estrelados". Tom Verlaine é o colaborador na música seguinte, "Break It Up", valsa dramática baseada em sonho de Smith envolvendo Jim Morrison e misticismo indígena.

Juntamente com Janis Joplin e Jimi Hendrix, seus companheiros de geração e fim trágico, o finado líder dos Doors volta a ser reverenciado no ponto mais épico do repertório, "Land". A peça é dividida em três partes, incluindo duas originais de Patti – "Horses" e "La Mer(de)" – e citação de rhythm and blues de Chris Kenner no trecho do meio ("Land of a Thousand Dances"). O instrumental da primeira tentativa ficou sensacional, mas a cantora "travou". Então, com os demais descansando e ouvindo o playback, ela gravou outras duas tomadas, sentindo-se "possuída" na última. As três vozes foram unidas na mixagem.

O espectro de Hendrix ainda comparece no lindo tema de encerramento, "Elegie", amostra das nuances mais melancólicas e atmosféricas da voz de Smith, registrado no quinto aniversário da morte do astro, 18 de setembro de 1975. Aproveitando que era o último dia de gravações, ainda inventaram de convidar Chet Baker para um solo no final, mas o empresário do trompetista pediu um cachê exorbitante.

Novo romanticismo roqueiro

Mesmo imprevisível e, em alguns momentos, hermético, *Horses* entrou no top 50 da parada dos Estados Unidos. A resposta estimulou sua autora, que, menos de um ano depois, já tinha outra bolacha na praça, *Radio Ethiopia*, dessa vez creditada a The Patti Smith Group, como também ocorreria com seus dois sucessores.

Horses enfeitiçou a imprensa musical. Em sua resenha na edição de fevereiro de 1976 da revista contracultural estadunidense *Creem*, o folclórico crítico Lester Bangs comparou a estreia da poetisa a trabalhos de Miles Davis e Charles Mingus, classificando-o como "novo romanticismo construído sobre a linguagem universal do rock'n'roll". Ao longo das décadas seguintes, o disco frequentaria os postos mais altos das relações de maiores de todos os tempos, como a publicada pela revista britânica *Mojo* em 1995, no qual aparece em 10º lugar.

PARLIAMENT
Mothership Connection

(1975)

"Não tentem consertar seus aparelhos de rádio; não há nada de errado. Nós assumimos o controle para apresentar um programa especial." São necessários apenas sete segundos para a voz barítono da introdução de "P-Funk (Wants to Get Funked Up)", sobreposta a um acorde de piano, transportar o ouvinte à órbita de *Mothership Connection*, quarto álbum do Parliament, lançado em 15 de dezembro de 1975.

A partir daí, a "nave mãe" capitaneada por George Clinton decolará sem pressa, num suingue arrastado e malaco, elasticamente puxado para trás. Serão quase oito minutos de um jogo de entra e sai de *grooves* e escalas improvisadas de metais e sintetizador. Sobre essa teia instrumental heterodoxa ecoa uma pregação em gíria urbana sobre o quão cabulosa é a banda – incluindo tiradas a brancos então aspirantes ao funk, como David Bowie e Doobie Brothers – e o primeiro de vários refrões memoráveis. É apenas o começo – mas um começo bastante típico, se considerarmos a mente por trás da canção.

Como bom ícone estadunidense da atitude *freak*, Clinton é desses artistas que enxergam seus álbuns como uma imersão completa num universo absolutamente genuíno, no qual vigora um catálogo completo de códigos próprios. Guardadas as devidas diferenças estéticas, é um enfoque similar ao que seu contemporâneo Frank Zappa, com quem chegou a disputar músicos, dava ao rock doidão; ou ao que o Flaming Lips transmitiria em verve indie, duas décadas depois.

Uma audição de um disco do Parliament, ou de seu irmão Funkadelic, que ele comandava com o mesmo coletivo de colaboradores, rende surpresas faixa após faixa. Mas em nenhuma nota sequer será possível se desvencilhar do fato de que, com tantas das suas idiossincrasias inimitáveis, trata-se de uma criação clintoniana.

"Figurinos são música", já dizia o jazzista interplanetário Sun Ra, ídolo do Dr. Funkenstein (um dos muitos avatares criados por George na década de 1970). A montagem de ficção científica barata da capa de *Mothership Connection*, com o artista de pernas abertas emergindo do disco voador, vestido com tanga, bota prateada de plataforma, luva vermelha, pintura azul turquesa abaixo do olho e capacete, só reforça a ideia.

Da barbearia ao Apollo

Primogênito de uma prole de nove, George Edward Clinton nasceu no dia 22 de julho de 1941 em Kannapolis, cidade próxima a Charlotte, o polo gospel da Carolina do Norte. Encabeçada pela mãe faxineira e babá, a família fez o que pôde para escapar da pobreza e do racismo, passando pela Virgínia e por Washington até se estabelecer em Plainfield, cidade no estado de Nova Jersey, a cinquenta quilômetros de Nova York, em 1952.

Pré-adolescente, absorvia a extravagância dos transes exotéricos que testemunhava nas igrejas afro-americanas e se maravilhava com os grupelhos que improvisavam doo-wop nas esquinas. Cabulava aula para ver e ouvir no lendário teatro Apollo, no Harlem, Jackie Wilson, The Temptations e seus favoritos, Smokey Robinson & The Miracles. Não demoraria a aparecer no mesmo palco, com o Parliament, combo vocal que fundou em 1955 e do qual fizeram parte quatro vocalistas que o acompanhariam pelos vinte anos seguintes: Ray Davis – o responsável pelo vozeirão grave do início de "Give up the Funk" –, Garry Shider, Grady Thomas e Clarence "Fuzzy" Haskins.

A base de operações do quinteto era a barbearia onde Clinton trabalhava. O ofício de cabeleireiro e dono de salão seria o seu ganha-pão até a entrada da vida adulta, inclusive lhe rendendo um belo dinheiro. Chegou a faturar mais de US$ 1.000 por semana, investindo parte da grana no trabalho em estúdios nova-iorquinos.

Ácido, política, rock e afrofuturismo

A transição do George Clinton barbeiro e aspirante a produtor a guru psicodélico multifacetado e politicamente consciente começou em 1967, quando se transferiu com os Parliaments a Detroit. Lá, gravou e compôs para a Jobete, filial da Motown, e para a própria gravadora de Berry Gordy. E, se em Nova Jersey os conflitos relacionados à questão racial já integravam o cotidiano, na capital do Michigan o buraco era mais embaixo. Nas famosas revoltas ocorridas em julho de 1967 na cidade, 43 pessoas morreram, mais de sete mil foram presas e mil prédios ou casas acabaram incendiados.

Ao mesmo tempo, Detroit era um dos epicentros musicais do planeta naquele momento. Abrigava desde o estelar elenco da Motown ao herói do blues John Lee Hooker, passando por jazzistas de inclinação experimental do porte de Yusef Lateef e Alice Coltrane e as duas bandas precursoras do punk-rock, MC5 e Stooges, amparadas por vetores contraculturais como a revista *Creem*, o gonzo-crítico musical Lester Bangs e o agitador John Sinclair. Por ali dava seus primeiros passos também outra Alice, no caso Cooper, banda pioneira na teatralização dos shows da esfera pop, recurso que marcaria a despirocada trajetória cênica de George Clinton e seus mil projetos.

No eclético imaginário do já ex-cabeleireiro, a luta pelos direitos civis dividia espaço com o interesse por artistas diretamente alinhados com a causa, como James Brown, Sly & The Family Stone e a rapaziada do free jazz. Mas sua atenção se voltava também para o afrofuturismo literário de livros como *Mumbo Jumbo*, de Ishmael Reed, o rock lisérgico dos Beatles pós-*Revolver* e de Jimi Hendrix, o hard rock ensurdecedor do Blue Cheer e até ao beat provocador do Fugs. Numa noite em que os Parliaments tocaram com o Vanilla Fudge, viram-se obrigados a emprestar da trupe nova-iorquina seu equipamento megalomaníaco. Chapados com o som estrondoso que emanava daqueles amplificadores e baterias gigantescos, transformaram-se no Funkadelic.

Àquela altura, outro elemento fundamental na equação, o ácido, entrava com o pé na porta, enterrando definitivamente qualquer inibição que a turma ainda mantivesse em relação à mistura de estilos musicais. Também ficava para trás o visual de terninhos comportados dos artistas de soul e rhythm and blues, dos tempos dos Parliaments.

George inaugurava, assim, uma maneira festiva, performática e caótica de abordar temas sérios como a Guerra do Vietnã e a realidade dos guetos afro-americanos. Ou de imaginar pessoas negras ocupando a presidência dos Estados Unidos – no disco *Chocolate City*, lançado também em 1975, pouco antes de *Mothership Connection*, já pelo Parliament – e até mesmo, claro, flutuando no espaço; o primeiro esboço de nome para o que viria a ser *Mothership Connection* foi "Landing in the Ghetto". Tudo isso com o máximo de plumas, paetês, túnicas, pinturas corporais – que lembravam as usadas pelos *avant*-jazzistas do Art Ensemble of Chicago – e o que de mais impactante pudesse ser utilizado para compor um visual alucinógeno.

"Meu desejo era embarcar no espírito de liberdade da época e formar um grupo que impulsionasse libertação pessoal e agudas tendências musicais, em vez de canto sincronizado", explica o cantor no livro *George Clinton & the Cosmic Odyssey of the P-Funk Empire* (2014), de Kris Needs. Os shows agora eram *happenings* ensandecidos, com o mestre de cerimônias muitas vezes de pinto de fora, banhado em vinho e até urinando em cena. "Eu nunca me permitia crer que as drogas me fariam compor melhor; mas agora eu sei que, sim, elas fizeram", admite no livro.

"Ele decidiu tomar LSD e usar guitarras, e isso era muito original para um artista negro daquele período, como também foram Jimi Hendrix ou Sly Stone", me disse o cineasta britânico Don Letts, diretor do documentário *George Clinton: Tales of Dr. Funkenstein* (2006), em entrevista de novembro de 2007. "Ele foi um exemplo primordial de como não se prender ao modelo estabelecido de como os negros deveriam se comportar musicalmente. Anos mais tarde, quando os negros dos EUA estavam falando sobre o gueto, ele se voltou para o espaço."

Workaholic despirocado

Entre uma esbórnia ao vivo e outra, Clinton e sua rede de agregados em permanente crescimento entraram numa rotina de produtividade em estúdio que se mostraria uma das mais impressionantes da promissora década que iniciava. Tirou o S do nome de seu primeiro grupo para lançar o LP *Osmium* em 1970; mas o Parliament propriamente dito, em suas palavras um som "muito sutil e profissional", diferentemente do esporro "puramente emocional com pouquíssimo conteúdo intelectual" do Funkadelic, nasceria para valer mesmo no segundo trabalho, *Up for the Down Stroke*, de 1974.

A partir daí, as duas bandas gêmeas bivitelinas conviveram em confusa harmonia, com basicamente os mesmos integrantes. O Funkadelic como um funk-rock mais pesado e viajante, o Parliament propondo a reinvenção do funk, colorida por arranjos de metais e vocais elaboradíssimos, que empilhavam diferentes eras geológicas do som negro norte-americano. Cercado de grandes compositores, Clinton assumia uma posição semelhante à de um produtor-executivo, organizando aptidões e cooptando talentos em nome de uma entidade não institucionalizada, que apelidou de Parliafunkadelicment Thang, ou simplesmente P-Funk. Desempenhava um perfil *workaholic* que, sabe-se lá como, coexistia às mil maravilhas com as quantidades industriais de drogas que consumia.

Funkadelic e Parliament logo ganhariam, no cronograma de projetos paralelos de Clinton, a companhia de *spin-offs* como o combo de metais Horny Horns, o *girl group* pós-moderno The Brides of Funkenstein e os trabalhos solo de parceiros, entre eles os do grande guitarrista Eddie Hazel. Como um Berry Gordy anárquico, ele conseguia emplacar cada face de seu negócio em uma gravadora diferente, com maior assiduidade na Westbound (responsável pelos lançamentos do Funkadelic) e Casablanca (a mesma do Kiss, encarregada do Parliament). Mais tarde, fundaria a sua própria Uncle Jam Records. Os lançamentos chegavam a coincidir num mesmo mês, e ocasionalmente os músicos entravam em estúdio sem saber para qual das empreitadas estavam colaborando, não raro sem receberem o devido crédito.

Talento para juntar talentos

Não devia ser fácil coordenar a abundância de brilho individual do time montado pelo Dr. Funkenstein, que chegou ao topo em *Mothership Connection*, a quarta bolacha oficial do Parliament. Além da genialidade dos sócios Bernie Worrell – prodígio do piano clássico que ele conheceu na barbearia, presente desde *Osmium* – e William "Bootsy" Collins, colossal baixista lisérgico de visual marciano que vinha de dois anos intensos ao lado de James Brown, a bordo agora estava a maior dupla de instrumentistas de sopro do funk.

Trata-se do trombonista Fred Wesley e do saxofonista Maceo Parker, ambos também formados na monstruosa banda de Brown.

George, Bootsy e Bernie bancaram os *stalkers* num hotel em que Fred estava hospedado para convencê-lo a participar da aventura. Finalmente livres da ética perfeccionista e dos abusos autoritários do Padrinho do Soul, os rebatizados Horny Horns expandiram sua criatividade sob a nova chefia, desviando seus arranjos para caminhos mais amplos e melódicos. De quebra, tinham à sua disposição três dos músicos de estúdio mais disputados da era jazz fusion, os irmãos Michael e Randy Brecker (sax e trompete, respectivamente) e Joe Farrell (sax e flauta).

Era tarefa hercúlea canalizar e direcionar todo o fluxo de ideias que jorrava dessa pequena multidão que, durante as sessões de base, nos United Studios, de Detroit, viveu confinada num hotel, praticamente gravando até cair. Mas o prolífico líder tirava de letra. "Unfunky UFO", que fecha o lado A, é uma de suas faixas essenciais justamente por mostrar que isso era possível. Em seus quatro minutos e meio reluzem, mistica- mente entrelaçados, todos os elementos do cosmos do Dr. Funkenstein. A começar pela linha de baixo longa – dois compassos pensados como um roteiro mal-intencionado para fazer balançar –, reforçada por guitarras malandríssimas. Sobre a bateria de pegada seca demolidora do infernal Jerome "Bigfoot" Brailey, vai se formando um verdadeiro comboio saco- lejante, que avança sugando tudo que encontra pelo caminho, dos vocais harmonicamente complexos às elaboradíssimas perguntas-repostas dos metais, para um enorme epicentro de funk denso e boêmio.

Pervertendo James Brown

A mesma catarse dançante se nota no hit "Give up the Funk (Tear the Roof off the Sucker)", em que todas as partes são tão indispensavel- mente boas que não se pode cravar com total certeza qual é o refrão. Tanto esse tema quanto o último, "Night of the Thumpasorus People" – de majestosa linha de baixo e solo de Moog "flatulento" de Worrell –, expri- mem a perversão aplicada por Clinton às bases fundadoras do funk. Por um lado, ele seguia à risca mandamentos do precursor do gênero, James Brown, como o acento na primeira nota da batida e o foco na repetição hipnótica de uma ideia rítmica; mas, por outro, injetava um humor e uma malemolência que seu tirano rival, acostumado a multar os músicos que alterassem qualquer átomo do andamento, nunca consideraria destrinchar.

Esse contraponto debochado e mais solto ao *modus operandi* espartano de Brown, que depois o próprio inventor do funk passaria a assimilar, se aprecia melhor ainda na faixa-título. Com uma levada *pastosa*, não quantificável, de instinto preguiçoso, mas que não deixa a peteca cair, o estribilho "*Swing down, sweet chariot / Stop, and let me ride*", tomado de antigo hino spiritual, é um monumento ao maconheirismo. Não por acaso viraria hit do gangsta rap uma década e meia mais tarde ao ser sampleada por Dr. Dre em "Let Me Ride" (1992).

Esse rei Midas da produção hip-hop, aliás, basearia toda a invenção de um subgênero, o g-funk, em batidas surrupiadas de Parliament e Funkadelic. Era a segunda geração de artistas californianos diretamente devotos dos ensinamentos P-Funk. Nos anos 1980, nomes como Fishbone e Red Hot Chili Peppers – que teve o LP *Freaky Styley*, de 1985, produzido pelo ídolo – já haviam desbravado semelhante trilha.

Delírio e sucesso

É fascinante pensar que um trabalho tão ousado como *Mothership Connection* tenha alcançado o número 13 da parada estadunidense e

vendido mais de um milhão de cópias. O single "Give up the Funk" chegou ao número 15 da Hot 100 da *Billboard* e recebeu disco de ouro pela marca de um milhão de unidades comercializadas. Em 2011, o LP foi incluído no seleto hall de títulos da Biblioteca do Congresso dos Estados Unidos. Talvez a audácia seja um valor que depende de circunstâncias de época; ou pode ser que simplesmente o mundo tenha ficado mais careta desde 1975.

Mas o fato é que o álbum foi um fenômeno inesperado no mainstream, algo que a comitiva honrou com pompa na Earth Tour, iniciada apenas em outubro de 1976, quando o Parliament já colocara no mercado outro discão, *The Clones of Dr. Funkenstein*. Exibida em arenas com capacidade para até vinte mil pessoas, a "funk-ópera" se transportava com a ajuda de quatro caminhões, três ônibus e um trailer. Contava com oitenta pessoas trabalhando, incluindo quarenta músicos, o iluminador Jules Fisher, colaborador de David Bowie e Rolling Stones, e figurinistas que haviam vestido o Kiss.

O orçamento batia os US$ 500 mil, sendo que US$ 275 mil deles foram gastos na criação da nave inspirada na capa do disco, concebida por George após ele ter supostamente avistado um OVNI com Bootsy em viagem de Toronto a Detroit, e assinada pelo conceituado estúdio Gribbit!. Durante os shows, a geringonça literalmente voava, ao som de um sermão siderado do guitarrista Glenn Goins, aterrissando no palco para entregar o astro principal a um público em êxtase. Completava a parafernália uma pirâmide e uma caveira que fumava um baseado. A turnê terminou na metade de 1977, acumulando quase um milhão de espectadores e gerando o duplo ao vivo *Live: P-Funk Earth Tour*.

Os dividendos foram motivo de discórdia e, antes do final da excursão, Fuzzy, Calvin, Grady e Ray, veteranos do Parliament, pediram o boné. A partir do trabalho seguinte, *Motor Booty Affair*, Clinton se encaminharia ao electro-funk, outra marca identitária que permearia sua obra nos anos 1980.

Publicado originalmente no site daniadsetti.medium.com em 15 de dezembro de 2020.

DAVID BOWIE
Station to Station
[1976]

David Bowie foi o nome mais importante da música na década de 1970. Numa era em que sobram artistas icônicos vivendo a plenitude da sua forma – de Marvin Gaye a Led Zeppelin, passando por Pink Floyd, Van Morrison ou Queen –, não foi possível para nenhum deles superar o Camaleão. Nem em prolificidade, já que ele gravou onze fantásticos álbuns de estúdio e ainda soltou dois ao vivo oficiais; nem na capacidade (e velocidade) em se reinventar.

OK, Stevie Wonder chegou perto, expandindo os limites dos universos soul e pop com seus oito irrepreensíveis LPs; mas o seu contemporâneo e amigo inglês parecia querer, a cada disco, desbravar uma nova galáxia de referências só para poder desertá-la, urgentemente, ao final das gravações. Assim, fazia da imprevisibilidade um soberbo ativo estético, mantendo um nível artístico estratosférico em todos os lançamentos. As metamorfoses no visual são o clichê da transmutabilidade bowieana; muito mais assombroso, porém, foi o poder dele de revolucionar todo o seu espectro musical nos poucos meses que passavam entre um projeto e outro. Nunca descuidando para que soassem, misteriosamente, como David Bowie.

De quebra, ao lançar um álbum dava sempre um spoiler, insinuando a nova direção que fatalmente afloraria no seguinte – ainda que ele mesmo ainda não tivesse uma clara ideia do que estava por vir. A decadência de *Hunky Dory* (1971) antecipava o glam de *The Rise and Fall of Ziggy Stardust and the Spiders from Mars* (1972), enquanto ecos da *plastic soul* de *Young Americans* (1975) se anunciavam em faixas do distópico *Diamond Dogs* (1974); o sublime *Scary Monsters (and Super Creeps)* (1980) dava pistas do sintetismo pop que desabrochou por completo em *Let's Dance* (1983). E assim por diante. O branquelo das mil faces guinava em ritmo acelerado e abria vastos espaços sem aviso prévio, como um terremoto, porém atento para deixar um pé em cada placa tectônica separada por sua criatividade sísmica.

No outro lado do Atlântico

Sétimo nessa ordem cronológica discográfica insuperável, *Station to Station* é também o equador estilístico da série. À época de sua concepção, Bowie (nascido David Robert Jones em Londres, a 8 de janeiro de 1947) vinha de um dos mais bem-sucedidos experimentos de sua carreira. Em manobra prevista por ninguém, recrutara músicos do Harlem para se aventurar num refinado soul, que resultou no elegantíssimo *Young Americans* (1975). O álbum trazia seu primeiro número 1 na parada dos Estados Unidos, "Fame", hit composto ao lado do novo melhor amigo John Lennon.

Deus no Reino Unido, David agora era também um popstar de primeiro escalão no outro lado do Atlântico, atraindo a atenção, como sempre quis, de olheiros oriundos de outras disciplinas. Gente como Nicolas Roeg, cineasta que em seu primeiro filme, *Performance* (1970), havia promovido outro roqueiro andrógino, Mick Jagger, a ator. Impactado pelo "senso de mímica e movimento" de Bowie, Roeg o convidou para interpretar um alienígena no estranho filme *O homem que caiu na Terra*, baseado no livro *The Man Who Fell to Earth* (1963), do norte-americano Walter Tevis (o mesmo do best-seller *O gambito da rainha* de 1983, transformado em série em 2020).

Em março de 1975 o Camaleão trocou, portanto, sua base anterior, Nova York, por Los Angeles, cidade que classificaria como "a mais repulsiva imperfeição nos fundilhos da humanidade", iniciando um dos períodos mais obscuros de sua vida, que rendeu um novo capítulo de folclore extramusical à sua já extensa e variada mitologia, e do qual posteriormente admitiria lembrar pouco.

Um alienígena em Hollywood

Trancafiado numa mansão, sem amigos e assediado por traficantes, Bowie mergulhou numa dinâmica cocainômana que lhe rendeu a aparência inimitável de zumbi do espaço. Viveu ali num estado semipermanente de paranoia, estimulado por delírios relacionados ao nazismo, uma obsessão pelo ocultismo de Aleister Crowley e o indisfarçável incômodo de estar na metrópole californiana. Só que, para um provocador radical como ele, um momento pessoal conturbado era o que de mais propício havia para a gestação de boa arte. Em seu léxico, tal soma de desconfortos se traduzia na ânsia de gravar (mais) um discaço, entre outras ambições.

Em julho, quando começaram as filmagens no marciano cenário do estado do Novo México, seu já chocante aspecto – raquítico, palidíssimo, imberbe, assexuado e de cabelo laranja – subia vários degraus na escala da esquisitice graças à sua fissura farinácea. Esquálido a ponto de ser carregado no colo em cena sem grandes dificuldades pela atriz Candy Clark, Bowie era o homem perfeito para o papel.

Interpretou o protagonista Thomas de forma gelada, nem lá muito convincente (melhoraria depois como vampiro no grande *Fome de viver*, de 1983), mas com entrega a ponto de atuar nu e protagonizar uma ou outra cena bem impressionante. Como quando "sai do armário" enquanto ser de outro planeta, para absoluto horror da personagem vivida por Clark.

É curioso notar a semelhança entre o cantor e seu personagem, que tinha uma espécie de "radar", algo bem ilustrativo de sua ética criativa; como o E.T. do roteiro, sentia-se um completo *outsider* em seu entorno – no caso, Los Angeles, "o lugar menos adequado da Terra para alguém em busca de identidade e estabilidade", nas suas palavras. Quadros do longa acabariam virando as capas não apenas de *Station to Station*, como também de seu esplendorosamente desconcertante sucessor, *Low* (1977).

Inspirado em meio à confusão mental, Bowie chegou a começar no set um livro que nunca terminou. Igualmente infrutífero foi o plano de compor a trilha sonora instrumental do longa ao lado de Paul Buckmaster, arranjador londrino responsável pelas inesquecíveis cordas cósmicas do hino "Space Oddity", lançado em 1969. Das peças eletrônicas evasivas que emergiram das sessões, porém, só sobreviveu a soturna "Subterraneans", incluída depois no mítico lado B de *Low*. A trilha acabou repassada a John Phillips, do The Mamas & The Papas.

Do set ao estúdio

Batida a claquete pela última vez no Novo México, era hora de destrinchar musicalmente todas aquelas experiências cinematográficas. E, como costumava ocorrer, o multifacetado compositor não decepcionou. Pelo contrário: a nova obra marcaria o primeiro passo do mais impressionante de seus vários saltos estilísticos na década.

Station to Station, que saiu em 23 de janeiro de 1976 pela RCA, mantém o apetite dançante da bolacha anterior, mas o sacia com um banquete totalmente inédito. Inclina-se rumo a um som futurista próprio e extremamente original, cada vez menos estadunidense e mais neoeuropeu, que logo serviu de beabá para nove entre dez artistas da geração da década de 1980.

As gravações ocorreram nos últimos meses de 1975 no Cherokee Studios de LA. Durante esse período, no toca-fitas do carro do ex-Ziggy ainda ressonavam os lamentos negros de Aretha Franklin, como é possível ver no bom documentário da BBC *Cracked Actor* (1975), do mesmo ano, dirigido por Alan Yentob; mas sua antena já captava a proto-eletrônica experimental de bandas pioneiras alemãs como o Kraftwerk (que devolveria a gentileza, citando nominalmente David Bowie e o chapa Iggy Pop na música "Trans-Europe Express", de 1977). (Ver texto sobre o álbum *Trans-Europe Express* na página 164.)

Nostalgia europeia

Quem passava por essa nova transformação era seu novo alter ego, The Thin White Duke, um nobre pós-moderno do Velho Mundo, com olheiras de doente terminal, cabelo artificialmente ruivo e simpático ao imaginário fascista. Esse perigoso flerte, aliás, quase desandou e manchou a sua reputação de forma incontornável, quando Bowie deu declarações estranhas sobre totalitarismo e, num encontro com fãs na estação de trem Victoria, em Londres, fez um gesto similar à saudação nazista. Felizmente, o próprio fotógrafo responsável pelo clique, Chalkie Davies, disse ter sido um mal-entendido captado num milésimo de segundo.

Num dos raros momentos da discografia de David Bowie em que o braço direito Tony Visconti não marcou presença, repetia a dose o produtor Harry Maslin, conhecido por seu ofício junto a divas do pop adulto, como Carly Simon e Dionne Warwick. Parte da banda-base montada com grande acerto em *Young Americans* era mantida, com Carlos Alomar (guitarra) e Dennis Davis (bateria), reforçados agora por mais um instrumentista negro versado em funk, o baixista George Murray.

Outro veterano do LP anterior foi o guitarrista Earl Slick. Mas, ao contrário do que ocorrera no trabalho de 1975, os *riffs* e ruídos de Slick – um roqueiro por excelência que acompanharia o chefe em diferentes formações ao longo das décadas – ascendiam agora vários decibéis na mixagem, botando uma pedra no conceito soulista pretensamente mais "puro" construído até então.

Entravam em cena também sintetizadores espectrais executados pelo próprio Bowie. O Thin White Duke cozinhava, assim, uma receita híbrida entre o suingue e o glamour do álbum predecessor e a vanguarda musical germânica que já admirava. Essa devoção ele sacramentaria em seguida, ao radicar-se em Berlim e criar *Low* e os outros álbuns de aura pré-oitentista *Heroes* (também de 1977) e *Lodger* (1979). Ao mesmo tempo, estreava no time o pianista Roy Bittan, integrante da mítica E Street Band de Bruce Springsteen, garantindo que, por mais europeísta que fosse o novo empreendimento, alguma dose de americanidade ainda se fizesse notar na mistura, mais além do funk e do soul.

Tratava-se, portanto, de uma migração musicalmente equivalente à ansiada por sua recém-imaginada *persona*, "um duque europeu que vive na América e quer voltar à Europa", tal como descrito pelo autor em entrevista recuperada por outro documentário da BBC, *David Bowie: Five Years* (2013), de Francis Whately, uma verdadeira aula sobre as fascinantes trocas de pele do astro naqueles anos.

"A grande influência foi o trabalho do Kraftwerk e o novo som alemão; tentei utilizar um pouco de aleatoriedade", explica Bowie no filme, fazendo alusão aos seus heróis da época e ao processo de composição, no qual os músicos tocavam as partes sem poder antever o resultado. Uma técnica que, segundo *Shock and Awe: Glam Rock and Its Legacy from the Seventies to the Twenty-first Century* (2016), enciclopédico livro de Simon Reynolds sobre o glam rock, ele próprio comparou com o caótico método *cut-up* empregado por outro de seus ídolos, o escritor norte-americano William S. Burroughs.

1970

Vários mundos em seis músicas

Anunciada por um hipnótico sintetizador analógico e uma lâmina de *feedback* de Earl Slick, "Station to Station", a faixa-título, é uma das grandes aberturas de disco da década. Caminha pesada e ameaçadora como um mastodonte no deserto, enquanto o cantor se aprofunda nos elegantes registros vocais mais graves que aprendera em *Young Americans*, até surpreender na suavidade do refrão de verso hermético ("A volta do Thin White Duke / Atirando dardos nos olhos dos amantes").

Quando tudo parece se encaminhar a um final, a canção desvia para o provável primeiro uso da disco music num álbum de rock, galopando em andamento acelerado e com Bowie se abrindo: "Não é efeito colateral da cocaína / Estou achando que pode ser amor". Em outro trecho da letra, na qual se encontram enigmáticas referências à Cabala, ele dá mais um sinal de onde estará seu corpo e sua alma em pouco tempo: "O cânone europeu está aqui". Um início épico, que supera os dez minutos.

A faixa seguinte, "Golden Years", foi o primeiro single, trazendo inusitadamente no lado B "Can You Hear Me", tema presente em *Young Americans*. Lançada em 17 de novembro de 1975, atingiu o número 10 nas paradas estadunidenses em 3 de abril do ano seguinte. Conexão mais clara com o trabalho anterior, "Golden Years" ostenta um arranjo *funky* o suficiente para que o artista fosse convidado ao lendário *Soul Train* – o mais importante programa televisivo dedicado aos sons afro-americanos –, mas simultaneamente já exala um charme anglo-caucasiano que delata um outro direcionamento. David afirmou tê-la escrito para Elvis, mas as alusões ao Rei são leves, não passando dos "whop" vocais e do "carrão de vinte pés" da letra.

Por sua vez, a terceira canção, "Word on a Wing", é uma quase-balada de bonita melodia marcada pelo piano de Bittan e outra letra que insinua o que virá a seguir. Primeiro ele esconde o jogo – "Não preciso de outra mudança" – para depois mandar um "Estou pronto para moldar o esquema das coisas".

O lado B chega com tudo em "TVC 15", irrompendo com uma aparentemente inofensiva estrutura de blues e piano boogie-woogie, que vai se tornando cada vez mais descolada até desaguar num refrão futurista já bem assim, digamos… Berlim. Foi inspirada por um episódio em que o amigo Iggy, doidão, entrou em franco delírio persecutório, acusando um aparelho televisivo de atacar pessoas. Era um ótimo *warm-up* para a paulada "Stay", momento mais enérgico do repertório, um funk-rock atrevido, pontuado por percussão latina, com repentinos cortes de ritmo e impecáveis vocais de inclinação soul.

A partir daí, a intensidade não tem mais para onde crescer, e só resta ao autor uma nova surpresa, o *grand finale* (anti)climático de "Wild Is the Wind", releitura da música escrita por Dimitri Tiomkin e Ned Washington para a película homônima de 1957. Único cover de *Station to Station* – chupinhada das favoritas de sua amiguete Nina Simone –, a versão fecha com intensidade sombria o álbum, como se o duque-*crooner* estivesse se despedindo melancolicamente de sua etapa no Oeste.

É um epílogo paisagístico para uma coleção de poucos temas, apenas seis, quase todos longos, densos, crípticos e experimentais, que apresentam uma dimensão a cada faixa, todas de difícil definição, cada uma à sua maneira. Um trem de possibilidades viajando, como insinua o título, de uma estação a outra. E que, ainda assim, reverberou comercialmente, chegando ao 3º lugar na lista da *Billboard* e ali permanecendo por 33 semanas, vendendo 500 mil cópias nos EUA e 100 mil no Reino Unido.

Station to Station soa como se David Bowie estivesse alertando: preparem-se para passar os próximos anos atônitos com os quatro álbuns que farei a seguir. Serei sempre imprognosticável, não raro indecifrável e frequentemente deslumbrante.

Menos de 365 dias depois, ele lançaria *Low*.

Publicado anteriormente no site daniadsetti.medium.com a 10 de janeiro de 2021, com trechos de texto publicado originalmente no blogue Efemérides do Éfemello a 23 de janeiro de 2016.

KRAFTWERK
Trans-Europe Express
[1977]

Consigo imaginar a cena: o fã de Kraftwerk chega em casa numa tarde fria de março de 1977, final do inverno europeu, apertando debaixo do braço *Trans-Europe Express*, recém-lançado sexto trabalho do grupo. Abre o plástico, sorri nervosamente para a desconcertante imagem dos pais-de-família-versão-manequim da capa, quatro senhores imaculadamente germânicos, retira o disco do envelope branco, cheira-o, coloca-o sob a agulha.

Após a expectativa do ruído estático, soa o electrokraut "Europe Endless". Uma abertura com poucos sobressaltos, pensa o admirador, exceto pelo ar otimista, quase alegre – ao menos para os padrões de cinismo estético desses alemães –, dos vocais falados ou emitidos em vocoder e da batida de andamento médio. Surge, ainda tímida, a célebre melodia que, cinco anos depois e bem longe dali, Afrika Bambaataa sampleará para inventar o electro-hip-hop em sua canção "Planet Rock".

Tudo indica ao fã que essa nova bolacha será uma sutil atualização, levemente mais animada, do pioneirismo fascinante que a banda explorou nas músicas de estrada contemplativas do LP *Autobahn* (1974); ou uma continuação das peças mais enxutas de *Radio-Aktivität* (1975). Ótimo. Mas é na marca de um minuto e um segundo da faixa seguinte, "Hall of Mirrors", que ele para tudo o que está fazendo. E, à primeira audição das onze notas de sintetizador, entende que os anos 1980 acabam de começar, com três anos de antecedência.

Geração de ruptura

Até chegar a esse ponto, em que sua sonoridade hipnótica, fria e melodicamente assimilável passou a guiar os caminhos do que seria o pop na década seguinte, o Kraftwerk já acumulava uma bela bagagem, em constante evolução.

Tal história começou na segunda metade dos anos 1960, quando a Alemanha Ocidental viu o surgimento de uma cena de música nova, povoada por uma geração de jovens dispostos a romper com o trauma recente da Segunda Guerra. Inicialmente sob influência dos sons que vinham dos Estados Unidos (free jazz, soul, rock psicodélico), essa turma se espalhava por diferentes cidades, de Berlim (Tangerine Dream) a Munique (Amon Düül II), passando por Colônia (Can).

Rapidamente, as referências norte-americanas foram dando espaço às europeias, menos suscetíveis ao escopo das então onipresentes escalas pentatônicas do blues. "Tínhamos perfeitamente claro que não havíamos crescido no Delta do Mississippi nem em Liverpool, e essas com certeza não eram nossas identidades", explica Karl Bartos, integrante da banda por mais de quinze anos, no documentário *Kraftwerk and the Electronic Revolution* (2008), de Rob Johnstone.

Os olhos daquela juventude pós-Nazismo se voltavam para direções vanguardistas, até então mais associadas a compositores eruditos. Valia tudo: minimalismo, *drones*, ambiências, ritmos obsessivamente repetitivos, sonoplastia de filmes de ficção científica e até mesmo barulhos obtidos com máquinas. O espírito era hippie – até porque boa parte dos músicos vivia em comunidades –, só que os sons dali emergidos remetiam a algo ainda a ser catalogado, mas definitivamente distante do espírito paz e amor.

Organizando

Atentos a essa transformação estavam o tecladista Ralf Hütter (Krefeld, 20 de agosto de 1946) e o flautista Florian Schneider (Konstanz, 7 de abril de 1947), ambos músicos de formação acadêmica clássica. Em 1968, eles fundaram o duo Organisation em sua cidade, Düsseldorf, a menos de uma hora de Colônia. Os dois veneravam gente como Pierre Schaeffer, francês criador da música concreta, espécie de precursora do sample por empregar tecnologia de gravação diretamente no processo de criação. Também estudavam Karlheinz Stockhausen, considerado um dos inventores da música eletrônica.

No ano seguinte, lançaram o interessante LP *Tone Float* que, embora tocado com instrumentos convencionais, já reunia parte das características listadas nos dois parágrafos anteriores. A imprensa britânica logo apelidaria maldosamente essa modalidade sônica de krautrock (em referência ao termo pejorativo *kraut*, que usavam em relação aos eternos rivais alemães). Foi nesse projeto que Ralf e Florian iniciaram a colaboração com o produtor Conny Plank.

Central elétrica

Sem muita repercussão, o Organisation minguou, dando lugar ao Kraftwerk, que logo assinou com a Philips. Tanto o nome, que pode ser traduzido como "central elétrica", quanto a capa dos discos homônimos 1 e 2 (que saíram em 1970 e 1972, com boa resposta do público tedesco), consolidaram a estética urbano-industrial e antiorgânica da dupla. Enquanto isso, a cena crescia: Klaus Dinger, baterista em *Kraftwerk 1*, saiu para formar o Neu!, mais tarde firmada como outra entidade do krautrock, com Michael Rother, que também chegou a tocar com Ralf e Florian.

No terceiro trabalho, batizado justamente *Ralf und Florian* (1973), agregou-se ao time o artista visual e poeta Emil Schult, que passou a cuidar da imagem kitsch-futurista da dupla e colaborar como letrista. Mas foi a partir de *Autobahn* que eles deram a grande guinada, substituindo a instrumentação convencional por sintetizadores e baterias eletrônicas artesanais. Assim, rompiam qualquer laço que ainda pudessem ter com o rock dos anos 1960. A nova formação trazia também o multi-instrumentista Klaus Röder e o percussionista Wolfgang Flür (Frankfurt, 17 de julho de 1947). Os dois não apitavam muito nas composições, que iam sendo depuradas no Kling Klang, mítico estúdio montado pelos "chefes" numa fábrica desativada em Düsseldorf.

Tratado musical inspirado nas grandes rodovias alemãs, *Autobahn* projetou o Kraftwerk no mercado internacional, alcançando o 4º lugar em vendas no Reino Unido e o 25º nos EUA; lacrou de forma permanente o conceito e a linguagem que fariam a fama do quarteto, resumidos pelo escritor Mark Prendergast, no documentário de 2008 já citado, como "nostalgia do futuro". Tratava-se de uma espécie de "germanismo", composto por minimalismo, ironia sutil, melancolia e uma divertida caricatura do cidadão alemão "quadradão". Com ternos, cabelos curtos e tocando instrumentos que ninguém identificava direito, os quatro pareciam vir de outro mundo.

Após meia década de parceria com Conny Plank, Ralf e Florian assumiram a produção, tendo à disposição o novo contratado Karl Bartos (Berchtesgaden, 31 de maio de 1952) para o lugar de Röder. *Radio-Aktivität* chegou às lojas no final de 1975, apresentado de forma semelhante a uma peça de rádio, trazendo composições de menor duração e se aprofundando no uso dos sintetizadores. Não teve o mesmo sucesso do anterior nas paradas.

Europa infinita

Mais complexo e mais bem produzido que seus antecessores, e com temas cantados em alemão, inglês e francês, *Trans-Europe Express* mantém a tradição conceitual. A bola da vez temática do lançamento distribuído pela dupla EMI-Capitol era uma "identidade europeia", traduzida em imagens de forma provocativa. A cafonice proposital da capa e do encarte interior contrastam com a música profunda, de melodias contemplativas, que se escuta.

Se, por um lado, a letra de "Hall of Mirrors" (escrita com Emil Schult) propõe uma odisseia existencialista sobre o ego, seu arranjo nos impregna da visão setentista, originária da Guerra Fria, sobre um futuro incerto. Uma saudade não se sabe bem do quê, mas que extravasa uma melancolia invernal, europeia, melodicamente próxima aos compositores clássicos.

Ralf, Florian e companhia provavelmente não sabiam disso quando gravaram essa gelada e inesquecível balada, mas seus elementos iriam mais além de nortear os próximos trabalhos da banda; todo o synthpop britânico da década seguinte, e boa parte do pop em geral, viria a idolatrar essa etapa do Kraftwerk. Artistas literalmente bateriam à porta do Kling Klang, em peregrinação, como ocorreu com o duo Orchestral Manoeuvres in the Dark, de Liverpool.

O saudosismo por algo incerto esbarra em distopia orwelliana no espetacular tema seguinte, "Showroom Dummies" (25º lugar na parada britânica, quando relançado em 1982). Galopando sobre uma insistente marcha analógica com quatro notas que se repetem – tão rígida e geométrica que fica inexplicavelmente suingada – Hütter alerta, em determinada parte, que "estamos sendo observados".

Batidão ancestral

1970

Finalizados os questionamentos internos embalados por sons retrofuturistas, o lado B do LP retoma e aprofunda o argumento do título e da primeira faixa. Vem aí "Trans-Europe Express", a música, que empresta seu nome de uma rede transnacional de trens. É uma celebração (contida, é claro) da integração econômica e cultural da Europa moderna. A letra faz referência, também, a outros amantes da roupagem europeísta, relatando encontro do quarteto com Iggy Pop e David Bowie, incluindo citação a *Station to Station*, obra-prima de 1976 que o Camaleão fez sob influência de... er... Kraftwerk. (Ver texto sobre o álbum *Station to Station* na página 156.)

A viagem continua por outras duas faixas sem mudar a batida, numa inovadora antecipação das técnicas de remix que ainda estavam por ser inventadas. "Metal on Metal", com o *groove* pré-pancadão em primeiro plano e reforço de percussão em objetos metálicos, profetiza em meia década a criação do som que se batizaria de industrial. Sua gestação está diretamente relacionada ao hábito do quarteto de, durante o período de gravações, encerrar o expediente e ir aos clubes noturnos, sacando os poderosos ritmos de pistas do momento, como funk e disco. Segundo Bartos, outro fator importante para a invenção do "batidão ancestral" foi a tentativa de emular o ritmo e as texturas produzidas pela passagem de um trem sobre trilhos.

A música seguinte, "Abzug", é uma variação teutônica ao dub jamaicano que promove a última e triunfal aparição da melodia apresentada em "Europe Endless". Emenda em homenagem a um ícone musical do continente, a bela e atmosférica peça ambient "Franz Schubert", e sua continuação, "Endless Endless". Quando a agulha supera o último sulco, o admirador lá do início do texto sente ter protagonizado um *flash-forward* no tempo. É um final tranquilo para um álbum que nem fez tão bonito comercialmente (mal conseguiu entrar no top 50 britânico), mas cuja influência posterior é impossível medir.

CHIC
C'est Chic

[1978]

Já havia acontecido "de um tudo" na vida de Nile Rodgers em 1970, quando ele completou dezoito anos. Nascido em Nova York a 19 de setembro de 1952, ele era filho e enteado de junkies e neto de uma mulher que nascera de um incesto paterno. Experimentou as primeiras drogas ainda criança e, adolescente, foi hippie, okupa, Pantera Negra e esteve em situação de rua. Mas eis que, naquele ano, passou a dedicar-se à música profissionalmente. Atuava como guitarrista na orquestra residente no histórico Teatro Apollo, de Nova York, quando conheceu certo baixista chamado Bernard Edwards (Greenville, Carolina do Norte, 31 de outubro de 1952).

Inseparáveis desde então, fundaram a Big Apple Band, paralelamente militando como músicos de apoio de outro grupo batizado em homenagem à sua cidade de origem, o New York City. Ao longo dos anos seguintes, Nile e Nard acompanharam o desenvolvimento do som disco, uma mistura festiva e acelerada da chamada Philadelphia soul com funk, ritmos latinos e pop. Analisavam com lupa composições e arranjos de artistas como Hamilton Bohannon, Fatback Band, Brass Construction e Kool & The Gang.

Pouco a pouco, forjaram sua própria e inconfundível fórmula, endiabradamente suingada, vivendo na pele e compreendendo como poucos o fenômeno das pistas de baile. "Dançar tinha se transformado em algo primal e onipresente, uma poderosa ferramenta de comunicação, tão detalhadamente motivacional quanto um discurso de Angela Davis ou um ingresso para Woodstock", escreveu Rodgers em sua biografia *Le Freak: An Upside Down Story of Family, Disco and Destiny* (2011).

À procura do conceito perfeito

Músico de formação jazzística, Rodgers aprimorou com minúcia a técnica de guitarra apelidada *chucking*, aprendida com Edwards, na qual a mão direita toca de forma percussiva no dobro do andamento da música; já Bernard promovia a simbiose bissexta entre os preceitos da cartilha de baixistas de funk – o dedo pesado empregado com disciplina rítmica espartana – e a criatividade virtuosística da turma do jazz fusion, em alta à época. Nard soava como se aqueles jazzistas elétricos tivessem criado juízo e usado seu talento para algo menos autoindulgente, voltado – finalmente! – para as pessoas chacoalharem seus esqueletos.

Mais do que talhar excelência musical, a ralação na primeira metade da década de 1970 ajudou a dupla a incubar seu instinto natural para a composição de hits e a arquitetar um conceito completo para seu próximo projeto: Chic, um combo soul-funk sacolejante, comercial e de trato refinado, com letras e melodias que eles próprios definiam como "mais europeias".

Curiosamente, a inspiração vinha tanto do rock anglo-caucasiano quanto dos sons predominantemente negros. A aura "chique" propriamente dita, de roupas de grife e modelos em capas de discos, surgira da admiração por Roxy Music, a quem Rodgers assistira, maravilhado, em Londres; já a mística de banda sem face, "de produtor", por trás da qual seus responsáveis conseguiriam se manter anônimos mesmo ostentando vários hits, era influência do Kiss. De certa forma, o Chic – ou The Chic Organization Ltd., codinome corporativo criado pelo duo – precedeu o Daft Punk, com quem Nile viria a colaborar no ainda longínquo futuro de 2013, nessa estranha e sábia doutrina de ser famoso sem sê-lo.

Usina de hits

Com equipe formada por Nile e Nard, o baterista Tony Thompson, o tecladista Robert Sabino e diversas vocalistas – destaque para Norma Jean Wright e Alfa Anderson –, o sucesso veio rapidamente, em 1977, por meio dos singles "Everybody Dance" e "Dance, Dance, Dance". Até o início da década posterior, Chic seria sinônimo de paradas de sucesso, emplacando quatro canções no top 10 dos EUA (incluindo dois números 1).

Lançado em 11 de agosto de 1978, *C'est Chic*, o segundo LP, retrata como nenhum outro o pico comercial e criativo da banda. De som cristalino como água e esplendorosamente bem tocado e arranjado, o disco é um carnaval de *grooves* de bom gosto e refrões impossíveis de tirar da cabeça, cantados por um *crew* reforçado pelo então ainda pouco conhecido Luther Vandross, que nos anos seguintes estouraria como artista solo. Norma saíra para tentar carreira individual, dirigida por Nile e Nard.

A festa começa em grande estilo em "Chic Cheer", com Thompson e Edwards pilotando uma dinâmica fragmentada de pergunta e resposta com as vocalistas, que no final emulam o então nascente rap. A levada nunca explode, nem na segunda parte de linha de baixo demolidora. Dá para ver que a ideia é segurar o jogo para a hecatombe que está por vir na segunda faixa.

Vale a pena o esforço de contenção. Inicialmente chamado "Fuck Off" e dedicado ao porteiro do Studio 54 que barrou Nile e Bernard, "Le Freak", a faixa 2, passaria 22 semanas na lista da *Billboard*, ocupando o número 1 e tornando-se o compacto mais vendido da história da Atlantic Records, chegando a 7 milhões de cópias comercializadas. Com mais de 200 milhões de reproduções no Spotify à época da edição deste livro, há mais de 45 anos o hit enche qualquer pista já no "Ahhhhhh" que antecede o primeiro ataque vocal ("Freak out!").

Truques infalíveis

A estratégia de começar as canções pelo refrão, aliás, norteia todos os sucessos de Rodgers-Edwards. Um mantra tão imprescindível na cartilha da dupla quanto os *breakdowns*, as partes dos arranjos em que alguns instrumentos ou vozes silenciam, enquanto a base rítmica continua em ação, tornando a volta à cena de todos irresistível. É uma lógica não tão diferente da empregada pelos produtores de dub jamaicano, só que voltada para a euforia do baile. "Uma canção é só uma desculpa para um refrão, e o refrão é só uma desculpa para o *breakdown*", resumiu Nile em seu livro.

"I Want Your Love", segundo maior êxito do álbum (sétimo posto na parada norte-americana), cumpre à risca esses "estatutos" da Chic Organization, tendo como extra uma bela melodia e uma passagem arrasadora, ainda hoje catártica nos shows, protagonizada por metais e cordas. O arranjo é tão bom que até os carrilhões de orquestra, pomposos instrumentos de percussão sinfônica associados a nomes do rock progressivo como Mike Oldfield, encontram o seu lugar na mixagem.

Já a instrumental "(Funny) Bone" e "Sometimes You Win", com Edwards na voz solo, antecipam o neofunk depurado que Quincy Jones e Michael Jackson aprofundariam a partir do álbum *Off the Wall*, lançado pelo astro no ano seguinte. Com direito a uma sofisticada parte de bebop interpretada pelo quinteto de sopros em "Sometimes You Win".

C'est Chic, que conquistou o certificado de platina estadunidense pela venda de um milhão de exemplares, não perde o gás nem nos momentos de descanso, nas baladas "Savoir Faire" (instrumental) e "At Last I'm Free", cujo refrão infinitamente repetitivo cativou até o vanguardista britânico Robert Wyatt, que fez uma bonita versão da música em 1982.

O tempo disse

Em 1983, quando a encarnação clássica do Chic lançou seu último trabalho, *Believer*, a disco music já era malvista inclusive pelas gravadoras que a exploraram. Nile Rodgers trocou de pele astutamente e se dedicou a produzir figurões pop, alcançando fortuna e glória ao colaborar com David Bowie, Madonna, INXS, Duran Duran e outros.

As nuances da nova década e o reacionarismo roqueiro da campanha "Disco Sucks" – contra um gênero não por acaso popular entre negros, latinos e homossexuais – sepultaram a primeira encarnação do Chic e outras bandas. Mas o tempo mostraria quem estava com a razão. Entre álbuns e compactos próprios e como produtor, Rodgers está por trás de um patrimônio total na casa de quinhentos milhões de cópias vendidas.

THE CLASH
London Calling

[1979]

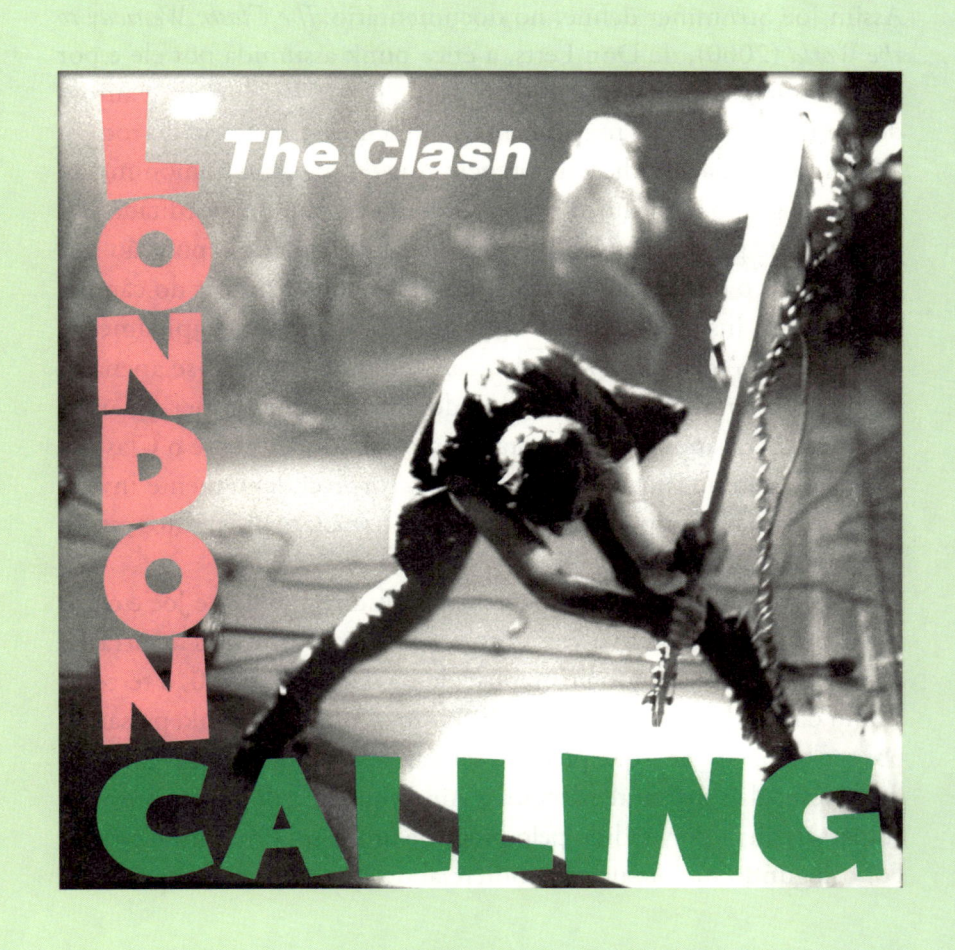

"Éramos quase estalinistas, insistindo que era preciso se livrar dos amigos, de tudo o que se sabia e do jeito que se tocava, numa frenética tentativa de criar algo novo – o que, na época, não era fácil." Assim Joe Strummer define, no documentário *The Clash: Westway to the World* (2000), de Don Letts, a ética punk assumida por ele e por seus companheiros na fundação do Clash, em 1976, durante a aurora de um dos subgêneros musicais mais influentes na história do rock.

A fala ajuda a explicar a potência crua do trabalho homônimo de estreia do grupo londrino, o primeiro álbum de punk-rock editado por uma grande gravadora (CBS), e faz jus à sua lendária reputação nos palcos. Mas o que tornou a banda um dos maiores nomes do cânone roqueiro foi justamente a sua coragem em abandonar rapidamente o radicalismo formal da restritiva cartilha punk, atendo-se apenas à parte de "criar algo novo" do lema descrito por Strummer. Já antes da entrada dos anos 1980, o "estalinismo" ficou para trás e o Clash se consolidou como uma entidade eclética, surpreendentemente inventiva e ao mesmo tempo acessível, capaz de transitar entre tantos estilos quanto lhe apetecesse.

E o atestado definitivo do talento multidirecional que Joe e companhia puderam desenvolver, uma vez livres das próprias amarras, é *London Calling*. Lançado no crepúsculo da década de 1970, o terceiro álbum da banda explorava tantos territórios – do ska ao funk, passando por rockabilly e jazz – que precisou sair em formato LP duplo. Um tipo de excesso, aliás, bastante não punk. Ainda que, a pedidos dos próprios autores, tenha sido vendido pelo preço de um (isso, sim, muito punk). Foi o segundo maior sucesso comercial do quarteto, atrás apenas de

Combat Rock (1982), e teve 1,5 milhão de cópias vendidas entre Reino Unido e Estados Unidos.

Para a crítica, *London Calling* virou uma unanimidade. De tal maneira que, por ter sido lançado em 14 de dezembro de 1979 em território britânico, mas só em 10 de janeiro de 1980 em solo norte-americano, é o único disco do ecossistema pop a figurar no alto escalão de listas de melhores álbuns em duas décadas diferentes. Para a revista estadunidense *Rolling Stone*, por exemplo, ele é o número 1 dos anos 1980; já a inglesa *NME* o posicionou em 6º entre os mais importantes dos 1970. É também onipresente nos primeiros postos dos rankings de maiores de todos os tempos, aparecendo em 8º na edição de 2013 do top 500 da mesma *Rolling Stone*.

Sobrevivendo às cusparadas

Passaram-se apenas três anos e meio entre os primeiros ensaios, num *squat* no bairro londrino de Shepherd's Bush Green em maio de 1976, e a obra-prima *London Calling*. Mas aquela foi uma era tão intensa e produtiva que parece ter transcorrido uma década.

O grupo nasceu do encontro entre Mick Jones (26 de junho de 1955), um autêntico representante da classe trabalhadora inglesa, de origem judaica e tutelado pela avó, e o agitador Bernie Rhodes, o homem por trás de muitos conceitos e iniciativas que os norteariam. Rhodes seria o Malcolm McLaren deles. Jones conheceu Paul Simonon (19 de dezembro de 1955) em audição para outra banda e o recrutou para o baixo, mesmo sem que ele soubesse tocar o instrumento. O problema foi se resolvendo aos poucos, com Simonon treinando ao som do reggae que ouvia no bairro de ambos, Brixton, de grande afluência de imigrantes jamaicanos. Foram atrás de um tal Joe Strummer (21 de agosto de 1952), filho de militar indiano que, por causa da profissão do pai, nascera em Ancara, na Turquia.

Andarilho, Strummer tinha sido músico de rua e liderava o 101ers, combo londrino notório por sua energia ao vivo e importante na chamada cena de pub-rock, ancestral do punk inglês. Ele, Mick e Paul estudaram em faculdades de artes diferentes, mas o que tinham em comum mesmo era a sede por abraçar a música da maneira mais direta e agressiva possível, por meio de uma temática fincada na realidade das ruas e nos problemas do mundo capitalista. A fórmula de composições de três acordes, compactada pelos Ramones em seu primeiro e homônimo disco, então recém-saído do forno, foi a bíblia do trio durante meses.

A formação original, que se completava com o baterista Terry Chimes e o guitarrista Keith Levene – mais tarde integrante do Public Image Ltd., de John Lydon –, protagonizou o primeiro show em 4 de julho de 1976, no Black Swan, em Sheffield. Abriam para a polêmica gangue de Lydon, os Sex Pistols. Puro folclore punk, a noite deu o tom do que seria a etapa inicial do Clash ao vivo: garrafas voando, cuspe e porrada livremente distribuídos.

Em dezembro, após gravarem demo no Polydor Studios, já sem Levene, embarcaram na famigerada Anarchy Tour, novamente com os Pistols. Mas o caos era tamanho que apenas sete das dezoito apresentações previstas ocorreram. Em 27 de janeiro de 1977, assinaram com a CBS/Columbia por cem mil libras, gerando revolta de fanzineros punk "raiz" e lidando com certa culpa, já que passariam a cantar canções contestadoras, como "Career Opportunities", tendo dinheiro na conta. Gravado em três fins de semana, *The Clash* saiu em 8 de abril de 1977, precedido pelo single "White Riot". Chegou ao número 12 da parada no Reino Unido.

O superpoder de cada um

Desde sua origem, o Clash operava com Joe cuidando principalmente das letras e melodias e sendo o vocalista principal. Mick se encarregava da parte instrumental e dos arranjos, além de também assumir alguns vocais. Sua labuta como cantor, mais melódica em contraponto ao estilo visceral do companheiro – uma dualidade na linha Lennon-McCartney –, se mostrava um dos grandes trunfos da trupe. Paul encontrava sua forma de tocar pouco a pouco e era o mais fotogênico, com seu topete anos 1950 e roupas pintadas manualmente, uma das marcas registradas do visual da banda.

Seria ele o protagonista, aliás, da capa de *London Calling*, clicado por Pennie Smith ao arrebentar o seu baixo num show no Palladium, em Nova York, em setembro de 1979. O designer e cartunista britânico Ray Lowry cuidou de inserir a imagem num layout que reproduz exatamente o do primeiro e homônimo trabalho de Elvis Presley, de 1956.

Contudo, tal qual ocorreu com nomes como Rush e Nirvana, o Clash só fechou totalmente a sua identidade sonora quando trocou de baterista. Nicholas "Topper" Headon (Dover, 30 de maio de 1955) veio para ocupar a vaga de Terry, que cansara de tomar garrafadas no palco e pulara do barco, às vésperas do lançamento da primeira bolacha. Na bagagem, o fã de jazz fusion Topper trouxe sensibilidade, suingue, pegada e a capacidade de se virar em qualquer ritmo. Sem ele, o grupo não tomaria o rumo diversificado que tomou.

Planeta Jamaica

A entrada do novo baterista ressaltou a tendência da turma de driblar as limitações fundamentalistas do punk, que já se notava desde *The Clash*. Afinal, o disco de estreia cometia a "heresia" de trazer uma versão roqueira para o reggae "Police and Thieves", de Junior Murvin. A relação deles com a música jamaicana se tornaria fundamental para entender não só *London Calling* e seu multicolorido sucessor triplo (!) *Sandinista!* (1980), como também boa parte do pós-punk inglês.

A experiência de Simonon e Jones como habitantes de Brixton foi a porta de entrada para esse outro mundo sonoro. Mas a amizade que cultivaram com Don Letts, o mesmo mencionado no primeiro parágrafo deste texto, mostrou-se ainda mais determinante. Filho de jamaicanos, Letts se dividia entre documentar o incipiente fenômeno punk e discotecar seus compactos de reggae, ska e dub em antros da cena, como o Roxy. Mais tarde, em 1984, ele formaria a banda Big Audio Dynamite ao lado de Mick.

"É engraçado: quando os punks escutavam música, nunca era punk. Eu só tocava reggae", me disse Letts em entrevista realizada em Barcelona em 2007. "[Dos sons jamaicanos], os punks gostavam do baixo, do fato de ser *anti-establishment* e das canções serem como reportagens musicais, falando sobre coisas de nossas vidas. E, é claro, eles gostavam da erva também."

Graças a essa fantástica simbiose entre subculturas descrita pelo cineasta, o envolvimento do Clash com os ritmos de Jah foi crescendo de forma exponencial ainda em 1977. Depois de "Police and Thieves", gravaram o compacto "Complete Control" com produção do mago Lee Perry. Inauguravam, assim, um tipo de parceria depois imitada por contemporâneos – como as Slits, que trabalhariam com o produtor Dennis Bovell – e expandida pelo próprio Clash em *Sandinista!*, que traria Mikey Dread pilotando a mesa de som.

Em 1978, soltaram o compacto "(White Man) In Hammersmith Palais", primeira composição feita sob a influência clara do reggae. Na letra, Joe Strummer descrevia o assombro de ser o único branco em uma noitada entre jamaicanos, escoltado por Letts. O próximo passo nessa direção seria a ida dele e de Jones à Jamaica, onde compuseram parte das canções da bolacha seguinte, *Give 'Em Enough Rope*, produzida pelo estadunidense Sandy Pearlman (Blue Öyster Cult) e lançada em novembro daquele ano.

Mas o segundo trabalho, que foi número 2 no Reino Unido, ainda estava mais para o rock básico de *The Clash* do que para o caleidoscópio estilístico de *London Calling*. Apenas no lado B do single "English Civil War", uma das faixas do novo LP, se apreciava o culto do quarteto à Jamaica, com a regravação de "Pressure Drop", de Toots & The Maytals.

USA Calling

Antes de poderem se dedicar à confecção de seu próximo projeto de estúdio, os rapazes realizaram sua primeira e concorrida turnê nos Estados Unidos, em janeiro de 1979, com atrações de abertura ilustríssimas, como Bo Diddley. A viagem marcou muito a banda, que a partir dos anos seguintes desfrutaria de considerável sucesso no país. E, de forma mais imediata, a música que absorveram em terras norte-americanas influiu no material destinado a ser o terceiro disco, então detentor do título provisório de *The New Testament*.

Sempre na estrada, ainda acharam tempo de gravar o EP *The Cost of Living* (1979), que incluía o fantástico cover de "I Fought the Law", de Sonny Curtis, antes de estabelecerem uma rotina diária de longos ensaios, que duraria de maio a agosto em estúdio no bairro Pimlico, em Londres. Foi a vez em que conseguiram chegar com o repertório mais azeitado para a gravação de um álbum. O fato de estarem com o material tão na ponta dos dedos ajudou a agilizar o processo.

Com o produtor Guy Stevens (Procol Harum, Mott the Hoople), o mesmo responsável pela demo de 1976, encararam a primeira leva de gravações no Wessex Sound Studios. Só que, em setembro, partiram para outra turnê com datas nos Estados Unidos. Nesses shows, em que tocavam reforçados pelo tecladista Mick Gallagher, do Blockheads (conjunto de apoio de Ian Dury), já mostravam oito dos dezenove temas que integrariam *London Calling*, incluindo a composição que lhe batiza. Voltaram à Inglaterra em outubro e, em 7 de dezembro de 1979, o single "London Calling" aparecia nas lojas, com outra releitura de clássico jamaicano, "Armagideon Time", de Willie Williams, no lado B. Uma semana depois, saía a versão britânica do álbum de mesmo nome, que chegaria ao número 9 da parada local.

Odisseia eclética

Catapultado pela explosão de vigor da faixa-título, uma das grandes aberturas de disco de que se tem notícia, "London Calling" é um parque de diversões para quem aprecia o lado "Álbum Branco dos Beatles" do rock. Como o clássico dos Fab Four, é duplo, superando uma hora de duração. Mas a semelhança vai além: da mesma forma que o *White Album* (1968), a obra do Clash exala uma pluralidade que só as bandas mais seguras de si podem bancar.

O tema seguinte é "Brand New Cadillac", registrada em uma única tomada, versão rockabilly do hit garageiro de Vince Taylor & His Playboys. Ainda no lado A do primeiro LP, o clima varia do reggae-rock "Rudie Can't Fail" à new wave acelerada "Hateful", passando pela levemente jazzística "Jimmy Jazz". "Rudie" e "Jimmy" contam com o naipe de quatro sopros dos Irish Horns, uma das bem-vindas inovações nos arranjos de *London Calling*. A lista de novidades traz também as partes de piano, tocadas por Mick e Joe.

O lado B abre com a "Spanish Bombs", grande melodia do acervo Strummer-Jones. A letra promove uma mistureba de acontecimentos bélicos espanhóis, da Guerra Civil dos anos 1930 aos atentados do grupo terrorista basco ETA de 1979. Nem o *mi corazón*, entoado em espanhol macarrônico por Joe Strummer, fã de García Lorca, consegue quebrar o seu encanto.

A primeira metade ainda traz rhythm and blues com metaleira e referências cinematográficas ("The Right Profile"), Mick mostrando sua veia pop em "Lost in the Supermarket", atualização do punk do primeiro disco – "Clampdown", inspirada num desastre nuclear ocorrido nos EUA – e até a primeira canção composta e cantada por Paul Simonon, "The Guns of Brixton". Feliz encontro entre reggae e rock, carregado por uma linha de baixo memorável, a faixa trata de violência policial e outros problemas da população do bairro de Simonon e Jones, e se tornou um dos clássicos da banda.

O segundo LP não fica atrás. O lado C começa com "Wrong 'Em Boyo", um ska com toques de gospel e soul, seguido por "Death or Glory", tão irresistível no refrão que fez Guy Stevens quebrar cadeiras durante a gravação. "Koka Kola" ataca o mundo corporativo e a publicidade, enquanto "The Card Cheat", conduzida por piano e a voz de Jones, é o mais próximo que chegaram de gravar uma balada. Sem perder o fôlego até a última nota, *London Calling* ainda tem um quarto lado mortal; seja pelo doce embalo em falsete "Lover's Rock", o boogie-woogie "Four Horsemen", o punk-reggae "Revolution Rock" e duas pauladas influenciadas pelo funk.

A primeira é "I'm Not Down", do inesquecível refrão "Apanhei, fui expulso / Mas ainda estou de pé", cantado em fúria uníssona por Mick e Paul. A segunda é "Train in Vain", incluída no repertório aos 45 minutos do segundo tempo, a ponto de não ser listada no encarte da primeira tiragem, que já estava pronta. Amostra brilhante do potencial pop de Mick nos vocais, em fevereiro de 1980, a faixa foi lançada como compacto em vários países – embora não no Reino Unido –, tornando-se um dos hinos do grupo.

Começo do fim

No olho do furacão, sem tempo para respirar e entender o quão boa era a sua nova criação, o Clash partiu logo para mais uma série interminável de shows. Entre 5 de janeiro e 21 de junho de 1980, foram quase 100. Quando conseguiu parar, realizou a façanha de produzir, em apenas duas semanas, a essência de *Sandinista!*, um incrível álbum triplo de 36 faixas, cuja abrangência na abordagem múltipla de gêneros musicais beira a esquizofrenia. Saiu em dezembro daquele ano.

Já mais desgastado, o grupo viveu seu clímax comercial com *Combat Rock*, de 1982, antes de entrar em colapso, graças ao vício de Topper Headon em heroína e aos conflitos entre Mick Jones e os demais. Joe Strummer e Paul Simonon ainda tentaram continuar, com a ajuda de outros músicos, no fraco *Cut the Crap*, de 1985, mas o sonho já tinha acabado. No ano seguinte, botaram ponto-final na história.

ANOS

ANOS 1980

ENTRA EM CENA O CD

Ouça uma seleção de músicas da
década em sua plataforma preferida

Só mesmo a ruptura estética trazida pelo som de pretensão futurista dos sintetizadores foi páreo para os abalos tecnológicos e midiáticos que atingiram os anos 1980. Em 1981, nascia nos Estados Unidos a MTV, um canal que institucionalizaria de vez o videoclipe como uma terceira e poderosa ferramenta de promoção dos artistas, pronta para trabalhar em sintonia com seus antecessores na missão, os singles e os álbuns. Música pop agora era um dispositivo oficialmente bidimensional, e alguns artistas saberiam explorar tal recurso com maestria (o que seria dessa era sem as superproduções audiovisuais de Madonna, Duran Duran ou Michael Jackson?).

No ano seguinte, duas gigantes da tecnologia, a holandesa Philips e a japonesa Sony, uniram-se para apresentar outra revolução: o CD. Transferido fisicamente ao novo e espelhado artigo, o álbum agora ganhava em clareza (devido ao seu áudio à prova de chiados), em duração (sua capacidade de até 74 minutos, sem necessidade de trocar de lado) e portabilidade (diâmetro de 12 cm, contra 30,5 cm do LP). Combinava, também, com a transição que se dava nos estúdios entre os métodos de gravação dos próprios álbuns, predominantemente analógicos até o final dos anos 1970, progressivamente digitais ao longo da década seguinte.

No entanto, muitos juravam que o formato era tecnicamente deficitário em frequências importantes, soando mais frio e anódino – em contraposição ao calor analógico de seu primo mais velho –, além de enterrar o barato dos grandes encartes. O *compact disc* era também um produto mais caro e avesso a alternativas aos menos abastados. Nos tempos do vinil, quem não quisesse desembolsar o valor de um *long play* completo, sempre poderia economizar comprando os singles que estivessem disponíveis do artista em questão. O novo sistema não apostava grandes fichas nessa opção, para júbilo das gravadoras, que passaram a ganhar mais oferecendo menos.

Já no primeiro semestre de 1988 os estadunidenses compravam mais CDs do que LPs ou fitas cassete – existentes desde os anos 1960, mas que viveram seu auge na virada dos 1970 para os 1980 –, entregando 64% do mercado à nova mídia. Essa soberania em relação ao *long play* duraria por mais de trinta anos, até a surpreendente revanche de 2020 quando, mais de uma década após o tsunami da era digital, as vendas do ancestral vinil registrariam receita maior do que as do CD em terras norte-americanas.

As *majors* continuavam a se fundir loucamente, ao passo que tinham também, pela primeira vez, seus nomes relacionados a escândalos de "jabá", prática de subornos, existente desde os anos 1940, em prol da execução de seus artistas no rádio. Não importou. Lucraram como nunca, porque tinham catálogos de artistas consagrados já amortizados, sem necessidade de pagar direitos (pelas leis de domínio público, ou por terem licenciamento já adquirido) e que puderam ser relançados à exaustão.

Azar dos amantes de música, que tiveram que gastar mais. Mas sorte dos artistas que, tendo à sua disposição o supertrunfo dos clipes, não precisavam lamentar o declínio dos singles. De *boy bands* como New Kids on the Block a hard-metaleiros da pinta de Def Leppard ou Van Halen, passando por entidades indies (Cure, R.E.M.) e veteranos que receberam uma segunda chance (Tina Turner, Joe Cocker), todo mundo surfou na onda dos vídeos musicais.

Enquanto isso, fosse no mainstream mais estridente ou no underground mais obscuro – cada vez mais frutífero graças à capilaridade dos selos independentes – um sem-fim de grandes álbuns continuou a ser lançado nos loucos anos 1980. Primeiramente em vinil e, com o passar dos anos, também em CD.

JOY DIVISION
Closer

(1980)

Existe uma viela em minha alma cujo endereço só consigo rastrear ao som dos 44min16 de *Closer*, segundo e último álbum oficial de estúdio do Joy Division. É um lugar frio, contemplativo, de onde se avista uma beleza profundamente triste, fácil de enxergar, mas difícil de compreender. Um horizonte *noir* que, graficamente, foi representado com maestria pelos fotógrafos Anton Corbijn e Kevin Cummins, responsáveis por eternizar a banda, poeticamente cinzenta como a Manchester que lhe abrigava.

Lançado em 18 de julho de 1980, exatos dois meses após o suicídio do vocalista Ian Curtis (Stretford, 15 de julho de 1956), *Closer* constitui uma mitologia por si só em minha vida desde uma década e meia antes de que eu, de fato, o escutasse a fundo. Entusiasta de New Order desde que, em 1988, celebrei meus dez anos com a compra de meu primeiro disco, a coletânea dupla *Substance* (1987), eu lia sobre a lendária banda que lhe dera origem e reconhecia nas fotos três de seus integrantes: o guitarrista Bernard Sumner (Salford, 4 de janeiro de 1956), o baixista Peter Hook (Salford, 13 de fevereiro de 1956) e o baterista Stephen Morris (Macclesfield, 28 de outubro de 1957).

Mas as imagens eram de um preto e branco impenetrável e enigmático, sobretudo para uma criança da minha idade, remetendo a um passado longínquo, quase impossível de conceber, apesar de registradas poucos anos antes. E o quarto moço, de pele e olhos claríssimos, o único deles que eu não reconhecia, era aquele tal que dançava de maneira impressionante, em espasmos descompassados. E que havia tirado sua própria vida aos 23 anos. Havia mais: a capa de seu álbum mais célebre era um túmulo de uma família italiana (carimbo de outro colaborador fundamental da banda, o designer gráfico Peter Saville, que precisou jurar à opinião pública que a arte final fúnebre já estava pronta antes da tragédia).

Não me sentia, portanto, preparado para investigar seu legado além de "Love Will Tear Us Apart", o único hit, que todo mundo inevitavelmente conhecia. Mas sabia que esse momento chegaria e, talvez inconscientemente, o aguardava. Quinze anos depois, em 2003, quando eu finalmente decidi rumar àquele beco, adquirindo uma cópia em vinil de *Closer* e fazendo minha inesquecível primeira audição, percebi que tivera razão em me preservar para tal majestosa manifestação de intensidade e angústia.

Atmosfera

A primeira coisa que me chamou a atenção foi a sonoridade. Diferentemente do álbum de estreia, *Unknown Pleasures* (1979), os instrumentos apareciam mais pronunciados, "na cara", ao mesmo tempo que guardavam a ambiência espectral – ainda que tecnicamente aprimorada – do antecessor. Ao trio baixo-guitarra-bateria somavam-se agora os sintetizadores ARP Omni e ARP 2600, além de modelos caseiros de engenhocas analógicas construídas por Sumner.

O novo som do Joy Division, que havia sido antecipado da melhor maneira possível pelo single "Atmosphere" – posteriormente transformado por Corbijn em inesquecível videoclipe –, denotava um salto qualitativo e estético que justificava o maior orçamento que recebera da Factory. A gravadora bancara duas semanas de sessões noturnas no Britannia Row, estúdio londrino do Pink Floyd, cujas salas possuíam um notável *reverb* natural e, segundo Sumner, vibrações misteriosas. "Estar lá à noite às vezes nos dava uma sensação estranha", relata o guitarrista e tecladista em sua autobiografia *Chapter and Verse: New Order, Joy Division and Me* (2014). "Captamos uns chiados fantasmagóricos uma noite e gravamos; com certeza dava para sentir uma atmosfera estranha."

Insira nesse clima esquisito Curtis, um jovem introspectivo de 23 anos atormentado pela epilepsia, alterado por uma medicação avassaladora e dilacerado pela culpa – era um precoce marido e pai, mas estava apaixonado por outra mulher –, e as peças da mística soturna de

Closer começam a encaixar. "Talvez nossos métodos noturnos tenham exacerbado um pouco sua epilepsia", admite Sumner. Nota-se, também, que o passatempo predileto de Ian, a leitura voraz de Nietzsche, Kafka, Dostoiévski, Burroughs e outros especialistas em sofrimento humano, não podia exatamente ser recomendada como terapia para alguém com o seu quadro.

Geniozinho tirano

No comando da mesa de mixagem novamente estava o produtor Martin Hannett, visionário que mostrou aos integrantes do grupo do que eles eram capazes era capaz, transvertendo o potencial de intensidade punk sisuda de seus shows numa entidade sonora quase sacra, de uma aura gótica existencialista profunda, em sua versão gravada. "O Joy Division usou a energia do punk para falar de coisas mais complexas", aponta o finado cofundador da Factory, agitador cultural e apresentador Tony Wilson no ótimo documentário *Joy Division* (2007), de Grant Gee. O tormento pegava carona na arte para desembocar no rock. Com o doidão Hannett na cabine de controle.

"Martin via seu papel sob uma luz mais criativa, pervertendo o som do álbum de sua concepção original para sua própria visão – o que era OK, contanto que soasse bem", explica Sumner no livro. "Ele propôs uma maneira de compreender Joy Division; ele ouviu algo, sentiu algo", endossa Peter Saville no filme de Grant Gee. Não que todas as ideias do produtor fossem unânimes – Sumner e Hook desaprovaram o resultado de *Unknown Pleasures*, enquanto Ian achou que os teclados de *Closer* remetiam "à porra do Genesis".

Geniozinho tirano, Hannett ligava o ar-condicionado no máximo para afugentar os músicos e mixar as faixas sozinho; chegou a "torturar" Morris, obrigando-o a desmembrar a bateria, registrando suas batidas parte por parte. Dirigia os instrumentistas com sugestões como "toque mais amarelo" e encomendava sintetizadores de acordo com os barulhos que ouvia em sua mente. Anos depois, segundo Bernard Sumner em seu livro *Chapter and Verse*, Martin classificaria as gravações de *Closer* como "cabalísticas, trancafiadas em seu próprio mundo de mistério", descrevendo Ian como "possuído" durante as sessões.

Ao contrário do que fizera no trabalho de estreia, o quarteto chegou ao Britannia apenas com ideias esparsas para canções registradas numa fita demo, montando-as no estúdio. O método ajuda a entender o lado A, uma saudação ao krautrock alemão – grande influência do grupo –, farto em canções monocórdicas e experimentais.

Soava como uma atualização parcial da gelada brutalidade industrial de *Unknown Pleasures*, como evidenciam os *drones* demolidores da guitarra de Sumner em "Atrocity Exhibition" ou o *groove* marcial hipnótico de "Colony". É uma metade de disco enérgica, repetitiva e que, liricamente, já dá pistas do buraco negro que está por vir. Ian cantando "Tenho vergonha da pessoa que sou" em "Isolation" é um sintoma inequívoco.

Ladeira abaixo

Só que a coisa fica séria, muitíssimo mais séria, no lado B. De ritmo acelerado, dançante à sua maneira robótica, a sublime "Heart and Soul" (do ameaçador refrão "Coração e alma: um queimará") já suscita calafrios, mas ainda constitui o último suspiro de autocompaixão do álbum. A partir daí, o sempre inventivo Morris ralenta o andamento à metade e o que se ouve são os dezessete minutos mais esplendorosamente lúgubres já registrados na história da música pop: a sequência "Twenty Four Hours", "The Eternal" e "Decades", uma maravilhosa suíte cuja inclemente e claustrofóbica tristeza ainda não encontra rival, mais de quarenta anos depois de sua criação.

Como já ocorrera em faixas como "She's Lost Control" e "Insight", do primeiro LP, *Closer* mostra o porquê de Peter Hook ser o baixista mais importante do pós-punk. Desinteressado do enfoque primordial de seus colegas de instrumento, o de encorpar a sessão rítmica com graves, ele foca nas melodias (e no espaçamento entre elas). Suas inconfundíveis notas agudas "umedecidas" em pedal Chorus conformam a medula óssea do Joy Division. São elas que carregam o insustentável peso de "Twenty Four Hours", conduzindo-a para um clímax no qual Ian entoa nada menos que "Preciso encontrar meu destino, antes que seja tarde".

A descida rumo ao cubículo mais solitário do mundo fica mais íngreme em "The Eternal". Sobre texturas de sintetizadores de um frio fisicamente sensível e uma melodia de piano sepulcral, o vocalista dá outro recado: "Tento chorar no calor do momento / Possuído por uma fúria que me queima por dentro".

Quando o martírio parece acabado, vem o golpe de misericórdia. Introduzida por percussão e *reverb* típicos de Hannett e palhetada de guitarra aparentemente inofensiva, "Decades" irrompe com seu tapete de teclados em cadência tão menor.

São oito compassos até que se escute o barítono de Ian, ecoando como se fosse emitido desde uma paisagem inalcançável, se lamuriando sobre a sina dos "jovens com peso nos ombros" de sua estirpe. Na tomada mais desolada de sua carreira, ele crava que "Nós batemos à porta mais escura do inferno" e sentencia: "Exaustos por dentro, nosso coração está perdido para sempre".

"Sofrência raiz"

É de se imaginar o choque dos fãs à primeira audição do disco, com Ian já morto. As letras não tinham como não lhes parecer outra coisa que não um longo e pouco cifrado bilhete de suicídio. "Só depois da morte de Ian prestamos realmente atenção em suas letras e escutamos claramente o tumulto que habitava sua mente", escreveu Bernard Sumner.

O guitarrista chegou a tentar ajudar o amigo em sessão de hipnose – sim, hipnose –, além de levá-lo a um cemitério para tentar demovê-lo de seu trágico plano final, após uma primeira tentativa fracassada. Segundo Sumner, durante o período de gestão do álbum, "Ele me disse que as letras estavam se escrevendo sozinhas".

Tony Wilson diz, no filme de Grant Gee, que a única pessoa do entorno do cantor a interpretar da forma correta a sua poesia foi Annik Honoré, a amante belga de Ian. "Ela me chamava a atenção para as letras e eu respondia: 'Não, não, é apenas arte'. A gente pode ser muito estúpido."

Tanto desalento expelido em forma de música nos convida a refletir: por que é tão fascinante uma obra em que a tristeza e o desespero não são apenas uma projeção estética, mas sim o seu núcleo e razão de ser? Por que ela nasce tão bonita, e assim permanece mais de quarenta anos depois, se sabemos que o autor se enforcou em sua casa semanas depois de sua conclusão?

Quando escutamos outros artistas do âmbito roqueiro que identificamos como "melancólicos", tal qual um Cure na fase *Faith* (1981) ou *Disintegration* (1989), um My Bloody Valentine ou um Mogwai, nos atraímos na verdade pela doçura sonhadora que eles evocam. Talvez por sabermos que, no fundo, eles operam numa atmosfera tristonha apenas funcional, "de mentirinha", romântica acima de tudo.

Mas com o Joy Division, principalmente em *Closer*, a sensação é de um esmorecimento genuíno, incontornável, sobre o qual não se poderá fazer piada posteriormente. Uma possível resposta: em algum rincão interior nós também abrigamos esse compartimento de "sofrência raiz". E, quando alguma obra ali penetra, como faz esse disco, não consegue achar a saída.

Publicado originalmente no site daniadsetti.medium.com em 17 de julho de 2020.

TALKING HEADS
Remain in Light

(1980)

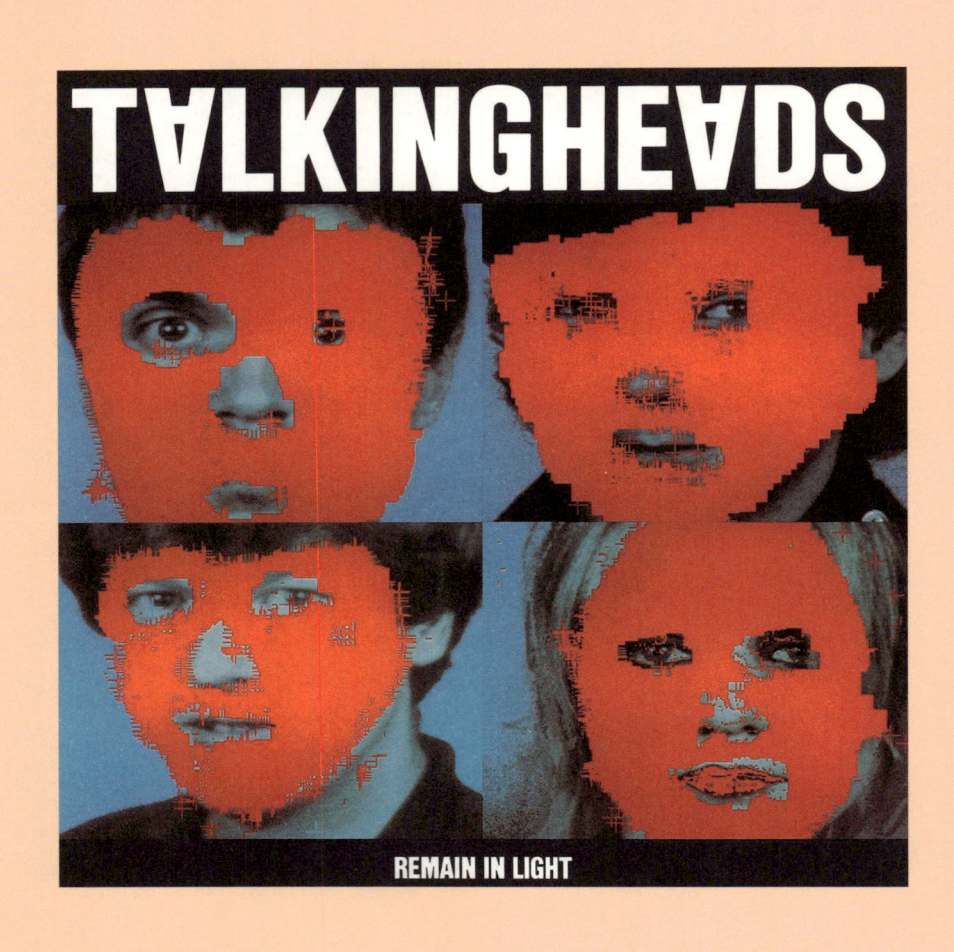

A turnê que o Talking Heads fez com o Ramones pela Europa entre abril e junho de 1977, após as gravações de seu álbum de estreia *Talking Heads: 77* foi determinante para a sua trajetória. Para compensar o tratamento frio recebido pelos companheiros de ônibus – "Não falávamos muito com aqueles universitários bem-educados", relataria Johnny Ramone (2012) em sua autobiografia – e a dura tarefa de abrir para os ícones do punk, David Byrne, Tina Weymouth, Chris Frantz e Jerry Harrison foram apresentados a Brian Eno. Ao lado do ex-Velvet Underground John Cale, ele compareceu ao primeiro show da banda em Londres, no Rock Garden, a 13 de maio de 1977. Fãs de Eno, os integrantes do quarteto o reencontraram num brunch dias depois quando, ao som do dub de Dr. Alimantado e do afrobeat de Fela Kuti, ele os elogiou por seu "ritmo vigoroso e seguro de si", sua "qualidade hesitante" e a "genuína desorientação" que suas músicas lhe causavam.

Embora ainda com 29 anos, Eno já era um veterano. Trazia no currículo a participação no Roxy Music em seu período mais aventureiro (1972-1973), cinco trabalhos solo de instigante experimentalismo e colaborações com ícones da vanguarda setentista, dos alemães do Cluster ao ex-Soft Machine Kevin Ayers, passando pelo próprio Cale; despontava, também, como requisitado produtor e descobridor de talentos. Suas peripécias mais recentes tinham sido dirigir o quinteto synthpunk Ultravox em sua estreia homônima e ser o braço direito de David Bowie no desconcertante e maravilhoso *Low* (1977). "Brian era o primeiro a te dizer que não era um músico real; ele era um cara de ideias, que comunicava os seus pensamentos na mais eloquente das linguagens", explica Chris Frantz em seu livro *Remain in Love: Talking Heads, Tom Tom Club, Tina* (2020).

Amor à primeira vista, o encontro com os heads gerou frutos preliminares ainda no final daquele ano, quando Brian batizou uma canção de inspiração krautrock de seu LP *Before and After Science* (1977) como "Kings's Lead Hat", anagrama de Talking Heads. Mas foi a partir de seu segundo disco, o excelente *More Songs About Buildings and Food*, de julho de 1978, que o quarteto radicado em Nova York iniciou com o novo amigo inglês uma das mais fabulosas trilogias discográficas do período, no nível da trinca berlinense de Bowie da qual *Low* faz parte (não casualmente coprotagonizada por Brian).

Lançado em 8 de outubro de 1980 pela Sire, gravadora que consolidou a new wave no mainstream, *Remain in Light*, encerra em clave iluminada essa parceria e guarda seu lugar entre os mais inovadores álbuns paridos na efervescência do pós-punk.

Dança para intelectuais

Antes de chegar ao seu pico de criatividade, o Talking Heads já acumulava cinco anos de estrada. A banda se formou em 1975 a partir do casal Tina (Coronado, Califórnia, 22 de novembro de 1950) e Chris (Fort Campbell, Kentucky, 8 de maio de 1951), que se conheceram quatro anos antes na Escola de Design da Universidade de Rhode Island e, unidos na paixão por artes plásticas e música, nunca mais se desgrudaram (até hoje estão juntos). Ela demoraria para se aventurar no baixo, resistindo aos pedidos de Chris, que em 1973 montou a banda Artistics com David (Dumbarton, Escócia, 14 de maio de 1952). Mas, quando o Talking Heads estreou ao vivo, em 5 de junho de 1975, abrindo para o Ramones no mítico CBGB, já era Tina a baixista.

Nesse período, os três, que tinham crescido em subúrbios confortáveis de classe média branca, dividiam um loft numa espelunca no ainda desvalorizado e perigoso bairro do Bowery, em Nova York, tendo como vizinhos figuras como a musa punk-pop Debbie Harry e o free-jazzista Ornette Coleman. Ali passaram também a gravar *jam sessions* caseiras, criando o hábito que duraria boa parte da carreira do grupo (as bases instrumentais de *More Songs...* foram registradas noutro apê onde viveriam posteriormente).

Assinaram com a Sire em 1 de novembro de 1976, agregando logo em seguida o ex-Modern Lovers Jerry Harrison (Milwaukee, Wisconsin, 21 de fevereiro de 1949) no teclado e na segunda guitarra. Corresponderam à grande expectativa que vinham gerando já com o primeiro disco, *Talking Heads: 77*, lançado em setembro do ano seguinte, após o casamento (na igreja) de Tina e Chris. Em meio à explosão punk, chamavam a atenção tanto por seu visual de "sujeitos normais", vestidos em camisas polos da Lacoste, quanto pelo som simultaneamente cerebral e suingado, angular, mas estranhamente palatável. "Éramos pós-punk antes mesmo do punk", define Chris no livro. Alguns classificariam aquilo como *thinking man's dance music*, ou seja, faziam "som dançante para intelectuais".

Os álbuns seguintes, já operados com a ajuda de Eno, impressionaram ainda mais pela inventividade nas composições, nos arranjos e na produção. Cada um soava consideravelmente diferente do outro. Ao mesmo tempo, o quarteto se mostrava entrosadíssimo no palco, após múltiplas turnês ao lado de nomes como XTC, B-52's e Dire Straits.

Colagens subversivas

No início de 1980, após o encerramento da turnê do terceiro LP, *Fear of Music* (1979), Eno e Byrne começaram as gravações de um projeto paralelo que resultaria no revolucionário disco *My Life in the Bush of Ghosts* (1981), com participação de Frantz. Segundo o baterista, após o início da parceria, os dois novos melhores amigos ficaram meio sem vontade de trabalhar com o Talking Heads, mas se animaram quando Chris, Jerry e Tina lhes mostraram os novos ritmos que estavam elaborando em casa. "Meu desafio pessoal e o de Tina era conceber partes rítmicas que não apenas tivessem muito *groove* e botassem as canções para frente, mas também que soassem chocantemente novas", escreveu Frantz em sua autobiografia.

Diante da crescente insatisfação do trio com o monopólio de Byrne na composição e sua dinâmica cada vez mais exclusivista com o produtor, todos os envolvidos acordaram em gestar a quarta bolacha, cujo nome provisório era "Melody Attack", de maneira alternativa, utilizando a criatividade coletiva como ponto de partida.

Rumaram, então, à sala B do Compass Point, mesmo estúdio nas Bahamas onde haviam registrado *More Songs...*, tendo como vizinhos na sala A o AC/DC, que produzia o seu mastodôntico *Back in Black* (1980). Partindo do zero, gravaram dezenas de *jams* instrumentais livres, selecionando depois as partes favoritas para utilizá-las como estruturas a ensaiar. Desses trechos, mantinham as qualidades primitivistas, como o uso de um único acorde e o caráter rítmico de *loop*, repetitivo e hipnótico, inspirados em subgêneros musicais do Oeste da África; sobre esse esboço, injetavam *overdubs* com múltiplas camadas de baixo, guitarra, teclado e percussão, às vezes fragmentados nota por nota – todo mundo tocou de tudo –, obtendo na somatória um caráter de colagem então inédito no universo pop.

O subversivo método se mostraria mais aparentado com o então púbere hip-hop nova-iorquino do que com o rock. Uma estripulia própria de estudantes de artes, amplificada pelo fato de Byrne ter composto melodias vocais e letras só depois, já de volta aos EUA, baseando-se nos arranjos parcialmente prontos.

Tanto pós-modernismo em forma e conteúdo faz com que, mais de quarenta anos depois, em cada audição de *Remain in Light* ainda seja possível identificar novos barulhinhos, texturas e até vozes. Resultado não só da labuta do grupo, mas também dos vários convidados, incluindo o prodígio dos efeitos guitarreiros Adrian Belew, que tocara com Bowie e Frank Zappa e que logo nortearia a interessante encarnação oitentista do King Crimson. Robert Palmer também andou por lá, contribuindo com percussões e palmas.

De Kurtis Blow a King Sunny Adé

O ambicioso e arriscado plano não teria saído do papel com tanta autenticidade não fosse a exuberância do diagrama de influências que povoavam o imaginário headiano e do "quinto elemento" Eno naquele momento.

Conhecida por seu funk esquisito, descomplexadamente "de branco", e a originalíssima abordagem esganiçada da voz de Byrne, a trupe agora absorvia também os remixes sacolejantes de disco music, as rimas do rapper Kurtis Blow, os sintetizadores boogie-futuristas das bandas de funk lisérgico Parliament e Funkadelic, e, principalmente, sons do Oeste Africano.

Todos os *grooves* multifacetados do repertório devem imensamente às levadas-transe de Fela Kuti, enquanto suas guitarrinhas polirrítmicas evocam outro nigeriano, King Sunny Adé. Referências que, diga-se, começaram a despontar na memorável "I Zimbra", de *Fear of Music*, cuja teia "marciana" de guitarras contou com a participação de Robert Fripp, do King Crimson, frequente colaborador de Brian naqueles tempos.

Na verdade, Byrne e Eno já estavam aprofundando essa afroassimilação e o emprego das batidas-colagem de uma parte só em *My Life in the Bush of Ghosts*. O disco paralelo, que também pioneiriza o uso de samples, estava praticamente pronto antes de *Remain in Light*. Mas sua versão definitiva só chegaria às lojas em fevereiro de 1981, por causa de problemas legais envolvendo um dos áudios sampleados, o de um telepastor evangélico estadunidense. Também atrasou porque as sessões nas Bahamas com o Talking Heads tinham entusiasmado tanto os dois que eles quiseram incrementar sua outra obra em andamento antes de baterem o martelo.

Simbiose (também) vocal

Sempre ávido por novos enfoques para o canto e para o desenho de melodias, Byrne foi mais longe. Harmonizou sobre o instrumental monocórdico e introduziu partes mais faladas, absorvidas tanto dos rappers quanto dos pregadores pentecostais de *My Life in the Bush of Ghosts.*

Essa tendência se nota em faixas como "Crosseyed and Painless" e a clássica "Once in a Lifetime", epopeia de um "cidadão de bem" que não entende o que está fazendo no mundo. "E você pode de repente se ver em uma linda casa / Com uma linda mulher / E você pode se perguntar: / Como eu vim parar aqui?", questiona um perplexo Byrne antes do estouro do refrão do primeiro dos dois singles do repertório, editado em 2 de fevereiro de 1981 (em maio viria o segundo, "Houses in Motion").

Outra novidade era seu cantar influenciado por… bem, Brian Eno. Trechos como o primeiro refrão da música de abertura, "Born under Punches (The Heat Goes on)", ou como o melancólico manifesto anti-imperialismo bélico "Listening Wind" – do verso "Ele vê os forasteiros aumentarem em número" – remetem à toada monótona, levemente fúnebre, que o guru desenvolvera em seus discos cantados dos anos 1970. Não à toa, Brian é creditado como coautor dos incríveis arranjos de voz e engrossa os *backing vocals* do repertório.

Ciumeira e desgaste

Era uma simbiose coerente, ainda que agravante da cisão em dois núcleos experimentada pelos Cabeças Falantes durante as gravações: a duplinha inseparável de um lado e o enciumado trio do outro. Segundo Chris, durante as etapas de gravações de voz e mixagem no estúdio nova-iorquino Sigma, David e Brian se mostravam incomodados com a presença dos demais. Tina contaria depois que, em dado ponto, os dois até se vestiam em estilo idêntico. Há inclusive uma tomada das sessões, "Unison", em que simplesmente não é possível identificar se a voz é deste ou daquele. O próprio título do disco, *Remain in Light*, veio por sugestão de Brian, a partir de uma obscura referência poética africana.

E, se a capa trazia os quatro integrantes oficiais democraticamente retocados por computação então de ponta, a cargo de um conglomerado de artistas e pesquisadores do MIT, não ajudou em nada a primeira tiragem chegar da fábrica com o seguinte crédito: "Todas as canções compostas por David Byrne, Brian Eno e Talking Heads". A surpresinha pegou mal e deixou o desgaste entre os dois "times" mais evidente.

Faz sentido, então, que o LP, alçado ao 19º lugar da parada estadunidense, com quinhentas mil cópias vendidas, marque simultaneamente o apogeu e o fim da caminhada de Eno ao lado do Talking Heads. O novo repertório foi exibido por uma das melhores e mais ecléticas formações de palco da década que entrava, uma espécie de LCD Soundsystem com 25 anos de adianto, que contava com Belew, com o ex-tecladista do Parliament Bernie Worrell, com a cantora Dolette McDonald, com o segundo baixista Busta Jones e outros. Mas, a seguir, a banda precisou de um recesso. Durante a pausa, saíram álbuns solo de David, Jerry e do sensacional coletivo Tom Tom Club, comandado por Chris e Tina, que iniciavam assim uma bem-sucedida trajetória como produtores. Reuniram-se em 1983 com o mais acessível *Speaking in Tongues*.

A influência do lançamento de 1980, porém, só aumenta. Ao atualizar, em setembro de 2020, sua lista de 500 melhores álbuns de todos os tempos, a revista *Rolling Stone* posicionou-o em 39º, um olímpico salto em relação ao 126º posto da edição de 2003 do ranking. A troca de figurinhas Byrne-Eno atravessaria as décadas seguintes, mas sem jamais repetir o impacto de *More Songs About Buildings and Food, Fear of Music, My Life in the Bush of Ghosts* e, sobretudo, *Remain in Light*.

Texto publicado originalmente no site daniadsetti.medium.com a 5 de outubro de 2020. Utilizado como roteiro do quinto episódio da primeira temporada do podcast *Discoteca Básica*, levado ao ar nas plataformas digitais a 6 de outubro de 2020.

MICHAEL JACKSON
Thriller
(1982)

Existe na história da música pop um antes e um depois de *Thriller*, sexto trabalho solo de estúdio de Michael Jackson e seu segundo já adulto. O cruzamento entre diversas fontes apuradoras de cifras fonográficas globais não permite uma conclusão precisa, mas algumas apontam que mais de 100 milhões de cópias do disco tenham sido comercializadas até hoje, considerando apenas formatos físicos. O mínimo é 66 milhões, de acordo com certificado do livro *Guinness World Records* de 2017. Somente nos Estados Unidos, onde dominou a parada por 37 semanas seguidas, foram 34 milhões de unidades, segundo a última atualização, de 2021. No Reino Unido, apareceu nas listas num total de 239 semanas.

Trata-se do título mais vendido de todos os tempos, com uma folga de pelo menos 15 milhões de exemplares para o segundo colocado no ranking estimado, *Back in Black* (1980), do AC/DC. Ajudou em muito a indústria fonográfica estadunidense a se recuperar de uma de suas recessões mais bravas, em pleno surgimento do CD. Nem as evidências cada vez menos contestáveis de que seu autor foi também um abusador sexual de crianças durante anos parece frear o fascínio que o álbum continua exercendo, quatro décadas após seu lançamento, em 30 de novembro de 1982.

O gigantismo se justifica. Além de constituir o fenômeno definitivo das paradas de sucesso e consolidar o status de Michael como um gênio pop, *Thriller* é uma obra excelente. Seus atributos são incontáveis, começando pela qualidade de suas nove composições, quatro das quais assinadas pelo próprio cantor. Outra característica fundamental é a ousada produção do peso-pesado Quincy Jones, o homem capaz de ler os pensamentos de Jackson e materializar toda a minúcia de suas ideias.

Há também o ecletismo estilístico do repertório que, mesmo transitando do rock ao funk e da balada aos ritmos africanos, navega durante 42 minutos com uma homogeneidade misteriosamente intacta. Sem falar da inigualável vocação do LP para os singles – o que propiciou o lançamento de incríveis sete canções no formato –, dois dos quais chegando ao número 1 nos Estados Unidos. Ah, e como esquecer da participação de um beatle, Paul McCartney, na suave "The Girl Is Mine"?

Revolução audiovisual

Se os superlativos fossem apenas musicais, já teríamos o suficiente para louvar *Thriller* pelos critérios artístico e comercial. Mas não para por aí. Visionário, Jackson se intrigava com a pouca atenção dada por seus contemporâneos aos videoclipes. Achava toda a produção audiovisual da época muito chata e malfeita, o que lhe estimulou a bolar o conceito de "minifilmes", com os quais somaria uma dimensão adicional à divulgação de seus potenciais hits. Custando o que custassem.

Ao longo de 1983, lançou três deles, "Billie Jean", "Beat It" e "Thriller", otimizando a níveis estratosféricos o rendimento de cada compacto, ao passo que elevava o videoclipe a novos patamares de entretenimento e arte. De quebra, ainda mostrava que era também um dançarino sem igual. Todo mundo se lembra da primeira vez em que viu o clipe/curta-metragem de terror *Thriller*, ainda hoje insuperável em influência e folclore.

Por causa do impacto dos vídeos e do espaçamento de nove meses entre seus lançamentos, as vendas do disco foram se multiplicando durante um extenso período. No início de 1984, quando foi premiado com oito Grammys e oito American Music Awards, *Thriller* chegou ao sobrenatural número de 25 milhões de cópias arrematadas. A partir de então, o mundo aguardaria um novo clipe de Jackson com a mesma ansiedade que um álbum seu, e ele passaria a maior parte de sua carreira entregando outros colossos audiovisuais de orçamentos milionários. Mas sem nunca chegar perto do que conseguiu com a sua obra-prima fílmica, *Michael Jackson's Thriller*.

Superlativo aos cinco anos

Quando revemos imagens de Michael Joseph Jackson atuando enquanto criança, pensamos o quão natural e coerente é o fato de ele ter se tornado, pouco mais de uma década depois, o maior artista pop da história. Dá a impressão de que aquele roteiro já estava escrito em algum lugar. Nascido a 29 de agosto de 1958 em Gary, no estado norte-americano de Indiana, ele era o oitavo de uma prole de dez filhos de dois músicos amadores, Joe, operário em fábrica de metal, e Katherine, testemunha de Jeová que trabalhava em loja de departamentos. Brandon, gêmeo de Marlon, seu irmão imediatamente mais velho, faleceu ao nascer.

Michael começou a atuar aos cinco anos de idade com os irmãos mais velhos Jackie, Tito, Jermaine e Marlon. Joe batia nos rebentos que se aproximavam de sua guitarra, mas, percebendo que o talento transbordava por todos os cantos da casa, mudou de postura e passou a comandar ensaios, investir em instrumentos e inscrever em concursos a ninhada, que batizou como The Jackson 5. O estilo ditatorial do pai marcou negativamente a personalidade da juventude do clã: uma nota fora do lugar podia significar surras de cinto e até chicote. Lazer era um conceito desconhecido por eles, que se dividiam entre a escola e as exaustivas sessões musicais diárias. "Eu fitava, maravilhado, os outros garotos brincando; não conseguia imaginar tamanha liberdade, tal vida despreocupada", lamenta o astro em sua autobiografia *Moonwalk*, de 1988.

Em 23 de julho de 1968, o Jackson 5 fez sua mítica audição na Motown, na qual o caçula do quinteto, aos nove anos, deslizou pela sala como os ídolos James Brown e Jackie Wilson. Depois, ainda cantou "Who's Lovin' You", de Smokey Robinson, "como se estivesse vivenciando a canção por trinta anos", lembrou anos depois Berry Gordy, o fundador da gravadora, em *Oprah's Master Class*. Com contrato fechado, a família se mudou para Los Angeles, para onde a empresa também se deslocara, sendo apadrinhada por Diana Ross e auxiliada pelo elenco de especialistas da Motown, que incluía desde mestres em etiqueta a compositores e arranjadores. Em 1970, começando com a irresistível "I Want You Back", um funk melódico com influência de Sly & The Family Stone, emplacaram seus quatro primeiros compactos no número 1 da parada norte-americana. Sempre com o caçula como vocalista principal.

Rumo à independência

O Jackson 5 brilhou constantemente durante a primeira metade da década de 1970, lançando outros hits, rodando o mundo e até virando desenho animado, mas a superioridade de Michael era inegável. Assim, antes de completar quatorze anos, ele já tinha uma carreira solo para chamar de sua, ainda que circunscrita à engrenagem rígida da Motown, na qual o artista não apitava sobre a direção do trabalho. Seu single "Ben" atingiu o topo da parada estadunidense em 1972, dois anos antes de protagonizar um dueto televisivo com Roberta Flack, cantando "When We Grow up". A letra do dueto, sobre crescer, era compatível com as suas aflições naquele momento, em que já nutria uma perturbadora relação com a própria aparência, derivada do bullying imposto a ele pelos irmãos mais velhos. Como todo adolescente, mudava de aspecto físico rapidamente, e sua nova imagem pública já não era mais a do menininho encantador de sorriso fácil. "Naqueles dias, minha maior luta ocorria diante do espelho", escreveu em *Moonwalk*.

Mas não só. Outra batalha sua, esta travada ao lado dos irmãos, foi o pleito por uma maior independência artística, algo que os heróis Marvin Gaye e Stevie Wonder haviam conseguido, a duras penas, enfrentando a cúpula da Motown. Porta-voz do grupo, o prodígio comunicou a Berry Gordy, em 29 de maio de 1975, que eles migrariam para o Epic, selo da CBS. Apenas Jermaine, casado com a irmã de Gordy, permaneceu na antiga gravadora. Rebatizados The Jacksons por razões contratuais, oficializaram como novo integrante Randy (o irmão seguinte a Michael) e iniciaram uma nova etapa, durante a qual ele ficou quatro anos sem gravar álbuns solo.

O período foi produtivo, gerando média de um disco por ano, rendendo quatro compactos no top 20 e a possibilidade de trabalharem com a lendária dupla de compositores e arranjadores Kenny Gamble e Leon Huff, arquitetos do luxuriante soul da Filadélfia. O álbum homônimo de 1976 do Jacksons trazia "Blues Away", primeira composição de destaque assinada apenas pelo integrante mais famoso. Já *Destiny*, bolacha auto-produzida de 1978, atestava sua evolução enquanto criador de música de pista, com a pedrada "Shake Your Body (Down to the Ground)", que também sinalizava o caminho que percorreria em sua etapa solo adulta.

Um certo Quincy Jones

No mesmo ano, escalado para viver o Espantalho em *O mágico inesquecível*, versão com atores afro-americanos de *O mágico de Oz* bancada pela Motown, Michael passou temporada em Nova York. Nos intervalos das filmagens, frequentou a mítica casa noturna Studio 54, estreitando seus laços com a disco e o electro-funk. Durante a rodagem, alguém nos bastidores o ajudou a corrigir a pronúncia do nome Sócrates antes de uma cena. Era Quincy Jones, veterano produtor, arranjador, trompetista e artista solo, que cuidava da trilha sonora do longa. Mesmo não tendo sido a primeira vez que se viram – haviam sido apresentados durante o estouro do Jackson 5 – foi a primeira vez que se "conectaram". Quando Jackson pediu ao novo amigo uma sugestão de produtor para seu novo álbum solo, este se ofereceu para o posto.

Com uma década de experiência no *showbizz*, tanto grupal quanto individual, cada vez mais à vontade para compor e produzir e empolgado com a proximidade a Quincy, Michael arrumou coragem para cortar, então, a última amarra que lhe impedia de voar livremente. Aos 21 anos, decidiu não renovar o contrato empresarial com o pai, por mais doloroso que isso fosse. "Eu tenho que ser uma pessoa totalmente diferente. Um novo ator/cantor/dançarino que vai chocar o mundo", anotou num papel durante viagem de ônibus com os Jacksons. "Serei um perfeccionista, um pesquisador, um treinador, um mestre."

Enfim, um adulto

Gravado entre dezembro de 1978 e junho de 1979, *Off the Wall*, primeiro trabalho solo de Michael Jackson desde *Forever, Michael* (1975) e carimbo inicial de sua maioridade musical, chegou às lojas em 10 de agosto de 1979. Produzido por Quincy Jones, trazia três composições do cantor entre as dez do repertório. Dos cinco singles que gerou, dois ocuparam a primeira posição nos Estados Unidos.

Um deles era a monumental "Don't Stop 'Til You Get Enough", que o astro diz ter sido sua primeira composição "como um todo", e que levou a sonoridade disco-funk a um novo nível. O outro era o delicioso "Rock with You", assinado por Rod Temperton, da banda

Heatwave, ligada a Quincy, e colaborador de jazz-funkeiros da pesada como Rufus e Herbie Hancock. Ele se tornaria uma peça fundamental para a carreira solo de Jackson. O LP ainda trazia "Girlfriend", criação de outro inglês branco como Temperton, um tal Paul McCartney. O ex-beatle disse tê-la composto anos antes, com a voz de Michael em mente, e Quincy a recomendou ao astro sem saber dessa conexão.

Off the Wall alcançaria o número 3 no Reino Unido duas semanas depois, e o mesmo posto nos Estados Unidos em fevereiro do ano seguinte. Superou o primeiro milhão de cópias vendidas em terras estadunidenses quatro meses após o lançamento, e hoje acumula uma vendagem aproximada de vinte milhões de exemplares no mundo todo. Contudo, o fato de ter recebido apenas uma indicação ao Grammy deixou o seu autor mordido. "Essa experiência acendeu um fogo na minha alma", revelou em suas memórias. Embora nos próximos dois anos ele ainda achasse tempo para gravar novamente com os Jacksons (*Triumph*, de 1980) e dar canjas de estúdio com Quincy, Stevie Wonder e outros astros, Michael Jackson não tirava uma ideia obsessiva da cabeça: queria fazer o melhor disco de todos os tempos.

Quase engavetado

Este projeto secreto de dominação do mundo, que então atendia pelo nome provisório de "Starlight", levou quase sete meses para ser gravado, entre 14 de abril e 8 de novembro de 1982, e teve orçamento inicial de astronômicos US$ 750 mil. As sessões ocorreram no Westlake Recording Studios, de Los Angeles, uma verdadeira nave espacial dotada de uma cobiçada mesa de 48 canais e os artefatos sonoros mais modernos até então, como a bateria eletrônica Linn LM-1 e o sintetizador Synclavier. Estimulado pela confiança emitida pelo produtor, que muitas vezes o deixava sozinho de propósito no estúdio com 100% das rédeas do processo, Michael, um perfeccionista acostumado a chegar duas horas antes das gravações para treinar a voz, despejou até a última gota de suor nas sessões.

Ele e Jones concordavam que todas as músicas deveriam ser tratadas como singles em potencial. E, sem querer mexer em time que estava ganhando, mantiveram parte considerável da ficha técnica quilométrica de *Off the Wall*. Da produção anterior reapareciam, entre outros reincidentes, Rod Temperton, que mais uma vez emplacou três composições na lista final – incluindo a faixa-título –, e o engenheiro de som Bruce Swedien, parceiro de Quincy desde 1959, que tinha sacadas como colocar microfones perto dos pés de Jackson, para captar ruídos de sua dança. E, claro, estava de volta à cena o suingado e polivalente núcleo de instrumentistas. Entre eles, o baixista Louis Johnson (da dupla Brothers Johnson), os tecladistas Greg Phillinganes e Steve Porcaro, o guitarrista David Williams e o percussionista brasileiro Paulinho da Costa, mago do preenchimento de espaços sonoros com seus detalhezinhos melódicos.

De olho no relógio e no extrato bancário, a Epic, que ao longo do ano teve que dispensar centenas de funcionários, pressionou muito para que *Thriller* ficasse pronto logo. O estresse sobre a dupla Michael-Quincy ainda aumentou quando eles toparam se envolver na produção da versão disco-livro do filme *E.T.*, o mastodôntico *blockbuster* de Steven Spielberg lançado no meio do ano (o que causou conflito entre a gravadora e a MCA, resultando na retirada do projeto das lojas). E pior: ao finalmente ouvir as pré-mixagens do álbum, o astro achou-as ruins ao ponto de chorar. A maioria dos envolvidos também desaprovou o resultado. Além do mais, as versões de algumas canções pareciam longas demais, atrapalhando o plano de que o LP fosse de alta definição sonora.

Passado o pânico inicial de Michael, que viu a Epic seriamente ameaçar abortar a empreitada, a equipe respirou fundo. Quincy, então, enfrentou a chefia da gravadora, admitindo o atraso na data de entrega e pedindo nove dias para realizar a mixagem do zero. A partir daí se deu uma das grandes lendas de bastidores da história da produção musical, segundo a qual a perícia mixadora de Bruce Swedien teria "salvado" *Thriller* de ser engavetado de forma humilhante. Há até um documentário sobre o episódio, *Sonic Fantasy* (2022), de Marcos Cabotá, no qual boa parte dos músicos e executivos envolvidos no disco testemunha a "mágica" milagrosa operada por Swedien na mesa do Westlake. Se há exagero nessa versão ou não, o fato é que, nove dias depois, todos ficaram satisfeitos com o que ouviram. Mal conseguiram celebrá-lo, de tão exaustos que estavam de correr contra o tempo.

Sequência mortal

O mundo conheceu a primeira amostra de *Thriller* em 25 de outubro de 1982, por meio do compacto de "The Girl Is Mine", cantado com Paul McCartney. Diferentemente de "Girlfriend", concebida pelo gênio de Liverpool especialmente para o então novo amigo, e "Say Say Say", single de coautoria dos dois que seria lançado em outubro de 1983, o dueto do álbum de 1982 foi composto apenas por Jackson. Ele a teria feito após "ouvi-la" num sonho, e posteriormente precisou provar isso com uma gravação demo caseira, quando um compositor obscuro chamado Fred Sanford o processou por plágio, sem sucesso. "The Girl Is Mine" foi número 2 nos EUA, esquentando os tamborins para o lançamento, a 30 de novembro, do aguardadíssimo LP, em cuja capa via-se um Michael sério, adulto, vestindo um terno branco Hugo Boss emprestado, clicado pelo fotógrafo Dick Zimmerman.

A coisa ficou ainda mais intensa em 2 janeiro de 1983, com a chegada às lojas e rádios do segundo compacto, "Billie Jean". Inspirada em situações vividas pelos irmãos e amigos, a letra de Jackson falava sobre um homem acusado de ser pai de uma criança que não reconhecia. Perfeita do primeiro ao último compasso, a música institucionalizou duas marcas que acompanhariam seu autor para o resto da vida.

Uma é a sua coleção de barulhinhos vocais onomatopaicos, que ele já esboçara em "Don't Stop 'Til You Get Enough". A outra, o *moonwalk,* deslizante passo de dança que fundia a esperteza dos bailarinos do programa televisivo *Soul Train* com a imprevisibilidade afrofuturista dos b-boys. Foi interpretando "Billie Jean" na festa de 25 anos da Motown, exibida na TV em maio, que ele deu os passos pela primeira vez. Até Fred Astaire virou fã. Dirigido por Steve Barron – de "Don't You Want Me", do Human League –, o clipe, que traz o moço sendo perseguido por uma espécie de detetive enquanto se move sobre um chão de luzes, custou "apenas" US$ 50 mil, mas fez história por ter sido o primeiro de um artista negro a ser exibido pela então recém-nascida MTV dos EUA.

Sem perder tempo, a Epic liberou o disquinho de 7 polegadas de "Beat It" em 14 de fevereiro, quando "Billie Jean" ainda estava no 1º lugar da lista da *Billboard*. A canção surgiu da insistência de Quincy Jones para que um rock/new wave de *riff* marcante, no estilo "My

Sharona", sucesso de 1979 da banda The Knack, estivesse em *Thriller*. Quiseram trazer Pete Townshend para gravar as guitarras, mas o líder do Who estava em turnê, o que os levou a convocar Eddie Van Halen. Na primeira tentativa, o virtuoso *guitar hero* desligou o telefone na cara de Quincy, pensando que era trote. Depois, atracou no estúdio com uma dúzia de latas de cerveja, gravou duas tomadas, pediu pequenas alterações estruturais no arranjo e foi embora, deixando registrado um solo histórico. Escrita pelo cantor, a letra era antiviolência, mas acabou utilizada em campanha contra beber e dirigir. Outro número 1.

Protagonizado por 25 dançarinos e 50 integrantes de duas gangues reais (Crips e Bloods), o clipe dirigido pelo publicitário Bob Giraldi para "Beat It" era a primeira superprodução de Michael Jackson para as telas. Em harmonia, perfilavam-se para o confronto, sob o mais sutil e silencioso dos gestos, malandros mal-encarados brancos, latinos e negros. No final eles acabavam bailando juntos, com direito a uma polêmica coreografia com facas, enquanto Michael exercia o modesto papel de narrador, trajando pijaminha de piano, comicamente abraçado ao travesseiro. Durante as filmagens, em mais de uma ocasião a tensão real entre os presentes esteve perto de sair de controle.

O improvável TOTO

O quarto single foi "Wanna Be Startin' Somethin'", editado em 8 de maio, que Jackson guardava desde as sessões de *Off the Wall*. Propulsada por um *groove* eletrônico sacolejante, que enche pistas em qualquer ocasião ou época, a faixa de abertura do disco é também o seu momento mais experimental. Até o som de uma lajota de madeira foi sampleado para figurar em sua batida frenética. Termina em catártica cantoria pseudoafricana, que Quincy Jones desavergonhadamente copiou de "Soul Makossa", afrofunk lançado pelo camaronês Manu Dibango em 1972. Mais tarde, Dibango acabaria entrando na justiça e garantindo *royalties* pela gravação, que chegou ao quinto posto nos EUA.

Por sua vez, a balada "Human Nature", quinto compacto (3 de julho), chama a atenção pela inesquecível melodia do refrão, mas também pela presença de um novo aliado: TOTO, banda cafona que, mesmo formada por músicos profissionais de estúdio sem-sal, vinha de dois grandes hits, "Rosanna" e "Africa". A composição é de coautoria de seu tecladista Steve Porcaro – um dos veteranos de *Off the Wall* – e foi gravada com a presença de outros três integrantes do grupo, incluindo seu irmão baterista Jeff. Impressionante a habilidade deles em compor uma música que era perfeita para Michael, e genial a capacidade do intérprete de transformá-la em sua.

Sétimo lugar na *Billboard*, "Human Nature" acabou tomando na tracklist o lugar de "Carousel", criação de outro compositor em alta na época, Michael Sembello. Ela é também a sétima faixa de *Thriller*, aparecendo antes do funk eletrônico "P.Y.T. (Pretty Young Thing)", o sexto compacto (19 de setembro de 1983). Marcada pelo vocoder e os *backing vocals* das irmãs LaToya e Janet, a música garantiu a 10º colocação no ranking norte-americano. A última é "The Lady in My Life", balada de Rod Temperton gravada por Michael no escuro, após várias tentativas frustradas com a luz acesa. É uma das duas que não foram lançadas como compacto, juntamente com "Baby Be Mine", também de Temperton, sensacional soul-disco que parece a continuação de "Rock with You".

Thriller, o filme

O fim de 1983 se aproximava e a Epic, voltando a nadar em dinheiro, já estava mais do que satisfeita com a repercussão de *Thriller*. Mas Michael queria mais. Para ele, faltava quebrar o recorde do Bee Gees, que então contabilizava 22 milhões de cópias arrematadas de sua célebre trilha sonora para a película *Os embalos de sábado à noite* (1977).

Animado com o desempenho do single "Thriller" nas listas – chegaria depois ao 4º lugar –, teve a mais ousada e megalomaníaca de suas ideias até então: um minifilme dirigido por John Landis, cineasta que em 1981 chocara o planeta com os efeitos especiais de sua fita de terror *Um lobisomem americano em Londres*. Diante da recusa da gravadora em bancar a empreitada, o popstar empreendedor convenceu a MTV e o Showtime a arcarem com dois terços do astronômico orçamento de US$ 800 mil. Ele pagaria pelo restante. Em troca, as emissoras tinham direito a produzir e vender não só o clipe, mas também seu *making of*, algo atípico na época.

Rodado ao longo de treze dias de outubro, o curta *Michael Jackson's Thriller* começa no inocente flerte entre o protagonista e a mocinha,

interpretada pela ex-*playmate* Ola Ray; avança com a transformação de Michael em lobisomem, muito semelhante à exibida no filme de Landis, embora a fera em questão tenha certa cara de… gato; e atinge o ápice com a inigualável coreografia de zumbis, que foi ensaiada durante uma semana. Devidamente caracterizado como morto-vivo e convincente no papel demoníaco, o ídolo comanda com maestria irrepetível os passos sincronizados ao electro-funk de refrão inesquecível e letra parcialmente escrita por Temperton num táxi a caminho do estúdio. E, claro, também havia a narração, a cargo do ícone do terror Vincent Price, que cometeu o maior erro de sua vida ao pedir um pagamento fixo modesto em lugar de percentual em *royalties*.

Estávamos diante de um momento bombástico na história do entretenimento, viabilizado por uma equipe técnica que incluía maquiadores do time de Landis e Bruce Cannon, o técnico de som de *E.T.* Como resultado, mais de um milhão de cópias em VHS do pacote foram vendidas já no primeiro mês após o lançamento, ocorrido em 2 de dezembro, e os Bee Gees perderam o trono. Trono este, aliás, de onde Michael Jackson nunca mais se levantaria.

Inclui trechos publicados originalmente no blogue Lá vem o Mala da Lista a 5 de julho de 2009 e no blogue de Ricardo Setti no site da revista *Veja* a 17 de novembro de 2012.

MADONNA

Madonna

(1983)

Abundam e são suculentos os livros e documentários sobre o período musical que abrangeu o final dos anos 1970 e o começo dos 1980 em Nova York. Sabemos como foi o "fervo" punk baseado em clubes como CBGB e Max's Kansas City, numa Manhattan ainda não higienizada, caótica e de preços acessíveis; conhecemos as lendas sobre o surgimento, em festas do periférico e perigoso Bronx, da cultura hip-hop; sacamos a importância que a cena disco do Studio 54 e clubes semelhantes teve para gerações posteriores e o quão determinante foi seu componente de liberdade sexual e miscigenação.

O que talvez falte nesse material documental é dar o devido destaque a outra cria genuinamente nova-iorquina do pós-punk, mas cujo destino foi diferente de todos os seus contemporâneos. Uma figura que também pastou no underground local, mas que depois atingiu níveis estratosféricos de popularidade e relevância cultural, mudando o curso da música pop. Falta, enfim, falar de como o frenesi da capital honorária do mundo moldou, a duras penas, uma das artistas pop mais bem-sucedidas e influentes de todos os tempos: Madonna Louise Ciccone (Bay City, Michigan, 16 de agosto de 1958).

Lançado pela Sire em 27 de julho de 1983, quando a moça já batalhava há cinco anos na cidade, seu álbum homônimo de estreia cumpre a função de contar essa história, como um dos grandes testamentos sonoros daquele momento especial da Grande Maçã. *Madonna* foi feito com toda a ambição pela fama que sempre marcou o perfil da cantora, mas com a leveza e o descompromisso de quem ainda não carregava a responsabilidade de ser a maior estrela do planeta; constituiu uma peça fundamental no tabuleiro mainstream do final do século 20. Afinal, é o irresistivelmente dançante e grudento – no bom sentido – ponto de partida para uma trajetória de êxito praticamente insuperável, que envolve mais de duzentos milhões de álbuns vendidos, dezenas de videoclipes antológicos, filmes, peças da Broadway, ativismo e polêmicas.

Okupa em sinagoga

Terceira de uma prole de seis irmãos de família de classe média, aos cinco anos Madonna perdeu a mãe, que tinha o mesmo nome que o seu, para um câncer de mama. A orfandade materna, bem como os questionamentos em relação à educação católica severa do pai Silvio, marcou a sua formação. Como válvula de escape, sempre recorreu à dança. Estudou balé com Christopher Flynn, que foi também seu mentor, introduzindo-a no circuito das discotecas gays, um universo que anos mais tarde a coroaria como ícone definitivo.

Mudou-se sem lenço nem documento para Nova York em 1978, virando-se do jeito que dava: morando como okupa numa sinagoga abandonada, tomando banho em banheiros de estúdios de ensaio, alternando bicos de garçonete com sessões como modelo para nus artísticos. Ao mesmo tempo, começou a se aventurar na música, tocando bateria na banda de new wave Breakfast Club e atuando como bailarina do astro da disco music Patrick Hernandez, com quem chegou a se apresentar em Paris. Compunha cada vez mais na guitarra e insistia aos companheiros de grupo – entre os quais Stephen Bray, futuro coautor de "Into the Groove" – em ter mais oportunidades nos vocais.

Um certo single

Conflitos internos levaram à transformação da base do Breakfast Club no Emmy, já com Madonna empunhando oficialmente o microfone. Chegaram a tocar no lendário Max's Kansas City. Mas a coisa só começou a ficar séria quando ela e Stephen gravaram, em outubro de 1981, sem o resto da banda, a demo de "Everybody". A fita atraiu a atenção do DJ Mark Kamins, que decidiu produzir uma versão "oficial" da faixa, que a cantora passaria a distribuir pelas discotecas, até parar nas mãos de Seymour Stein, fundador da Sire, gravadora que lançara alguns dos melhores nomes daquela geração (Talking Heads, Pretenders…).

Com um infernal *groove* de bateria eletrônica e baixo, *riff* hipnótico de sintetizador e refrão difícil de esquecer, "Everybody" foi o primeiro lançamento de Madonna, a 6 de outubro de 1982. Não apareceu entre os 100 da parada geral da *Billboard*, mas deu as caras na lista de dance. E foi o suficiente para se tornar hit no circuito dos clubes noturnos, onde a cantora passaria os meses seguintes em concorridos shows com voz, bases pré-gravadas e dançarinos. Nile Rodgers, produtor do multiplatinado segundo trabalho, *Like a Virgin* (1984), conta em seu livro *Le Freak: An Upside Down Story of Family, Disco, and Destiny* (2011) que, quando foi assistir pela primeira vez uma Madonna ainda semianônima, abrindo para a cantora Jenny Burton, ele já conhecia a faixa.

Miscelânea nova-iorquina com filtro pop

As gravações, realizadas no mítico estúdio Sigma, de Nova York, terminaram em abril. Sua sonoridade é francamente oitentista, mas guarda um toque analógico e *lo-fi* cálido, aparentado com a música de pista da rebarba dos anos 1970, o que lhe dá um charme extra. Entre os músicos convidados, destaque para o baixista Anthony Jackson, onipresença em gravações de primeiro time no pop dos anos 1980, e Norma Jean Wright, ex-vocalista do Chic.

Cantando sobre relações de forma descomplicada, a futura Material Girl apresenta ainda os registros vocais mais agudos, joviais, típicos de seus primeiros trabalhos. Rodgers conta no livro que nem ele, com toda a sua moral, era capaz de vencer a teimosia da moça em manter um tom que não lhe favorecia, o que renderia consideráveis doses de tensão em suas parcerias.

O repertório e a maneira como *Madonna* é apresentado, a cargo principalmente do produtor Reggie Lucas – guitarrista de jazz e funk que tocara com Miles Davis –, fagocitam o que de melhor havia no ecossistema musical nova-iorquino, mas com filtro pop. Outro DJ e produtor, Jellybean Benitez, foi igualmente fundamental, remixando parte das faixas após discordâncias entre Madonna e Lucas, e produzindo a fantástica "Holiday".

Estilisticamente, a fórmula embaladora de sucessos do LP traz elementos da new wave de Blondie e The Go-Go's, o electro-funk dos baixos sintetizados de Prince, um synthpop algo americanizado – mais alegre do que o original britânico – e até os batidões de freestyle, outra das modas então nascentes no pedaço. Quanto a seu espírito, a bolacha exala a narrativa da *self-made girl* que vem para "acontecer" na metrópole. Pura Madonna. Pura Nova York.

Gênese de um fenômeno pop

Ao longo do segundo semestre de 1983 e todo 1984, o sucesso do álbum cozinharia a fogo lento, graças ao apelo de seus cinco singles. Depois de "Everybody", vieram o synthrock acelerado "Burning Up" (9 de março), as deliciosas "Holiday" e "Lucky Star" (7 e 8 de setembro, respectivamente) e o emotivo pop melódico "Borderline" (15 de fevereiro de 1984).

As três últimas chegariam ao top 10 de singles dos EUA; todas se tornaram clássicos absolutos do repertório de Madge, da mesma forma que "Physical Attraction", que não teve versão em compacto. Era uma prévia para os doze números 1 alcançados por ela em sua carreira no maior mercado do mundo, sete deles durante os gloriosos anos 1980. Ainda em agosto de 1984, *Madonna* ultrapassaria a marca de um milhão de cópias em terras norte-americanas. Há estimativas que apontam que, mundialmente, atingiu os dez milhões ao longo das décadas.

A febre era de tal temperatura que, já com o bombástico sucessor praticamente pronto, o próprio Nile Rodgers sugeriu à gravadora adiar o lançamento pelo tempo que fosse necessário para sorver o caldo de sucesso do primeirão até onde fosse possível. Deu muito certo. Quando o álbum e a música "Like a Virgin" saíram, a partir de outubro, a "antiga" "Lucky Star" acabara de chegar ao 4º posto da lista de compactos da *Billboard*.

Aproveitando a loucura em torno do novo hit, a Sire e a Warner ainda lançaram uma compilação de videoclipes, incluindo versões fílmicas de "Burning Up", "Borderline" e "Lucky Star". Os vídeos musicais passavam a ser ferramenta de promoção número 1 desde o surgimento da MTV, em 1981, e Madonna "chegava chegando" para se tornar uma das praticantes mais hábeis que a modalidade já viu, ao longo de toda a sua carreira (durante a qual já fez mais de setenta videoclipes).

Era só o começo de um dos maiores e mais fascinantes fenômenos de toda a história da música pop.

PRINCE & THE REVOLUTION
Purple Rain

[1984]

Michael Jackson, Madonna e... Prince. Ao abranger seis décadas de grandes álbuns pop, este livro não poderia ter uma sequência mais poderosa e justificável de nomes para uma proposta de compreensão dos anos 1980. E há um sabor especial no fato de que, cronologicamente, *Purple Rain*, lançado em 25 de junho de 1984, apareça após o leitor já ter (re)visitado *Thriller* (1982) e *Madonna* (1983). Fica mais fácil de se contextualizar, assim, tanto as semelhanças quanto as diferenças entre o finado gênio de Minneapolis e seus companheiros nessa trinca de maiores artistas solo do período.

Como o Rei do Pop, Prince tinha talentos natos sobrenaturais para o canto, a dança e a composição, além de compartilhar com o rival um ímpeto pela renovação dos sons negros e pela fusão com outros estilos. Como a Material Girl, o baixinho era um provocador convicto, sexual até a medula e incapaz de resistir à quebra de um tabu, comprando brigas fora dos palcos em razão de seu espírito indomável. Ela num incansável embate com moralistas; ele em permanente guerra contra a indústria fonográfica.

No entanto, nem Michael Jackson nem Madonna foram páreo para Prince em três quesitos. O primeiro era a irredutibilidade em fazer tudo sempre nos próprios termos, não importando o que as tendências, os empresários ou as gravadoras dissessem. O segundo, a radical autossuficiência pluridisciplinar de cantor-compositor-*guitar-hero*-multi-instrumentista-produtor-arranjador-bailarino, que lhe permitia entrar num estúdio sozinho e sair com um disco pronto da noite para o dia (outros músicos só apareceriam nos créditos e, timidamente, a partir de seu terceiro LP).

E, por último, mas não menos importante, temos a sua assombrosa prolificidade – alcançada muito graças ao segundo quesito –, imbatível tanto dentro quanto fora desse cânone de megaestrelas pop. Ao longo de 38 anos de carreira discográfica, ele lançou uma média superior a um álbum anual, sem contar coletâneas e um arquivo aparentemente inesgotável de *bootlegs* que, após sua morte, em 2016, não param de vir à tona. E, como em grande parte de suas centenas de gravações ele estava quase ou totalmente sozinho no estúdio, sem testemunhas, a mística em torno ao seu gigantesco acervo alimenta um extenso folclore.

Desse vasto e precioso catálogo, *Purple Rain* é o título que sintetiza à perfeição o brilho de sua mais inspirada era. Foi o primeiro número 1 de Prince nos Estados Unidos e, ao longo dos anos posteriores, vendeu estimadas 25 milhões de cópias globalmente. Gerou pelo menos três clássicos absolutos de seu cancioneiro, sendo que dois deles, "Let's Go Crazy" e "When Doves Cry", lideraram a parada de singles em seu país. Também não dá para ignorar a ambição da empreitada da qual a bolacha fazia parte: o lançamento de um filme de mesmo nome e orçamento multimilionário proposto e protagonizado pelo astro.

Musicalmente, *Purple Rain* consolidou um dos grandes objetivos estéticos de seu autor, o *crossover* entre electro-funk e new wave, entregando uma obra palatável para massas de todos os credos, gêneros e cores. Mesmo com o longa-metragem homônimo tendo sido exibido em cerca de 100 salas estadunidenses e lucrado US$ 68,3 milhões, foi e um dos raros casos em que a trilha perdura mais do que a fita para a qual foi encomendada (como *Super Fly*, lançado em 1972 por seu ídolo Curtis Mayfield, abordado anteriormente neste livro). Tanto é que o único prêmio faturado por *Purple Rain*, a película, na 57ª edição do Oscar, em 1985, foi justamente o de melhor trilha sonora com canções originais.

Em 1990, o álbum apareceu em 2º lugar na lista de melhores dos anos 1980 da *Rolling Stone*, mesma revista que, trinta anos depois, o posicionou em 8º lugar em seu ranking com os 500 maiores de todos os tempos. Em 2018, o site Pitchfork o consagrou como o número 1 no seu top 200 discos da década de 1980. Quatro anos depois, o concorrente Consequence of Sound o considerou o melhor álbum de todos os tempos.

Estrela em ascensão

Ainda que o êxito de *Purple Rain* tenha ocorrido em proporções bíblicas previstas por ninguém, quando Prince Rogers Nelson o lançou, sua caminhada musical já se estendia por mais de uma década, movendo-se em constante ascensão. Nascido em 7 de junho de 1958 na gelada Minneapolis, capital do estado norte-americano de Minnesota, ele era filho de um pianista da noite, John L. Nelson. Desde os tempos da John Hay Elementary School, sua primeira escola, Prince já dominava diferentes instrumentos e seu interesse por música não se resumia a tocar. Queria também entender as entranhas dos negócios do ramo (para mais tarde, como sabemos, torcê-las por dentro). Aos quinze anos, começou a tocar em bandas de covers e logo passou a compor. Depois integrou o 94 East, grupo de disco-funk, com o qual realizou suas primeiras gravações.

Seu perfil de "faz-tudo", individualista e experto em estúdio, aflorou com força quando trabalhou como músico e arranjador para o produtor Chris Moon, que o convenceu a explorar a sexualidade como tema implícito em suas criações. Contratado pela Warner, lançou em abril de 1978 seu LP de estreia, *For You*, no qual se encarregava de todos instrumentos e vozes para explorar o território da pós-disco music. Entrou nos top 200 estadunidense e britânico, sucesso suficiente para que Prince pudesse comprar uma casa em sua cidade, onde montou seu estúdio. Ao mesmo tempo, testava na estrada o Revolution, grupo que o acompanharia nos seus próximos e fundamentais anos, conhecido por seu visual extravagante e diversidade atípica para a época (tinha integrantes mulheres, gays, negros, latinos e judeus).

Em outubro de 1979 lançou o segundo trabalho, homônimo e novamente todo *self-made*, que inclui "I Wanna Be Your Lover" (número 11 nos EUA) e "I Feel for You" (hit em 1984 na versão de Chaka Khan). No mesmo ano, estreou sua faceta empresarial. Inspirado na labuta de produtor-executivo de músicos empreendedores que admirava, como George Clinton, ele batalhara um acordo com a Warner para investir em projetos paralelos e apadrinhar novos talentos, como o combo de electro-funk The Time e a quadrilha groove-roqueira The Rebels. Com a Revolution azeitada, passou a convidar, ainda a conta-gotas, outros músicos para as gravações que desaguariam no fabuloso *Dirty Mind*, de outubro de 1980. O terceiro projeto já denota, sobretudo na espetacular "Head" (sobre sexo oral), a predominância do funk angular, de ritmos secos, graves cortantes e texturas moderninhas que, dali em diante, identificaríamos como *o som Prince*.

A atenção ao redor daquela diminuta e incontrolável figura crescia a cada passo seu, e ele correspondia soltando no mercado um novo lançamento todo final de ano. Em 1981, quando apresentou *Controversy* (o primeiro no qual usou baterias eletrônicas), já aparecia em programas televisivos como *Saturday Night Live* e era o queridinho de estrelas da laia de Rolling Stones e Bob Dylan. Com o fantástico *1999*, de outubro do ano seguinte, foi além: o álbum chegava às lojas no formato duplo – exceto em alguns países, como Brasil –, a Revolution era finalmente agregada ao nome do chefe (embora ele ainda tenha tocado quase tudo) e a divulgação de seus singles passava a ser feita com uma poderosa ferramenta, o videoclipe. A MTV ajudou a alavancar o bombástico compacto homônimo. *1999* bateu no sétimo posto da parada norte-americana e depois ultrapassou a linha dos quatro milhões de unidades vendidas.

The Kid

Prince pegou de surpresa os seus agentes quando lhes informou que sua próxima iniciativa seria rodar um filme. Vários diretores recusaram a oferta, até a tarefa recair sobre Albert Magnoli, que então era mais conhecido como montador. O braço cinematográfico da Warner entrou na jogada e, a partir do segundo semestre de 1983, os processos de redação do roteiro, filmagens e composição/ensaio do novo material foram ocorrendo meio que simultaneamente. O cantor já tinha algumas ideias iniciais para um argumento semiautobiográfico, e convocou William Blinn, roteirista da série policial *Starsky & Hutch*, para desenvolvê-las. Prepararam uma trama que gira em torno de um músico problemático, The Kid – interpretado, é claro, por Prince –, seus *affairs* e protegidos, e como todos lidam com a busca por fama e reconhecimento.

O resultado é digno de Sessão da Tarde, só que estrelado por atores afro-americanos e meio que para adultos, já que inclui palavrões, nudez parcial e até uma cena relativamente quente de sexo entre o protagonista e a bela Apollonia Kotero. A jovem, aliás, faz o papel de si própria, performando de lingerie como líder do Apollonia 6, uma das bandas *spin-offs* reais que Prince sagazmente aproveita para lançar no filme. The Time também comparece, como a gangue sônica concorrente da Revolution, e propicia alguns dos momentos mais divertidos do longa.

No decorrer da narrativa, The Kid, um misto de androginia e masculinidade tóxica que tem uma moto no camarim e um boneco-macaco como BFF, "se mete em altas aventuras". Apanha do pai, espanca a namorada, pilota sem capacete, comete um atropelamento e destrói uma cozinha com um porrete. Esbanja canastrice funk-sensualizante e, quando no palco, é puro sexo, abusando de renda e couro no figurino e dos tons bordelísticos na iluminação. Tudo isso enquanto ainda... er... mora com os pais.

Além das nove faixas da trilha sonora oficial, que são salpicadas no roteiro em versões interpretadas pela Revolution ou como acompanhamento de fundo das cenas, escuta-se também, ao longo de *Purple Rain*, peças instrumentais exclusivas, como "Father's Song", e variações sem voz do tema-título. Destaque para a brilhante passagem em que The Kid dá o *play* em uma série de gemidos sexuais sobre um arranjo bastante experimental, para assombro e suposta excitação de Apollonia.

Secretamente ao vivo

O ponto de partida para as composições que acabaram incluídas no álbum foi um show beneficente, ocorrido em 3 de agosto de 1983 no clube noturno First Avenue, em Minneapolis. Naquele momento, a estelar formação da Prince & The Revolution contava com os tecladistas Lisa Coleman e Matt Fink, o baixista Brownmark, o baterista Bobby Z. e a guitarrista Wendy Melvoin, de apenas vinte anos. Estreando justamente naquela noite quente e esfumaçada, Wendy se deu bem, já que ali foram registradas as bases definitivas de três versões que entrariam no repertório final. Sim, *Purple Rain* foi parcialmente gravado ao vivo.

A leva captada no First Avenue trazia o frenético funk eletrônico "Baby I'm a Star" e "I Would Die 4 U", originalíssima fusão de disco, smooth soul e synthpop que, em julho de 1984, seria a quarta música de trabalho (número 8 nos EUA). O material gravado ao vivo incluía, ainda, uma certa balada melancólica, cujo título provisório era "Gotta Shake This Feeling" e que, em sua encarnação instrumental, Prince oferecera a Stevie Nicks para uma possível parceria.

Diante da entusiasmada resposta da plateia à execução da longa, lenta e emotiva canção, ele e Magnoli chegaram à conclusão de que já tinham o tema principal e o título do filme: *Purple Rain*. Com *overdubs* de cordas, vocais e outros detalhes sobrepostos depois no mítico estúdio Record Plant, em Nova York, "Purple Rain" ficou ainda mais épica e monumental, propícia a encerrar tanto o disco quanto o filme – mesmo tendo passado por uma edição que lhe tesourou cinco minutos e uma estrofe, resultando numa duração de "apenas" oito minutos e quarenta segundos.

Dois números 1

Outras duas composições no formato banda foram registradas no Warehouse, galpão em Minneapolis convertido em estúdio. Uma era "Let's Go Crazy", o momento mais alucinado de um disco que, por sua vez, já era o mais roqueiro de Prince até então. Editada como segundo compacto, a 18 de julho, a faixa abocanhou o 1º lugar nos EUA. A outra era "Computer Blue", desenvolvida a partir de uma linha do teclado Oberheim de Lisa. Mantendo a tradição de seu autor de compor pensando em sexo, a música "Darling Nikki" – gravada em lugar secreto, segundo o encarte – foi listada como uma das quinze mais obscenas do momento pelo inacreditável Centro de Recursos Musicais para Pais. Coisas dos Estados Unidos oitentistas.

O resto do repertório se completa com sessões realizadas no estúdio Sunset Sound, em Hollywood, que propiciaram o delicioso soul wave "Take Me with U", inicialmente composto para o Apollonia 6 – e também registrado com participação da Revolution –, além de duas produções 100% executadas por Prince: "The Beautiful Ones", baseada em seu namorico com Susannah, irmã de Wendy Melvoin, e a inesquecível "When Doves Cry".

Lançada como primeiro single, uma semana antes do disco, essa canção é genialidade pura. Tudo ali, do refrão emocionante às arrepiantes camadas de voz, passando pelo solo de guitarra infernal e o *riff* de teclado que gruda na cabeça, remete à perfeição pop. Ao mesmo tempo, "When Doves Cry" – cuja inserção no longa é diferente do célebre clipe – transborda em ousadia. Afinal, consegue a proeza de não ostentar linha de baixo e ninguém se dar conta disso. Um dos grandes hinos dos anos 1980, seria sampleado por MC Hammer no hit "Pray", de 1990.

Sem parar

Antes da estreia do próprio filme, o álbum chegou ao primeiro lugar em 4 de agosto. Permaneceria no ranking por 24 semanas, período durante o qual Prince & The Revolution maratonaram uma exaustiva turnê de cerca de cem shows, com direito a canja de superastros como Bruce Springsteen e Madonna. Inacreditavelmente, dez meses depois eles já tinham outro discaço na praça, *Around the World in a Day* (1985). Quanto à película, foi a primeira de três obras cinematográficas de ficção criadas e protagonizadas por Prince. Depois vieram *Sob o luar da primavera*, de 1986, e *Graffiti Bridge*, de 1990.

1980

COCTEAU TWINS
Treasure
(1984)

Só mesmo sendo muito sonhador para sobreviver a Grangemouth, Escócia. Espécie de Cubatão do Reino Unido, a cidade sedia o maior parque petroquímico escocês e registra 147 dias de chuva por ano. Não à toa, a população local, uma gente cascuda familiarizada com epidemias de asma e altas taxas de câncer, não ultrapassa os vinte mil habitantes. Criar o Cocteau Twins lá em 1980, ainda na adolescência, foi a medida escapista desesperada a salvar Elizabeth Fraser, Robin Guthrie e Will Heggie da cinzenta sina de seus conterrâneos. Um ato de resistência romântica que daria ao mundo uma das mais enigmáticas e inimitáveis bandas da história da música pop.

Tudo no mundo dos Twins, que em 1983 solidificaria sua formação com a entrada do baixista londrino Simon Raymonde, era idiossincrático; um barato secreto só assimilável plenamente pela experiência "sensorial" proporcionada pelos oito LPs, mais de dez EPs e diversos singles que o trio lançou entre 1982 e 1996. Superado o assombro de abstração das maravilhosamente impenetráveis capas talhadas pelo estúdio 23 Envelope, do finado designer gráfico Vaughan Oliver e do fotógrafo Nigel Grierson, o ouvinte adentra uma redoma de mistério, primeiramente pelos *riffs* e *moods* do gigante discreto Guthrie.

Seu desavergonhado emprego de pedais – alguns dos quais criados por ele mesmo – e outros truques metamorfoseiam a guitarra num instrumento impalpável, próximo do imaginário, apto à criação de paisagens com cores e aromas. A doçura tristonha do instrumental fecha com o baixo melancólico de Raymonde, disposto sobre levadas de bateria eletrônica infernalmente bem programadas. Um ser humano a empunhar baquetas, ali, possivelmente teria posto tudo a perder.

E aí surge aquela voz, um som único no universo. Filha de uma operária, Grangemouth "raiz", Fraser pega a todos no contrapé com seu timbre e senso melódico inimitáveis. Emoção pura guiada pela intuição, seu canto irmana vulnerabilidade e coragem num equilíbrio delicado. Liz vocaliza fragmentos linguísticos por vezes calculadamente indecifráveis; ora operísticos, ora simplesmente desconcertantes. Jamais previsíveis e sempre surpreendentes. É um ponto de encontro obscuro, quase impossível, entre folclores ancestrais de seres mágicos e uma dor genuinamente urbana, de uma Escócia industrial, úmida e triste. Retrato de uma busca instintiva e angustiada pela beleza, que chegou ao ponto máximo em *Treasure*, terceiro álbum do grupo, lançado em outubro de 1984.

Dança torta

Amigos de escola, Robin Andrew Guthrie (4 de janeiro de 1962) e Will Heggie já haviam passado por bandas como The Heat – que chegou a gravar um compacto em 1980 – quando conheceram Elizabeth Davidson Fraser (29 de agosto de 1963). Nativa de Grangemouth como a dupla, ela insistia em dançar o pós-punk torto e ruidoso que Guthrie selecionava em suas sessões na Nash, discoteca de um hotel local onde ele "atacava de DJ".

A primeira tentativa de cantar com os novos amigos esbarrou na timidez radical de Fraser, que anos mais tarde admitiria ter abdicado das letras propriamente ditas só para driblar sua própria introversão. No entanto, seis meses depois, quando já iniciara um relacionamento afetivo com Robin (que duraria até 1994 e geraria uma filha), Liz voltou a tentar. Antes de se assumirem como trinca, ainda tiveram uma segunda vocalista, Caroline, e o baterista de carne e osso John Murphy. O nome da banda vinha de um verso de uma obscura composição homônima de outros jovens escoceses, Simple Minds, gravada em 1978 e com referências ao escritor e poeta francês Jean Cocteau.

A primeira demo, com as canções "Speak No Evil", "Perhaps Some Other Aeon" e "Objects D'Art", foi enviada a apenas duas pessoas: o notável DJ John Peel, que respondeu com uma entusiasmada carta, e Ivo Watts-Russell, o criador da 4AD, uma das mais célebres gravadoras independentes britânicas, plataforma de nomes de ponta do pós-punk gótico, como Bauhaus e The Birthday Party. O destino quis, ainda, que quem entregasse a fita a Russell fosse Simon Philip Raymonde (Londres, 3 de abril de 1962), futuro baixista do grupo, que trabalhava na loja Beggars Banquet, situada no andar abaixo da sede da 4AD.

A gravação caseira era tão rústica que quase não se escutava o elemento mais característico do som do trio, a voz de Liz. Mas Russell alucinou mesmo assim e, em dezembro de 1981, os três passaram sete dias no estúdio londrino Blackwing registrando *Garlands*, o primeiro álbum, coproduzido com o dono do selo e lançado em julho do ano seguinte. Bastante influenciado por Siouxsie and the Banshees, a estreia inaugurava a parceria com o 23 Envelope, sacramentando o visual hermeticamente fascinante das capas das bolachas do Cocteau Twins.

Começava também a tradição da banda de intercalar os LPs com um ou mais EPs. E os dois primeiros deles, *Lullabies*, do final de 1982, e *Peppermint Pig*, do início de 1983, marcaram a despedida de Heggie, que depois montaria o Lowlife. Reduzidos temporariamente a um duo, Robin e Elizabeth confeccionaram, com ajuda do produtor inglês John Fryer (engenheiro de estúdio do Depeche Mode), o deslumbrantemente sombrio *Head over Heels*. Editado em outubro do mesmo ano, apareceu no top 100 britânico. Excêntricos também na organização de seu calendário, emendaram o EP *Sunburst and Snowblind* já no mês seguinte. Em dezembro, foram capa da *NME*.

Mas o *som Cocteau Twins*, essa estranheza intangível que a revista *Melody Maker* chamaria de "a voz de deus" e de "chiclete temperado com ácido", só se completaria com a inclusão de Raymonde no triunvirato, a partir do EP *The Spangle Maker*, de abril de 1984. Sua linha de baixo no hit indie "Pearly-Dewdrops' Drops" (número 29 no Reino Unido), que parece tirada da trilha sonora de um sonho, mostrava que ele viera para aprimorar uma fórmula já quase perfeita. A química absurda entre os três seria apreciada de forma ampla e extática no LP seguinte, *Treasure*.

Viagem sem volta

Gravado em agosto e setembro de 1984 nos estúdios Palladium, em Edimburgo, e Rooster, em Londres, o terceiro álbum foi o segundo projeto do Cocteau Twins produzido apenas por seus integrantes após a experiência autossuficiente inaugural em *The Spangle Maker*. Na capa, uma espécie de renda desconstruída, que lembra uma medusa em movimento, convida ao desconhecido. O público britânico, de alguma forma, entendeu a proposta, colocando o disco no top 30.

Do ganido agudo de Liz nos primeiros compassos de "Ivo" ao hermeticamente dadaísta – e não por isso menos irresistível – refrão de "Donimo" ("*Hina ni na e nakanaka*"), são 41min19 de uma viagem sem volta. Com escalas em experimentos díspares entre si, mas convergentes, como "Beatrix", exercício de sobreposição de desenhos melódicos vocais e praticamente sem percussão. Um caminho, por sinal, que explorariam mais a fundo no disco *Victorialand* (1986), também protagonizado apenas por Liz e Robin.

"Persephone" evoca algo parecido a um blues interpretado por alienígenas, ao passo que "Pandora (For Cindy)" propõe um jogo pergunta-resposta entre uma melodia de canto lírico e uma série de enumerações fonéticas. São disparates que não fariam sentido em nenhuma outra voz, em nenhum outro álbum, mas que aqui induzem o ouvinte ao choro. "Cicely" aprofunda a verve onírica, escancarada em "Otterley", um spoiler de cinco anos do trabalho de Angelo Badalamenti na trilha de *Twin Peaks*.

De David Lynch a Robert Smith

O criador da lendária série, David Lynch, aliás, não esconde que todo o universo de sua colaboração com Badalamenti foi francamente influenciado pela turma de Grangemouth. O diretor se apaixonou com tal volúpia pela versão que o This Mortal Coil – supergrupo da 4AD com Elizabeth nos vocais – fez de "Song to the Siren", de Tim Buckley, que quis colocar os Twins tocando-a na cena de um baile de formatura do clássico *Veludo azul* (1986).

Ivo Watts-Russell, que recebeu o inesquecível telefonema de Lynch em maio de 1985, revelaria posteriormente a obsessão do cineasta pelo grupo, reportada diretamente do set por uma amiga sua que trabalhava na produção do filme. "Ela me ligava e sussurrava: 'o David e a Isabella [Rossellini, protagonista do longa] estão no canto de novo, escutando

'Song to the Siren' antes de rodar uma cena'", conta Russell no livro *Facing the Other Way: The Story of 4AD* (2013), de Martin Aston.

Para decepção geral, o espólio de Buckley pediu aos produtores inviáveis US$ 20 mil pela liberação do fonograma. Lynch teria que esperar onze anos para saciar o seu fetiche por "Song to the Siren" quando, servido por um orçamento cinco vezes superior aos US$ 3 milhões de *Veludo azul*, pôde finalmente incluir a faixa na trilha de *A estrada perdida* (1997). Para a fita de 1986, o plano B da gloriosa dupla Lynch-Badalamenti foi compor "Mysteries of Love", cantada por Julee Cruise, a primeira de várias canções que criaram sob influência de Cocteau Twins.

David Lynch não é o único fã ilustre desavergonhado do trio. "Eu escutava *Treasure* repetidamente, sem parar", diz Robert Smith, no documentário *Beautiful Noise: a era shoegazer* (2014), de Eric Green. "Era o que eu ouvia enquanto me preparava para o meu casamento; é o som mais romântico que eu já escutei." O mais romântico dos românticos atestava, assim, a nítida influência de *Treasure* em *Disintegration* (1989), obra-prima do seu Cure, lançada apenas nove meses após a boda. Até hoje, alguns shows da banda de Smith são precedidos por playlists com músicas do Cocteau Twins.

U2
The Joshua Tree
(1987)

Antes de entrar na segunda fase de sua carreira, durante a qual deixou temporariamente de se levar tão a sério para abraçar a ironia e o glamour decadente no delicioso caleidoscópio de *Achtung Baby* (1991), o U2 atingiu seu pico comercial com *The Joshua Tree*, lançado mundialmente em 9 de março de 1987 pela Island Records.

O disco é um marco na história da música pop sob qualquer perspectiva. Impulsionado por três dos mais impressionantemente bem elaborados singles da década de 1980 – "With or Without You", "I Still Haven't Found What I'm Looking For" e "Where the Streets Have No Name", lançados entre março e agosto daquele ano –, seu sucesso chegou a níveis estratosféricos. No Reino Unido, o LP subiu em tempo recorde (28 horas após o lançamento) ao número 1 da parada, na qual marcou presença durante insanas 202 semanas; do outro lado do Atlântico, liderou por nove semanas a lista, lá permanecendo por outras 112.

Com a marca de 25 milhões de cópias (dez milhões delas apenas nos EUA), *The Joshua Tree* está entre os 50 mais vendidos de todos os tempos no planeta por qualquer artista. Rendeu à banda seus dois únicos números 1 na parada de compactos da *Billboard* ("With or Without You" e "I Still Haven't Found What I'm Looking For"). Sua turnê de divulgação angariou mais de US$ 50 milhões e se tornou uma das dez mais lucrativas dos anos 1980 – não tão rentável quanto a excursão comemorativa de trinta anos, em 2017, que gerou quase US$ 400 milhões e vendeu 3,3 milhões de ingressos. A bolacha catapultou o quarteto irlandês à capa da revista *Time* em 27 de abril de 1987 e, no ano seguinte, foi premiada com os Grammys de álbum do ano e melhor performance de rock.

Caminho à grandiosidade

O U2 foi criado em Dublin, no ano de 1976, quando seus integrantes ainda estavam na adolescência. O vocalista Bono Vox (nascido Paul Hewson, em 10 de maio de 1960) e o baterista Larry Mullen Jr. (31 de outubro de 1961) são dublinenses; os outros três, ingleses: o baixista Adam Clayton (Chinnor, 13 de março de 1960) e os irmãos guitarristas Dik e David Evans (vulgo The Edge, Barking, 8 de abril de 1961). A formação que resistiria intacta pelos mais de 45 anos seguintes – sem Dik – se solidificou já antes do lançamento do primeiro EP (*Three*, de 1979).

Após a estreia em *long play* com *Boy* (1980), despontaram nas paradas do Reino Unido já a partir do segundo trabalho, *October* (1981, 11º lugar), obtendo o número 1 com o seguinte, *War* (1983), que consolidava também a entrada no mercado estadunidense (12º).

Então mergulhado na sonoridade cinzenta do pós-punk, para seu quarto disco de estúdio o grupo decidiu trocar a produção potente e visceral de Steve Lillywhite pela expertise atmosférica e o detalhismo de dois autênticos cavalheiros da elegância sonora, o inglês Brian Eno e seu frequente colaborador, o canadense Daniel Lanois. Midas do ecossistema alternativo, membro fundador do Roxy Music e detentor de respeitável carreira solo, Eno era também conhecido por seu labor como produtor nas etapas discográficas mais célebres – embora não as mais vendáveis – de David Bowie e Talking Heads (ver texto sobre o álbum *Remain in Light* na página 196). Com o U2, chegava finalmente a sua oportunidade de converter reputação em êxito comercial.

O resultado, o denso e texturizado *The Unforgettable Fire*, saiu em outubro de 1984, provando mais uma vez que uma banda poderia ser ao mesmo tempo artisticamente pretensiosa e profunda, até introspectiva, e ainda assim fazer muito sucesso, repetindo o 1º posto em terras britânicas e o 12º posto nos EUA, além de chancelar a vocação dos irlandeses para serem "banda de arena".

Pop-populismo e *new journalism*

Como que se assumindo fadados ao gigantismo messiânico, Bono, Edge, Adam e Larry vestiram a camisa da megalomania e partiram para a seguinte empreitada. A bordo novamente estavam Eno e Lanois, dessa vez reforçados pelo engenheiro de som inglês Flood, credenciado por colaborações com Nick Cave e, posteriormente, Depeche Mode, PJ Harvey e Warpaint (ver textos sobre os álbuns *Let England Shake*, na página 447, e *Warpaint,* na página 465). O novo time passou basicamente 1986 inteiro aproveitando intervalos entre shows nas sessões de gravação do que viria a ser *The Joshua Tree*, ambientadas em recintos bucólicos como a mansão-estúdio Danesmoate, próxima a Dublin, que depois Clayton compraria.

Longe demais das capitais, o quarteto assumia a sua verve de patinho feio do pop oitentista, então dominado por tecnopop, hard rock "farofa" e *power ballads* lamuriosas, para elaborar o seu próprio código estético. "Nos sentíamos desconectados do som new wave de sintetizadores", explica Clayton na edição sobre o disco da série de documentários Classic Albums, dirigida por Philip King e Nuala O'Connor, lançada em 1999. "Nossa música não era descolada, mas tinha algo de grandiosidade que funcionava ao vivo."

Ao mesmo tempo, Bono abraçava sua sina de predestinado ao populismo pop e se politizava, sob influência da participação do U2 num dos megaconcertos Live Aid em julho de 1985 e, um ano depois, na turnê Conspiracy of Hope, da Anistia Internacional. Realizou também viagens à Etiópia e à parte mais conflitiva da América Central naquele período (Nicarágua e El Salvador).

Pairava no ar, ainda, certa obsessão com os Estados Unidos, país que o grupo se acostumara a visitar e onde se tornava cada vez mais popular. Esse "americanismo" era explicitado na escolha do deserto californiano Joshua Tree como locação das fotos de capa – do craque holandês Anton Corbijn, o homem por trás da imagem de Joy Division e Depeche Mode – e para o próprio nome do disco. Além disso, refletia-se, ainda, em parte das letras, inspiradas em textos de mestres do *new journalism* como Truman Capote e Norman Mailer ("Exit" era baseada no assassino retratado pelo último no livro *The Executioner's Song*, de 1979), na conexão do país com suas raízes imigratórias irlandesas e nas referências cristãs, que permeariam quase todas as faixas.

As armas

Ora em tabelas intimistas entre o vocalista e The Edge, ora em longas *jams* protagonizadas pelos quatro – ainda que sempre assinadas coletivamente –, o repertório foi surgindo. Moldadas por Eno e Lanois (que também tocaram teclados, guitarra e percussão), as canções ganhavam um aspecto diferente de tudo o que se fazia naquela pouco inspirada metade de década; majestosas, mas ricas em senso de espaço, ambiência e textura. *The Joshua Tree* caminha na linha tênue entre a grandiloquência e o minimalismo, correspondendo à intenção do grupo de produzir algo com apelo visual, ou até mesmo cinemático.

Em grande parte, a responsabilidade decaía nas costas de The Edge, que em julho daquele ano seria comparado pela revista *Guitar World* ao pintor René Magritte, ao mago Harry Houdini e ao cineasta Steven Spielberg. A publicação babava diante da abordagem multidimensional, quase sensorial, de sua guitarra no disco.

Já a "cozinha" imponente e econômica tem uma presença solidamente crua, que nunca deixa o ouvinte se esquecer de que se trata de um álbum de rock. Frequentemente subapreciado, Larry mostra em *The Joshua Tree* que é um dos principais bateristas de rock dos anos 1980, tanto pelo poderoso "som de sala" que tira quanto por seu premeditado e distintivo pouco uso de chimbal e prato de condução, em detrimento de levadas nos tambores. Seguro, discreto e certeiro na escolha de notas, Adam, por sua vez, tem o pé no chão dos baixistas maduros que não querem chamar a atenção, mas que se fazem notar como essenciais na mixagem final.

Sequência mortal

The Joshua Tree pede passagem desavergonhadamente épico, com direito a prelúdio de um minuto em verve neossacra, desembocando em "Where the Streets Have No Name", inspirada na aventura africana de Bono. Em tempos de gravação com fita analógica, a fusão dos hipnóticos *riffs* de guitarra com *delay* executados por The Edge antes do ataque da bateria (um em tempo 6 por 8 e outro em 4 por 4) demandou literalmente semanas de trabalho manual de corta e cola. Farto da situação, Brian Eno cogitou forjar um acidente para que se apagassem as sessões. Se o produtor tivesse logrado o seu objetivo, seria necessário descontar um número 4 britânico e um número 13 norte-americano a menos na trajetória de charts da banda.

Inicialmente batizada "The Weather Girls", "I Still Haven't Found What I'm Looking For" irrompe como um hino gospel urbano e moderno, tão bem-acabado que, para replicá-lo dignamente ao vivo, a banda passou a contar com um coro de igreja. Bono cantando com paixão, no máximo de seu alcance agudo, faz com que, até hoje, seja impossível se desviar de todo o caminho da melodia e do seu mântrico refrão.

E chegamos a "With or Without You", um dos compactos que, apesar de sua unicidade, definem os anos 1980, com versos do vocalista sobre o embate entre ser popstar e um reles marido. A canção é floreada de cabo a rabo pelos gemidos inclassificáveis que The Edge tocou, em duas tomadas, numa guitarra feita sob encomenda batizada de *infinite guitar*. "Hoje você acha ela normal porque já a ouviu muitas vezes, mas ela soa bem estranha", opina Bono sobre a faixa no documentário.

De fato, a gravação dota-se de uma narrativa de bom gosto quase poético no que se refere à sutileza das camadas se entrelaçando, do entra e sai de elementos. Quando chega no auge e Bono sobe uma oitava, não há quem resista. Depois, ao baixar a dinâmica, plana num voo suave com maestria até desaguar num solo inesquecível quase sem notas ("Foi libertador solar assim", admite o guitarrista no vídeo). Curioso observar que "With or Without You" e "Where the Streets…", as faixas de sonoridade mais complexa do álbum, foram mixadas por Steve Lillywhite, conhecido justamente por um som abertamente mais roqueiro do que o de seus colegas Lanois e Eno.

Lillywhite também pôs a mão na massa na quarta música, "Bullet the Blue Sky", que marca a face mais pesada do repertório, em companhia de faixas como "Red Hill Mining Town" e "Trip Through Your Wires", esta já um aceno ao blues do LP metade ao vivo metade estúdio *Rattle and Hum*, do ano seguinte. Com seu *groove* que não faria feio num LP do Fugazi ou do Jane's Addiction e versos sobre enfrentamentos bélicos centro-americanos, "Bullet the Blue Sky" seria regravada pelo Sepultura em 2003. Já "Running to Stand Still" fecha em grande estilo o lado A, num inspirado registro ao vivo em estúdio cheio de nuances, e ideia de letra baseada nos junkies do bairro natal de Bono em Dublin.

O outro single norte-americano extraído de *The Joshua Tree* foi "In God's Country", cuja abertura guitarrística flerta com o shoegaze nascente à época. Por outro lado, "One Tree Hill" é arranjada com elementos eletrônicos. A tendência, aliás, aparece também na faixa de encerramento, a sombria "Mothers of the Disappeared", de *riff* levemente oriental, bateria calibrada pelo processador digital PCM70 e texto sobre as atrocidades dos esquadrões da morte em El Salvador.

Eram sinais que antecipavam em quatro anos a revolução que os irlandeses bancariam em seu som com *Achtung Baby*, prolongando a ideia em *Zooropa* (1993) e pondo tudo a perder com *Pop* (1997). Mas esse é outro capítulo da história da banda.

Contém trechos de texto originalmente publicado no site da MTV a 3 de junho de 2005.

GUNS N' ROSES
Appetite for Destruction
(1987)

Se tivesse sido lançado hoje, terceira década do terceiro milênio, *Appetite for Destruction*, estreia em LP do Guns N' Roses, seria um disco pária, motivo de textão e hashtag "canceladora" nas redes sociais. Sabe-se lá a quem caberia a complicada missão de defender uma obra criada por cinco delinquentes, alguns deles racistas e/ou misóginos e/ou homofóbicos, cuja capa original trazia uma cena de estupro cometida por um monstruoso robô e testemunhada por outro.

A questão era e continua a ser uma só: *Appetite for Destruction* é um álbum excepcionalmente bom, tanto para quem o absorveu naquele permissivo 1987 – ou no ano seguinte, quando começou de fato a ter repercussão – quanto hoje. Trata-se de um trabalho transgressor, considerando-se a época em que foi concebido. Cru e direto, pegava no contrapé o mainstream da época, então no apogeu das *über* produções de sonoridade fria, digitalizada e pasteurizada. Só para dar uma ideia, na semana de seu lançamento, em 21 de julho de 1987, mandavam na parada estadunidense nomes como Whitney Houston, Kenny G e Gloria Estefan.

Propositalmente obsceno nas letras e ofensivo nas intenções, *Appetite...* se distinguia imediatamente também de seus "primos" mais próximos, ou seja, as bandas de hair metal (vulgo hard rock "farofa") também em alta no período, como Bon Jovi e Poison. Bastava uma audição do disco para verificar que, com tais contemporâneos, o quinteto californiano comungava apenas no visual inspirado em New York Dolls e no... er... apetite por drogas, confusão e *groupies*.

Posteriormente, a banda desviaria seu foco a um rock de arena radiofônico pomposo. Mas a fórmula inicial foi mágica enquanto durou: postura arruaceira parcialmente andrógina, *riffs* de guitarra mortais – cortantes e diretos como os do AC/DC, *funky* como os do Aerosmith – e um vocalista explosivo e fora de controle, cuja agressividade certeira impressionava tanto quanto suas letras sobre a escória dos submundos urbanos. Tudo tocado com fúria e convicção punk (vide "You're Crazy" e a parte final do hit "Paradise City"), além de precisão e suingue zeppelinianos. Em outras palavras, era um som com muita, mas muita pegada, executado por uma horda de maus elementos que se empenhavam, a cada minuto, em justificar sua perigosa reputação.

Encontro milagroso

O Guns N' Roses se originou em Los Angeles, principalmente de dois núcleos. O primeiro era a dupla guitarra-bateria formada em 1982 pelo garoto local Slash (nascido Saul Hudson em Londres, a 23 de julho de 1965) e Steven Adler (nascido Michael Coletti em 22 de janeiro de 1965), que viera com a mãe de Cleveland, Ohio. Filho de artista inglês branco com estilista afro-americana, Slash, que chegou a fazer teste para entrar no Poison, crescera no mítico bairro musical Laurel Canyon, conhecendo Stevie Wonder e John Lennon durante a infância. Já Steven não teve acesso ao mesmo tipo de glamour, e chegou a fazer programas para conseguir dinheiro e drogas na metrópole californiana.

Em 1984, assistiram à banda Hollywood Rose, de uns tais Bill Rose (depois Axl Rose, 6 de fevereiro de 1962) e Jeff Isbell (depois Izzy Stradlin, 8 de abril de 1962), forasteiros oriundos de Lafayette, Indiana. Filho de mãe solo adolescente, Bill lidava com um padrasto fanático religioso e violento, que por muitos anos pensou ser o seu pai. O piano era o único refúgio para uma existência marcada por traumas (incluindo abuso sexual por parte do pai biológico), brigas, prisões e surras que levava da polícia. Em seguida, ele foi recrutado pelo guitarrista Tracii Guns para a banda L.A. Guns.

Misturando os dois nomes, após algumas idas e vindas nascia o Guns N' Roses, ao qual se juntaram também Izzy e, como baixista, o multi-instrumentista de inclinações punk Michael "Duff" McKagan (5 de fevereiro de 1964). Músico mais rodado da trupe – alegava já ter passado por 31 grupos –, Duff viera de sua cidade natal, Seattle, para trabalhar numa churrascaria. Após uma turnê em que Tracii e o baterista original mostraram não dar conta do recado, foi o baixista quem contatou Slash, para completar com Steven a formação clássica do quinteto.

Apetite para a destruição

Em 26 de março de 1985, fizeram o primeiro show, na casa noturna Troubador, para doze pessoas e ingressos a US$ 2. Em cena, eles já apresentavam o seu característico visual, uma versão mais grosseira e menos afeminada do adotado pelas bandas "hard-farofeiras" da cidade. Nesse período, parte dos integrantes vivia como indigente e quase todos estavam desempregados, comendo sobras e filando boias onde dava. Moravam juntos na apelidada Hell House, infernal garagem sem banheiro convertida em estúdio de ensaio e habitação precária.

Para sobreviver, revendiam cerveja, Izzy traficava heroína – droga usada por ele, Steven e Slash – e chegaram ao cúmulo de roubar dinheiro das garotas com quem transavam. Axl, um cara difícil de peitar e de talento assombroso, assumiu o comando musical da empreitada de forma rígida o suficiente para que os outros o apelidassem de "Aiatolá". Os shows eram um pandemônio de rock'n'roll de alta qualidade e caos desgovernado. Sempre bêbado, Slash vomitava em cena; Axl trocava socos com a plateia. Formavam um clã totalmente "chave de cadeia". O vocalista foi até acusado de estupro de uma menor de idade, mas se livrou de qualquer pena por falta de provas.

Tudo isso já ocorria antes de 1986, ano em que passaram a ser disputados por diferentes gravadoras. Os executivos se maravilhavam com o que viam e ouviam, mas mantinham o pé atrás ao saber das histórias dos bastidores. Afinal, aqueles sujeitos eram "podreira" demais, do tipo dos que tinham potes plásticos cheios de cocaína nos camarins e mamavam, cada um, meia garrafa de vodca ou uísque por dia. Pouco depois, Axl já começaria a faltar a shows e dar outras canseiras do gênero. Mesmo assim, quem acabou bancando o risco, atraindo o grupo pela presença do Aerosmith em seu elenco, foi a Geffen Records, cujo fundador, David Geffen, trabalhara como babá de Slash anos antes (!).

De contrato assinado, a gravadora sugeriu como produtor primeiramente Bill Price (Sex Pistols), mas ele não topou. Alguém mencionou, então, Tom Werman (Ted Nugent) e Bob Ezrin (Pink Floyd), que tampouco encararam. Nikki Sixx, o guitarrista do Mötley Crüe, estava no auge de sua fase junkie e, num lapso de sensatez, também recusou. Chegaram a Manny Charlton, produtor do Nazareth, com quem entraram no mítico estúdio Sound City em junho de 1986. Mas não deu liga, e a parceria rendeu apenas demos. Para ganhar tempo, o grupo lançou no final do ano o EP *Live ?!*@ Like a Suicide* pelo selo independente UZI Suicide.

Até que a batata caiu no colo de Mike Clink, desconhecido engenheiro de som de Baltimore que trabalhara com o produtor Ron Nevison (Heart, Ozzy, Europe). Coube a Clink, ao longo de todo o primeiro semestre de 1987, a tarefa hercúlea de implantar a rotina de gravações do que seria *Appetite for Destruction* em diferentes estúdios de Los Angeles, com os músicos sempre chegando de ressaca. Discreto, ele botou os cinco para tocarem juntos, ao vivo na mesma sala, livres para soarem como se estivessem ensaiando na sala de casa, e atentou para as referências de sonoridade trazidas por eles. Slash mencionou o rock suingado do Aerosmith e Axl aludiu à potência ruidosa do álbum *Ride the Lightning* (1984), lançado pelo Metallica.

A história poderia ter sido muito diferente caso tivesse prevalecido o nome de um dos outros produtores sondados durante o processo, o do sul-africano Robert "Mutt" Lange, responsável pelo som higienizado de hard rock comercial da linhagem Def Leppard. Ou se baladas melosas como "November Rain" e "Don't Cry", que já existiam no repertório-base de trinta composições, não tivessem sido condenadas à hibernação, até ressurgirem anos depois nos épicos discos duplos *Use Your Illusion I* e *II*, de 1991.

Sucesso a fogo lento

Com canções criadas e ensaiadas à exaustão na Hell House, o repertório de *Appetite…* se moldou em labuta coletiva, de banda bem entrosada, a partir das melodias e letras que Axl colocava sobre os *riffs* trazidos pelos guitarristas. Cirúrgico ao dosificar agudos incisivos e graves elegantes, o vocalista se mostrava um maníaco perfeccionista a ponto de, em alguns casos, gravar suas vozes frase a frase, para desespero de seus futuros desafetos. Izzy e Slash erguiam paredes de som, combinando de forma implacável guitarras Gibson Les Paul e amplificadores Marshall, e o marrento da Cartola marcava época com seus solos memoráveis – e "memorizáveis".

Sustentando tudo isso, o baixo espertamente melódico de Duff, uma das marcas registradas subvalorizadas da era dourada do Guns, vinha colado à bateria robusta, avessa a frescuras, de Steven. Os dois lapidavam os ritmos sempre precisos, potentes e não raro influenciados por funk, como na sensacional "Mr. Brownstone", relato de Izzy e Slash sobre o vício em heroína que acabou no lado B do primeiro single, e em "It's So Easy", um dos grandes momentos do disco, com Axl empregando recursos de barítono. Saiu em 15 de junho, cinco semanas antes do lançamento do álbum.

Com a engrenagem plenamente azeitada, pauladas como "Out Ta Get Me" e "Welcome to the Jungle" levaram apenas uma tarde para ficarem prontas. Esta última, segundo compacto do repertório, editado no fim de setembro, trazia um clipe em que Axl "frita" numa cadeira elétrica enquanto ouve-se seu grito colérico e ameaçador: *"You know where you are? / You're in the jungle, baby! / You're gonnna die!"*.

Quase sempre as letras eram baseadas em histórias e personagens reais. "Nightrain", hard rock sem mistério tipicamente setentista, foi batizada em homenagem a uma marca de vinho; a martelada "Michelle" saiu sob encomenda para uma paquera de Axl, que engoliu em seco ao ouvir os versos: "Seu pai faz pornô / Agora que a sua mãe não está na área / Ela adorava a heroína dela / Mas agora está debaixo da terra". O realismo extrapolou limites no portentoso funk-rock "Rocket Queen", inspirada em Barbi Von Greif, agregada da banda que dançava no palco durante os shows. Para "ornar" a canção, foram utilizados sons reais do vocalista fazendo sexo com uma garota, que confirmou o episódio trinta anos depois.

Quanto à chocante capa mencionada no primeiro parágrafo, desenhada por Robert Williams, saiu nas primeiras edições nos Estados Unidos e na que eu adquiri no Brasil. Posso dizer que comprar isso numa loja de São Paulo aos dez anos, em 1989, foi inesquecível. Só que logo a Geffen a substituiu por uma protagonizada pelos avatares-caveira dos integrantes estilizados numa cruz celta, em arte de Bill White Jr. pensada originalmente para uma tatuagem.

Reinado

Mas foi outra composição motivada por relacionamentos do *frontman* que mudou a história do disco e da própria banda. *Appetite…* só engrenou para valer com a chegada às rádios – quase um ano após o lançamento do seu terceiro single, "Sweet Child O'Mine", em junho de 1988. Era uma declaração de amor de Axl à sua noiva Erin Evelyn (filha de Don Everly, dos Everly Brothers), que pegava carona em *riff* dedilhado por Slash de brincadeira num ensaio. Com seus bonitos versos, refrão grudento e solo de guitarra monumental, tornou-se uma das grandes músicas da década de 1980, chegando ao número 1 da parada norte-americana e catapultando de vez seus criadores ao estrelato. Graças ao hit, o LP superaria assombrosas dezoito milhões de cópias vendidas apenas nos Estados Unidos, chegando a trinta milhões no mundo todo. Tornou-se o álbum de estreia mais bem-sucedido da história.

Entrava em vigor o reinado do Guns N' Roses no universo do rock, mantido até o furacão grunge do início dos anos 1990. *Appetite for Destruction* ainda renderia grosso caldo, com outras faixas de trabalho lançadas já em 1989 ("Paradise City" e "Nightrain"). A página, porém, começara a virar com o *G N' R Lies*, EP acústico gravado em uma sessão ao vivo em estúdio, lançado em novembro de 1988 e que gerou o sucesso "Patience". Quando pararam os shows, meses depois, a formação clássica começou a desandar nas drogas e nas tretas. Na hora de voltar ao estúdio, no primeiro semestre de 1990, já para preparar os dois volumes duplos de *Use Your Illusion* (que marcaria a saída de Izzy), Steven não conseguia mais tocar e foi demitido. Teve um derrame por causa de drogas em 1996.

DEPECHE MODE
Music for the Masses

[1987]

Existem álbuns que consubstanciam a essência de uma década. Os anos 1980, por exemplo, não teriam sido plenamente o que foram sem *Music for the Masses*, do Depeche Mode, uma verdadeira exibição de grandiloquência elegante e atmosfera dark, ainda que acessível. Lançado em 28 de setembro de 1987, o sexto trabalho de estúdio do quarteto de Basildon – cidade a cinquenta quilômetros de Londres – consolidou sua guinada a um synthpop sombrio de arranjos depurados e letras autorreflexivas, iniciada no disco anterior, *Black Celebration* (1986).

Comercialmente, ungiu a transformação do grupo de sensação tecno pós-adolescente a um dos nomes de ponta do pop eletrônico mundial, posto que, mais de 35 anos depois, o quarteto ainda reivindica. Foi com *Music for the Masses*, número 10 na parada do Reino Unido e 35 na dos Estados Unidos, que o Depeche Mode se transformou em um fenômeno internacional. Conquistou definitivamente o mercado estadunidense, emplacando três canções no top 100 e vendendo mais de um milhão de cópias no país, onde protagonizou uma verdadeira febre, com direito a sessão de autógrafos com dezessete mil pessoas e encerramento de turnê para setenta mil num estádio californiano (registrado pelo guru dos documentários musicais D. A. Pennebaker em *Depeche Mode 101*, de 1989).

Uma senhora façanha, considerando a desconfiança então vigente no público norte-americano em relação a artistas que priorizassem sintetizadores e baterias programadas. Enfileirados atrás de seus teclados, como numa trincheira-manifesto desdenhadora da guitarra, Martin Gore (Dagenham, 23 de julho de 1961), Alan Wilder (Londres, 1º de junho de 1959), Andrew Fletcher (Nottingham, 8 de julho de 1961) e Dave Gahan (Epping, 9 de maio de 1962) eram britânicos, alternativos e sexualmente ambíguos demais para os Estados Unidos. Até que deixaram de sê-lo.

Decodificação para as massas

A história de êxito do LP passa pela decisão da banda de procurar um novo produtor, após três bem-sucedidos discos gravados sob a batuta de Daniel Miller – fundador do selo Mute, que os projetou – e Gareth Jones. Com ajuda da dupla, eles haviam aumentado progressivamente a pesquisa por timbres únicos, minimais e irrepetíveis, obtidos a partir de ruídos industriais e motores, truque aprendido com os ídolos alemães do Einstürzende Neubauten, nos discos *Construction Time Again* (1983), *Some Great Reward* (1984) e no próprio *Black Celebration*.

Faltava, então, alguém que absorvesse esse conceito e o decodificasse para o grande público. Música densa e escura como os integrantes queriam, com a credibilidade aventureira de DNA pós-punk, mas ainda assim apta a arenas e FMs. Música para as massas, enfim.

Entrou em cena, então, David Bascombe, técnico de gravação em discos de som grandioso, que até hoje soam demolidores em qualquer *sound system*, como "Songs from the Big Chair", hit de 1985 do Tears for Fears. Com ele, a trupe se transferiu ao Guillaume Tell, um antigo cinema transformado em estúdio próximo a Paris, para as gravações, realizadas no primeiro semestre de 1987.

Timaço

Bascombe era a peça que faltava para completar uma equipe já azeitada, na qual cada um tinha o seu papel muito claro. Martin Gore, um dos grandes compositores da década, sempre assombrado pela culpa e a noção de pecado, apresentava as canções; Dave Gahan, com seu poderoso grave preenchedor de espaços, dava-lhes voz. Juntos, eles tabelavam numa das mais fascinantes – e, por vezes, conflitivas – simbioses "eu-componho-você-canta" da história pop, do nível da alcançada por Pete Townshend e Roger Daltrey no Who ou pelos irmãos Gallagher no Oasis.

Entre o labor de um e outro, destaca-se a figura frequentemente subvalorizada de Alan Wilder. Único membro do Depeche Mode com formação instrumental propriamente dita, exímio tecladista, Alan foi assumindo o papel de arranjador ao longo dos álbuns, e *Music...* flagra o início de sua fase dourada nessa função. Era ele quem apanhava as demos cruas de Martin e esboçava como a faixa soaria em disco; era ele quem colava nos produtores e fuçava em equipamentos.

Seu zelo pela apuração técnica e artística de cada batida, barulhinho e efeito utilizado nos arranjos é uma das mais admiráveis qualidades do melhor material da banda. Graças a Wilder – a partir de então, sob a certeira supervisão de Bascombe – numa gravação do grupo, tudo tinha de ter razão de ser muito clara.

E Andrew Fletcher... bem, Andrew Fletcher, era o cofundador – junto com Vince Clarke, que saiu após apenas um LP para fundar o Yazoo e depois o Erasure –, o boa-praça, o porta-voz, o homem dos contatos. Dizem as más línguas que Fletch, como era conhecido (morreu em 2022), tocava com os teclados desligados nos shows, nos quais andava de um lado ao outro batendo palmas fora do tempo. Mas, mesmo se isso se comprovar totalmente algum dia, e ficar decidido que sua importância no Depeche Mode foi fundamentalmente

extramusical, está valendo. Confere à banda até um charme a mais de corporação pop, uma espécie de pós-*boy band* de empreendedores não exclusivamente fazedores de música.

Completava o timaço, ainda que fora da esfera estritamente sonora, o fotógrafo holandês Anton Corbijn. Autor dos estilosíssimos videoclipes em preto e branco das faixas "Never Let Me Down Again", "Strangelove" (em sua versão remix), "Behind the Wheel" e "Pimpf", Corbijn fechou o pacote estético de que o Depeche Mode necessitava para reconstruir a imagem que lhe identificaria a partir de então: adulta, vanguardista e embebida em mistério. Futuramente, Corbijn – arquiteto também do visual de Joy Division e U2 – cuidaria ainda de capas de álbuns, fotografias e direção de arte de concertos da banda.

Minimalismo de estádio

"Never Let Me Down Again", cuja potência o diretor neerlandês amplificou visualmente com maestria no clipe, é uma das melhores aberturas de álbum daquele período. Impecável em forma e conteúdo, rege-se pela impactante performance de Dave, pelo memorável *riff* de piano de Alan, pela guitarra processada de Martin – recurso que ele exploraria ainda mais nos dois discos seguintes – e por uma letra que muita gente interpretou como sendo sobre dependência e/ou tráfico de drogas: "Ele sabe onde me leva / Me leva onde quero estar".

A pressão baixa um pouco em "The Things You Said", um ataque ao hábito das fofocas em levada ambient e motivo de sintetizador abertamente kraftwerkiano. É uma das duas faixas do repertório entoadas pelo timbre melancólico de Martin, uma tradição discográfica do Depeche Mode muito cara aos fãs. Na outra, "I Want You Now", ele entrega um emotivo apelo de amor desesperado sobre uma das instrumentações francamente experimentais do álbum, com o sample de uma respiração servindo como batida.

Essa ousada cartada também dá certo na soturna "Little 15", cuja inspiração para o hipnótico arpejo de teclado Wilder foi buscar no compositor de trilhas sonoras inglês Michael Nyman, um dos nomes fortes do minimalismo. Entusiasta de outra figura dominante na cena *avant-garde* de música contemporânea, Philip Glass, a banda abriu espaço na lista final também para "Pimpf", ameaçadora peça instrumental que parece extraída de uma composição para cinema de John Carpenter (e que Corbijn transformou em vídeo).

Já o hino oitentista "Strangelove" consegue, desde sua atmosférica introdução de teclados *à la* Brian Eno, nos transportar diretamente para 1987 em qualquer época em que o escutemos – mas, sabe-se lá como, sem que sua sonoridade pareça datada. Fenômeno semelhante ocorre com outro single, "Behind the Wheel". Em ambos os casos, mérito para a sofisticação do trabalho de Alan Wilder e David Bascombe, que ressalta a qualidade das canções, enaltecendo seu núcleo taciturno, mas sem deixar de lado o instinto pop. Uma maneira de operar, aliás, empregada por essa grande banda também nas suas fabulosas obras seguintes (*Violator*, de 1990, e *Songs of Faith and Devotion*, de 1993).

1980

DE LA SOUL
3 Feet High and Rising
[1989]

Fundar uma banda como o De La Soul em pleno 1988 requeria um misto de coragem e desprendimento ao qual o mundo do hip-hop agradeceria eternamente. Foi na metade daquele ano que chegaram às lojas, em sequência, *It Takes a Nation of Millions to Hold Us Back*, segundo álbum do Public Enemy, consolidando os versos políticos de Chuck D e Flavor Flav (porradas desferidas sobre bases industriais), e *Straight Outta Compton*, o mais temido e definitivo dos discos de gangsta rap, dos californianos do N.W.A.

Em mais de uma maneira, portanto, pareciam vir de outro planeta aqueles três moleques tímidos, de penteados afro assimétricos e roupas coloridas, que rimavam tranquilões em *flow* jazzístico despretensioso, positivista e bem-humorado, sobre batidas que sampleavam de absolutamente tudo no mundo da música. Ainda que sua origem fosse a mesma ilha de Long Island, vizinha a Nova York, território do Public Enemy.

Com seu carnaval de referências nos arranjos e rimas superdescoladas, *3 Feet High and Rising*, primeiro álbum da banda, foi um choque. Lançado pelo mítico selo Tommy Boy em 3 de março de 1989, surpreendeu ao abocanhar o número 1 da parada de R&B e hip-hop dos Estados Unidos, emplacando também o 24º posto na lista geral e o 13º no Reino Unido. Em abril de 2000, receberia certificado de um milhão de cópias vendidas nos Estados Unidos. De quebra, ainda gerou um hit, "Me Myself and I", 1º lugar na relação de singles R&B e hip-hop norte-americana – 34ª posição no top 100 genérico – e 22º no outro lado do Atlântico.

O disco deixou boquiaberto o mundo do hip-hop, perpetuando-se em listas canônicas de revistas especializadas do gênero, como

The Source (23º melhor álbum de todos os tempos em 1998). Mas foi além, garantindo vaga também em praticamente qualquer outro ranking musical de melhores que se preze, e não só os referentes ao final dos anos 1980, período do qual se tornou um dos mais progressistas e peculiares acontecimentos musicais.

A icônica capa florida, criada pelo influente coletivo inglês The Grey Organization, o encarte com os integrantes representados em HQ e os videoclipes, de uma leveza ao mesmo tempo irônica e *naïve,* reforçam a porção visual dessa reputação. O figurino, que muitos taxaram de "hip-hop hippie", desconectado tanto do couro preto e Adidas branco do Run-D.M.C. quanto do *street-baseball* de Ice Cube e Eazy-E, também.

Sem limites para samplear

Mais do que isso, *3 Feet High and Rising* estabeleceu um antes e depois no uso dos samples na música pop. Para o bem, mostrou que não havia limites às mentes criativas que soubessem fazer o bom uso da arte pastiche de pesquisar, sublinhar e recombinar elementos previamente existentes. O enciclopédico site WhoSampled, que cataloga exaustivamente todo o fluxo do ctrl+c sonoro global, identificou 79 samples no álbum, chegando a sete faixas surrupiadas.

O crivo do trio era convictamente inclusivo, mantendo a tradição do gênero de reverenciar finos *grooves* de mestres do soul, funk e jazz do quilate de Sly Stone, Roy Ayers ou Michael Jackson, mas também dando trela a roqueiros como The Monkees e Steve Miller Band. No meio de tudo é possível detectar ainda mais surpresas, tais quais uma fala do comediante Richard Pryor, acordes do pianista performático Liberace, o áudio de uma aula de francês e até uma versão da história de *Branca de Neve e os sete anões* (1937), interagindo de forma caótica com um fake concurso de variedades protagonizado pelos rappers.

Não à toa, poucos meses após o lançamento da duradoura bolacha – 24 faixas e mais de 60min nas edições em CD – apareceria outra obra-prima de semelhante teor caleidoscópico, *Paul's Boutique*, dos Beastie Boys.

Para o mal, *3 Feet High and Rising* pisou no calo da indústria, abrindo um fundamental precedente jurídico ao render o primeiro grande processo relacionado ao uso indevido de um trecho samplea-do. Um imbróglio que terminou em prejuízo de US$ 100 mil, após o combo sessentista The Turtles ganhar uma ação contra o grupo pelo emprego de uma curta parte não autorizada de sua canção "You Showed Me" na faixa "Transmitting Live from Mars".

Após o episódio, nada mais seria como antes. A partir dali, todo artista de médio ou grande porte minimamente sensato passaria a redobrar cuidados no checklist de pedidos de permissão a outrem e a creditar qualquer microfragmento utilizado. Como mostrado no docu-mentário *De La Soul Is Not Dead* (2016), de Rob Kenner, gravadoras como a Tommy Boy passaram a ter ao menos um advogado de peso nos patamares mais altos de seus organogramas.

Nerds conscientes

Os MCs Posdnuos (contrário de "sound sop", nascido Kelvin Mercer, em 17 de agosto de 1969) e Trugoy the Dove (contrário de "yogurt", alcunha de David Jude Jolicoeur, 21 de setembro de 1968) e o DJ/MC P.A. Pasemaster Mase (Vincent Lamont Mason Jr., 27 de março de 1970), todos naturais de Nova York, habitavam classes diferentes da Memorial High School de Amityville, cidadezinha mun-dialmente famosa pelo sanguinário crime familiar de 1974, que depois renderia livro e filme de terror.

Por ali circulava também Prince Paul, que à época já acumula-va certo renome como produtor. Integrante do grupo brooklyniano Stetsasonic sem muito poder de veto, buscava uma banda para chamar de sua. "Esses nerds rimam?", foi a primeira pergunta que fez ao se impressionar com uma demo gravada pela trinca, possivelmente se referindo aos óculos de Posdnuos e à atitude geek que demonstravam.

Paul acabou adotando os conterrâneos, tornando-se uma es-pécie de quarto membro extraoficial do já então batizado De La Soul. Apresentou-lhes as possibilidades de estúdio, sempre os esti-mulando a colocar a mão na massa. Não demorou e uma fita com gravações deles chegou à Tommy Boy, gravadora que já trazia em suas filas baluartes do hip-hop como Afrika Bambaataa, Biz Markie e Queen Latifah.

Com Latifah, aliás, o De La Soul passaria a entregar o Native Tongues, rede de artistas afeitos a uma poesia mais pacifista e agregadora, devotos de ideais afrocêntricos, abertos à presença de mulheres e crianças em suas comitivas e praticantes da estética samplística reverente aos grandes heróis negros. Lado a lado com Monie Love, MC Lyte, Jungle Brothers e A Tribe Called Quest, promoveram, meio sem querer, uma autêntica revolução no gênero. A turma, aliás, participa de *3 Feet High and Rising*, inclusive em "Buddy", que, lançado como single, beliscou a 18ª colocação na lista de R&B/hip-hop da *Billboard*.

Antecipando os 90

A Tommy Boy bancou com gosto o voluptuoso acervo de faixas coproduzidas por Prince Paul e De La Soul em diferentes estúdios nova-iorquinos. A gravadora se empolgou com a inovação que o material representava em relação à cena e com a diversidade de abordagem que emanava entre as próprias músicas selecionadas.

"The Magic Number" e "Jenifa Taught Me (Derwin's Revenge)" antecipavam em meia década o big beat, sem deixar o humor de lado. "Can U Keep a Secret" inaugura o rap sussurrado que Tricky levaria a Bristol dois anos depois, enquanto fica difícil de resistir a *grooves* como "Eye Know" (o *flow* suave, os assobios e metais de fundo) e "Say No Go"; "A Little Bit of Soap" é uma vinheta que parece pedir para ser usada por Beck, artista cujos dois primeiros álbuns não existiriam sem *3 Feet High and Rising*.

Hit a contragosto

Ainda assim, não parecia suficiente, e a Tommy Boy, que não era de ferro, se comportou como as demais gravadoras, pedindo algo que pudesse funcionar como single para o rádio. A contragosto, a banda concordou em atender à petição. Fissurado por "(Not Just) Knee Deep", gema psicodélica e irresistivelmente dançante lançada pelo Funkadelic de 1979, Mase sugeriu usá-la como base para um possível hit.

"A gente não levou essa faixa a sério", revela Posdnuos no documentário. Para ele, tudo não passava de uma concessão à gravadora para poderem lançar o resto do pacote, que consideravam arte. "Tentamos fazer dessa música a mais boba possível", entrega Mase, em alusão à rima desdobrada, preguiçosa, em levada quase infantil, entoada pelos seus companheiros na gravação.

O "problema" foi que todo mundo adorou, a música foi para o alto da parada e as versões em *maxi-single* e CD totalizaram quinhentas mil cópias vendidas. Fazia sentido, portanto, que já nos primeiros shows do De La Soul em lugares disputados de Nova York, como o Irving Plaza, se avistasse a realeza do hip-hop, e que jornais como o *Los Angeles Times* classificassem *3 Feet...* como "o *Sgt. Pepper's* dos anos 1980". As referências ao *flower power* e outros hippieismos cansariam tanto a banda que seu segundo álbum, de 1991, traria o nome de *De La Soul Is Dead* e um vaso de flores quebrado na capa.

Ao longo das três décadas seguintes o De La Soul seguiria firme, lançando belos álbuns como *Stakes Is High* (1996) – que revelou o rapper Mos Def – e *The Grind Date* (2004), embora sem repetir o impacto de seu trabalho de estreia. O grupo jamais perdeu a credibilidade dentro do hip-hop e não parou de colecionar amigos fora dele, colaborando com nomes como Teenage Fanclub, Damon Albarn (com e sem o Gorillaz), Yo La Tengo e Little Dragon. Em 2016, angariou polpudos US$ 600 mil num *crowdfunding* para gravar de forma independente o LP *And the Anonymous Nobody*, mostrando que o amor de seus fãs não tem data de validade. Em fevereiro de 2023, aos 54 anos de idade, Trugoy the Dove faleceu por problemas cardíacos, deixando o futuro da banda incerto.

AUGE ANTES DA CATÁSTROFE

Ouça uma seleção de músicas da década em sua plataforma preferida

Grunge, britpop, gangsta rap, *boy bands*, R&B, trip-hop, shoegaze. A década de 1990 não pode se queixar de falta de subgêneros para chamar de seus. Foi mais uma época marcante para os amantes da música – só que mais memorável ainda para a indústria fonográfica. Quando o cataclisma gerado pela pirataria digital instituída pelo Napster ocorreu, em julho de 1999, o setor vivia o esplendor definitivo de sua saúde financeira, rendendo US$ 12,8 bilhões anuais só nos Estados Unidos. Naquele mesmo ano, apenas a tríade *teen* Backstreet Boys, Britney Spears e *NSYNC vendeu 96 milhões de discos no país. Uma fábrica de uma grande gravadora podia chegar a produzir 500 mil unidades de CDs num único dia, trabalhando 24 horas por dia e 365 dias por ano para dar conta da demanda.

Se o Nirvana invertia a ordem das coisas no final de 1991, tirando Michael Jackson do topo da parada e trazendo o rock alternativo para um período de domínio no mainstream, pouco importava para a engrenagem responsável pelos lançamentos. Os CDs continuavam a vender em centenas de milhões e se mostravam cada vez mais lucrativos. A começar, porque as gravadoras conseguiram baixar o custo de produção para menos de US$ 1 por unidade, e o preço médio de venda se aproximava dos US$ 17, altíssimo, ditado por práticas mafiosas. Além disso, não havia o "plano B" econômico do formato *single*, o que fortalecia ainda mais o álbum enquanto conceito e produto, e o interesse do público por recomprar clássicos da era do vinil e coletâneas de seus artistas preferidos só crescia.

As chamadas *majors* se juntavam em megaconglomerados, absorviam os selos independentes que iam quebrando ou cansando da luta e viam a paisagem da indústria agora ser povoada por gigantes varejistas como a Walmart, que chegou a vender mais de 150 milhões de CDs por ano, abocanhando um quinto do mercado estadunidense. O universo dos videoclipes era mais forte do que nunca, e a marca MTV chegou ao Brasil, contribuindo em muito para a promoção de discos também no país.

Enquanto isso, um novo pandemônio, de longe o maior que o universo fonográfico enfrentaria, era gestado fora do radar tanto de artistas quanto de gravadoras. No meio de julho de 1995, quando Michael Jackson chegava novamente ao topo da parada norte-americana com a coletânea *HIStory: Past, Present and Future, Book 1*, o MP3, arquivo de áudio que pesava doze vezes menos que o presente em um CD, era apresentado ao mundo por um laboratório de pesquisa alemão, que trabalhava no projeto desde ao menos 1988 (época em que ainda mal se encontravam aparelhos de CD no Brasil).

Também em 1995, a internet já se convertia em realidade e, no ano seguinte, a Philips lançava o primeiro gravador de CD, um artigo de luxo ainda, vendido por US$ 649. Devidamente apropriadas por mãos mal-intencionadas e combinadas entre si, essas três novidades tecnológicas desembocariam no fenômeno da pirataria, primeiramente física, movida a CDs gravados e vendidos antes mesmo de seus lançamentos oficiais; depois, em proporções que se mostrariam bíblicas, no modelo de distribuição de milhões de arquivos *online*.

Indiferentes aos alertas dos especialistas, as bandas continuaram surfando na crista da onda do produto CD, e os executivos não tomaram precauções. Achavam que seria uma crise menor, como quando, na virada dos anos 1970 para os 1980, o hábito de se gravar discos em fitas cassete afetou a venda de LPs. Só que, no final da década, do século e do milênio, o Napster completava seis meses de existência com vinte milhões de usuários. E esse número rapidamente se multiplicaria.

PUBLIC ENEMY
Fear of a Black Planet

[1990]

No dia 8 de outubro de 1988, quem passava diante das bancas de jornais do Reino Unido esfregava os olhos para entender a capa da última edição de um de seus itens mais vendidos, a revista semanal *New Musical Express*. Atrás da pergunta "A maior banda de rock'n'roll do mundo?", via-se dois homens negros em roupas esportivas, um deles de óculos escuros de aro vermelho e boné para o lado da mesma cor, o outro de boné azul na posição clássica. Eram, respectivamente, Flavor Flav e Chuck D, não roqueiros, mas rappers, integrantes do Public Enemy, grupo mencionado no título acima da provocadora questão.

Era sintomático, embora totalmente surpreendente, que uma publicação como a *NME*, dedicada predominantemente ao pop-rock, tratasse a trupe de Chuck e Flav com tamanha reverência. A partir do lançamento de seu explosivo segundo álbum, *It Takes a Nation of Millions to Hold Us Back*, quatro meses antes, os nova-iorquinos tinham transcendido seu âmbito original, o hip-hop, para se tornarem um dos grandes acontecimentos musicais do planeta em qualquer gênero. Mal sabiam aqueles jornalistas britânicos que, um ano e meio depois, seus novos ídolos subiriam ainda mais de patamar com *Fear of a Black Planet* (1990), o mais completo, impactante e bem-sucedido trabalho deles.

Pacote de inovações

O fato de a resposta positiva ao Public Enemy ignorar fronteiras geográficas e estilísticas se devia à sua autenticidade audaciosa. A começar pelo discurso, que cutucava feridas abertas da sociedade estadunidense, principalmente o racismo, as injustiças, a pobreza e as epidemias de drogas nos bairros metropolitanos de população negra. Tudo isso em plena era do conservadorismo rançoso do presidente Ronald Reagan. Como se não fosse o bastante, tais mensagens eram transmitidas pela mais contrastante dupla de *frontmen* já registrada. De um lado, o incisivo, sisudo e politizado Chuck, com sua voz grave de rachar paredes; do outro, o folcloricamente carismático e cômico Flav, dono de inconfundíveis interjeições agudas e figurino alucinado.

Musicalmente, o Public Enemy expandiu a produção de estúdio de hip-hop, criando uma espécie de som pesado, suingado e urbano, baseado em pilhas de samples e muralhas de ruído. "A maioria das pessoas diz que rap é barulho, então decidimos 'se eles querem barulho, vamos mostrar-lhes o que é barulho!'", explicaria em 1989 Hank Shocklee, um dos *beatmakers* da banda, em entrevista para a *Rolling Stone*. "Queríamos que quem nos escutasse ficasse irritado." Tal massa sonora industrial, ameaçadora e, por vezes, cacofônica foi fundamental para conquistar boa parte do *establishment* roqueiro, incluindo público, crítica e os próprios artistas. Entre o final da década de 1980 e o início da seguinte, não eram raros os músicos famosos brancos e pouco versados em rap que ostentavam camisetas com o conhecido logo do Public Enemy, criado pelo ex-estudante de Desenho Chuck D.

Fechando o pacote de inovações, foram também pioneiros na imagem de *crew* multidisciplinar e polifacetado, ao trazerem como integrantes não apenas os dois célebres MCs e o DJ Terminator X, mas também os produtores encarregados das bases instrumentais (The Bomb Squad, do qual Shocklee fazia parte), os bailarinos responsáveis pelas peculiaríssimas coreografias (Security of the First World) e um ideólogo fornecedor de pautas para as letras (o polêmico Professor Griff).

1990

Um *crew* eclético

Embora seja da área nova-iorquina do Queens, Chuck D (nascido Carlton Douglas Ridenhour, em 1º de agosto de 1960) morou desde a pré-adolescência em Roosevelt, bairro negro de classe média em Long Island, cidade vizinha à Grande Maçã. Lá, conheceu o nativo Flavor Flav (William Jonathan Drayton Jr., 16 de março de 1959), que tocava diferentes instrumentos e, desde cedo, esteve metido com venda de drogas e outras encrencas. Também travou contato com Hank Shocklee e seu irmão Keith, pratas da casa que comandavam o *sound system* Spectrum City e que, mais tarde, apresentariam um programa na rádio local WBAU. Os manos depois comporiam, ao lado de Eric "Vietnam" Sadler, o núcleo de produção The Bomb Squad.

O eclético time se completaria com Norman Rogers, nativo do Bronx mais conhecido como DJ Terminator X (25 de agosto de 1966), e Professor Griff (nascido Richard Griffin em Roosevelt, a 1 de agosto de 1960), que, além de assumir a função de empresário, se tornaria o principal influenciador teórico da banda. Militante radical inspirado nos Panteras Negras e na Nação do Islã, fascinado pelo militarismo e por artes marciais, Griff foi nomeado "ministro de informações" pelos companheiros. Linha dura com relação ao uso e comércio de entorpecentes, ele protagonizaria anos de conflito com o anárquico e indomável Flav.

Desde a adolescência interessado no chamado nacionalismo negro, Chuck tentou a sorte rimando pela primeira vez numa festa estudantil em outubro de 1979. Mas "Lies" e "Check out the Radio", as primeiras gravações dele e dos Shocklee – ainda assinadas como Spectrum City – vieram só em 1984, influenciadas por artistas da saudosa era dourada do hip-hop. A partir daí, a Def Jam, gravadora dedicada àquela safra (Run-D.M.C., Beastie Boys), começou a sondá-los.

Quando, no meio de 1986, Chuck finalmente cedeu à insistência de um dos criadores do selo, o mítico produtor Rick Rubin, já impôs o pacote completo nas condições do contrato: o nome novo (Public Enemy, extraído de uma composição homônima); o logo representando "o homem negro na América" na mira de uma arma; o conceito amarrando todas as referências; a distribuição dos futuros lançamentos pela Columbia e a presença de Flavor Flav, que enfrentava certa resistência por parte dos executivos. O histriônico rapper, que logo passaria a usar seus famigerados relógios gigantes pendurados no pescoço, até podia ser assumidamente "zoeiro" e "ficha suja", mas mesmo o mais aparvalhado dos burocratas discográficos sabia identificar o seu carisma fora do normal e as suas credenciais de representante autêntico da "vida loka" das ruas, tão importante no gênero musical a que pertence.

Entre hinos e polêmicas

Yo! Bum Rush the Show, o primeiro disco, saiu em fevereiro de 1987, abordando assuntos como violência policial, crack, preconceito racial e apartheid. Começavam também as controvérsias envolvendo o Public Enemy, graças ao misógino rap de "Sophisticated Bitch". Fizeram turnê com os companheiros da Def Jam, durante a qual Chuck foi se tornando cada vez menos introvertido. Ao mesmo tempo, aumentavam o capricho relacionado à performance de palco. Surgiam os passos de dança minimalistas organizados por Griff e pelos integrantes da Security of the First World, que, em vestimenta militar inspirada nos Panteras, coreografavam um misto de "marcha, soldado" com movimentos de kung fu. Não raro, ecoavam nos alto-falantes falas de líderes políticos negros como Jesse Jackson e Malcolm X. Ávidos pela internacionalização do hip-hop, excursionaram com êxito pela Europa.

O álbum de estreia venderia meio milhão de cópias nos Estados Unidos, pavimentando o caminho para o bombástico segundo trabalho, *It Takes a Nation of Millions to Hold Us Back*, que começaram a produzir ainda em 1987. A proposta era ambiciosa, aludindo ao formato conceitual de clássicos de grandes artistas, com canções interligadas por vinhetas e temas em comum. O discurso estava ainda mais pontiagudo e agora os ataques se estendiam também à crítica (vide o hino "Don't Believe the Hype") e às rádios afro-americanas resistentes ao rap mais combativo.

Uma avalanche de mais de cem samples foi utilizada nas bases instrumentais, que bebiam da melhor produção de hip-hop do momento, presentes nos últimos lançamentos de gente do porte de LL Cool J e Eric B. & Rakim. Os laços com o rock, criados com a participação do guitarrista Vernon Reid (Living Colour) na estreia, se fortaleciam em "She Watch Channel Zero?!", na qual sampleavam Slayer, e "Bring the Noise", que em 1991 seria regravada pelo Anthrax com canja de Chuck.

O segundo LP foi uma sensação, registrando um milhão de exemplares arrematados e, no ano seguinte, aparecendo na lista da revista estadunidense *Rolling Stone* como o 12º melhor da década. Conforme a própria capa da *NME* atestava, o Public Enemy saltava inusitadamente à primeira divisão pop e ao centro das atenções. Consequentemente,

1990

seus passos seguintes geravam grande expectativa. Infelizmente, tal buchicho se amplificava pelo que ocorria fora da música, principalmente devido a lamentáveis declarações antissemitas e homofóbicas dadas por Chuck e, sobretudo, Griff.

Fazendo a coisa certa

Em meio à repercussão negativa, no segundo semestre de 1988, conheceram Spike Lee, que desde 1987 vinha escrevendo um filme ambientado "num único dia, o mais quente do ano, no Brooklyn". O cineasta queria que os rappers compusessem a música-tema. O resto, como diz o clichê, é história: a película resultante, estreada em 21 de julho de 1989, era a inesquecível *Faça a coisa certa*, um riquíssimo e inovador retrato dos conflitos raciais abertos e/ou velados num bairro popular de Nova York; e a canção "Fight the Power" daria não só o tom de estresse permanente da narrativa, embalando várias de suas cenas antológicas, como também definiria a carreira do grupo como um todo.

Criada, segundo o incansável site WhoSampled, a partir de nada menos que 21 samples (incluindo um autêntico coquetel de *grooves* de James Brown), "Fight the Power" tem participação do saxofonista Branford Marsalis e desprende dinamite pura. Sua letra não economiza lenha em ícones brancos como Elvis Presley e John Wayne, chamando-os de racistas, e mira também num cantor negro, Bobby McFerrin. "A maioria dos meus heróis não aparecem em selos", canta Chuck, que, como os companheiros, jura só ter visto o longa após ter composto a música. Lançada como single pela lendária gravadora Motown, em 2021 seria reconhecida pela *Rolling Stone* como nada menos que a segunda maior canção de todos os tempos.

Com uma prévia tão promissora, o frisson em torno da feitura do terceiro disco do Public Enemy só cresceu. Durante o segundo semestre de 1989 e o comecinho de 1990, as sessões se desenvolveram em diferentes estúdios nova-iorquinos, entre os quais o Greene Street, local de gravação de álbuns míticos de Kurtis Blow e Run-D.M.C., e onde já tinham realizado parte do LP anterior. Um dia, membros do Sonic Youth ocupavam uma das outras salas do local e, admiradores dos vizinhos, convidaram Chuck para gravar um dueto com a baixista e vocalista Kim Gordon. O encontro resultou na sensacional "Kool Thing", faixa incluída no clássico álbum *Goo* (1990), a ser editado pelo quarteto de noise rock meses depois, em junho. A corrente roqueira do Public Enemy ganhava um novo elo.

Tão animados quanto as sessões foram os confrontos internos do grupo no período. Sem se retratar por suas declarações infelizes e em constante atrito – inclusive físico – com Flav, Griff foi sacado da posição de "ministro" à época do lançamento do filme de Spike Lee. Ainda assim, marcaria presença nos créditos e na foto da contracapa de *Fear of a Black Planet,* em clique de Jules Allen, no qual todos aparecem em ar conspiratório diante de um mapa e um globo planetário. Pouco depois do lançamento, sua demissão se consumaria. Hank Shocklee, por sua vez, inflamou os companheiros ao iniciar sua carreira de produtor terceirizado sem avisar ninguém, e por isso participou pouco da confecção do novo material.

Em meio a tantas tretas, chegou a ser divulgado à imprensa que a banda tinha acabado. Só que, na contramão das fofocas, em 10 de abril de 1990, o disco foi lançado, trazendo na capa um planeta marcado com o logo do Public Enemy que ameaça eclipsar a Terra. Atribuída à The Drawing Board, a arte gráfica posiciona o estrondoso título do LP como os célebres créditos iniciais dos filmes da saga Guerra nas estrelas.

Bombardeio sonoro

As tensões internas e externas, bem como a pressão em superar um clássico instantâneo como *It Takes a Nation of...*, adrenalizam cada célula das vinte faixas de *Fear of a Black Planet*. Seus samples, em quantidade estimada entre 150 e 200, se distribuem por cada compasso, incluindo nos interlúdios que conectam as canções, propositalmente impedindo o ouvinte de se desconectar do bombardeio sonoro proposto pelo grupo. Em muitos momentos, os recortes sampleados são fragmentos de discursos políticos, como na abertura "Contract on the World Love Jam", um cartão de visita de colagens sonoras, ou em "Incident at 66.6 FM", montada a partir de verborragia radiofônica crítica à banda.

A primeira música do repertório com letra propriamente dita é "Brothers Gonna Work It out", também editada como *maxi-single*, pedrada que evoca a unidade afro-americana sobre um trecho do solo de guitarra de "Let's Go Crazy", de Prince, e outras tantas camadas menos identificáveis de barulho. Logo depois, a artilharia se volta para a má vontade dos serviços de emergência em atender moradores das periferias nos versos de outra faixa de trabalho, "911 Is a Joke", composta por Flavor Flav sob encomenda de Chuck. Ele, por sua vez, desabafa com vontade sobre a canseira midiática dos dois anos anteriores no petardo "Welcome to the Terrordome", que, como "Fight the Power", chegou às lojas ainda em 1989. "Desculpas pedidas a quem quer que seja / Ainda assim me tiram de Jesus", dispara.

Crucificado ou não, é na letra da faixa seguinte, "Meet the G That Killed Me", que Chuck pisa na bola, em sugestão claramente homofóbica sobre culpabilidade na transmissão de aids, principal drama sanitário do mundo naquele momento. Saltando de uma controvérsia à outra, o *spoken word* "Pollywanacraka" e a nervosa faixa-título abordam relacionamentos inter-raciais – tema caro também a Spike Lee –, enquanto o impacto de "Anti-Nigger Machine" se explica já pelo título. Antes de que o lado A termine e seja possível respirar por alguns segundos, ainda há tempo para duas pauladas aceleradas de ritmo embebido em Miami Bass: "Burn Hollywood Burn", que achincalha o retrato estereotipado de pessoas negras em filmes (com direito a grandes participações de Ice Cube e Big Daddy Kane) e "Power to the People", da mensagem "vamos construir uma nação".

Mude de disco caso espere por algum alívio no segundo lado. Afinal, é uma sequência que termina com "Fight the Power". Até lá, porém, a fúria de Chuck D se distribui entre o noise-balanço "Who Stole the Soul?", sobre a reparação pelo sofrimento de séculos de escravidão ("Nós estamos esperando pelo grande ressarcimento"), "Revolutionary Generation", com alusões a estupros simbólicos cometidos pela nação norte-americana e a antibélica "War at $33\frac{1}{3}$". Já em "Can't Do Nuttin' for Ya Man", um dos grandes momentos do repertório, quem arrepia é Flavor Flav, abrilhantando rima escrita pelo comparsa. No meio de tudo, ainda há espaço para a instrumental samplística "Leave This off Your Fuckin Charts", composta por Terminator X.

Ápice e declínio

Fear of a Black Planet chegou ao número 10 da parada estadunidense em outubro de 1990, seis meses após seu lançamento. Desde junho, já superava a marca de um milhão de cópias vendidas. No Reino Unido, ocupou o 4º lugar. Em 1999, foi considerado pela revista estadunidense *Spin* o segundo melhor álbum dos anos 1990. O Public Enemy ainda manteria o pique e a relevância lançando o 4º disco, *Apocalypse 91... the Enemy Strikes Black* (número 4 nos EUA), apenas um ano e meio depois. Mas antes da metade dos anos 1990, perderia seu espaço para o gangsta rap e outras vertentes do gênero que ajudou a elevar.

1990

SLINT
Spiderland
(1991)

1990. No porão de uma casa familiar típica de classe média branca de Louisville, Kentucky, quatro garotos de dezenove e vinte anos ensaiam, com duas guitarras, bateria e baixo, as passagens instrumentais hipnóticas e contemplativas de uma composição em andamento. Eles, que atendem pelo nome Slint, como o finado peixinho do baterista, só vão saber dali a alguns anos que estão ajudando a inventar uma série de ramificações roqueiras, que entendidos chamarão de post-rock, slowcore e math rock. Tampouco imaginam que o esboço que ali aperfeiçoam, registrado em trêmulo VHS e posteriormente incluído no documentário *Breadcrumb Trail* (2014), de Lance Bangs, se eternizará como parte de um dos álbuns mais cultuados daquela década: *Spiderland*.

Desativada pouco antes do selo Touch and Go lançar o disco, em 27 de março de 1991, e não especialmente empolgada com o resultado, a banda não chegou a dar entrevistas a seu respeito, nem tinha preparado singles ou videoclipes para promovê-lo. O lançamento só rendeu uma resenha, redigida por ninguém menos que Steve Albini, produtor do primeiro trabalho do grupo, *Tweez* (1989), na hoje extinta revista britânica *Melody Maker*. A unção do mago do underground norte-americano foi contundente – "*ten fucking stars*", escreveu –, mas insuficiente para que o trabalho não passasse despercebido no momento, encalhando nas cinco mil cópias vendidas, até começar a ser descoberto nos anos seguintes. Hoje é difícil encontrar uma lista de grandes álbuns da década, ou até mesmo de todos os tempos, que o ignore.

Escutar *Spiderland* é como adentrar uma redoma claustrofóbica rumo ao âmago da América Profunda. Sua intensidade ambígua oscila em uma complexa disputa de notas e silêncios, transparecendo, como em poucas obras, a dualidade potência/vulnerabilidade. Trata-se de um universo próprio, governado pela tensão negociada entre as guitarras de David Pajo e Brian McMahan, pela fluidez torta dos ritmos de Britt Walford (bateria) e Todd Brashear (baixo) e pela originalidade das letras sussurradas em *spoken word* de McMahan e Walford, um elemento difícil de decifrar ainda hoje. Traçando um paralelo cinematográfico, sua audição de cabo a rabo é uma experiência próxima a assistir a um filme de Todd Solondz ou, nos momentos mais brandos, de Gus Van Sant: faz-se necessário perfurar, às vezes a duras penas, camadas de desconcerto perturbador, rumo a algo que resultará em poesia. Equivale a uma visita guiada pelos capilares da inquietante imprevisibilidade do "homem de bem" do mais bipolar dos países.

A aura de esquisitice francamente estadunidense permeia a forma e o conteúdo do Slint. Como personagens de Solondz e Van Sant, seus integrantes eram adolescentes deslocados, que se diziam "entediados com o rock" e participavam precocemente da cena hardcore local. Davam importância tanto a ensaios exaustivos quanto a piadas internas, do tipo batizar as canções de *Tweez* com os nomes de seus progenitores – sobrou até um charmoso "Nan Ding" para o pai filipino de Pajo – e fazer pegadinhas de mau gosto, como gravar uma fita com sons de alguém defecando ou dar caronas a pessoas da terceira idade só para botar uma fita do Suicide no som do carro. Esse jeito arisco de ser, de interpretação indefinida para terceiros, reverbera diretamente nas seis enigmáticas e longas – a mais curta tem 5min30 – composições de *Spiderland*.

Faz sentido, portanto, que outro diretor de películas incômodas reveladoras do *darkside* da sociedade ianque, Larry Clark, tenha incluído a última delas, "Good Morning, Captain", no CD da trilha sonora de seu polêmico *Kids* (1995), embora sem utilizá-la em nenhuma cena. A presença da música no repertório, chancelada via curadoria de Lou Barlow (Dinosaur Jr. e Sebadoh), seria, aliás, uma das pontas do novelo de resgate póstumo daquela excêntrica trupe de Louisville. Então conhecida por filhos ilustres como o mítico pugilista Cassius Clay (depois Muhammad Ali) e o gonzo-escritor Hunter S. Thompson, a insossa capital do Kentucky entraria, por causa do quarteto, no mapa da música independente dos Estados Unidos.

Agitadores precoces

As sementes do Slint remontam a 1981, no pátio da Escola J. Graham Brown, a mais progressista e liberal da cidade, local de origem da amizade entre Brian McMahan (26 de janeiro de 1969), Britt Walford (16 de março de 1970) e Will Oldham – mais tarde figura onipresente no indie norte-americano, com alcunhas como Bonnie "Prince" Billy. Os três cresceram no East End, bairro de classes média e alta. Em 1982, aos doze anos de idade, Brian e Britt fundaram a barulhenta Languid and Flaccid e, no ano seguinte, montaram com Oldham outro grupo, inclinado a um heavy metal experimental e de nome sensacional: Maurice.

Britt estudava também piano clássico, dominava outros instrumentos e compunha. Baterista dotado de precisão e sutilezas minimais, recebeu convite para integrar o Squirrel Bait, formação hardcore já localmente consolidada, chegando a gravar um EP, no alto de seus quatorze anos. Brian integrou o mesmo grupo mais tarde, quando seu amigo baterista já debandara. Foi por causa do Squirrel Bait que a turma conheceu Albini. David Pajo (25 de junho de 1968), que aos quinze já estava largando a escola para se dedicar à guitarra, foi recrutado para o Maurice, comparecendo à primeira audição com os dentes da frente espatifados, vítima de uma porradaria num show do Iron Maiden.

Em 1986, Walford e Pajo inauguraram o que viria a ser o Slint, escalando Ethan Buckler no baixo. O primeiro show ocorreu numa… er… missa de domingo, a 2 de novembro de 1986. Oculto entre os estupefatos espectadores, Brian McMahan aderiu ao time dois meses depois. No segundo semestre do ano seguinte já gravavam, com Albini, em Chicago, o hermético trabalho de estreia, *Tweez* (que só sairia em 1989). Com ritmos quebrados, guitarras dissonantes e distorcidas e os berros de Brian, o LP indicava que seus criadores, embora fãs do punk inventivo de Big Black ou Meat Puppets, não queriam se parecer com nada ou ninguém. O excesso de *reverbs* e ruídos inseridos pelo produtor, porém, aponta numa direção totalmente diferente da crueza que definiria *Spiderland*, e motivou a saída de Buckler. Mas elementos como as letras faladas em vez de cantadas e a introspecção de temas como "Darlene" davam algumas pistas do que viria a seguir.

1990

Na metade de 1988, já com Todd Brashear no baixo, o Slint viveu uma espécie de período sabático universitário. Britt e Brian viraram *roommates* na Universidade Northwestern, próxima a Chicago, e se tornaram o novo núcleo criativo, esboçando o que seria *Spiderland*. Em 1989, lançaram finalmente *Tweez* pelo selo de Chicago Touch and Go e gravaram duas faixas ("Glenn" e outra versão de "Rhoda", da primeira bolacha).

No final do ano, os dois abandonaram a Northwestern e Steve Albini apresentou Britt a Kim Deal, baixista dos Pixies, que conhecera produzindo *Surfer Rosa* (1988), álbum de estreia dos bostonianos. Com eles, o baterista passou duas semanas na Escócia gravando o lendário *Pod*, estreia do Breeders, novo combo capitaneado por Deal, assinando com o pseudônimo Shannon Daughton.

"Maricas" cerebrais do hardcore

Finalmente reunidos em Louisville, os quatro membros do Slint passaram quatro meses de 1990 ensaiando de seis a oito horas por dia, fissurados pela minúcia do novo som que criavam. "Podíamos gastar três dias tentando achar um microssegundo entre duas linhas de baixo", contaria David Pajo mais tarde ao escritor Scott Tennent, no livro *Slint's Spiderland* (2010). Brian era o melhor em amarrar as ideias num arranjo, mas todos contribuíam e se aventuravam em outros instrumentos. Britt compôs alguns dos baixos e Todd trouxe o *riff* de guitarra da que seria a faixa de abertura, "Breadcrumb Trail".

O repertório, bastante diferente do flagrado em *Tweez* – um álbum complexo, mas feito por adolescentes –, atestava o processo de assimilação dos rapazes da entrada na vida adulta. "Fomos todos a universidades amargas e conservadoras; foi esse duro período de despertar que gerou *Spiderland*", diria Brian à revista *Alternative Press* em 2005. Adulta, ou pelo menos madura e corajosa, era também a nova proposta de investir em composições repletas de nuances. Essas autênticas peças cerebrais se delineavam em uma complicada rota de variações anímicas, nas quais delicadeza e brutalidade caminham juntas.

Para uma gangue forjada em meio à gritaria e à adrenalina do hardcore, aquilo constituía uma novidade e tanto. "Era arriscado ser uma banda não barulhenta, especialmente naquela cena", resumiu anos depois Pajo no livro de Tennent. "Havia esse elemento machão, de que se você tocasse de forma mais melodiosa, tranquila, era meio marica", acrescentou. "*Spiderland* é um álbum frio e assustador, feito por um bando de caras do punk e do metal que tinham zero interesse em abraçar o machismo ou bravatas destes gêneros", descreve Tennent em seu livro.

No disco, a *spoken word*, testemunha da influência da geração literária beat no rock underground, ganha um novo emprego, oblíquo e fascinante. Apresentadas por Brian e Britt aos companheiros na hora H – os ensaios haviam sido sempre instrumentais –, as letras eram na verdade intrigantes contos, que tiveram que ser picotadas e acomodadas nos labirínticos mapas dos arranjos. "O Slint tratava agora de assuntos como encontros fugazes, vampiros edipianos, o perfil de um misantropo paranoico, um amante suicida e marinheiros fantasmagóricos", descreve Tennent. "Walford e McMahan tinham se tornado confiantes o suficiente para criarem personagens diversos, subtramas, cenários e arcos narrativos."

1990

Nu, transparente e intimista

Com orçamento limitadíssimo, conseguiram duas sessões duplas noturnas, distribuídas em dois finais de semana entre agosto e outubro de 1990, no estúdio de River North, em Chicago. Brian McMahan havia trabalhado no estabelecimento, cuja especialidade eram os jingles publicitários.

A impossibilidade de desperdiçar um segundo sequer daquelas horas permutadas reforçou a ética de ensaios obsessivos dos quatro, que chegaram tinindo para as sessões. Gravaram as seis faixas (total: 39min) e mais "Pam", que ficou de fora do repertório, nas duas primeiras noites, mixando o material na terceira e na quarta. Quase 100% do instrumental foi registrado pelos quatro tocando juntos, com as vozes e um ou outro detalhe acrescidos posteriormente. Boa parte do que se ouve na versão final foi captado em uma primeira tomada.

Na mesa de controle figurou Brian Paulson, jovem engenheiro de som vindo da efervescente cena de Mineápolis, colaborador do Soul

Asylum, um dos nomes célebres daquela cidade. Analisando entrevistas com os envolvidos, vê-se que não há um consenso em torno do motivo de Albini, espécie de "embaixador" do grupo que lhe recomendava para todo mundo, não ter sido o produtor também de *Spiderland*. Mesmo assim, enquanto trabalhava em *Goat*, do The Jesus Lizard, em um estúdio próximo, ele passou pelo River North durante as sessões para dar uma espiada.

"Com certeza fizeram um álbum melhor sem mim", admitiria *a posteriori* Albini à *Alternative Press*. Ele, que profetizou o culto a *Spiderland* no futuro, se referia, entre outras coisas, à sonoridade nua, transparente, sem truques e, ainda assim, intimista do LP. Tal característica faz com que, trinta anos após seu lançamento, o ouvinte ainda tenha a sensação de que os músicos estão tocando ao vivo na sala da sua casa.

É um som tão orgânico, natural e palpável quanto a chance de encontrar aqueles quatro garotos comuns de dezenove ou vinte anos nadando e sorrindo juntos, como retrata a histórica imagem da capa. A foto foi feita pelo quinto elemento submerso, Will Oldham, no esconderijo da turma, um laguinho na pedreira de Utica, Indiana (a duas horas de Louisville).

Da delicadeza à brutalidade

A primeira música, "Breadcrumb Trail" abre caminho em compasso pouco ortodoxo – 7 por 4, para os acadêmicos –, ainda que com parcimônia. Dá a impressão de que o quarteto está estudando o terreno, sem entregar o jogo. Com o inconfundível harmônico da guitarra de Pajo no fundo, começa então a narrativa de um encontro com uma misteriosa cartomante (!). A tranquilidade não dura muito: na parte central, McMahan está gritando; e as guitarras, limpas em 90% das faixas, rugem distorcidas.

A trilha prossegue em seu norte singular com "Nosferatu Man" (5 por 4, segundo os teóricos), um épico com *riffs* infernais e surpreendentes mudanças de partes, que soa como uma versão estadunidense e suburbana do King Crimson. Repartida entre murmúrios de Britt e gritos de Brian, a letra se apropria de um mito ancestral, o do vampiro, para alegorizar um som só possível no final do século 20. "Ela me ofereceu sua mão / Meus dentes tocaram a sua pele / E ela partiu de novo", lê-se em uma estrofe. Quando executada ao vivo, a parte *spoken* de Walford faz dele o possível único "baterista-falador" do planeta.

Mas é na terceira faixa, "Don, Aman", que a peculiaridade de *Spiderland* se materializa em beleza insólita. Walford, a outra mente nuclear do Slint, guarda as baquetas, assume a segunda guitarra e apresenta a sua versão de canto recitado em volume mínimo. Como a quinta faixa, "For Dinner...", a canção foi composta em cima da hora, enquanto as outras quatro da lista já tinham mais de ano e foram ensaiadas à exaustão.

Apoiado apenas por Pajo, que aprendeu a canção praticamente no momento de gravar, Walford dedilha na guitarra uma linha timidamente ameaçadora. Enquanto isso, versa sobre um homem que, com dificuldades para interagir socialmente, lida com seu próprio surto no meio de uma festa: "Como nadar embaixo d'água no escuro / Andar por uma casa escura / Ou discursar para uma plateia imaginária". A paranoia e o pânico do protagonista Dom se aceleram conforme as cordas de David e Britt, texturizadas pela execução sem palheta, variam a intensidade e a letra relata a experiência fóbica. É uma espécie de *thriller* da introspecção, impressionante e difícil de imitar. Mas a angústia que transmite é identificável imediatamente por qualquer pessoa que tenha se sentido deslocada alguma vez, ainda que por alguns minutos.

Alheamento e solidão também são o mote de "Washer", a única faixa efetivamente cantada do repertório. Até o começo das gravações, Britt, David e Todd conheciam bem os suspiros e os gritos de Brian, mas jamais tinham presenciado ele se arriscar em melodias vocais. Num *modus operandi* tipicamente Slint, a estreia de Brian cantor ocorreu bem ali, na feitura de *Spiderland*, e involuntariamente se tornou fundamental em sua mitologia.

Sobre notas contemplativas espaçadas entre si e um ritmo extralento, McMahan geme baixo que "Toda vez que eu chorei de medo / Foi apenas um erro que cometi". As nuances da fragilidade de sua interpretação impactariam o próprio Chet Baker. Retratando um diálogo envolvendo um potencial suicida – "Não deixe este luar desesperado me abandonar" –, a música se torna mais densa conforme a narrativa avança pelas sombras. Tendo a instrumental seguinte "For Dinner..."

como uma espécie de coda, "Washer" é um dos primeiros slowcores de que se tem notícia. Serviu, por exemplo, de beabá estilístico para toda a primeira etapa discográfica dos escoceses do Mogwai (escutar *Mogwai Young Team*, de 1997).

Após três peças de minimalismo ensimesmado, o disco acelera o ritmo para terminar com outra lindeza, "Good Morning, Captain", demarcada por uma linha de baixo cavernosa, o peculiar *riff* de David Pajo tocado no braço da guitarra, o entra e sai das cordas e o *groove* de sutilezas malandras da bateria. Epopeia de um capitão abandonado após uma tempestade, traz pelo menos dois momentos memoráveis. Um vem na metade, quando as micropalhetadas de Pajo conduzem com os acodes de Brian um jogo dinâmico de tirar o fôlego, meio telepático, só possível em gravações ao vivo; o outro chega no final, com o vocalista urrando "*I miss you!*". Ele ficou tão exaurido após a sessão que foi parar num hospital.

O pior dos *timings*

Entretanto, deve-se colocar na conta do perrengue de estar numa banda fora da casinha, e não do esgotamento pós-*Spiderland*, a decisão de McMahan de pedir o boné nas semanas subsequentes ao final das gravações. Repetindo um pouco a sina do Joy Division, mas no sentido oposto da ponte aérea, o Slint tinha a sua primeira turnê europeia agendada.

Segundo os companheiros, a explicação do guitarrista para a decisão foi confusa, mas a ideia geral é de que ele se preocupava com a sustentabilidade financeira do projeto. Afinal, o maior cachê do grupo, que realizou seu último show numa festa caseira em 27 de novembro de 1990 na cidade de Evanston, Illinois, fora US$ 250.

Se tivesse uma bola de cristal como a cartomante que descreveu em "Breadcrumb Trail", Brian talvez descobrisse que o chamado "rock alternativo" promoveria uma vertiginosa virada de mesa dali a alguns meses, em 1991, com a explosão do R.E.M. e o fenômeno Nirvana. Ou quiçá a vidente lhe adiantasse algo da influência que o seu Slint teria nas futuras gerações. Provavelmente ele mudaria de ideia.

Posteriormente, os quatro se juntaram para acompanhar o chapa Will Oldham no projeto Palace Brothers. Walford, sempre o mais excêntrico, tocou com obscuros *bluesmen* da região e chegou a trabalhar vendendo pães em forma de pinto – você leu bem – em Nova York. Pajo passou a ser disputado a tapa pela nata indie (Stereolab, Tortoise, Zwan, Interpol e Yeah Yeah Yeahs, entre outros), além de manter carreira solo. Desnorteado após uma separação, tentou suicídio em 2015, felizmente sobrevivendo.

De volta

O Slint se reuniu oficialmente para concorridas turnês em 2005, 2007 e 2013-2014, concretizando seu sonho europeu. Meu primeiro contato com eles, aliás, foi num show no festival Primavera Sound em Barcelona, a 31 de maio de 2007, quando interpretaram *Spiderland* na íntegra (com Brian só nos vocais, deixando a segunda guitarra para o irmão Michael). Sete anos menos um dia depois, repeti a dose no mesmo festival. Me lembro da atmosfera única daqueles shows: os versos falados de Brian buscando espaço na mixagem, a mágica tensão dos momentos de silêncio, Britt escondido atrás da bateria – posiciona os tom-toms lá no alto –, a implacável guitarra melancólica do cabisbaixo David Pajo, os dois se encarando, sentados e cúmplices, ao interpretarem "Don, Aman". Difícil de esquecer.

No ano seguinte, estive em Louisville, onde músicos locais me falaram do apreço que têm pela banda. A cinco horas dali, num bar de Kent, Ohio, adquiri uma cópia de uma reedição em vinil de *Spiderland*. Como na original, o encarte traz o endereço de Charlotte e Ron Walford, pais de Britt, em cujo porão a banda ensaiava, e uma mensagem para que "vocalistas mulheres interessadas" enviassem suas fitas demo. Não era uma piada. Conforme a adoração ao Slint foi se propagando a cada relançamento esgotado do álbum, a correspondência aumentou em volume e variedade do código postal das remetentes. A maioria das cartas nem foi aberta, porque a banda já havia acabado. Um dia descobriram que uma das postulantes era uma moça inglesa chamada Polly Jean Harvey.

Publicado originalmente no site daniadsetti.medium.com a 26 de março de 2021.

NIRVANA
Nevermind
[1991]

O rock pode até ter sido "salvo" em outras ocasiões depois de *Nevermind*, o segundo trabalho do Nirvana, lançado em setembro de 1991. Há, por exemplo, a louvável geração de 2001, com The Strokes e The White Stripes. Mas o que ninguém do espectro roqueiro conseguiu posteriormente ao inesperado sucesso mundial de Kurt Cobain e companhia foi reverter de tal maneira o mecanismo estabelecido da indústria fonográfica. Como numa reviravolta chocante, a aparição do "disco do bebê" ocasionou a repentina obsolescência de bandas pomposas e megalomaníacas como Guns N' Roses e Skid Row, dominantes nas paradas na virada dos anos 1980 para os 1990.

A partir de uma bola de neve midiática, alimentada pela execução massiva de clipes na MTV, o fenômeno *Nevermind* estabeleceu uma nova ordem musical, na qual nem Michael Jackson era mais garantia de supremacia comercial. Passado o primeiro boi, a porteira se abriu a uma boiada de bandas mais ou menos parecidas – ruidosas, mas melódicas –, acarretando uma troca de papéis entre "situação" e "oposição" no organograma pop. Nomes de qualidade aproveitaram o vácuo da cena artificialmente batizada como "grunge", da mesma Seattle do Nirvana, como Pearl Jam e Alice in Chains, mas também incontáveis pangarés que não valem ser citados. Antes da metade da década de 1990, ninguém mais aguentava cabeludos de camisa xadrez imitando a voz ou aspirando à intensidade de Cobain.

"O Nirvana definiu um momento, um movimento para excluídos; para bichas; para as meninas gordas; para os brinquedos quebrados; para os nerds tímidos; para os garotos góticos do Tennessee e do Kentucky; para os roqueiros e os esquisitos; para os de saco cheio; para os espertinhos e as vítimas de bullying; éramos uma comunidade, uma geração", resumiu Michael Stipe, do R.E.M., em seu histórico discurso de indução do Nirvana ao Rock & Roll Hall of Fame, em 2014.

Imprevisibilidades à parte, vale ressaltar que nada teria ocorrido se as composições de Cobain não fossem tão boas. Tampouco qualquer revolução se travaria se sua voz não comunicasse de forma tão profunda e imediata uma sensação visceral de verdade, como ocorria quando cantava um John Lennon, uma Nina Simone ou um Joe Strummer. E, mesmo tendo passado todo o processo de gravação de *Nevermind* tentando sabotar a sua própria vocação pop, não lhe restou alternativa a não ser admitir, ainda que progressivamente, que a sua obra tocava os corações de milhões de pessoas. Tanto é que, de Paul Anka a Tori Amos, um contingente para lá de eclético regravou "Smells Like Teen Spirit", o single-gênese do terremoto.

No entanto, lidar com os efeitos colaterais de um reconhecimento inesperado e desproporcional era outros quinhentos, sobretudo para alguém de personalidade instável como Kurt. Dois anos e meio depois da febre Nirvana, ele cometeria suicídio.

Um melodista underground

A vida de Kurt Donald Cobain (20 de fevereiro de 1967) não andava fácil em 1985. Sem superar plenamente a separação dos pais na infância, tornara-se um adolescente introspectivo, um sensível amante de música e desenho que sofria de bipolaridade. Enxergava-se como um peixe fora d'água em meio à população conservadora da cidadezinha onde nascera e vivia, Aberdeen, no frio estado norte-americano de Washington, fronteira oeste com o Canadá.

Um alento foi ter conhecido, naquele ano, Krist Novoselic (16 de maio de 1965), filho de croatas migrado de Compton, Califórnia. Começaram a tocar juntos, Kurt na guitarra e voz, Krist no baixo, inicialmente com Aaron Burckhard nas baquetas. Mas a primeira formação sólida do Nirvana fechou, no final de 1987, com o baterista Chad Channing, também californiano, que já dava seus pulos na efervescente cena centrada em Seattle, cidade a duas horas de Aberdeen.

Após gravar demo com o produtor Jack Endino – aquele que os Titãs mandariam buscar em 1993 para cuidar de *Titanomaquia* –, o trio chamou a atenção do principal selo independente local, Sub Pop. Em dezembro de 1988 saía o primeiro compacto, "Love Buzz", cover do quarteto holandês Shocking Blue, rendendo repercussão positiva na imprensa musical nacional e até na britânica. O grupo, que por um curto período tocou com um segundo guitarrista (Jason Everman), foi construindo uma sólida reputação de palco no underground. Seis meses depois, a Sub Pop desembolsou US$ 600 para as trinta horas de estúdio gastas na produção de *Bleach* (1989), o primeiro álbum, novamente produzido por Endino.

Sujo e relativamente *lo-fi*, mas já ressaltando os vocais na mixagem, o trabalho de estreia projetava a peculiar identidade formulada pelo grupo em seus dois primeiros anos. Sim, o som trazia uma influência clara do punk, pela agressividade e objetividade dos arranjos. Por outro lado, não dava para ignorar o quão palatáveis podiam ser as melodias de Cobain em canções como "Blew" ou "About a Girl"; ao mesmo tempo, era nítida a influência do metal ("Paper Cuts") que eles absorviam tanto do Black Sabbath quanto dos Melvins, banda da cena de Seattle que lhes infligiu grande influência sonora e comportamental.

Exemplos a seguir

Em 1990, R.E.M. e Sonic Youth, duas das principais referências artísticas e éticas para Kurt, já tinham furado a bolha alternativa rumo a grandes gravadoras. Outra banda que ele admirava, o Pixies – de quem copiou a fórmula calma/barulho das canções –, construía uma bela carreira operando ainda num selo independente, com distribuição de uma *major.*

O trio sabia, portanto, que aquele era um momento relativamente promissor, e continuou trabalhando duro, ensaiando à exaustão, fazendo suas primeiras turnês na Europa e ampliando o material próprio. A nova safra autoral, que desembocaria em *Nevermind*, era especial, com "Imodium" (futura "Breed"), "Polly" e "In Bloom". Nos shows daquele ano, também já tocavam "Lithium" e "Pay to Play" (depois renomeada "Stay Away").

Por recomendação da Sub Pop, em abril de 1990 passaram uma semana no estúdio Smart, que o produtor Butch Vig mantinha em

Madison, Wisconsin. Então conhecido por sua labuta com nomes obscuros, tais quais Die Kreuzen e Killdozer, Vig era um cara acessível, barato e paciente com os artistas. Porém, a gravadora não se animou muito com o resultado das sessões, o que foi mais um motivo para o Nirvana começar a bater em outras portas.

A peça que faltava

Emburrado por não convencer os seus colegas a tocarem as suas composições, Channing aproveitou a deixa e pediu para sair. Kurt e Krist não exatamente sofreram com a notícia, pois já andavam meio insatisfeitos com o estilo insosso do baterista. Só que, nos próximos meses, tiveram que se virar com colaboradores provisórios, ainda que conceituados, como Dale Crover, do Melvins, e Dan Peters, do Mudhoney, outra entidade regional. Crover chegou a gravar o single "Sliver", que a Sub Pop soltou em setembro.

Antes, em agosto, na volta de uma viagem a Los Angeles para batalhar um contrato fonográfico, resolveram de forma definitiva o problema, numa parada em San Francisco para ver o show da banda de hardcore Scream. Maravilhados com a simplicidade, precisão e fúria de seu baterista, Dave Grohl (Warren, Ohio, 14 de janeiro de 1969), assediaram-no, por intermédio de Buzz Osborne, do Melvins. O Scream acabou pouco depois daquela apresentação e Grohl mandou avisar que estava disponível. No mês seguinte já era integrante do grupo, e logo se mudou para o sofá de Kurt em Olympia, a uma hora de Seattle.

O ingrediente mágico para que o projeto decolasse acabava de ser introduzido à receita. É difícil achar exemplo melhor do efeito surtido pela entrada de um baterista numa banda. Pensemos, como exemplos semelhantes, nas chegadas de Neil Peart e Max Weinberg ao Rush e à E Street Band de Bruce Springsteen, respectivamente. Para completar, Grohl era um ótimo cantor de apoio e tocava outros instrumentos. "Quando Dave chegou, o Nirvana virou uma máquina compacta, tudo se encaixou em seu lugar", resume Krist no DVD da série Classic Albums dedicado a *Nevermind*, editado em 2005 com direção de Bob Smeaton.

Colegas do Guns N' Roses

O interesse das gravadoras aumentava e, por influência de Kim Gordon, acabaram na David Geffen Company, selo que lançara *Goo*, de seu Sonic Youth, em junho. O DGC era ligado à Geffen Records, que, no início da década de 1990, dispunha no catálogo de um dos maiores vendedores de discos do planeta, o Guns N' Roses. Os US$ 287 mil do contrato ajudaram a aliviar a barra financeira de Cobain, que, despejado da espelunca que compartilhava com Grohl, vinha dormindo em casas de amigos e até em seu carro.

Enfurnada num estábulo convertido em estúdio em Tacoma, a meia hora de Seattle, a nova formação ensaiou e gravou por três meses, saindo de lá apenas para os shows. Dessas sessões surgiu uma demo, enviada a Vig, e, em 17 de abril de 1991, estreavam ao vivo em Seattle uma das criações mais recentes, "Smells Like Teen Spirit", ainda com a notória melodia vocal não totalmente definida.

Em 2 de maio de 1991, produtor e músicos ocuparam, então, o Sound City, mítico estúdio de Los Angeles fundado em 1969, onde *blockbusters* de Elton John e Fleetwood Mac tinham sido gravados. A verba injetada pela DGC era de US$ 65 mil, mais de cem vezes superior ao custo de *Bleach*, mas ainda modesta se comparada à de artistas de primeiro time. Até então, o projeto de disco atendia pelo nome provisório de "Sheep" (tradução: "Ovelha"), referente à tendência humana ao comportamento de rebanho, além de uma possível autoironia de Kurt em relação ao fato de passar a integrar uma grande corporação.

Ruído x melodia

As gravações fluíram consideravelmente bem durante todo o mês, graças ao repertório já estar bastante bem ensaiado. Apenas alguns versos estavam pendentes de serem terminados. Segundo Grohl, Cobain dava sempre mais atenção à música que à letra. A maior dificuldade, ao menos para Butch Vig, era lidar com as mudanças de humor do bipolar vocalista, ora comunicativo, ora trancado em seu próprio mundo.

Os dois também travavam embates sobre o nível de acessibilidade da sonoridade almejada. Fiel às suas raízes indie e antissistema até a medula, Cobain sabia que suas canções eram redondamente melódicas, o que lhe causava uma constante crise estética. Ele não parou de insistir para que Vig desse um jeito de sujar o som e não destacar tanto a sua inconfundível voz. Mas o produtor confiou no próprio taco, seguindo em frente com a versão mais polida que imaginava para *Nevermind*. Outro truque que usou para lidar com o cliente "intensão" foi deixar a fita rolando mesmo sem avisá-lo, porque o cantor não sabia dosar a voz e às vezes ficava afônico nas primeiras tomadas de uma gravação.

Independentemente de ser considerado demasiado pop para um purista punk-alternativo, o resultado do disco tem um *peso* brutal inegável, ainda hoje difícil de ser superado fora da redoma metaleira. Seja pela explosão de guitarras, pelo baixo por vezes distorcido ou pelos encorpados arranjos vocais, *Nevermind* é um tapa na orelha do ouvinte que, ao longo de seus 42 minutos e pouco de duração, não consegue decidir se bate cabeça ou assobia. Parte desse impacto se deve à mixagem de Andy Wallace, o mago que vinha levando a outro patamar de potência o som de álbuns de clientes de perfil variado, do New Model Army ao Sepultura. O irremediável Kurt, claro, também implicou com a sonoridade proposta por Wallace.

Na parte instrumental, porém, nada impressiona mais do que a implacável bateria de Dave Grohl. Em *Nevermind*, ele definiu um estilo que funde os melhores elementos do hard rock e do punk, principalmente a pegada e a ausência de firulas. No disco, Grohl sempre dá preferência aos ritmos em detrimento das viradas ("Era uma espécie de regra não falada", revela no documentário), mas quando as executa, o faz com tal decisão que multiplica a excitação provocada pelas mudanças de partes nos arranjos. Trinta anos depois, Grohl revelaria, em sua série *From Cradle to Stage* (2021), um dos segredos de suas viradas: a influência de bandas de electro-funk e disco como The Gap Band, Cameo e Chic.

1990

O fator videoclipe

Poucos álbuns da história do rock abrem com uma canção tão poderosa como "Smells Like Teen Spirit". Lançada em 10 de setembro de 1991 como single, duas semanas antes da chegada do disco às lojas, ela precisa de poucos segundos para sugar quem a escuta ao universo do Nirvana. Trata-se de um carro-chefe de tudo o que funcionaria em *Nevermind*: o magnetismo da voz, as notas facilmente cantaroláveis, a tensão criada entre a parte mais tranquila e o refrão explosivo e uma das grandes – e simples – sacadas de Cobain, a de substituir um solo de guitarra pela mera execução da melodia na guitarra. Esse recurso também foi usado em "Come as You Are", a mais bonita composição do álbum, segundo single, lançado em 2 de março de 1992.

Batizada após um mal-entendido envolvendo uma marca de desodorante, "Smells Like Teen Spirit" falava, segundo seu autor, sobre a apatia de sua geração. Dirigido pelo novato Samuel Bayer, o clipe correspondente representava visualmente o estrago causado pelo grupo, contribuindo em grande parte para o fenômeno que estava por vir. Se na música escutamos o conflito entre a melodia cristalina da primeira parte e a hecatombe de guitarras e berros do refrão, nas imagens essa dualidade se representa pelo contraste entre a formosura das *cheerleaders* rebolantes e a destruição capitaneada pela ala masculina do elenco. Durante as rodagens, a situação saiu mesmo do controle e o que se vê na tela nada mais é que a versão em câmera lenta de um quebra-quebra juvenil real.

A segunda faixa é "In Bloom", uma das veteranas do repertório que, em novembro de 1992, sairia como quarto e último compacto. O refrão salta aos ouvidos pela harmonia vocal de Dave, encorpada por um canto adicional do próprio Kurt. Ele só se convenceu a dobrar os vocais quando Butch o explicou que John Lennon era adepto da prática. O primeiro dos dois vídeos dirigidos por Kevin Kerslake para "In Bloom" foi um dos precursores da linguagem vintage inspirada em programas televisivos dos anos 1950 e 1960, seguida depois por Spike Jonze em "Buddy Holly", do Weezer (1995). No segundo, o trio aparece travestido e demole o cenário.

"Breed", um dos momentos mais agressivos do álbum, é sucedido pelo aparente respiro de "Lithium". Antes de florescer em um desavergonhado "iê-iê-iê", esta transita suave, como uma quase balada, fazendo alusão a amigos imaginários, espelhos quebrados e outras nuances possíveis de uma mente problemática (lítio é um elemento presente em drogas para a bipolaridade). Foi o terceiro single, lançado em 13 de julho de 1992, com direito a outro clipe dirigido por Kerslake, que também rodou um para "Come as You Are".

Algo no caminho

Sobrevivente das sessões feitas com Butch Vig no Smart e, portanto, única não gravada no Sound City, "Polly" é o ponto mais liricamente perturbador do LP. Se, por um lado, sua melodia é memorável, a letra aborda o caso real de uma mulher sequestrada e torturada após um show… do ponto de vista do criminoso. Chad Channing só soube que suas pratadas entraram em *Nevermind* dez anos mais tarde.

Passada a calmaria desconcertante, a tempestade reincide em "Territorial Pissings", um hardcore em cujos segundos finais se pode escutar a voz de Cobain "indo para o brejo". A seguir, "Drain You" dá as caras com uma melodia tão plena que nem os cinco canais de guitarra distorcida tocados por ele conseguiram encobrir. Versos retorcidos, como

"Viajei por um tubo até chegar à sua infecção", também fracassaram na missão.

O trio ainda ataca de new wave angular ("Stay Away") e power pop ("On a Plain") antes de pousar na impressionante última faixa, "Something in the Way", balada acústica sombria que comprova categoricamente o tino melodista de Kurt. Suas primeiras tomadas não estavam dando certo, até que o vocalista se dirigiu à sala de controle e pôs-se a cantar e tocar deitado. Ouvindo o resultado daquilo, Vig armou os microfones improvisadamente e captou aquele intimismo espontâneo ali mesmo. Depois, adicionaram a bateria mais suave tocada por Grohl em toda a sua carreira, coroando com o arrepiante violoncelo de Kirk Canning.

Fenômeno

Em 24 de setembro de 1991, uma semana após a Geffen ter enviado às lojas quatro milhões de cópias dos discos *Use Your Illusion,* do Guns N' Roses, a DGC despachou 46.251 unidades de *Nevermind.* Sem sequer imaginar o que estava por vir, a gravadora considerava que a meta de 50 mil cópias vendidas seria satisfatória para um nome como o Nirvana. Quando o CD apareceu em 144º lugar na parada da *Billboard*, a expectativa já subiu para uma cifra dez vezes maior. Os pais do bebê Spencer Elden, clicado por Kirk Weddle na capa com um dólar-isca, já começaram ali a se arrepender de terem pedido apenas US$ 200 pela sessão de fotos.

Até que, em 11 de janeiro de 1992, *Nevermind* tirou *Dangerous*, de Michael Jackson, do número 1 do ranking, no qual permaneceria por 335 semanas. Apenas nos EUA, o disco contabiliza hoje mais de 10 milhões de exemplares vendidos. Entre 10 de setembro de 1991, quando "Smells Like Teen Spirit" foi lançada por um Nirvana ainda totalmente desconhecido fora do meio alternativo, e 9 de setembro de 1992, data da mais lendária edição do MTV Video Music Awards e que teve o trio entre as principais atrações, haviam se passado só 364 dias. Mas, mas considerando todas as mudanças causadas pelo álbum, aquele ano valeu por uma década.

Inclui trechos publicados originalmente no site da MTV a 20 de maio de 2005 e no blogue de Ricardo Setti no site da Veja a 10 de setembro de 2011.

RED HOT CHILI PEPPERS
Blood Sugar Sex Magik
[1991]

Em 2023 talvez já não haja tanta gente que saiba, mas houve um tempo em que o Red Hot Chili Peppers, essa mesma banda que continua na luta, enchendo estádios, ainda que sem a mesma inspiração de outrora, era a mais legal do planeta. Há mais de duas décadas eles repetem fórmulas e não lançam discos muito relevantes, ainda que renovem seu público – o que é um mérito notável. Porém, sua era dourada, a virada dos anos 1980 para os 1990, quando levaram às nuvens sua peculiar fusão de punk, funk e hard rock, repousa em nossos corações como uma suspirante e eterna memória, cujo ponto mais glorioso é *Blood Sugar Sex Magik*.

Lançado em 24 de setembro de 1991, mesmo dia de *Nevermind*, do Nirvana, e *Badmotorfinger*, do Soundgarden (que baita ano para a música!), o 5º trabalho dos californianos cumpre cada miligrama de expectativa criada a partir de *Uplift Mofo Party Plan* (1987), o 3º item da discografia deles, e que se ampliara dois anos depois em *Mother's Milk*. *Blood Sugar Sex Magik* chegou ao 3º lugar da parada norte-americana, emplacou o hit "Under the Bridge" no número 2 da lista de singles, teve sete milhões de cópias vendidas nos Estados Unidos e um total estimado de treze milhões no mundo. Garantiu a seus realizadores uma passagem só de ida com destino à primeira classe do mainstream mundial, que então vivia sua inesperada lua de mel com o chamado rock alternativo.

Moleques rodados

Quando, no segundo semestre de 1990, os homens-pimenta começaram a tramar o que viria a ser *Blood Sugar...*, já contavam com uma

1990

respeitável rodagem: sete anos de estrada, quatro LPs bancados por uma grande gravadora (EMI) e certa pós-graduação em conflitos internos, já que cada bolacha havia sido registrada por um *line-up* diferente.

Presente em todos estavam apenas Anthony Kiedis (Grand Rapids, Michigan, 1º de novembro de 1962) e Michael Balzary (Melbourne, Austrália, 16 de outubro de 1962, depois apelidado Flea), que se conheceram na escola Fairfax, em Los Angeles, em 1976. Quem não desgrudava dos dois era o guitarrista israelense Hillel Slovak, que incentivou Michael, então um promissor trompetista enteado de um jazzista, a aprender baixo. Na aurora da década de 1980, os dois se meteram a tocar juntos na banda What Is This (antiga Anthym), cujo baterista, Jack Irons, era outra cria da Fairfax.

Anthony, ou Tony, não participou da brincadeira. Estava ocupado em sua rotina doida de sexo, pequenos furtos, invasões a piscinas privadas e desfrute de todos os tipos de drogas, sempre tendo o fiel escudeiro Flea a seu lado. A dupla chegou a ser presa injetando cocaína no banheiro de um trem entre L.A. e San Francisco. Quando, em 1983, Kiedis finalmente decidiu se aventurar no microfone, euforicamente influenciado pela primeira geração de rappers, nascia o Tony Flow and The Miraculously Majestic Masters of Mayhem, que não tardaria em, sensatamente, ter seu nome substituído por outro ainda extenso, mas viável: Red Hot Chili Peppers. Slovak e Irons completavam o time.

Àquela altura, Flea, amante precoce do jazz que por anos esnobou o rock, acumulava experiência como baixista da banda punk Fear e era o retrato humano do *Zeitgeist* daquele início dos anos 1980. Alucinava com as polirritmias dos Talking Heads, adorava hip-hop, desenvolvia uma selvagem técnica de *slap* inspirada nos baixistas de funk e tinha sucessivas epifanias estético-sonoras, relatadas depois em seu livro *Acid for the Children* (2019); como quando testemunhou, louco de ácido no banheiro do Whisky a Go Go em 1981, Ian McCulloch passando batom antes de uma performance arrasadora de seu Echo & The Bunnymen.

Ídolos certos, soluções erradas

Foi Andy Gill, um companheiro de geração de McCulloch, o escolhido para produzir *The Red Hot Chili Peppers*, o primeiro LP. Lançado em agosto de 1984, trazia Jack Sherman e Cliff Martínez nos lugares respectivos de Hillel e Jack, que tinham optado por seguir com o What Is This. Mas Gill, guitarrista de uma das entidades do pós-punk britânico, o Gang of Four, entendeu tudo errado; pasteurizou, de forma ultrajante, o som do quarteto, que ao vivo era uma explosão crua de fúria, caos e *groove*.

Outro ídolo dos rapazes, o mestre do funk cósmico George Clinton, se encarregou de *Freaky Styley* (1985), álbum mais parrudo, malemolente e que marcava o retorno de Slovak. Mas, talvez perdido entre as montanhas de cocaína que consumiu com os jovens clientes, o genial Clinton falhou em traduzir de forma convincente ao acetato o que então já se reconhecia como o *som Chili Peppers*, um encontro fulminante entre punk, funk e rap de ibope cada vez mais sólido no circuito *underground* californiano.

Essa sonoridade só chegaria perto de ser captada mais ou menos à altura do que se ouvia ao vivo nos dois projetos seguintes, produzidos por Michael Beinhorn (Bill Laswell, Herbie Hancock). Primeiro veio o bom *The Uplift Mofo Party Plan* (1987), único protagonizado pelos quatro membros fundadores, com o retorno de Jack Irons; depois, o ótimo *Mother's Milk* (1989), que inaugurava o flerte mais sério dos Peppers com o sucesso comercial. Leia-se a aparição no 52º lugar na lista da *Billboard*, um disco de ouro, três clipes na MTV e uma turnê mais profissional.

No caminho havia a morte

Entre esses dois álbuns, porém, encararam a trágica morte de Hillel Slovak, em 25 de junho de 1988, por overdose de heroína, e a subsequente debandada de um arrasado e assustado Irons (que reapareceria na década de 1990 assumindo as baquetas do Pearl Jam). Não faltou quem decretasse o fim do grupo.

Tudo mudou, só que não. Kiedis não conseguiu largar definitivamente as drogas pesadas após a perda do amigo, e a vontade dele e de Flea de seguir adiante na música não diminuiu. Contra todos os prognósticos, *Mother's Milk*, saideira do contrato com a EMI, promoveu, portanto, a estreia da insuperável formação clássica pepperiana.

Além dos dois sobreviventes, compunham o esquadrão agora um menino de dezoito anos chamado John Frusciante (Nova York, 5 de março de 1970) na guitarra e o colossal Chad Smith (Saint Paul, Minnesota, 25 de outubro de 1961) na bateria. Nenhuma outra combinação de integrantes do Red Hot Chili Peppers jamais se aproximaria da química obtida por essa. O melhor ainda estava por vir e eles sabiam.

A mansão

Percebendo que 1991 era o ano da revanche do rock mais alternativo, a gravadora nova, Warner, deu um jeito de tirar o grupo da Sony no último segundo. A *major* apostou alto na seguinte empreitada de suas recém-recrutadas estrelas, realizando dois sonhos de consumo de qualquer músico.

O primeiro foi a transformação em estúdio-moradia de uma histórica mansão em Hollywood, folcloricamente tida como antiga residência do ilusionista Harry Houdini e sede de uma sessão lisérgica dos Beatles. Entre abril e junho, período das gravações, todos os integrantes – exceto Chad, que ia e voltava diariamente em sua moto – se mudaram para o casarão, numa manobra essencial, segundo Kiedis conta na sua autobiografia *Scar Tissue* (2004), para evitar o efeito degradante da "esterilidade dos estúdios normais".

Estabeleceram, então, um utópico *modus operandi*, flagrado com bom gosto e sofisticada edição em *Funky Monks* (1991), documentário do inglês Gavin Bowden (então cunhado de Flea). Em um preto e branco contrastante com o sol hollywoodiano, o filme detalha, sobretudo, a delícia de se ter vinte e poucos anos, viver um pico criativo com sérias perspectivas de êxito e produzir livremente, entre debates sobre pornografia, concursos de flatulência e visitas da pequena Clara, filha de Flea.

Funky Monks também retrata bem o hype em torno dos quatro naquele início de 1991, quando eram papparicados por figuras como o beastie boy Adam "Ad-Rock" Horovitz ou o cineasta Gus Van Sant. Autor das célebres fotografias de capa, ilustrada pelo tatuador Henky Penky, Van Sant também cuidou do ensaio do encarte interno e da contracapa, uma original fetichização das tatuagens dos integrantes. E sua relação com os peppers ia além, já que incluiu Flea no elenco de seu celebrado filme *Garotos de programa*, com River Phoenix e Keanu Reeves. O longa estreou em setembro de 1991, mesmo mês da chegada de *Blood Sugar*… às lojas. Pura sincronicidade.

O mago

O segundo sonho, e ainda mais fundamental, se realizou com a escalação de Rick Rubin como produtor. Rubin passara a década anterior se gabaritando por uma seminal produção de hip-hop clássico (LL Cool J, Jazzy Jay). A partir de 1986, se converteu no mago da fusão entre rimas de rap e o peso do rock ao trabalhar com Run-D.M.C. e Beastie Boys, nos respectivos álbuns de sucesso *Raising Hell* e *Licensed to Ill*. No mesmo ano, colaborou com os thrash-metaleiros do Slayer no cultuado *Reign in Blood*, marco zero do que viria a ser sua lendária reputação de guru do ecletismo na indústria musical. Shakira e Johnny Cash engrossariam o seu currículo ao longo dos anos seguintes. Ele já tinha negado um convite anterior para trabalhar com a trupe de Kiedis, por causa de sua fama de drogados.

Barbudaço e sempre *zen* em seus óculos escuros, o produtor conciliava, de forma tremendamente habilidosa, a autoridade sacrossanta de quem não dá ponto sem nó nas sugestões e o acatamento inegociável das características inerentes ao artista.

No caso de seu labor com os Peppers, a entropia foi extraordinária. Deixando Anthony, Flea, John e Chad exercerem suas especialidades – a pegada absurda, o suingue bombástico, a coesão instrumental "telepática" –, o guru concentrou seus esforços em captar da maneira mais crua e potente toda aquela usina nuclear. Colocou o trio instrumental tocando junto na mesma sala, apenas com Anthony em um quarto mais afastado, por opção própria, já que tinha inseguranças sobre sua voz. Dessa forma, nas dezessete faixas de *Blood Sugar…* Rubin sepultava a sonoridade dispersamente grandiloquente da segunda metade dos anos 1980 para inaugurar o *punch* seco, "na cara", que caracterizaria o rock das primeiras primaveras noventeiras.

Além disso, ele ajudou a moldar arranjos e selecionar faixas, sugeriu barulhinhos e lapidou excessos. A passagem do filme de Bowden em que Rick orienta Flea durante o registro da antológica linha de baixo de "Give It Away" ("Não ponha tantas notas", "Dê espaço") diz tudo. "Rubin tenta manter sua distância emocional e sua objetividade", elogia o baixinho em outra passagem da película. "Trabalhar com Rick mudou nosso modo de pensar sobre composição", escreveu Anthony

1990

em *Scar Tissue*. "Antes, nosso foco era o ritmo, em oposição à canção, que era onde estava o coração de Rick. Esse álbum combinaria o melhor das duas coisas." Rubin repetiria a dose em sete dos oito trabalhos de estúdio posteriores da banda.

Importantíssimo também foi o papel do engenheiro de som Brendan O'Brien, certeiro ao captar aquela potência toda e discreto ao deixar a fita rodando enquanto a turma experimentava, à vontade, na casona. O'Brien, que logo se firmaria como outro dos maiores produtores dos anos 1990 (Pearl Jam, The Black Crowes), ainda tocou alguns instrumentos, inclusive o marcante mellotron de "Breaking the Girl" e "Sir Psycho Sexy".

A receita

Tudo isso – casa, produtor bacana, entrosamento, badalação – evidentemente não serviria muito sem a existência de um repertório impactante. E a quadrilha chegou para as sessões com um autêntico arsenal de canções poderosas que, unificadas pelas condições em que foram gravadas, desprendem uma energia espetacular.

"Give It Away", primeiro dos cinco singles, saiu três semanas antes do disco. A alta rotatividade na MTV do inesquecível clipe, dirigido pelo badalado francês Stéphane Sednaoui, era um bom prenúncio dos louros que recolheriam. De letra altruísta, baseada em uma conversa entre Kiedis e a estrela new wave alemã Nina Hagen, com direito a citações a Bob Marley e River Phoenix, a faixa foi mais uma que surgiu a partir do baixo de Flea, que brilha em cada compasso de *Blood Sugar...*

Cansado dos alucinados *slaps* epiléticos que lhe renderam fama, o australiano respirou, meditou e apresentou as melhores linhas de sua vasta coleção: calorosas e encorpadas, irresistíveis atualizações da malandragem de Bootsy Collins e outros funkeiros monumentais. "If You Have to Ask" (último single), "The Greeting Song", "Funky Monks" (a música, não o filme) e, principalmente, "Sir Psycho Sexy" são verdadeiras obras-primas do balanço.

Com seu fôlego, sua pegada e sua precisão, Chad sacramentou toda uma escola de batidas que já impressionavam desde *Mother's Milk*. Como escreveu Anthony, ele e John já não eram mais "os novos caras" e se sentiam perfeitamente confortáveis no grupo.

O vocalista, por sua vez, aproveitou bem que estava temporariamente sóbrio e mergulhou com afinco na labuta vocal. Foi a última etapa de sua vida em que se influenciou fortemente pelo rap, como atesta "Suck My Kiss", o terceiro single, e a própria "Give It Away". Ao mesmo tempo, Kiedis não se saiu nada mal nos trechos em que se propôs a, de fato, cantar (como na bela e intensa "Breaking the Girl", penúltimo single). A partir dos álbuns seguintes, ele rumaria progressivamente a essa direção, com resultados cada vez mais discutíveis. Desavergonhadamente tarado e frequentemente obsceno e sexista nas letras, ele se defende em uma passagem da película: "Não temos medo de mostrar nossa sexualidade nas músicas".

O novo ingrediente

No repertório havia espaço também para uma crítica social (a impactante faixa de abertura "Power of Equality"), alguns acenos ecologistas ("The Righteous & the Wicked") e uma linda homenagem a Hillel Slovak tirada da gaveta, "My Lovely Man". "Sinto sua falta, magrão, te amo / Meu coração está negro e azul / Quando eu morrer, vou te encontrar", canta Anthony na mais bonita das estrofes. Devoto de seu antecessor, Frusciante fez questão de prestar os seus respeitos na gravação da faixa, cravando um *riff* demolidor e o melhor solo de guitarra do álbum.

Cabia em *Blood Sugar Sex Magik*, ainda, um elemento essencial para compreender totalmente o seu êxito: pela primeira vez, a turma chafurdava no pantanoso território das baladas, incluindo acústicas. Enciumado com a proximidade cada vez maior entre Flea e Frusciante, Kiedis havia composto, enquanto dirigia por Los Angeles, uma canção sobre a solidão sentida em seu período mais junkie, quando vagava pelas ruas em busca do próximo pico na veia. Um mês depois, Rick encontrou a poesia no seu caderno e sugeriu que a gravasse. John não só ajudou a achar os acordes certos para que aquilo resultasse em "Under the Bridge", como ainda mandou buscar sua mãe Gail e duas amigas para que fizessem os célebres *backing vocals* que encerram a canção.

Foi o guitarrista, também, que incentivou Anthony a compor "I Could Have Lied", canção de ninar desplugada sobre o pé na bunda que o cantor levou de outra musa oitentista, a irlandesa Sinéad

O'Connor. A opção pelas canções calmas foi um acerto não só comercial como conceitual. Intercalar um momento suave entre duas ou três pedradas garante o fôlego para a viagem até o final dos longos 73min55 do CD (a edição em vinil era dupla).

Sobrou confiança durante as sessões, a ponto de em várias músicas os quatro se arriscarem nos *backing vocals* em falsete. Era uma ideia que poderia ter flopado facilmente, mas que funcionou muito bem. Tampouco se acanharam em incluir detalhes saborosos, a partir de instrumentos fora do seu cardápio tradicional. Flea resgatou seu trompete para a deliciosa "Apache Rose Peacock", tocou piano em "Mellowship Slinky in B Major" e, com os outros três, desceu a mão em sucatas de metal para potencializar o desenlace percussivo de "Breaking the Girl".

Até o material não aproveitado no repertório final era sensacional. Desses *bootlegs*, "Sikamikanico" e "Soul to Squeeze" foram utilizados em trilhas de filmes, sendo que o segundo virou hit (22º nos EUA). E um terceiro, o afrofunk instrumental "Fela's Cock" (tradução: "O pau de Fela"), bem que poderia ter entrado.

Surta o prodígio

Individualmente, o integrante que mais contribuiu com a mitologia de *Blood Sugar Sex Magik* foi John Frusciante. Durante a feitura do novo trabalho, embora vivesse uma fase inspiradíssima, canalizando como nunca espectros de entidades como Jimi Hendrix e Eddie Hazel, Frusciante já dava indícios da confusão mental e do sentimento de alienação ao *jet set* que o fariam pular do barco.

Funky Monks mostra como o guitarrista, então um rapazote de 21 anos, já ia se enveredando por campos mais melódicos e psicodélicos, ao esboçar as primeiras de suas célebres composições solo ainda na mansão. Ao mesmo tempo, distanciava-se gradualmente dos companheiros, trancando-se no quarto e entregando falas paranoicas sobre inimigos, ereções, ego e morte. Anthony, que em *Scar Tissue* admite ter feito muito bullying com John naquele período, aparece mais de uma vez cortando a onda do caçula no filme.

Considerando a situação dos Peppers naquele momento, parecia que nada tinha como dar muito errado. A turnê de divulgação teve nomes como Smashing Pumpkins, Pearl Jam e até o próprio Nirvana como atrações de abertura. Mas, com Flea deprimido e medicado por causa de uma separação, as tensões entre Frusciante e Kiedis se intensificaram e o guitarrista passou a abusar de álcool e maconha, além de se viciar em heroína. Em 22 de fevereiro de 1992, sabotou a olhos vistos a execução de "Under the Bridge" no programa *Saturday Night Live*, enfurecendo o vocalista diante de milhões de telespectadores.

Finalmente, John pediu para sair antes de um show no Japão, em 7 de maio de 1992, concordando em tocar naquela noite a duras penas e obrigando os companheiros a cancelarem várias apresentações na Austrália. Perderia, entre outras muitas coisas, a oportunidade de vir ao Brasil, no Hollywood Rock de janeiro de 1993, quando o grupo, já com Arik Marshall em sua vaga, tocou até com a bateria nota 10 da Mocidade Independente de Padre Miguel.

Uma das cenas finais do documentário de Bowden, em que o menino prodígio recolhe as tralhas para deixar a casa, afirmando que "Nunca levei nada tão a sério, nem me orgulhei tanto de nada que já fiz em minha vida", funciona como um triste prólogo para a fase seguinte de sua vida. Naqueles sombrios próximos anos, ele se afundou na mesma droga que matou Hillel e manteve Anthony no cabresto por anos, adquirindo a aparência de um moribundo esquelético de olhos alucinados. Não esteve longe de morrer. Seu legado no disco, no entanto, é colossal: de solos fabulosos, como os de "Mellowship…", às palhetadas maravilhosamente dançantes de sua Fender Stratocaster em "Funky Monks", passando pelos delicados acordes de "Under the Bridge".

O Red Hot Chili Peppers tocaria a vida adiante sem ele até 1998. E o sorriso só voltaria a se abrir plenamente nos rostos de Chad Smith, Flea e Anthony Kiedis nos dois retornos de John Frusciante à formação. O último deles, aliás, em meio à pandemia de 2020, para a gravação dos discos *Unlimited Love* e *Return of the Dream Canteen*, ambos de 2022.

1990

Publicado originalmente no site daniadsetti.medium.com a 24 de setembro de 2021.

FISHBONE
Give a Monkey a Brain and He'll Swear He's the Center of the Universe

[1993]

"Os EUA são racistas, foram fundados por racistas, ladrões e merdas como essas; isso tem um grande efeito em como somos apresentados ao público e as chances que nos dão." Sentado na minissala improvisada de um ônibus alugado, Angelo Moore (Los Angeles, 5 de novembro de 1965), o lendário vocalista e saxofonista do Fishbone, tentava me explicar o porquê de sua amplamente influente banda não ter alcançado o mesmo sucesso do Red Hot Chili Peppers, Jane's Addiction e outros colegas da cena californiana de funk-rock e funk-metal dos anos 1980.

Era 24 de outubro de 2006 e o veículo estava estacionado diante do hoje extinto Mephisto, um simpático mas decadente muquifo de Barcelona, dedicado a bandas de heavy metal e hard rock (no dia seguinte seria a vez do esquecidíssimo Winger). Horas depois, o grupo, de cuja formação original de seis membros – todos negros – só sobravam Moore e o baixista Norwood Fisher (Los Angeles, 12 de setembro de 1965), daria seguimento a uma perrengosa turnê europeia, em inferninhos aptos a 100 ou 150 pessoas, com raras datas esgotadas. Uma rotina pouco glamorosa que se perpetuaria no novo milênio. O documentário *Everyday Sunshine: The Story of Fishbone* (2010), de Lev Anderson e Chris Metzler, flagra momentos inglórios do septeto, de um show para idosos desavisados no interior da Hungria a uma sessão de autógrafos vazia em plenos Estados Unidos.

A noite, porém, foi memorável. Aos 41 anos, 27 dos quais à frente do Fishbone, Moore, um dos grandes *frontmen* da história, conduziu um *happening* insano e eletrizante, com uma dinâmica tão surpreendente como uma canção da banda de Los Angeles. Quando menos se esperava, ele largava o sax para espancar um theremin, descia para "pogar" com os manos, bailava cancan com as minas, subia no balcão do bar e mergulhava novamente nos braços do povo, "nadando" de volta ao palco. Tudo isso a tempo de entoar o refrão seguinte a plenos pulmões. Só para ficar entre semelhantes contemporâneos, imagine a audácia de um Perry Farrell (Jane's Addiction) aliada à imprevisibilidade de um Mike Patton (Faith No More), à fúria de um Zack De La Rocha (Rage Against the Machine) e ao atletismo acrobático de um Anthony Kiedis (Red Hot Chili Peppers), extravasados com o gogó de um Corey Glover (Living Colour), digamos.

Batendo na trave

Treze anos antes do nosso encontro em Barcelona, o Fishbone perdia sua última oportunidade de pegar o bonde do mainstream com um grande disco de nome espalhafatoso, *Give a Monkey a Brain and He'll Swear He's the Center of the Universe*, o favorito de Angelo.

Derradeira ficha apostada pela Columbia, gravadora do grupo desde o EP homônimo de estreia (1985), o trabalho lançado a 23 de maio de 1993 sucedia o petardo multicolorido *The Reality of My Surroundings* (1991), que fora cotado pela crítica e pelos próprios músicos para estourar, com direito a clipe dirigido por Spike Lee e performance no *Saturday Night Live*. Mas o antecessor chegou apenas ao 49º lugar na lista da *Billboard*, o que, aliás, seria o melhor resultado da trajetória da banda.

Give a Monkey a Brain... não resolveu o problema comercial do Fishbone, atingindo mero 99º posto na parada e servindo de desculpa para o fatal pé na bunda desferido pela Columbia. Mas, musicalmente, deixou sua marca numa discografia de alto nível, na qual reluzem também *Truth and Soul* (1988) e *Chim Chim's Badass Revenge* (1996).

Aproveitando o momento particularmente favorável ao rock pesado, desencadeado pela explosão do grunge, a banda quis realizar uma dificílima tarefa: registrar em estúdio o inigualável *punch* brutal de seus shows, sem que para isso fosse desperdiçada a riqueza de sua coesa fusão de soul, gospel, funk, ritmos jamaicanos, hardcore e metal, uma atualização da exuberância e do espírito anárquico e ecumênico do ídolo George Clinton. Vinham tocando com cada vez mais peso desde 1989, ano da entrada de um segundo guitarrista, John Bigham

(Chicago, 3 de março de 1969), ex-diretor da banda de Miles Davis. A hora de fazer o disco mais *heavy* havia chegado.

Para isso, radicalizaram ao entregar a coprodução a Terry Date, oriundo da cena metaleira, e a mixagem a Andy Wallace, mago capaz de transformar qualquer demo de fundo de quintal em uma porrada supersônica (*Nevermind*, do Nirvana, *Arise*, do Sepultura e *Meantime*, do Helmet, estavam entre seus trabalhos mais recentes). Não surpreende, portanto, que em *Give a Monkey a Brain…* as guitarras de Kendall Jones, o *headbanger* infiltrado no Fishbone, soem como as de um Zakk Wylde nas duas primeiras faixas, "Swim" e "Servitude"; ou que a introdução de "End the Reign" lembre Pantera (banda produzida por Date).

Resposta política

Mas a pegada colossal do álbum não se explica apenas pela habilidade em "tirar som" da equipe técnica recrutada. A banda, que desde *Truth and Soul* vinha gradualmente politizando seu discurso, destilou em verso e fúria o baque da absurda absolvição dos policiais que, em

1990

covarde ato racista, espancaram o pedreiro negro Rodney King em Los Angeles, em março de 1991. "Com certeza aquilo nos mudou como pessoas, e impactou profundamente a nossa música", afirma Norwood no documentário.

Coerente com o ecletismo típico do Fishbone, a indignação diante da injustiça deslavada comparece ora em forma de balada hard rock tristonha, com "Black Flowers", do vocalista, trombonista e tecladista Christopher Dowd (Las Vegas, 20 de setembro de 1965), ora em sermões mais cifrados, como no delicioso ska "Unyielding Conditioning" (de Jones) e no irresistível soul "No Fear" (de Bigham), ambos cantados pelo ex-testemunha de Jeová Angelo Moore.

Os ecos gospel, aliás, são outra curiosa – e corajosa – impressão digital dos "soldados Fishbone" – como se autodenominavam –, com quase todos eles explicitamente gratos ao Todo Poderoso nas notas do encarte. Referências bíblicas podem ser captadas também no reggae lento "They All Have Abandoned Their Hopes", um grito de ódio à desigualdade social e às grandes corporações, praga antecipadamente rogada à gravadora que os dispensaria. Já o hardcore "Drunk Skitzo" traz a participação especial mais alucinada da carreira do saxofonista de jazz Branford Marsalis e um ritmo avassalador do excelente baterista Phillip "Fish" Fisher (Los Angeles, 15 de julho de 1967), irmão mais novo de Norwood.

Receita do fracasso

Um álbum potente. Convidados ilustres. Clipes na MTV ("Servitude", "Swim", "Unyielding Conditioning"). Vaga num dos maiores *line-ups* da etapa majestosa do Lollapalooza, o de 1993. O que deu errado com o Fishbone, então? A resposta passa por vários tópicos. A começar, a discriminação apontada por Angelo: uma modalidade de racismo cultural segundo a qual não "pega bem" músicos negros assimilarem elementos tipicamente brancos, como punk e hard rock.

Além disso, a diversidade sem limites do grupo, essa espécie de sincretismo estético-musical, acabou jogando contra. Uma indústria em mutação não estava pronta para o Fishbone. "Eles bebiam de fontes muito vastas para uma mente comum", teoriza Eugene Hütz, vocalista do Gogol Bordello e fã, em *Everyday Sunshine*. "É difícil simplificar quando você tem muito a dizer e a tocar", endossa outro admirador, Adrian Young, baterista do No Doubt.

Por fim, a própria estrutura horizontal da banda foi foco de desgaste. Só vocalistas já eram três – fora Moore e Dowd, cantava também o trompetista Walter Kibby II (Columbus, Ohio,13 de novembro de 1964) –, e todos compunham. Em *Give a Monkey a Brain...* percebe-se que a intenção de Chris foi de conduzir a sonoridade a um rock mais denso e melódico, enquanto Angelo insiste nos funks (atenção para "Properties of Propaganda" e "Lemon Meringue", duas das melhores faixas do repertório). "Se tivessem sido menos democráticos, teriam chegado mais longe. Mas não seriam o Fishbone", resumiu o ex-empresário Roger Perry no filme.

Bad trip

Tampouco ajudou a *bad trip* cristã na qual entrou Kendall Jones durante as gravações. Atormentado pela morte recente da mãe e pela rejeição de uma namorada, o guitarrista, sempre uma das principais forças criativas da turma, seguiu o pai rumo a uma seita de fanáticos e passou a pregar o apocalipse no estúdio e enxergar o Cão na sombra dos companheiros. Uma tentativa de intervenção por parte de amigos rendeu a prisão do baixista Norwood, depois absolvido em julgamento.

O clima, porém, tinha acabado, e quando o CD chegou às lojas, em maio, o Fishbone já fora reduzido a um sexteto. Após o Lollapalooza, Chris, cansado das tretas, também pediria o boné, soterrando a era de ouro de uma imensa e injustiçada banda.

1990

Contém trechos de textos originalmente publicados na revista *Bizz* e no site Radiola Urbana em outubro e novembro de 2006.

MORPHINE
Cure for Pain
[1993]

Dizem alguns escritores que é preciso viver antes de escrever. A arte, acreditam, dota-se de mais credibilidade quando alicerçada na visceralidade das experiências reais. Discípulo de Jack Kerouac e outros expoentes dessa filosofia, Mark Sandman (Newton, Massachusetts, 24 de setembro de 1952) honrou-a rigorosamente, codificando à música moderna o espírito beat.

Muito antes de formar o Morphine em 1990, ele passara a maior parte da década de 1970 rodando as três Américas, comunicando-se minimamente com a família. Foi pescador no Alasca, enlatou atum em San Francisco, transou maconha e cogumelos no Belize, bundou em Machu Picchu e até trabalhou como pedreiro no Rio de Janeiro.

Acometido por problemas de saúde em terras brasileiras, retornou ao seu estado norte-americano natal, radicando-se em Cambridge, vizinha da Lowell de Kerouac. Desdobrou-se em diferentes bandas, incluindo Treat Her Right, de relativo sucesso underground, e enfrentou a perda de dois – sim, dois – irmãos mais novos no intervalo de dezesseis meses.

Idiossincráticos compulsivos

Com a bagagem que Sandman acumulava aos 37 anos, inventar uma das mais peculiares bandas do rock alternativo da década de 1990 era um mero detalhe. E foi isso o que aconteceu quando ele se juntou ao baterista Jerome Deupree (Cincinnati, Ohio, 9 de novembro de 1956) e o saxofonista Dana Colley (Portland, Maine, 17 de outubro de 1961). Seu ousado plano depois se revelaria perfeito: tudo no Morphine deveria ser uma marca registrada reconhecível em um compasso.

Isso incluía o nome, inspirado mais no deus grego do sonho, Morfeu, do que na droga morfina; a voz grave e esfumaçada de *crooner* rodado, possuído por um lirismo maldito curtido em mil aventuras; a ausência de guitarras; o uso de um instrumento cavernoso e incomum no rock, o sax barítono; a bateria de afinação e sotaque jazzísticos; e, é claro... *aquele* baixo de duas cordas, que só deus sabe como Sandman tocava tão bem.

Nascia o "low rock", nomenclatura apropriadamente inventada pela banda para definir uma sonoridade atemporal. Um universo próprio, ao mesmo tempo inédito e eterno, nos moldes do criado por Tom Waits.

Um mundo em duas cordas

Favorecidos pelo *boom* indie que atingia o mercado roqueiro na alvorada dos anos 1990, causaram burburinho já na estreia com *Good* (1992). Mas foi por meio de *Cure for Pain*, lançado em 14 de setembro do ano seguinte, que o trio deixou sua marca no panteão dos álbuns especiais daquela década. Em registro magistralmente translúcido do produtor Paul Q. Kolderie (queridinho daquele momento, colaborador de Pixies e Radiohead), o álbum traz a melhor safra de composições de Sandman, enroupada por tudo que fez do Morphine uma banda tão amada.

O *riff* da clássica "Buena", exemplo do baixo bandido tocado com *slide* criado por Mark, nos transporta a um *saloon* imaginário coabitado por poetas, traficantes e matadores de aluguel. O da bela "Candy" soa como uma teia de graves malemolentes que derretem aos poucos. É impressionante a atmosfera que ele consegue projetar com o instrumento propositalmente banguela. "Uma extravagância de minha parte", brincava, lembrando no documentário *Cure for Pain: The Mark Sandman History* (2011) que começou a banda experimentando com uma solitária corda. "Se você tem mais de duas cordas, tem mais chances de tocar as notas erradas." Quanta sabedoria.

Outros segredos

A performance de Colley não fica atrás. Por vezes encorpando as linhas de baixo em uníssono ("A Head With Wings", "Mary Won't You

Call My Name?"), ele floreia os silêncios deixados pela voz narcótica de Mark com *licks* embriagados da marra de ícones do cool jazz, gente como seu colega de barítono Gerry Mulligan, ou os gênios do tenor da laia de Lester Young e Dexter Gordon.

Emulando outro grande dos sopros, Rahsaan Roland Kirk, Colley tocava simultaneamente esses dois tipos de saxofone em alguns dos arranjos, para estupefação dos jovens roqueiros predominantes nas plateias. Sua participação no Morphine devolveu ao rock, de forma digna e bastante inusitada, um pouco da importância de um instrumento tão presente na aurora do gênero, nos anos 1950. Possibilitou, também, o improvável "pogo" ao som de sax barítono, como propõe a endiabrada "Thursday", uma das melhores canções do disco, punk blues que relata de maneira impecável os apuros de um homem envolvido com uma "mulher de malandro".

Deupree, um baterista de sutilezas e volume pouco familiares à fauna roqueira ("Sheila" que o diga), era o homem certo para enlaçar o brilhantismo dos dois colegas. Partia dele a dinâmica reguladora das improvisações jazzísticas que o trio assimilava ao vivo, tanto na não repetição dos solos de Colley quanto nas reinterpretações vocais de Sandman. Pena que, devido a uma artrose nas mãos, Jerome tenha pedido o boné no meio da gravação, dando lugar ao igualmente ilustre Billy Conway (Owatonna, Minnesota, 18 de dezembro de 1956). Conway, que morreria de câncer em 2021, gravou três faixas: "Thursday", "Cure for Pain" e "Let's Take a Trip Together".

1990

Canções, sempre elas

Em muitos momentos de *Cure for Pain* tudo está tão grave (a voz processada em microfone vintage, a maçaroca do baixo com *slide*, o sax barítono) que se demora a notar que as melodias são tão boas. A faixa-título e "Candy" exemplificam disso.

Tampouco passam batidas "In Spite of Me", preciosa balada acústica com bandolins, ou a instrumental que encerra o repertório, a latin-western "Miles Davis' Funeral". Ambas eram ensaios das instrumentações heterodoxas utilizadas pela banda pontualmente em estúdio, que incluíam o *tritar*, mistura de baixo e guitarra criada por Sandman.

Morte no palco

Infelizmente, o Morphine duraria apenas mais dois álbuns (*Yes*, de 1995, e *Like Swimming*, de 1997). O velho casal Sandman foi obrigado a enterrar um terceiro filho depois que, em 3 de julho de 1999, Mark, aos 46 anos, teve seu prematuro e trágico final de poeta romântico. Diante de cinco mil pessoas num festival amadorístico de música em Palestrina, cidadezinha no alto de uma colina ao lado de Roma, ele sucumbiu a um ataque cardíaco enquanto cantava uma canção chamada "Super Sex".

O trio estava confirmado na edição daquele ano do saudoso e brasileiríssimo Free Jazz, marcado para o segundo semestre. Meses depois saiu o ótimo disco póstumo *The Night*.

Há uma praça chamada Mark Sandman em Cambridge.

BECK
Odelay
[1996]

Popularizado pelos produtores de hip-hop nos anos 1980, o ofício de samplear foi tão explorado nas duas décadas seguintes por músicos de diversos gêneros que, já na entrada do milênio, suas possibilidades pareciam praticamente esgotadas. E, olhando para trás, a porção da produção pop baseada no ctrl+c sonoro a gerar bons discos – ou simplesmente títulos que envelheceram com dignidade – é bem mais limitada do que a do hip-hop, o gênero que ainda permanece sampleador por excelência.

Separando o joio do trigo do último decênio do século passado, todos os caminhos nos levam a *Odelay*, segundo álbum oficial de Beck, obra-prima do pop-colagem alternativo noventista, ao lado de títulos como *Blue Lines* (1991), do Massive Attack, e *Dummy* (1994), do Portishead. Mesmo abusando da máxima de botequim "um muito de tudo misturado", o CD lançado em 18 de junho de 1996 dribla a armadilha do excesso de informação para constituir-se num marco pós-moderno, ao mesmo tempo originalíssimo e acessível. Um inesperado sucesso que acabou obrigando a indústria a abrir um espaço só para o seu autor, definindo "Beck" praticamente como um subgênero por si só.

O trabalho foi parcialmente produzido em parceria com os Dust Brothers, dupla responsável por *Paul's Boutique* (1989), dos Beastie Boys, um dos primeiros LPs baseados em fragmentos musicais surrupiados a ser elevado a status de arte refinada. Ao escalá-los para *Odelay*, Beck Hansen, figura oriunda do underground estadunidense que surpreendera o mainstream com o hit "Loser" (1994), aplicou magistralmente o conceito "colcha de retalhos" do clássico dos Beasties a favor de seu pop doidão.

A mistureba deu liga em diferentes âmbitos. Impulsionado pelos divertidos clipes dos três primeiros singles, "Where It's At", "Devils Haircut" e "The New Pollution", o álbum foi uma das sensações daquele ano. Caiu nas graças do público, que só nos EUA arrematou mais de dois milhões de cópias, e encantou a crítica, faturando dois Grammys em 1997 e perpetuando sua presença em todas as listas de *best of*. Foi eleito álbum do ano por veículos como *NME*, *The Village Voice*, *Spin* e *Rolling Stone*, e rendeu a Beck o Brit Award de melhor artista masculino internacional.

O branco mais *arty* da quebrada

Para entender como se formou o peculiar universo estético-sonoro de Beck que chegou às nuvens em *Odelay*, vale, inicialmente, escrutinar a sua linhagem genética francamente *arty*. Os avós eram artistas performáticos que andavam com poetas e escritores da cultuada cena beat. Ele, Al, tinha ligações com o movimento multidisciplinar fluxus e conhecia figuras como John Cage e Yoko Ono; ela, Audrey, era uma poeta, atriz e modelo que ousou ter o cabelo pintado de roxo e verde em plenos anos 1950 e foi viciada em heroína.

A filha deles, Bibbe, atuou em filmes de Andy Warhol e chegou a se aventurar na música no início dos anos 1960, tocando na banda adolescente The Whippets em companhia de Janet Kerouac, filha do beat-supremo Jack Kerouac. Casou-se em 1969 com o violonista e arranjador canadense David Campbell, colaborador de nomes da cena de folk-rock suave do bairro californiano Laurel Canyon, como Carole King e Jackson Browne. O filho do casal, Bek David Campbell, nasceu em 8 de julho de 1970 em Los Angeles. O "c" no primeiro nome ele assumiria no início de carreira por resignação, já que todo mundo achava que se escrevia assim; o sobrenome Hansen herdaria da mãe após o divórcio dela e do pai, nove anos depois.

Bek cresceu em Pico Union, pedaço de Los Angeles nos arredores do MacArthur Park com grande afluência de imigrantes centro-americanos, coreanos e armênios. Teve que largar a escola pública que frequentava de tão assediado que era pelas temidas gangues salvadorenhas que dominavam os corredores. No entanto, a má experiência com a comunidade de *latinos* – como são chamados todos que falam espanhol nos Estados Unidos – parou por aí. Separada de David, Bibbe casou-se com um artista mexicano, e Bek ganhou uma nova família, incluindo irmãos de criação, cuja cultura exerceria grande influência em sua discografia mais tarde. O novo clã ainda era frequentado por bandas punk, acolhidas pelo casal entusiasta do novo movimento que surgia na metade dos anos 1970.

Faltava dinheiro, mas sobravam referências artísticas, tanto na família quanto nas efervescentes e caóticas ruas de Los Angeles. O avô elaborava esculturas com sucata que ajudaram a determinar o seu conceito de colagens musicais. Pré-adolescente, já nos anos 1980, andava com b-boys. Mas Bek se sentia por fora tanto entre os brancos (por sua família de mexicanos) quanto na escola, onde era o único de pele clara. A confusão identitária se nutria também por vias religiosas, fruto da miscelânea formada pela mãe judia, pelo padrasto católico e pelo pai que transava cientologia – crença que o atrairia mais tarde, na década de 2000. Desconectado dos sons da época, alucinou ao descobrir os acervos do *bluesman* Mississippi John Hurt e do ícone folk Woody Guthrie. Aprendeu a tocar violão e começou a se apresentar na rua e em diferentes linhas de ônibus.

Foi uma revelação que o afetou profundamente. "Quando eu conheci o blues do Delta do Mississippi, eu conseguia escutar as batidas de hip-hop naquela música; era só o Son House tocando o violão sozinho, mas tinha uma batida hip-hop sugerida em tudo que ele tocava", revela ele ao escritor inglês Rob Jovanovic em *Throwing Frisbees at the Sun: A Book About Beck*, biografia publicada em 2015. "Está tudo relacionado: remete ao ritmo e à influência africana." Sua obsessão agora era reescrever antigos hinos de blues e folk à sua maneira.

"Loser", *pero no mucho*

Paralelamente ao ofício de andarilho violeiro, Bek ralou em fábrica de roupas, jardinou e lavou louças numa padaria. Aos dezesseis anos, inaugurou suas folclóricas gravações caseiras, em método rudimentar que envolvia registrar uma ideia sonora num gravador, para depois reproduzi-la em outro aparelho e tocar outra ideia sobre o áudio da fita original. Isso gerava efeitos distorcidos autênticos.

Na metade de 1988, celebrou os dezoito anos se mudando para Nova York, onde trabalhou numa chapelaria de livraria, viveu de sofá em sofá e chegou a dormir na rua enquanto tentava conseguir shows.

Aventurou-se até em *freestyle* de rap no Tompkins Square Park e zanzou pela chamada cena antifolk ao redor de clubes como Chameleon e Pyramid, movimentada por neopunks afeitos a sons acústicos. Lançou a primeira fita artesanal, "Banjo Story", nesse período, em que seu radar de influências já captava também as baladas desconcertantes de Daniel Johnson, a fúria noise da banda Pussy Galore e *Paul's Boutique*, o caleidoscópico LP de 1989 dos Beastie Boys.

Voltou a LA dois anos depois, ganhando a vida limpando jardins, descarregando caminhões e atendendo em videolocadora. Tocava no Troy Cafe, da mãe e do padrasto, apresentando agora um lado mais performático, do tipo que sai de um caixão ou bota fogo no violão em cena, investindo em letras bizarras e engraçadas. Conheceu o produtor de hip-hop Karl Stevenson, com quem fez em 1992, já com C no nome, o single "Loser", lançado em março do ano seguinte em vinil pelo selo independente Bong Load, logo após a edição de sua fita cassete *Golden Feelings*.

A batida hipnótica, a guitarra *slide*, a rima "quadradona" e, sobretudo, o refrão, com a frase em espanhol "*Soy un perdedor*" seguida do "*I'm a loser, baby, so why don't you kill me?*", resultavam em algo originalíssimo e inusitado, que acabou caindo nas graças de várias rádios. Todo mundo pensou que o estribilho era irônico, mas a verdade é que a letra se trata de um desabafo real de Beck sobre seu rap, que ele próprio achava uma porcaria. Colou-se no incensado astro uma imagem de perdedor autodepreciativo que ele teria que passar o resto de sua carreira rebatendo. O astro também disse depois ter vergonha da sonoridade *lo-fi* daquele hit, outro de seus atributos que costumam ser elogiados.

Mal interpretado ou não, fato é que em novembro, após disputas entre várias gravadoras grandes, Beck assinou com a Geffen Records. Era a oferta mais modesta financeiramente, mas, segundo ele, a que lhe garantiu por contrato poder publicar gravações "não comerciais" por pequenos selos e em formatos variados. Também fechou com John Silva, empresário do Nirvana e do Sonic Youth. *Mellow Gold*, primeiro lançamento oficial pela Geffen, saiu em 1º de março de 1994. Apareceu no segundo lugar da lista de melhores do ano da *Spin*, enquanto "Loser", alavancada por um clipe baixo em orçamento – mas alto em esquisitices visuais – rendeu indicações ao Grammy e ao VMA da MTV.

1990

O grande salto

Entre as várias novidades da fase entre o parto de *Mellow Gold* e o quase imediato início da produção do sucessor *Odelay*, destacam-se o fato de o cantor ter passado, então, a se apresentar apoiado por uma banda. Sempre fora um "lobo solitário" de palco, mas agora estava inevitavelmente lidando com novas maneiras de arranjar canções. "Antes eu nunca me preocupava com como elas soariam ao vivo; agora estava abraçando o álbum como uma forma de arte totalmente diferente", explicou à época, conforme consta em *Throwing Frisbees at the Sun*. Participou do Lollapalooza 1995, quando o festival ainda era itinerante e carregava uma verve alternativa, e travou amizade com os três homens responsáveis pela sonoridade revolucionária de *Paul's Boutique*, dos Beastie Boys: o brasileiro Mario Caldato Jr., posteriormente produtor do Planet Hemp e da dupla Mike Simpson e John King, os Dust Brothers.

"Eu tocava os instrumentos, Mike Simpson fazia *scratches* e nós três escolhíamos os samples juntos, a partir dos discos que estivessem no estúdio", relata Beck no livro, sobre o processo de criação de *Odelay*, realizado em vários estúdios, aproveitando buracos na agenda de shows. Nessa época, perdeu o avô Al – que, como último legado, deixou parte das colagens do encarte –, de forma que mergulhar na labuta veio bastante a calhar.

O grande desafio técnico da feitura de *Odelay* foi a mixagem, sobretudo no que se refere à raspagem de camadas excessivas de samples, partes tocadas e barulhos em geral das primeiras versões das músicas. No final de 1995, o novo trabalho estava pronto, com sua peculiar capa estrelada por um saltitante representante da raça húngara komondor, que o próprio artista encontrou num livro sobre cães. O título era uma adaptação estadunidense de "órale", expressão mexicana equivalente a um "vamos nessa". Ainda deu tempo de cair na estrada abrindo para o Sonic Youth.

Beck achava que a repercussão seria desastrosa, mas *Odelay* chegou às lojas em CD em 18 de junho de 1996 entrando em 16º lugar na parada estadunidense e em 18º na britânica. Sem perder tempo, ele saiu em turnê na semana seguinte, com Justin Meldal-Johnsen no baixo, Smokey Hormel na guitarra, Theo Mondle nos teclados, Joey Waronker na bateria e o DJ Swamp. Dessa vez, munido de figurino superdescolado e coreografias pitorescas de sabor kitsch.

Os outros segredos

A lista de segredos para o improvável sucesso de *Odelay* começa por algo simples, mas infalível: a presença de boas canções, com refrões memoráveis e letras viajandonas. Tudo bem que sem o *riff* invocado do Them na introdução ou o breakbeat de Bernard Purdie no meio, "Devils Haircut" perderia parte de seu charme. Ou que o sax garimpado em gravação obscura do saxofonista Joe Thomas de fato enfeita com brilho o arranjo de "The New Pollution" (composta e gravada numa única sessão). Mas mesmo se rearranjadas de forma… er… mais convencional, essas são composições que passariam no crivo do tribunal pop.

O questionamento sobre a sustentabilidade de suas criações além da parafernália sampleadora empurraria Beck para outra direção já em seu CD seguinte, *Mutations* (1998), que ele começou a gravar imediatamente após a turnê de *Odelay*, com instrumentistas tocando ao vivo em estúdio e produção do então homem da vez, Nigel Godrich (Radiohead, R.E.M.). A partir daí, em sua longa e diversificada carreira, abraçaria outras roupagens, do soul cósmico de *Midnite Vultures* (1999) ao indie pop redondo de *Hyperspace* (2019), passando pelo folk melancólico de *Sea Change* (2002), atestando repetidamente seus atributos de compositor.

"A sua mistura única de folk, blues e country bebia tanto das cenas mariachi e hip-hop de Los Angeles quanto do seu amor por indie rock tocado com guitarra", resume Rob Jovanovic em *Throwing Frisbees at the Sun*. "Tudo isso coroado com o seu afiado senso de humor observacional, sem contar a bagagem da sua família em arte performática." O caráter de progressismo musical se refletia também na variedade da lista de nomes que remixaram o material de *Odelay*, abrangendo de Noel Gallagher ("Devils Haircut") a Aphex Twin (a mesma canção, rebatizada "Richard's Hairpiece").

Outro trunfo de *Odelay*, e da obra do Sr. Hansen como um todo, é sua frequentemente subvalorizada voz. Versátil e vulnerável, seu canto e/ou rimas assumidamente "de branco" emitem calorosos sinais de proximidade, como se partissem daquele amigo emocionalmente instável, mas de bom coração, que todo mundo tem. Tal qualidade aflora em momentos como o country-rock "Lord Only Knows" e as bonitas baladas folk "Jack-Ass" e "Ramshackle". Também vale apontar que, além de contar com os

1990

Dust Brothers e Mario Caldato – que mixou "Minus" –, o projeto teve a participação de outros colaboradores de peso, como o *bluesman* punk Jon Spencer (teclados em "Diskobox", faixa bônus da edição inglesa), e até de uma lenda do jazz de vanguarda, o contrabaixista Charlie Haden ("Ramshackle").

A liga que o sample dá

Por último, claro, é necessário reiterar a grandiosidade da labuta dos Dust Brothers, que também são creditados como coautores em dez das treze faixas do repertório oficial. Mais de um quarto de século depois, a teia de recortes sônicos tecida por King e Simpson permanece como um dos mais iluminados testamentos da era do sampler, ombro a ombro com *Paul's Boutique* e outra joia do hip-hop de 1989, *3 Feet High and Rising*, do De La Soul (ver texto sobre esse álbum na página 256).

Graças à habilidade dos dois, Beck moldou uma coleção de composições que, embora cheguem a ter incontáveis partes artificialmente emendadas, soam magicamente coesas. Um mesmo arranjo de *Odelay* pode transitar impunemente do rock de garagem à raga indiana, do country ao funk, do noise ao electro. De quebra, a mistureba ainda inaugurou o revival dos anos 1980 em "Novacane" e "High 5 (Rock the Catskills)", com suas levadas de bateria eletrônica vintage; "Diskobox", por sua vez, remete aos Beastie Boys de outra fase gloriosa, *Check Your Head* (1992).

O encarte da primeira edição de *Odelay*, cuja produção o músico avalia ter custado US$ 200 mil, lista treze samples. Como o disco foi bancado por uma gravadora visada, a Geffen – com quem Beck travaria disputa judicial a seguir –, certamente pingou troco na conta dos peixes grandes incluídos na relação, como Bob Dylan, James Brown e nosso Antônio Carlos Jobim. Mas há sites especializados, como WhoSampled, que identificam até o dobro de fragmentos copiados pelos Dust Brothers e aplicados em onze das quatorze faixas (as exceções são "Minus", "Ramshackle" e "Diskobox"). Ainda teve que ser tirado, de última hora, um trecho de um anúncio da boneca Barbie, sob ameaça de processo.

Publicado originalmente no site daniadsetti.medium.com a 15 de dezembro de 2020.

BJÖRK
Homogenic
[1997]

Entre os modernizadores da música pop dos anos 1990, é difícil encontrar um mais importante do que Björk Guðmundsdóttir. Disco a disco, clipe a clipe, a mulher mais famosa da Islândia foi um vetor incansável de progressismo audiovisual a partir da última década do segundo milênio, capitaneando de forma destemida o curso de seu manancial de talento inato. Ela trouxe ao universo musical uma extensa lista de novidades, que ainda estão por ser totalmente compreendidas e assimiladas. Tudo em Björk é de uma originalidade gritante, do timbre de sua voz à paleta de possibilidades melódicas e expressivas que emite, passando pelo vanguardismo de seus arranjos, pelos visuais acachapantes – complementares à sua aparência natural de ser de outro planeta –, por seu interesse em explorar mídias extramusicais, por seu gestual e até mesmo pelo jeito como abre a boca para cantar.

A primeira etapa da carreira solo da ex-sugarcube deixou como legado uma obra essencial, na qual risco e coragem não foram impedimento para sucesso comercial. Lançado em 22 de setembro de 1997, *Homogenic*, seu terceiro e último álbum na década de 1990, é o mais belo, maduro e denso deles, além de constituir um dos pontos altos de sua longa trajetória artística.

O disco abastece-se da safra mais emotivamente inspirada de composições da autora, que vinha de um ano infernal no âmbito pessoal. Sua sonoridade, ancorada em precursora combinação entre cordas e programações eletrônicas experimentais, persiste atual, 26 anos depois. E, mesmo ousando na roupagem, *Homogenic* tocou fundo no coração de quem o ouviu, chegando ao número 4 na parada britânica. Ao empregar batidas distorcidas e atmosferas gélidas a favor de lindas canções, desbravou caminhos e fixou as coordenadas para outras obras icônicas eletronicamente revolucionárias, como *Kid A* (2000), do Radiohead.

Veterana aos 20

Não foi muito tempo depois de seu nascimento, a 21 de novembro de 1965 em Reykjavik, que Björk começou a sua relação com a música. Aos cinco anos de idade, já estudava flauta; aos onze, cantou "I Love to Love (But My Baby Loves to Dance)", hit disco de Tina Charles, num programa de rádio, façanha que lhe propiciou lançar o primeiro LP, homônimo, já em 1977. Baseado em versões islandesas da menina-prodígio para clássicos de nomes como Stevie Wonder e Beatles, além de uma peça instrumental de sua autoria, a bolacha trazia também uma sensacional capa desenhada por sua mãe Hildur, ativista ambiental separada de seu pai desde que ela tinha quatro anos.

Antes de chegar à idade adulta, ainda tocou bateria na banda punk de garotas adolescentes Spit and Snot, integrou o combo de jazz fusion Exodus e se aventurou em grupos pós-punk, primeiro o Tappi Tíkarrass e depois o Kukl. Em 1986, aos vinte anos, quando já era mãe do menino Sindri e veterana da cena local, participou da criação do Sugarcubes. Com seu som etéreo, em meio ao qual reinava a voz única da vocalista, o grupo foi um inesperado fenômeno indie, emplacando seus dois primeiros lançamentos no top 15 do Reino Unido e relembrando o mundo da existência daquela remota ilha europeia ("onde fica a Islândia?" era um dos subtítulos de matéria da revista brasileira *Bizz*, de dezembro de 1989, sobre eles). Paralelamente, em 1990, gravou o LP jazzístico *Gling-Gló*, creditado a Björk Guðmundsdóttir & Tríó Guðmundar Ingólfssonar.

London, London

O Sugarcubes fez ainda um último LP, *Stick Around for Joy*, em 1992, pouco antes de capitular ante o domínio do grunge e do britpop. No início do ano seguinte, Björk se mudou para Londres e, trabalhando com Nellee Hooper, produtor britânico que vinha se destacando por suas parcerias com Neneh Cherry e Soul II Soul, gravou seu primeiro trabalho solo, *Debut*. Franca guinada estilística da cantora, o CD saiu em julho, trazendo desde acid house a toques indianos. Com seiscentas mil cópias arrematadas apenas no Reino Unido em menos de um ano, foi uma das grandes surpresas do período, estarrecendo até mesmo a One Little Indian, gravadora londrina "herdada" da antiga banda, que projetava a venda de quarenta mil exemplares. *Debut* foi também o marco zero das colaborações entre a artista e diretores de clipe vanguardistas – e posteriormente inventivos cineastas –, começando com o francês Michel Gondry ("Human Behaviour").

Post, de junho de 1995, consolidou-a como uma das principais vozes do som alternativo comercialmente acessível da metade da década. Além de Hooper, somavam-se à sua bem-selecionada cooperativa algumas figuras carimbadas, do porte do lendário produtor e compositor brasileiro Eumir Deodato, que cuidou de parte dos arranjos de cordas, e de Tricky, ex-Massive Attack que se lançava em instigante carreira solo, também seu namorado no período. O segundo álbum aprofundava seu flerte com a eletrônica, dessa vez numa pegada mais experimental e trip-hop. Só que ela ainda era capaz de entregar algo totalmente inesperado, como "It's Oh So Quiet", versão jazzística gravada com *big band* para composição dos anos 1940 do austríaco Hans Lang, e até hoje seu maior single no Reino Unido (4º lugar). Spike Jonze, outro *videomaker* bastante festejado naquele momento, cuidou da divertida versão em clipe.

Resposta a um ano maldito

1996, ano em que a turnê de *Post* passou pelo Brasil no saudoso Free Jazz Festival, impactando em cheio este escriba (então com dezessete aninhos); foi louco, intenso e quase fatal para a Sra. Guðmundsdóttir. Em fevereiro, ela socara sem qualquer explicação uma repórter, que cometeu a "insensatez" de lhe dar as boas-vindas a Bangkok, Tailândia; em 12 de setembro, um mês antes da viagem ao Brasil, um fã uruguaio-estadunidense seu se matou, após gravar um vídeo em que informava que enviara a ela uma carta-bomba com ácido sulfúrico. A Scotland Yard conseguiu interceptar a encomenda pouco antes da entrega. O desequilibrado suicida se indignara por sua musa se relacionar afetivamente com um homem afro-britânico, no caso Goldie, o badaladíssimo papa do drum and bass, de quem ela, aliás, acabara de se separar.

Assim, quando começou a planejar o seu terceiro disco, Björk se encontrava totalmente à flor da pele, com vivências bizarras prontas para serem destrinchadas musicalmente. Além de tudo, estava farta da imprensa musical britânica, que a tratava como uma doidinha oriunda de um lugar exótico. Ela responderia a tudo isso nas letras e na atmosfera do que viria a ser *Homogenic*. Um título, aliás, que a autora justificou como fruto de sua busca por uma receita de "sabor único", embora cozida a partir de elementos inovadores distintos entre si. O pinga-pinga entre estilos musicais dos dois primeiros CDs ficara para trás, e a fofura estranha habitualmente atribuída à sua imagem dava lugar a uma profundidade introspectiva genuína. "É o pleno exorcismo de 12 meses podres, dois relacionamentos fracassados e um atentado à sua vida", afirmaria a resenha da revista inglesa *NME* sobre show em Manchester da turnê subsequente a *Homogenic*, realizado em outubro de 1997.

Esse momento pessoal mais introvertido de Björk significou também uma urgência pelo aumento de sua autonomia artística, menos atrelada a colaboradores de renome. Fechou, então, um núcleo mais enxuto de ajudantes fixos, parcialmente renovado e menos badalado. Sua mão direita, dessa vez, seria o jovem engenheiro britânico Markus Dravs, chapa de Brian Eno que tinha pilotado a mesa de som em *Post* (e que, futuramente, assinaria discaços como *The Suburbs*, lançado pelo Arcade Fire em 2010 – ver texto sobre este álbum na página 439). Dravs montou um pequeno estúdio na casa da nova chefa em Londres e confeccionou uma espécie de banco com cerca de cem ritmos programados, a partir de onomatopeias percussivas que ela "ditava" por telefone. As primeiras versões de cinco composições que integrariam o álbum, incluindo "Bachelorette" e "Jóga", já surgiram nessa fase, ainda no segundo semestre do "ano maldito".

Tão longe, tão perto

O pulo do gato, porém, se deu quando o calejado baterista inglês Trevor Morais, integrante da banda de palco de Björk, lhe sugeriu que as gravações principais de *Homogenic* ocorressem em seu estúdio El Cortijo, próximo à ensolarada Málaga, no sul da Espanha. Em pleno *burnout* midiático e ávida por retomar o contato com a natureza após anos de concreto londrino, Björk se mudou com Dravs para o refúgio andaluz, passando lá a maior parte dos próximos vários meses.

A partir de fevereiro de 1997, recebeu visitas do conterrâneo Sjón, antigo parceiro nas letras; do escocês Howie B, seu então companheiro sentimental e presente nos créditos desde *Debut*, e do inglês Guy Sigsworth, que tocara em *Post* e tinha no currículo a coautoria de "Crazy" (1990), hit de Seal. A principal novidade foi a chegada de outro britânico, Mark Bell, do projeto tecno LFO. Em princípio, ele ficaria só alguns dias na Espanha, mas se conectou tanto com a estrela que acabou estendendo sua estadia por quatro meses. Bell participaria de todos os projetos de estúdio da islandesa até a sua morte prematura, em 2014, aos 43 anos. Os créditos de *Homogenic* por pouco não incluíram também RZA, brilhante produtor do supergrupo de hip-hop nova-iorquino Wu-Tang Clan. A gravação que realizaram juntos, porém, não passou no crivo da moça e acabou engavetada.

Entretanto, ainda que a nova morada ibérica aumentasse em alguns milhares de quilômetros a distância física entre Björk e a Islândia, o seu país foi o principal alicerce de inspiração para o repertório de *Homogenic*. A expatriada nórdica queria representar em sons as fabulosas paisagens de *icebergs*, gêiseres e vulcões da grande ilha, e para isso não economizava nas diretrizes simbólicas a Dravs e Bell. Como relata a jornalista Emily Mackay em seu livro *Björk's Homogenic*, de 2017, as metáforas incluíam "as montanhas e os glaciares" na forma de batidas, ou o "musgo" representando as cordas. Pesquisou compositores tradicionais islandeses, como Jón Leifs, e o folclore local. Também lhe interessava o contraste entre as facetas natural e ultramoderna de sua terra natal, simultaneamente um dos países mais selvagens e civilizados do planeta.

"Eu batizei meus primeiros discos como *Debut* e *Post* porque eles me pareciam uma espécie de antes e depois [da minha mudança a Londres]", explicou ela em entrevista de 2002, incluída no encarte do CD *Homogenic Live* (2004). "Agora era hora de eu me isolar e realmente mostrar o que tinha aprendido e do que era capaz. Aprofundar os contatos com minha música, minha voz, minhas raízes."

Ao longo de *Homogenic*, percebe-se a demarcação de alguns pontos cardeais sonoros que traduzem a visão artística de sua autora para tal crescente orgulho nacional. São eles os ritmos imprevisíveis, sujos e ruidosos, as linhas de baixo eletrônico no limiar da saturação e os belíssimos arranjos de cordas, escritos novamente por Deodato e executados por instrumentistas islandeses. A depender da canção, acrescenta-se ao mapa algum elemento extra, como acordeom, percussão ou sopros.

Vale notar que os sons experimentais orquestrados contemporâneos eram uma de suas predileções no período. Isso era algo refletido tanto na entrevista que fizera em agosto de 1996 com o lendário compositor alemão Karlheinz Stockhausen, para a revista britânica *Dazed & Confused*, quanto no elenco de participantes de *Telegram*, coleção de remixes baseada em *Post*, de novembro do mesmo ano. Ela aplicou essa referência, é claro, com o seu costumeiro toque aventureiro: parte das cordas de *Homogenic* foi gravada com microfonação pouco convencional e ao ar livre, no pátio do El Cortijo.

Denso cosmopolitismo islandês

Se espanhol de berço e islandês de coração, *Homogenic* é cosmopolita de alma. E de capa. Encantada com o ensaio da revista de luxo estadunidense *Visionaire* publicado em fevereiro de 1997, Björk recrutou o estilista britânico responsável, o então jovem Alexander McQueen. "Brifou-o" para que a imagem refletisse a sua multiplicidade de influências, mas que ao mesmo tempo realçasse a sua personalidade de, em suas palavras, "uma guerreira que luta com amor". O icônico resultado, que hoje poderia ser rotulado como pastiche de apropriação cultural, traz a artista num esplêndido quimono japonês, com argolas do povo leste-africano Maasai no pescoço e penteado inspirado nos das etnias indígenas norte-americanas Hopi e Tewa.

"*Homogenic* redefiniu-a como uma artista cujos trabalhos visuais se entrelaçam com os temas e propósitos de seus projetos musicais, firmando a sua imagem como uma parte integral da sua arte, mais do que uma simples decoração ou escolha de estilo", define Emily Mackay em seu livro.

Musicalmente, tal espírito diverso e desbravador ecoa desde a imponente primeira faixa do repertório, "Hunter", na qual ela dá o aviso: "Se viajar é investigar/ E o lar é o que encontramos / Eu não vou parar".

O arranjo propõe uma releitura rítmica distópica do "Bolero" de Ravel na batida programada por Mark Bell, reforçada pelos surrealistas sons do acordeonista japonês Yasuhiro Kobayashi reproduzidos ao contrário. No clipe correspondente, dirigido por seus velhos colaboradores da produtora londrina Me Company, uma Björk careca se transforma num urso polar computadorizado.

É um artifício até pouco impactante se comprado ao de "Jóga", a faixa seguinte e primeiro single de *Homogenic* (lançado uma semana antes, em formato totalmente björkiano: três CDs e uma caixa de VHS). No épico vídeo, o diretor Michel Gondry entrega uma montagem feita após sobrevoar a Islândia em helicóptero e fotografar suas paisagens chocantes. O incrível cenário é perfeito para a grandiloquente melodia, as emocionantes cordas – que depois a rapper Missy Elliott sampleou – e a interpretação bombástica da cantora para a letra, escrita com Sjón, sobre sua melhor amiga.

O clima fica mais calmo na balada "Unravel", cujas vozes foram gravadas posteriormente às sessões espanholas. Mas a intensidade volta a níveis estratosféricos na faixa seguinte, "Bachelorette", segunda música de trabalho, promovida em dezembro. De melodia esplendorosa, que marcaria o seu catálogo para sempre, a canção recupera a história de Isobel, misterioso alter ego habitante de um bosque surgido em seu primeiro single solo, "Human Behaviour" (1993), e presente em composição homônima listada em *Post*. Farto em alusões florestais, seu delirante clipe, também criado por Gondry, ajuda a completar a trilogia.

Já a atmosférica "All Neon Like", embalada por batida hipnótica e texturas oníricas extraídas da glass harmonica (instrumento esquisito tocado por Alasdair Malloy), constrói a ponte entre o trip-hop e o Radiohead fase *Kid A*. "Não fique bravo consigo mesmo / Eu lhe curarei / Com uma lâmina abrirei uma fenda", dizem os versos mais dramáticos. Os recados intimistas persistem, no caso a paqueras "covardes que não seguram a onda", em "5 Years", cuja batida é vanguardista como o de sua sucessora, "Immature", em remix de Mark Bell. Com clipe dirigido por Alexander McQueen, o quarto single foi "Alarm Call", espécie de big beat com o desabafo "Não sou uma *fucking* budista / Mas isso é uma iluminação". A ela se sucede o pancadão "Pluto", composto num sintetizador na varanda do El Cortijo.

Dividindo águas

Na trajetória de Björk, o tamanho de *Homogenic* pode ser medido pelo tempo que ocupou em sua agenda. A turnê, na qual ela se apresentou acompanhada de Mark Bell e de um octeto de cordas islandês, teve mais de cinquenta shows e durou até janeiro de 1999. As faixas "Hunter" e "Alarm Call" foram trabalhadas como *singles* já no final de 1998, enquanto "Unravel", "Pluto" e "Nature Is Ancient" ganhariam clipes tardios, entre 2002 e 2003.

E "All Is Full of Love", o tema de encerramento, causou reboliço ao ser lançado só em junho de 1999, quando a cantora já estava pensando noutros projetos. Criada numa lufada de otimismo pós-crise trazida pela primavera malaguenha, foi outra a entrar na lista em sua versão remix (assinado por Howie B). A original, porém, é a que serve de trilha para o inesquecível vídeo de Chris Cunningham, inglês conhecido por seu trabalho com Aphex Twin e outros experimentalistas eletrônicos. Elaborado com a ajuda de efeitos do cobiçadíssimo estúdio londrino Glassworks, o retrato do amor físico entre robôs correspondeu a um divisor de águas do gênero, como foi, de uma forma mais ampla, Björk para o pop na década de 1990.

1990

MASSIVE ATTACK
Mezzanine
[1998]

Na segunda metade dos anos 1990 só se falava em fim do mundo. Apavorados por um tal "bug do milênio", céticos racionalistas concordavam pela primeira vez com exotéricos afeitos a profecias numerológicas na ideia de que não sobreviveríamos ao 1º de janeiro de 2000. O apocalipse, é claro, não veio. No entanto, caso as doze derradeiras badaladas do 31 de dezembro de 1999 tivessem soado como as definitivas para a humanidade, a melhor trilha sonora teria sido *Mezzanine*, terceiro trabalho do Massive Attack. Nenhum outro disco daquela era captou tão bem a tensão que acompanhou a sensação, ainda que ilusória e fragilmente embasada, de que nossa existência estava com os dias contados.

Lançado em 20 de abril de 1998, após atrasos e conflitos internos na banda, o álbum traz apenas onze canções – embora ultrapasse uma hora de duração – que emanam uma índole escura, densamente monolítica. Seu claustrofóbico repertório é à prova de raios de sol, imune a sorrisos; decididamente preto e branco, como a ameaça fascinante do escaravelho estilizado em sua memorável capa.

O mais sombrio e pesado dos lançamentos essenciais do chamado trip-hop, *Mezzanine* determina o fabuloso ápice de um som afro-britânico genuíno, brilhantemente bifurcado em atalho jamaicano. Uma fórmula que, como me disse o documentarista britânico Don Letts em entrevista de novembro de 2007, "não poderia ter surgido em outro lugar que não a Inglaterra". É a crônica introspectiva de uma arte de verve negra fadada a exalar vapor no ar frio de Bristol, no sudoeste da Inglaterra. E que, numa dessas conjunções cósmicas cada vez mais raras, também foi hit, encabeçando a parada britânica por duas semanas e permanecendo no top 100 por outras 47, além de ultrapassar a marca de 2 milhões de cópias vendidas globalmente. Trata-se de uma resposta comercial surpreendente, se considerarmos a alma soturna do CD, mas coerente com o hype que rodeava o grupo, então desfrutando de uma predileção unânime da crítica.

Quilometragem

Em 1988, quando o Massive Attack surgiu, seu quarteto de fundadores já ostentava uma considerável rodagem na cena musical de Bristol, integrando ou colaborando com o Wild Bunch, um coletivo de MCs, produtores e DJs respeitado até mesmo fora da Inglaterra. Outras figuras ilustres a integrarem a banca ou girarem em sua órbita foram a cantora Neneh Cherry e Nellee Hooper, que faria fama produzindo Björk e Madonna, além de *Protection*, o segundo disco da banda.

Os quatro descendiam de imigrantes, quase todos negros oriundos do Caribe, algo muito típico dos jovens das classes populares britânicas crescidos nas décadas de 1960 e 1970, sobretudo em uma cidade conhecida por sua multiculturalidade. A família de Grant "Daddy G" Marshall (18 de dezembro de 1959) viera de Barbados; Andrew "Mushroom" Vowles (10 de novembro de 1967) tem pai dominicano; Adrian "Tricky" Thaws (27 de janeiro de 1968) possui ascendências jamaicana e guianense; e Robert "3D" Del Naja, o único branco e não nascido em Bristol (Brighton, 21 de janeiro de 1965), é filho de um napolitano.

Além de ligado à música, 3D já era então considerado um dos mais importantes grafiteiros e artistas de rua do Reino Unido. Expondo em galerias desde 1985, esse discípulo de Basquiat e devoto da estética pós-punk seria mais tarde citado como principal influência por Banksy, o mais célebre (ainda que anônimo) nativo de Bristol. Existe, inclusive, a teoria de que 3D poderia ser o próprio Banksy, ou ao menos integrar parte de um coletivo que leva nome do artista. Mas esse segredo nem mesmo Melissa Chemam, jornalista francesa que escreveu o livro *Massive Attack: Out of the Comfort Zone* (2019), foi capaz de desvendar.

De qualquer maneira, a fina flor das artes gráficas marcou muito o trabalho do Massive Attack em todas as suas etapas. Del Naja sempre cuidou das capas dos discos, inclusive a de *Mezzanine*, com seu impressionante besouro misturado a objetos metálicos. A obra foi criada em colaboração com o designer Tom Hingston, a partir de cliques do fotógrafo de moda Nick Knight, no Museu de História Natural de Londres.

Ambient para a cabeça

Contratado pela Circa, gravadora absorvida pela Virgin, o Massive Attack chamou a atenção com seus dois primeiros singles, "Daydreaming" e "Unfinished Sympathy", lançados em outubro de 1990 e fevereiro de 1991, respectivamente. Confirmaram o hype com o fabuloso *Blue Lines*, álbum de estreia editado em abril de 1991, que gerou quatro faixas de trabalho e chegou ao número 13 no Reino Unido.

Público e imprensa alucinaram com aquela mistura de hip-hop, dub, soul, eletrônica e melancolia que, em 1994, um jornalista batizaria como "trip-hop" (para ódio de seus supostos representantes). Já Daddy G definiria, em entrevista à revista canadense *Hour* publicada em setembro de 1996, como "música ambient lenta, feita para a cabeça e não para os pés". Eram modernos tanto no conteúdo, apostando em músicas não necessariamente servidas de refrões, quanto na forma, com videoclipes desafiadores que atestavam a entrada de uma nova década. Inovavam também na organização, ao não ostentarem uma liderança aparente, operando como um núcleo horizontal cercado de colaboradores bem escolhidos. Em *Blue Lines*, os convidados foram a vocalista inglesa Shara Nelson e o veterano cantor jamaicano Horace Andy, que depois participaria dos outros quatro LPs oficiais, firmando-se como uma espécie de membro honorário da trupe.

Sempre conectados às principais pautas políticas e alinhados à esquerda, no período da divulgação do primeiro disco mudaram temporariamente o nome para apenas Massive, diante da Guerra do Iraque que acabava de estourar. "*Massive attack*", ou "ataque gigante", era a manchete favorita dos tabloides ingleses sobre o conflito. Mas o título já se restabeleceu antes do comecinho de 1992, quando lançaram EP com a faixa "Home of the Whale", interpretada pela cantora folk irlandesa Caroline Lavelle.

1990

Nina Simone e Madonna

A ambição da trupe na busca por vozes femininas, aliás, foi aumentando desde que Shara passou a não estar mais disponível. Tentaram até mesmo contatar a deusa soberana do jazz, Nina Simone, mas acabaram se contentando com outra bela opção, Tracey Thorn, do Everything but the Girl, e a menos conhecida Nicolette, para o aguardado novo LP, *Protection*, de setembro de 1994. Quarto lugar na parada do Reino Unido, o segundo disco gerou singles sublimes como "Karmacoma", um álbum inteiro de remixes feitos pelo produtor de dub guianense Mad Professor (*No Protection*, de 1995) e marcou a última participação de Tricky que, em busca de mais espaço criativo, saiu em carreira solo.

Mesmo com a perda, a reputação do grupo estava nas nuvens, e 3D e Nellee Hooper foram escalados para colaborar com Madonna numa versão de "I Want You", de Marvin Gaye, para a coletânea *Inner City Blues* (1995), em homenagem ao genial *soulman*. A parceria com a maior chanceladora de reputações do mundo pop do fim do milênio consolidava a vocação de 3D, Daddy G e Mushroom para o labor como produtores, que eles cultivavam desde o início do projeto. A *marca* Massive Attack não poderia estar mais avalizada.

Organicidade sombria

Durante a turnê de divulgação de *Protection*, a versão palco do Massive Attack transcendeu o molde *sound system,* assimilando instrumentos tocados ao vivo. Em 1996, quando excursionaram com David Bowie, se apresentavam encorpados por guitarra, baixo e bateria. E foi com essa configuração que eles começaram a compor, na estrada, o repertório do terceiro disco, que então chamavam de "Damaged Goods".

Tanto pelo título provisório, roubado de uma canção do Gang of Four, quanto pela sonoridade, a influência do pós-punk britânico da virada das décadas de 1970 e 1980 se destacava na nova safra de criações. Em muitos casos, os esboços partiam de partes recortadas do repertório de nomes como Public Image Ltd. ou Wire. Inclusive, em 2019, quando celebrou tardiamente os vinte anos de *Mezzanine* numa turnê, o Massive Attack incluiu covers de canções sampleadas no disco.

As gravações ocorreram praticamente durante todo 1997 no Christchurch Studios, em Clifton, subúrbio de Bristol, e no próprio estúdio da banda na cidade. Purista de hip-hop, sempre mais contente em pilotar seus *turntables* do que aturar o som de instrumentos no retorno, Mushroom, o único membro fundador que não rimava, implicou com a nova direção que aquilo ia tomando. Tampouco achava graça nas novas letras de 3D, mais paranoicas e sombrias do que nunca, como indicava o single que antecipou o álbum, "Risingson" ("você está perdido e é letal", diz um dos versos). Lançada em 7 de julho de 1997, trazendo a instrumental "Superpredators" no lado B, a canção foi número 11 no Reino Unido.

Essa falta de sintonia, amplificada pela preguiça que Mushroom tinha de se apresentar ao vivo, explica em parte o turbulento processo de produção de *Mezzanine*, cheio de atrasos e com sessões fragmentadas de acordo com a pouca vontade dos membros de trabalharem juntos na mesma sala.

Desavenças à parte, o espectro de colaboradores se expandia. Além de Horace Andy, estavam a bordo dois músicos que progressivamente se tornariam cruciais para o grupo nos quesitos arranjo e composição: o guitarrista Angelo Bruschini e o multi-instrumentista Neil Davidge, que assina a coprodução de *Mezzanine*. Além deles, participaram o baterista Andy Gangadeen, os baixistas John Harris, Bob Locke e Winston Blissett e, claro, duas vocalistas.

Uma elfa em Bristol

Uma das cantoras era a novata Sarah Jay Hawley, que depois sumiria do mapa, mantendo carreira errática. A outra, ninguém menos que Elizabeth Fraser, dona da mais inimitável das vozes etéreas; a inalcançável elfa escocesa que, durante os quinze anos anteriores, enfeitiçara toda uma geração indie à frente do Cocteau Twins, grupo que acabara de chegar a seu fim. (Ver texto sobre o álbum *Treasure* na página 230.)

Liz já tinha sido procurada por 3D para uma possível parceria em 1994, mas, em atitude que só alimenta o mito sobre sua reclusão,

1990

nem sequer respondeu. Três anos depois, porém, se mudou para Bristol com o novo companheiro, Damon Reece, baterista do Spiritualized, e o contato com seus admiradores finalmente acabou vingando.

Em abril de 1997, ela foi convidada a registrar vocais numa base criada a partir de uma batida de Mushroom, com cravo tocado por Neil Davidge. Grávida, compôs a letra e gravou sob o impacto da recente morte do amigo Jeff Buckley. Só que Mushroom não gostou da demo e vetou o uso de sua batida, que acabou substituída por sample não creditado de "Sometimes I Cry", do jazzista Les McCann. E ele fez pior: vazou a obra em andamento, que o mundo logo conheceria como "Teardrop", para Madonna, que ficou interessada em repetir a colaboração com o trio.

Despedida

O fato de terem que descartar o input da Material Girl em favor de Elizabeth foi mais um dos atritos que contribuiriam para a saída de Mushroom. Oficialmente anunciada apenas em setembro de 1999, a ruptura já era evidente deste novembro do ano anterior, sete meses após o lançamento de *Mezzanine*, quando ele fez seu último show com os companheiros, justamente em Bristol.

Nada foi capaz de convencer o membro fundador a permanecer no grupo. Nem mesmo o álbum ter sido rapidamente saudado como uma obra magicamente coesa, forjada no encontro ecumênico de batidas amedrontadoras, guitarras distorcidas, ambiência psicodélica, dois rappers, um *crooner* jamaicano e a rainha do dream pop.

Decisão certa

Dizer "não" a Madonna, porém, valeu a pena. A arrepiante "Teardrop" seria o segundo single de *Mezzanine*, lançado em 27 de abril de 1998. Impulsionada pelo desconcertante videoclipe de Walter Stern, no qual um feto balbucia o dilacerante vocal, a faixa chegou ao número 10 da parada britânica. Até hoje, é a música mais frequentemente relacionada ao Massive Attack, juntamente com "Unfinished Sympathy".

Fraser embeleza ainda mais o rol de músicas de *Mezzanine* ao protagonizar também o dark-hop "Black Milk" e a mântrica "Group Four", todas com letras "convencionais" em inglês, diferente da maior parte de seu trabalho com o Twins, notório por suas fonetizações não idiomáticas. "Devore-me no espaço / Dentro de meu coração", gane ela em "Black Milk". Uma edição limitada da compilação *Collected* (2006) incluiu ainda gravação inédita com a voz de Liz: "Silent Spring", essa sim entoada em embromation clássico cocteauniano.

Já Sarah Jay é o centro das atenções em "Dissolved Girl", uma balada pop cuja impressionante dinâmica culmina numa ruidosa explosão metaleira. Foi usada em cena marcante de *Matrix* (1999), outra obra bastante icônica do fim do mun… quer dizer, do segundo milênio.

Esmero eclético

O fato de o álbum trazer alguém como Elizabeth Fraser nos créditos e isso ser apenas um detalhe diz muito sobre os seus atributos. A obsessiva minúcia técnica e artística da produção, por exemplo, salta aos olhos. Do primeiro bumbo de "Angel" (o terceiro single, de julho, adaptação soturna de velho reggae de Horace Andy) aos ruídos estáticos da despedida em "Exchange", não há uma batida desprovida de cor própria; uma textura sem profundidade; um timbre que não tenha sido esmiuçado com lupa; um sample gratuito.

O aumento da presença de roqueiros nas fontes sampleadoras, aliás, implica no peso e nas sombras de *Mezzanine*, ressaltados pelas guitarradas dignas de *headbanging* de "Angel" e "Dissolved Girl". Se os recortes de *groove* orquestrado de gente como Quincy Jones e Isaac Hayes ("Exchange") continuam a contribuir com o charme *soulful* já presente nos discos anteriores, aqui eles passam a dividir espaço com trechos surrupiados de "Tribute", do Manfred Mann's Earth Band ("Black Milk"), "When the Levee Breaks", do Led Zeppelin, e "10:15 Saturday Night", do Cure (estes dois últimos em "Man Next Door").

Escutar os harmônicos da guitarra de Robert Smith ralentados, embalando Andy em sua cavernosa releitura do rocksteady de John Holt, é uma surpresa deliciosa e que só poderia estar num disco britânico. Audaciosa, também, foi a iniciativa de utilizar trechos encontrados em obscuras fitas cassete turcas no arranjo de "Inertia Creeps", editada como quarta música de trabalho em setembro de 1998 e até hoje uma obrigatoriedade nos shows.

Por peripécias como essas, *Mezzanine* é um dos pontos altos da era dourada do sample, os anos 1990, ao lado de maravilhas como *Dummy* (1994, Portishead), *Odelay* (1996, Beck – ver texto sobre esse álbum na página 317), *Endtroducing...* (1996, DJ Shadow) e o antecessor *Blue Lines*.

Ala masculina

Tampouco dá para falar do terceiro LP do Massive Attack sem destacar as performances vocais da ala masculina do elenco. As rimas sussurradas de 3D e o *flow* fantasmagórico e arrastado de Daddy G são de elegância e personalidade ímpares, e, resistindo ao entra e sai de agregados e mudanças de direcionamento artístico, conformam o elemento mais reconhecível da banda.

Quando combinadas em pergunta e resposta, como nas sublimes e apocalípticas "Risingson" e a faixa-título, rendem os melhores momentos do álbum. Já Horace Andy, um intérprete de vibratos e agudos inimitáveis, se reinventa a cada tema em que participa, promovendo a complexa simbiose entre mundos tão aparentemente distantes, como o mais ensolarado reggae e um trip-hop lento e intimidante.

A lista de intérpretes homens ainda esteve próxima de ganhar um ilustríssimo reforço. Fã declarado do Massive Attack, Thom Yorke se preparou para uma possível colaboração. No entanto, não houve tempo para a gravação de seus vocais, e o arranjo de base que os enrouparia acabou se tornando a faixa instrumental "End Titles", que foi parar na trilha de *Bem-vindo a Sarajevo* (1997), longa de Michael Winterbottom. Outra (ótima) ideia que não vingou, lamentavelmente, foi a de Del Naja e companhia remixarem *OK Computer*, obra magistral lançada pelo Radiohead de Yorke no mesmo ano, na íntegra.

Pausa

Após o lançamento de *Mezzanine*, o Massive Attack passou o resto de 1998 na estrada, inclusive visitando o Brasil pela primeira vez, em outubro, no saudoso Free Jazz Festival. Deborah Miller e Horace Andy eram os vocalistas convidados, com Liz ainda grávida comparecendo quando podia. Mas o desgaste da relação entre os integrantes fez com que, ao final da turnê, em 1999, cada um fosse para um lado, já com Mushroom fora da fotografia.

3D trabalhou em trilhas de filmes e colaborou com David Bowie, Primal Scream e The Prodigy, além de ser contatado por uma ainda desconhecida Amy Winehouse. Também trabalhou com Damon Albarn, que o admirava a ponto de homageá-lo na criação do alter ego 2D para o seu novo projeto, Gorillaz. O Massive Attack só voltaria à ativa em 2003, com o gélido *100th Window*, na prática um projeto solo dele, já que Daddy G também decidiu dar um tempo do grupo.

LAURYN HILL

The Miseducation of Lauryn Hill

(1998)

Poucos artistas foram mais relevantes ou bem-sucedidos no final do milênio passado do que Lauryn Hill. Após dividir com Wyclef Jean e Pras Michel os louvores de um dos grandes acontecimentos do hip-hop na década de 1990, o disco *The Score*, do Fugees (1996), ela partiu em meteórica carreira solo aos 23 anos, com o bombástico *The Miseducation of Lauryn Hill* (1998). Irresistível fusão de hip-hop, R&B, soul e pop, com um leve ar jamaicano (foi parcialmente gravado no estúdio de Bob Marley em Kingston), o álbum consolidou uma estrela vibrante, de talento tridimensional, à vontade tanto para rimar quanto para cantar, arranjar e produzir.

"Sou jovem, mulher, negra, articulada e instruída; sou a maior ameaça filha da puta que o *establishment* poderia imaginar", disse ela à revista britânica *The Face* em outubro de 1996.

The Miseducation... foi criado quando Lauryn cuidava de um filho de poucos meses e estava grávida de uma menina, situação que a obrigou a lidar com pressões desumanas. Não faltou, por exemplo, quem lhe sugerisse fazer um aborto. Corajosa ao bancar seu papel de jovem mãe em pleno furacão midiático, a cantora e rapper era sincerona também nas letras. Seu carisma, suas rimas impregnadas de suingue e pegada, seu faro pop melódico e seu bom gosto na produção conquistaram as massas, e a estreia chegou ao número 1 nos Estados Unidos e no Canadá, além de emplacar um vice-campeonato no Reino Unido.

Todos amam Lauryn

Quem também se apaixonou por ela foi a crítica, que posicionou o disco nos primeiros postos de todas as listas possíveis do ano, posteriormente também o consagrando como um dos melhores daquela década e de todos os tempos. Em 2020 a *Rolling Stone* nomeou *The Miseducation...* a 10ª entre as 500 melhores bolachas da história, três anos depois da conceituada rádio estadunidense NPR posicionar o álbum em 2º lugar no ranking dos 150 melhores protagonizados por mulheres. Lauryn foi capa da revista *Time* em fevereiro de 1999 e arrasou no Grammy do mesmo ano, arrematando cinco estatuetas.

É difícil ter precisão quando se calculam vendas mundiais de discos, mas algumas estimativas colocam *The Score*, com supostos 22 milhões de cópias, como o 2º mais vendido da história do hip-hop, enquanto *The Miseducation...*, na casa dos 20 milhões, aparece em 4º. Ambos figuram entre os 100 títulos mais comercializados de todos os tempos de qualquer gênero.

Só o fato de estar presente nesses dois clássicos e *blockbusters* posiciona Lauryn Hill como um dos maiores mitos da música pop dos anos 1990. Algo que, nos últimos 25 anos, vem se retroalimentando, sobretudo, pela mística criada em torno de sua figura reclusa. Mais precisamente por sua bastante debatida opção pela família que formou com Rohan Marley, um dos filhos de Bob, em detrimento da carreira. Hoje mãe de seis e avó de dois, ela jamais lançou outro álbum de estúdio e suas aparições ao vivo tornaram-se esporádicas. Converteu-se numa autêntica representante da linhagem de estrelas femininas que deixaram o mundo boquiaberto para sair de cena ainda em plena forma, como a inglesa Kate Bush. Ao que tudo indica, Ms. Lauryn Hill, como é conhecida atualmente, vive muito feliz assim.

The Miseducation... gerou uma torrente de prêmios e recordes. O disco de hip-hop mais vendido da história entre os gravados por uma mulher foi também o mais bem-sucedido entre qualquer artista feminina em sua semana de lançamento (422.624 cópias comercializadas). O álbum fez de Lauryn Hill a primeira mulher a receber dez indicações ao Grammy numa mesma edição. As cinco estatuetas ganhas a transformaram na recordista feminina de troféus arrebanhados em uma única noite, marca que só seria superada por Beyoncé uma década mais tarde. Entre os gramofones estava o de álbum do ano, no que foi a primeira vitória de um artista de hip-hop na longeva premiação. Tudo isso considerando que ela fez poucos shows promocionais, vivendo intensamente a experiência da maternidade.

O começo da novela

Lauryn Noelle Hill nasceu em 26 de maio de 1975 numa família negra de classe média de South Orange, Nova Jersey. A mãe era professora, o pai, técnico em computação e cantor amador. O conforto do lar não lhe impedia de zanzar pelos projetos habitacionais da vizinhança, onde observava uma vida bem mais dura do que a levada em casa. Ginasta infantil promissora, trocou as barras assimétricas pela vitrola quando descobriu os compactos de soul da coleção materna e os ícones da era dourada do hip-hop oitentista. Aos doze anos, começou a cantar com um amigo do seu irmão, Pras Michel, que trouxe à roda o primo mais velho, Wyclef Jean, um refugiado haitiano que tocava funk na guitarra, andava com um povo da pesada e até os nove anos morava em seu paupérrimo país de origem. Formaram juntos o Tranzlator Crew, depois rebatizado como Fugees. Lauryn e Clef viveriam um relacionamento amoroso por anos.

No entanto, os primeiros passos artísticos mais sérios de Lauryn foram dados como atriz, três anos mais tarde, quando conseguiu papel em uma das encarnações da telenovela *As the World Turns*, da CBS. Nos próximos quatro anos ela se dividira, portanto, entre os sets de filmagens – também fez pontas em filmes como *Mudança de hábito 2* e *O inventor de ilusões*, de Steven Soderbergh, ambos de 1993 –, os estudos na Universidade Columbia e as gravações com o Fugees. Registrado em 1992 e 1993, o primeiro álbum do trio, *Blunted on Reality*, só saiu no início do ano seguinte. Não repercutiu muito, mas originou a reputação de "fora da curva" da banda, tanto pela abordagem lírica esquiva à violência e ao sexismo do gangsta rap em voga à época quanto pelos toques caribenhos e acústicos inseridos por Pras e Wyclef; além de, é claro, o talento e o carisma magnético de Lauryn.

A febre Fugees

Mas a reviravolta no destino dos três ocorreu mesmo com o lançamento de *The Score*, pelo selo Ruffhouse em parceria com a Columbia Records, em 13 de fevereiro de 1996. Impulsionado pelos singles "Fu-Gee-La", "Killing Me Softly With His Song", "Ready or Not" e "No Woman, No Cry", e seus simpáticos e inovadores vídeos divulgados à exaustão na MTV, o CD gerou um fenômeno de vendas sem precedentes dentro do hip-hop e faturou o Grammy de melhor álbum de rap. O grupo embarcou em exaustivas turnês, desenvolveu iniciativas humanitárias como o Refugee Project, gravou com o rapper Nas (a faixa "If I Ruled the World (Imagine That)") e comprou uma casa para seus pais.

No final do ano, ela ficou grávida, mantendo em segredo a identidade do pai. Ainda assim, participou com os companheiros de um show multitudinário no Haiti e em aparições de TV, como a entrega dos Grammys. Mas, entre os desentendimentos românticos de Lauryn e Clef, crises de ciúmes e esgotamento físico e emocional, a banda rumava para seu fim, ainda que ninguém admitisse ou anunciasse. Não ajudava muito a mania de jornalistas de, em entrevistas, perguntarem sobre assuntos "sérios" aos dois colegas homens, para então questionar a integrante feminina sobre unhas e cosméticos. Lauryn queria se emancipar.

Fluxo de inspiração

Inspirada pela gravidez e pela chegada do filho Zion, que nasceu em agosto de 1997, Hill compôs cerca de trinta músicas para *The Miseducation of Lauryn Hill*. Era uma fornada especialmente impressionante e totalmente original (três dos quatro hits dos Fugees eram versões ou continham citações a canções conhecidas de outros autores). Uma das novas criações, "A Rose Is Still a Rose", foi até parar no repertório de Aretha Franklin, que a convidou para um dueto lançado no início do ano seguinte.

Especulou-se sobre a possibilidade de contratar RZA, da Wu-Tang Clan, mas Lauryn quis conduzir o disco sozinha. De fato, ela assina produção, arranjo e composição em todas as faixas, dividindo os créditos com integrantes do coletivo New Ark em cinco das dezesseis canções. Alguns deles, como Johari Newton e Vada Nobles, contestariam essa versão da forma mais dura possível, pedindo dinheiro extra em processo judicial aberto ainda em 1998. A disputa terminou em 2001 em acordo, com Lauryn pagando uma quantia não especificada aos ex-colaboradores.

The Miseducation... foi gravado entre 1997 e o primeiro semestre de 1998, chegando às lojas em 25 de agosto pelas mãos das gravadoras Ruffhouse e Columbia. As sessões contaram com mais de trinta músicos e se distribuíram em diversos estúdios: Chung King, RPM, Hit Factory, Sony e Right Track (todos em Nova York), Perfect Pair (em Nova Jersey), Circle House (em Miami), Metropolis (em Londres) e Tuff Gong (em Kingston).

Introduzido e entrecortado por vinhetas que captam um grupo de adolescentes debatendo temas existenciais com um professor – daí o título e a capa "escolar" assinada por Hill e Erwin Gorostiza –, o repertório trata com inspiração sublime e olhar sensível uma diversidade de temas universais, como amor, negritude, fama, racismo e família.

"Era como se ela soubesse o que estava errado com os homens, as mulheres, a raça e o hip-hop", lê-se no prefácio do livro *She Begat This: 20 Years of The Miseducation of Lauryn Hill* (2018), estudo da escritora jamaicana-estadunidense Joan Morgan sobre o LP e seu legado, publicado vinte anos após o seu lançamento. "Foi um daqueles raros momentos em que uma mulher estava falando e o mundo foi sensato o suficiente para escutar."

Embasando esse lirismo que tocou corações, os arranjos são um golpe certeiro, promovendo uma renovadora combinação entre pesadas batidas programadas e elementos orgânicos, como baixo, piano elétrico, guitarras e metais. "Encomendei todos os instrumentos pelos quais havia me apaixonado: harpas, cordas, tímpanos, órgãos, clarinetes", disse Lauryn em entrevista da época, recuperada no livro *Lauryn Hill: She's Got That Thing* (1999), do jornalista inglês Chris Nickson. "O elemento humano tinha que ficar. Não queria que fosse muito tecnicamente perfeito."

O álbum trouxe participação de duas figuras em ascensão na black music noventista, Mary J. Blige ("I Used to Love Him") e D'Angelo ("Nothing Even Matters"). Serviu, também, para catapultar a carreira do então jovem aspirante a *soulman* John Legend (piano em "Everything Is Everything"), trouxe à tona lendas perdidas (o guitarrista Earl "Chinna" Smith) e ajudou no renascimento de um monstro sagrado do rock: Carlos Santana, que tocou violão em "To Zion" e que no ano seguinte estouraria com o álbum *Supernatural*, cheio de influências R&B e pop provavelmente absorvidas na experiência com Hill.

Originalidade e faro pop

Após a primeira vinheta – sejamos sinceros, uma mania meio chata dos rappers dos anos 1990 e 2000 –, "Lost Ones" entra com o pé na porta. Uma das grandes aberturas da década, tanto pela batida sincopada "para trás", as notas de baixo distribuídas com maestria e os *backing vocals* cheios de soul, quanto pela primeira frase: "Engraçado como o dinheiro muda a situação". Nem se tentasse muito disfarçar daria para negar que a letra abordava os conflitos vividos recentemente com o Fugees, ainda mais pela presença de outros versos, como "Uma *groupie* chama, você cai em tentação", quase seguramente dedicados a Wyclef, ou "Minha emancipação não cabe na sua equação", muito possivelmente endereçado à dupla de primos.

E por falar em ex, "Ex-Factor", que foi a segunda a ser lançada como single (4º no UK e 21º nos EUA), aparece em seguida. Trata-se de uma sentida e "groovada" balada R&B que se tornou um dos clássicos do álbum, sendo depois regravada ou citada por admiradores que dariam o tom do som pop negro das décadas seguintes, como Beyoncé e Drake. Do amargo se passa ao doce com "To Zion", uma ensolarada homenagem ao filho, com direito a referências bíblicas envolvendo o nome da criança, além de um recado de peito aberto às pessoas que pediram que ela interrompesse a gravidez para focar na carreira. "'Lauryn, querida, use a sua cabeça' / Mas eu usei o meu coração", canta, entre os improvisos acústicos de Santana e um imponente coro gospel.

O panorama melhora ainda mais com o primeiro single, "(Doo Wop) That Thing", sermão com pedido de autorrespeito diante de atitudes machistas e sexistas, irresistivelmente dançante e de refrão matador. Chegou ao número 1 nos Estados Unidos e 3 do outro lado do Atlântico, prova de que a caneta de Lauryn estava mesmo afiada, como atesta também "Superstar", outro possível ataque à ex-banda ou a outros rappers, baseada em "Light My Fire" dos Doors. "Tudo o que você faz é tão caído / Música tem que inspirar", manda Lauryn, sobre a harpa de Grace Paradise.

Ainda que com alusões cristãs no texto, "Final Hour" faz a cabeça dos mais puristas do hip-hop, enquanto "When It Hurts So Bad" empresta a batida de "Sweetest Taboo", de Sade. "I Used to Love Him" é o puro extrato do R&B dos anos 1990, como a seguir serão o dueto com D'Angelo em "Nothing Even Matters" e a faixa-título. Já "Forgive Them Father" é a mais jamaicana do disco, não só pelos vocais fugeeanos de Shelly Thunder, mas também pelos backing vocals e a participação do cunhado Julian Marley na guitarra de contratempo. É também um dos momentos mais políticos. "Por que as pessoas negras são as que sempre têm que aceitar?", pergunta a estrela. Suingada e alegre, "Every Ghetto, Every City" traz à tona memórias de infância e raízes da cantora, fazendo alusão a Stevie Wonder pela temática e pelo uso do teclado *funky* clavinet. "Everything Is Everything", com seu

1990

potente *riff* de cordas, lança mensagem empoderadora sobre a "rapper e atriz mais poderosa que duas cleópatras".

Numa típica manobra da era do CD, hoje difícil de explicar à geração streaming, *The Miseducation of Lauryn Hill* inclui ainda duas faixas escondidas. Ou seja, músicas que tocavam depois de alguns segundos ou minutos de silêncio quando finalizada a lista "oficial" de músicas. Uma é a versão não especialmente inspirada em "Can't Take My Eyes Off You", hit de Frankie Valli em 1967; a outra, o R&B sem grandes riscos "Tell Him".

ANOS 2000

A REVOLUÇÃO DIGITAL

Ouça uma seleção de músicas da década em sua plataforma preferida

Sim, os anos 2000 foram a época de mais um resgate roqueiro empolgante (The Strokes, The White Stripes), da aparição de uma sublime e rebelde diva do soul retrô chamada Amy Winehouse e do auge de bandas geniais, como Radiohead e OutKast, que romperam as barreiras de seus respectivos gêneros de origem para dar ao mundo verdadeiras obras-primas na forma de álbuns. Mas não dá para ignorar a reviravolta tecnológica que serviu de pano de fundo, ou até mesmo de protagonista, para o desempenho dessas figuras iluminadas.

Em seu brilhante livro *Cowboys and Indies: The Epic History of the Record Industry*, de 2014, o escritor anglo-irlandês Gareth Murphy defende a tese de que a popularização do rádio, nos anos 1920, foi um golpe proporcionalmente maior à indústria fonográfica do que o *boom* dos programas de compartilhamento ilegal do final do milênio.

OK, interessante. Mas será difícil convencer um executivo de gravadora do século 21 disso. Como diz Jac Holzman, folclórico fundador da Elektra Records, em outro livro fundamental sobre o assunto, *Como a música ficou grátis* (2015), do jornalista estadunidense Stephen Witt, "A tecnologia mudou mais o negócio da música do que qualquer outro meio de entretenimento".

Ele está certo. O que os adventos do MP3 e a internet fizeram com a música a partir da aparição do Napster em 1999 não foi menos do que uma hecatombe estrutural. A pirataria física, de camelô, criada anos antes, parecia brincadeira de criança perto do que estava acontecendo.

O Napster acabou em julho de 2001, num acordo para a distribuição de arquivos de forma paga. Os novos termos podiam ser lidos tanto como uma amostra da movimentação tardia das gravadoras em

2000

frear o prejuízo quanto como uma tentativa de se apropriar da nova forma de se comercializar música. Mas, ao longo dos anos seguintes, outros programas semelhantes pipocaram em descontrole e em versões aprimoradas, obrigando o status quo fonográfico a dar uma volta de 360 graus no seu *modus operandi* e jogar aquele jogo.

"Você não precisava mais de estúdio profissional, fábrica de prensagem e rede de distribuição: o estúdio era o Pro Tools, a fábrica era um codificador MP3 e a rede de distribuição era o rastreador de torrents", comenta Witt em seu livro.

Aturdidos, muitos artistas tiveram que aprender na marra essa nova ordem, acostumando-se a lidar com a existência virtual de parte do seu trabalho e agradecendo pelos raros casos em que suas obras inacabadas não "vazavam" antes do tempo. Toda uma geração de consumidores de música achava agora que não tinha mais que pagar por ela. E os próprios músicos passaram a questionar os esquemas de lançamento tradicionais. Alguns até se beneficiaram bastante da novidade, já que os "vazamentos" acabavam ajudando a promover os lançamentos subsequentes (*Kid A*, do Radiohead, foi um exemplo clássico).

Steve Jobs, um *outsider* do mundo fonográfico, foi quem melhor soube capitalizar com a situação indefinida e apontar o caminho à indústria, organizando a venda de música digital legalmente através do iTunes e lançando um aparelho definitivo para executar o novo formato: o iPod. Entre 2003 e 2011, a Apple soltou trezentos milhões de iPods no mundo real e dez bilhões de MP3s no virtual.

Mas o negócio da música encolhia para as gravadoras e afetava diretamente os artistas, porque o hábito de fazer downloads não pagos se disseminava livremente. Os formatos físicos minguavam: em 2007, a venda de CDs caiu pela metade se comparada ao seu auge, no ainda recente ano de 2000. A pirataria estimulou uma intensa corrida tecnológica.

Com tanta facilidade de acesso pago ou não a faixas, o formato álbum parecia estar em xeque – só que não. No submundo digital das *deep webs*, o produto em torno do qual diferentes grupos de piratas rivalizavam para ver quem conseguia vazar antes eram eles, os discos. E os grandes exemplares do gênero, felizmente, continuaram saindo aos montes.

THE STROKES
Is This It
[2001]

Não importa que os Strokes já não importem mais tanto assim. Eu sempre agradecerei a esses garotos brancos nova-iorquinos bemnascidos por terem gravado *Is This It*. O disco de 2001 me trouxe de volta ao rock, gênero que eu jamais deveria ter abandonado.

Convertido à seita pop-roqueira ainda na infância, eu desvirtuaria por estranhos caminhos no meio da adolescência, quando a fácil impressionabilidade dos jovens músicos me fez presa fácil da armadilha do jazz fusion e do progressivo. Antes da virada do milênio, esse "desvio de rota" felizmente já seria corrigido, levando-me a redomas mais confiáveis como o funk, o soul, o drum and bass, o jazz dos caras certos, o hip-hop e, claro, a música brasileira. Mas quando a maioridade chegou, rock meeesmo, tirando um Morphine aqui ou um Jimi Hendrix ali, não tinha lá muito espaço no meu case de CDs (!). Nem no *OK Computer*, do Radiohead, eu prestei a devida atenção à época de seu lançamento, em 1997.

Conto essa vivência pessoal porque sei que possivelmente reverberará as de muitas outras pessoas. Tenho um monte de amigos – músicos ou não, alguns nem sequer roqueiros – que mergulharam de cabeça nas onze canções perfeitas de *Is This It*. Não resistiram, como não resistiriam Noel Gallagher, Dr. Dre e outros famosos que se tornaram fãs, à sua energia quase que fisicamente palpável e sua complexa simplicidade.

Seguindo parte do ritual de preparação deste livro, durante o qual me dediquei alguns dias a audições incessantes, obsessivas, da bolacha analisada antes de sentar para escrever (o melhor cenário é sempre uma semana de ininterrupta escuta), com esse álbum ocorreu um fenômeno inédito: seu repertório entrou em minha cabeça quando eu nem sequer ainda havia dado o primeiro *play*. Ou seja, não tive problemas em *mentalizar* todas as faixas, lembrando de todos os arranjos e melodias e revivendo o efeito que me causam, sem precisar ouvi-las novamente. Depois, claro, botei *Is This It* para tocar.

Cada década com o seu *Nevermind*

Eu sei, não é assim uma exceção. A minha anedota redentora relacionada ao trabalho de estreia dos Strokes é uma interpretação, afinal, do que rolou com meio que todo o mundo pop. De certa forma, *Is This It* é o *Nevermind* dos anos 2000. E, mais do que uma coincidência, o fato de os dois terem sido lançados nos primeiros anos de suas respectivas décadas é sintomático.

Por um lado, a ruptura proporcionada pelo Nirvana em 1991 era mais necessária, porque no final dos anos 1980 a situação do rock no mainstream realmente se encontrava em um ponto crítico, com hard rock "farofa" e poperô dominando as paradas. Por outro, no crepúsculo dos 1990, com *boy bands*, nu-metaleiros e Britneys dando as cartas, um R&B cada vez mais tedioso e a eletrônica como uma das únicas válvulas de escape de renovação, o rock também precisava de uma injeção de adrenalina para não fazer feio no *boom* do milênio.

Um paralelo deve ser traçado, diga-se, guardando as devidas proporções e considerando os contextos dos surgimentos dos dois discos. Em 1991, a indústria fonográfica estava próxima do seu auge financeiro, e até azarões como Kurt Cobain poderiam se tornar uma febre de vendas, alcançando o primeiro milhão de unidades vendidas nos Estados Unidos dois meses após lançarem seus discos. Já em 2001, no meio da revolução engatilhada pelo Napster, o salve-se-quem-puder da nova ordem outorgava a poucos a sorte de se tornar um "fenômeno da internet".

Os Strokes foram um dos primeiros deles. A trupe se beneficiou do vazamento das faixas de seu trabalho de estreia, gerando um burburinho promocional descomunal ao longo dos meses anteriores ao seu lançamento. Entretanto, por causa das mudanças radicais trazidas pelo formato MP3, o álbum demoraria uma década até superar um milhão de cópias vendidas, em fevereiro de 2011. Eles não tiraram o Michael Jackson do topo das paradas, como fez o Nirvana, tampouco seu disco figura entre os trinta mais vendidos da história, como o *Nevermind*. Os tempos já eram outros.

Reviravolta cínica

Mas o que aproxima mesmo esses dois lançamentos, numa perspectiva histórica, são os terremotos estético-musicais que causaram. Toda uma década de rock foi pautada em função do sucesso do trio de Seattle, e toda uma outra geração se mediu de acordo com a influência do quinteto de Nova York.

Exaustas de cobrirem Limp Bizkit e já se resignando com uma novidade insossa como o Coldplay, as imprensas musicais estadunidense e britânica soltaram rojões quando o EP demo de *Modern Age*, de 29 de janeiro de 2001, começou a circular pelas redações, trazendo as primeiras versões da adorável faixa-título, de "Last Nite" e de "Barely Legal". As gravações haviam sido feitas ao vivo em estúdio por Gordon Raphael, um produtor semidesconhecido e louco por equipamentos analógicos, em troca de dinheiro para uma passagem para sua cidade, Seattle.

Os Messias tinham chegado. A revista inglesa *New Musical Express* ofereceu a versão para download com exclusividade, uma inovação daquele momento, e em pouco tempo os sites de compartilhamento levaram os arquivos a milhões de computadores espalhados pelo planeta. Para delírio dos jornalistas, os integrantes dos Strokes ainda por cima eram todos recém-saídos da puberdade, gatos, com a pele bem-cuidada e penteados de destaque, e atendiam por nomes pomposos como Fabrizio e Nikolai, com sobrenomes latinos aristocráticos da laia de um Valensi ou um Casablancas. Um conseguia ser "exótico" a ponto de ser brasileiro. Além disso, o fundamental: eles vinham de onde vinham.

Nova York no centro outra vez

Meca das mecas da música, Nova York ditara os rumos da modernidade sonora em praticamente todo o século 20 – de Charlie Parker a Grandmaster Flash, de Velvet Underground a Chic – mas, fora exceções como Beastie Boys ou Jon Spencer Blues Explosion, havia dado uma bela duma adormecida na década de 1990.

Não por acaso, trata-se do período em que o prefeito Rudolph Giuliani – ele mesmo, o que depois se tornaria capacho de Donald Trump – instaurou sua política de "tolerância zero". Suas medidas aplacaram a violência da metrópole, mas, zero tolerantes também para com festas e salas de show, arrastaram junto parte considerável da lendária cultura boêmia e musical local. Nesse cenário, em que eventos dançantes como Tiswas e Motherfucker eram também foco de resistência, formatou-se a cena que teria os Strokes como maior expoente.

Era o início de uma grande reviravolta sonora e comportamental, embora mais cínica do que a promovida pela turma de Seattle. E ela suscitou rivalidades superficiais, mais fabricadas que reais, como Strokes × White Stripes (o equivalente não nova-iorquino), Strokes × Libertines (a inevitável resposta inglesa), Manhattan × Brooklyn, *Spin × Rolling Stone*. Até o casal-símbolo Fab Moretti e Drew Barrymore era mil vezes mais domesticado, afável e menos perigoso do que um Kurt-Courtney.

Mas não foram poucos os nomes que dali brotaram. Interpol, Walkmen, Yeah Yeah Yeahs e até as menos puramente roqueiras LCD Soundsystem e TV on the Radio vieram no rastro dos Strokes, só para citar algumas das bandas surgidas na cidade na primeira metade dos anos 2000. Depois ainda despontariam Vampire Weekend, Grizzly Bear, MGMT e outras. Nova York era novamente o centro do mundo pop, com o epicentro inicialmente fincado em Manhattan e depois migrando para o Brooklyn.

Como efeito colateral a ambos, da mesma forma que o grunge gerou o Silverchair e o Creed, o "novo rock" nova-iorquino do século 21 tem sua parcela de culpa indireta pela inspiração que gerou a onda emo e toda uma classe de bundões sem imaginação que fizeram com que, no final daquela década, já não suportássemos mais o revival do pós-punk. O que era vanguarda virou um modelo cansativo: todas as batidas deveriam ter a "urgência" disco-rock, os vocais eram obrigatoriamente chorosos, os teclados, grandiloquentes, e as letras que não fossem meio engraçadinhas, irônicas, eram gongadas.

Berço esplêndido

A história da formação dos Strokes serviria de roteiro a uma dessas séries hipsters ambientadas na Grande Maçã. Quiçá uma versão masculina de *Girls*, mas com os personagens dispondo das contas bancárias das protagonistas de *Gossip Girl* ou *Sex and the City*. Quem sabe, então, um *High Maintenance* com maconha mais cara.

Filho de John Casablancas, dono da agência de modelos Elite, e da ex-manequim dinamarquesa Jeanette Christiansen, o futuro vocalista Julian Casablancas (Nova York, 23 de agosto de 1978) era uma espécie de repetente fodão na escola particular Dwight, colada ao Central Park; Nick Valensi (Nova York, 16 de janeiro de 1981), o favorito das garotas e depois guitarrista, virou seu BFF já na adolescência; enquanto o aspirante a baterista Fabrizio Moretti, filho de um italiano com uma brasileira e nascido no Rio de Janeiro (em 2 de junho de 1980), cumpria na turma o papel do menino certinho e discreto que quer se encaixar.

Julian achou uma boa ideia recrutar ainda dois amigos de infância de igual pedigree social: o baixista Nikolai Fraiture (Nova York, 13 de novembro de 1978), que conhecia do – atenção! – Liceu Francês de Nova York; e posteriormente, já em 1998, o guitarrista Albert Hammond Jr. (Los Angeles, 9 de abril de 1980), chapa dos tempos em que estudara num – uau! – internato na Suíça. O bem-relacionado clã estava completo.

A aparição de Albert trouxe não apenas a segunda guitarra, elemento importantíssimo na sonoridade strokeana, como também o direcionamento de figurino superdescolado que tanto marcaria o grupo. O guitarrista compareceu "vestido de Stroke" na audição em que conseguiria a vaga, impressionando os demais. Também fez a alegria dos companheiros quando seu pai, o cantor setentista inglês Albert Hammond, pagou pelo equipamento de ensaio.

Hype em nível inédito

Entre o primeiro show, a 14 de setembro de 1999 na casa noturna Spiral, e a assinatura do contrato com o Rough Trade, o mais reverenciado dos selos independentes britânicos, foram poucos e loucos meses. O boca a boca causado pelas apresentações em picos como o Mercury Lounge se propagou graças à então incipiente ferramenta do hype da internet.

A badalação foi tanta que eles logo perceberam que poderiam passar dois anos recusando ofertas para aparecer na televisão e batendo o pé sobre a não obrigatoriedade de rodar videoclipes. Por decisão da banda, soberbamente ciente da expectativa que estava causando, essa grande estreia ocorreria nada menos que no *Saturday Night Live*, já em 19 de janeiro de 2002, com Jack Black apresentando e tudo mais.

"Só precisei de dez segundos escutando o EP para contrá-los", conta Geoff Travis, dono da Rough Trade, no livro *Meet Me in the Bathroom: Rebirth and Rock and Roll in New* (2017), de Lizzy Goodman, sobre a cena nova-iorquina dos anos 2000. Então vivendo um período de relativo declínio, operando mais como *booker* de shows do que como dono de gravadora, Travis renasceu para o mundo indie com a nova descoberta.

Num piscar de olhos já estavam a bordo também Jim Merlis, ex-assessor de imprensa do Nirvana, e o empresário porra-louca Ryan Gentles, caso raro de agente a ostentar a mesma idade e sede de farra dos integrantes da banda para a qual presta serviços. Sobre a mesa já repousava um contrato da RCA – que venceu a disputa com várias outras gravadoras – para o mercado estadunidense. Com apenas US$ 20 mil de orçamento, entre março e abril de 2001, Julian e os colegas se trancaram no estúdio Transporterraum, o mesmo onde fora registrada a demo. O local era dirigido pelo então pouco conhecido Mark Ronson, que depois se converteria num dos principais produtores da década.

Depois de uma tentativa frustrada com o gabaritado produtor inglês Gil Norton (do mítico *Doolittle*, lançado pelos Pixies em 1989), mandaram buscar mais uma vez Gordon Raphael. Sem usar mais de onze canais em nenhuma faixa e distorcendo a voz de Julian num amplificador de guitarra, ele garantiu que o material não diferisse muito do EP. Era um som quente, *lo-fi*, incomum na virada do milênio e que depois seria imitado à exaustão. Um burocrata da RCA chegou a chiar após ouvir a versão final, chamando-a de amadora, mas o tempo mostraria quem estava com a razão.

Enfim, nas lojas

Em 30 de julho *Is This It* saía exclusivamente na Austrália, aproveitando uma turnê do grupo pelo país. Chegou ao Reino Unido no final de agosto e aos EUA em 9 de outubro. O lançamento estava previsto inicialmente para 25 de setembro, mas foi adiado por causa dos ataques às Torres Gêmeas, que Albert e Julian viram ao vivo da janela do apartamento que dividiam. Atordoados, marcaram um ensaio para a mesma noite. Após acompanhar os louváveis trabalhos dos policiais posteriormente ao atentado, a banda decidiu tirar da edição estadunidense em CD a garageira "New York City Cops", sobre o assassinato de um imigrante guineano pelas mãos da polícia nova-iorquina e cujo refrão é "gambés de Nova York não são muito espertos". "When It Started" entrou em seu lugar.

Devido ao vazamento das faixas, *Is This It* foi um dos pioneiros entre os discos que o público ouviu durante meses sem conhecer a capa. Com o sucesso que aquelas músicas faziam antes mesmo de seu lançamento, a responsabilidade que pesava sobre sua representação visual era grande. E foi correspondida em grande estilo pela imagem do fotógrafo nova-iorquino Colin Lane. Nas curvas e na luva negra da modelo nua, Lane captou o espírito dos Strokes, traduzindo num clique a excitação atrevida, sensual e carismática dos sons por eles produzidos.

Dá até pena de quem teve que comprar a primeira edição lançada nos Estados Unidos, que, por causa de um exagerado temor dos envolvidos com relação ao conservadorismo do país, saiu com uma capa alternativa protagonizada por partículas subatômicas, infinitamente menos interessante. O público brasileiro também foi obrigado a levar para casa essa versão (com o prêmio de consolação da inclusão de "New York City Cops" no repertório).

Canalizando Nova York

No fabuloso livro *Rip It up and Start Again: Postpunk 1978-1984* (2005), de Simon Reynolds, o produtor inglês Martin Rushent, conhecido por maravilhas do synthpop como *Dare!* (1981), do Human League, revela que um dos segredos para se criar um grande álbum pop é pensar as gravações de forma que o ouvinte seja capaz de memorizar e cantarolar não só os vocais, mas todas as partes do arranjo.

Is This It é um dos poucos discos que passariam no crivo de Rushent segundo esse critério, do começo ao fim. Uma simples audição de seus 36min27 é suficiente para que se interiorize cada ritmo básico e decidido de Fab – um importante resgate das batidas hipnoticamente dançantes da era new wave –, o baixo cálido e expressivo de Nikolai (na faixa-título ele emula o estilo de Paul McCartney) e, principalmente, as guitarras, tanto as mais convictamente roqueiras (Nick) quanto as mais processadas por efeitos e de melodias grudentas (Albert). Vale notar que a comitiva do combo incluía J. P. Bowersock, professor de guitarra de Albert, idolatrado pelos rapazes a ponto de ser creditado como "guru" e fotografado como "um dos nossos" no encarte (junto com os igualmente não integrantes Raphael e Gentles).

Com tantos elementos atraindo a nossa atenção, quase nem precisava que as composições ou a voz que as entoam fossem tão boas. O "problema" é que eram. Apreciador da geração Seattle e de entidades alternativas como Guided by Voices, o grupo acabou soando na verdade como uma versão do terceiro milênio dos ícones das cenas protopunk e punk da Nova York dos anos 1970. Seus integrantes não estavam especialmente familiarizados com nomes daquela geração, como Television, e Nick achava o venerado antro CBGB um lugar "nojento". Julian até que estava em sua fase de imersão em Velvet Underground na época da concepção do álbum, mas, mesmo assim, ele cuidou para que as composições, que assina sozinho, falassem de relacionamentos por meio de prosa e léxico atualizados. Ou seja, as letras eram claramente identificadas com a linguagem dos jovens de vinte e poucos anos do começo do século 21, e não dos anos 1970.

Fato é que, ainda que de forma involuntária, foi produzida uma espécie de canalização de um "espírito de Nova York", com Lou Reed, Blondie e até algo de Ramones fornecendo genes para o DNA dos Strokes. Com a importante diferença que nenhuma dessas "vacas sagradas" jamais reuniu tantas gemas pop roqueiras irresistíveis num mesmo álbum. Julian canta como um Lou mais ágil e despretensioso, sobretudo em maravilhas da talha de "The Modern Age", cuja melodia vai nos cativando numa calma que contrasta com o galope apressado do surdo de Fabrizio. "Quando fizemos 'Modern Age', sabíamos que tínhamos encontrado o nosso som; depois fizemos 'Last Nite'", conta Nikolai em *Meet Me in the Bathroom*.

E não para: "Soma", com sua cadência deliciosa, "Barely Legal" (do verso "Para constar, fica só entre você e eu") e "Someday", de ritmo híbrido entre a Motown e os Pretenders ("Sua cabeça não está legal", canta Julian). É uma melhor do que a outra. Quando se chega no maior hit da banda, "Last Nite" (o segundo single, 5º lugar na parada alternativa da *Billboard*), um dos grandes hinos da década, já se foram sete canções irrepreensíveis. E ainda sobram outras quatro que não poderiam ter ficado de fora de jeito nenhum, como "Hard to Explain" (o primeiro single, lançado ainda em junho) e "Trying Your Luck", outras duas pontuadas por guitarrinhas infernalmente grudentas. Isso sem contar os sensacionais finais bruscos das faixas, uma piada interna disfarçada de autossabotagem que acabou virando um elemento estilístico a ser estudado.

Legado e "maldição"

Is This It chacoalhou a música pop e abriu portas para artistas que idolatravam os Strokes e que, talvez melhor preparados para a fama que eles, venderiam mais e chegariam a multidões mais vastas. Como os Kings of Leon, pupilos que convidariam para abrir os shows da turnê do segundo trabalho – o ótimo *Room on Fire* (2003) –, ou os Killers, fãs confessos do grupo.

Entre as figuras carimbadas da cena nova-iorquina, o LP é tratado como uma unanimidade. Até o egocêntrico, competitivo e ranzinza James Murphy, do LCD Soundsystem, autor de uma das obras-primas do período (*Sound of Silver*, de 2007 – ver texto sobre esse álbum na página 410), defende que o trono de álbum da década seja ocupado por *Is This It*. Como efeito colateral, nascia uma espécie de "maldição" que, mais de vinte anos depois, a banda não chegou perto de quebrar, sabendo que jamais igualará seu primeiro trabalho em qualidade e repercussão.

Já na altura da produção do terceiro disco, *First Impressions of the Earth* (2005), o desgaste do *jet set* e a pressão por ser o principal nome do "movimento" abalariam as estruturas do quinteto, que prosseguiria entre shows sonolentos, projetos paralelos difusos e hiatos cada vez mais longos.

Julian passou a odiar turnês, porque não conseguia compor entre voos e hotéis. Albert desenvolveu uma caricata trajetória de roqueiro junkie, passando por heroína, cocaína e cetamina. Teve que sofrer intervenção de família e amigos, o que quase matou a banda de forma definitiva. Mas *Is This It* permanece como o melhor disco de rock do século 21 e – por que não? – um dos maiores de todos os tempos.

Publicado anteriormente no site Popload a 30 de julho de 2021. Contém trechos de texto publicado originalmente no blogue Lá vem o Mala da Lista a 21 de outubro de 2009.

QUEENS OF THE STONE AGE
Songs for the Deaf

[2002]

Os dois primeiros anos do terceiro milênio foram de grande importância para o rock. Como tratado no texto anterior, antes mesmo de lançar seu primeiro álbum, os Strokes já eram o nome mais pronunciado do planeta, propulsando em seu vácuo toda uma safra de indies espevitados cheios de predileções vintage e talento para roupagem e refrão (Interpol, Yeah Yeah Yeahs, Libertines…); ao mesmo tempo, combos consolidados na década de 1990, como Radiohead e Primal Scream, chegavam ao auge da forma e apontavam novos caminhos com álbuns aventureiros (*Kid A* e *XTRMNTR*, respectivamente, ambos de 2000).

Mas pouca gente anteviu a afluência caudalosa de outra corrente de renovação roqueira daquele período: a recauchutagem vigorosa e acessível da linhagem *hard*-garageira promovida pelo Queens of the Stone Age. Entusiasta, na mesma medida, de *riffs* guitarrísticos de rachar paredes e melodias cantaroláveis de assimilação descomplicada, o grupo atravessou os anos 2000 deixando um rastro de peso pop que fez escola.

Ninguém se preparou suficientemente para o impacto de seu terceiro trabalho, *Songs for the Deaf*, um pisão no calo de um mercado então já narcotizado por todos aqueles revivalistas do pós-punk. Alçado às lojas em 27 de agosto de 2002 pelo selo Interscope, atrelado à Universal, o LP é o auge do QOTSA e a melhor contribuição do som pesado para a década de 2000. Isso sem deixar de ser comercial.

Superbanda pós-grunge

Fundada em 1998 pelo vocalista e guitarrista Josh Homme (Joshua Tree, Califórnia, 17 de maio de 1973) e pelo baterista Alfredo

Hernandéz como uma espécie de continuação mais sintética do Kyuss, formação de stoner rock na qual militavam, a banda vinha expandindo rapidamente sua reputação com os dois primeiros discos, *Queens of the Stone Age* (1998) e *Rated R* (2000).

Em ambos tiveram a companhia do baixista Nick Oliveri (Los Angeles, 21 de outubro de 1971), outro ex-Kyuss que, com as costumeiras mudanças de formação do período, se tornou uma das caras identificativas da quadrilha, ao lado de Homme. E não só porque foi preso após tocar nu na terceira edição do Rock in Rio, em janeiro de 2001, enquadrado por um juiz que anos mais tarde protagonizaria um escândalo de venda de sentenças.

A sistemática dos *line-ups* flutuantes tem suas vantagens. Uma vez que Homme e Oliveri se perceberam sós, tomaram a liberdade de fagocitar um colaborador de alta estirpe: Mark Lanegan (Ellensburg, Washington, 25 de novembro de 1964), que já dera o ar da graça em *Rated R*. Josh, aliás, atuara como guitarrista na banda anterior de Lanegan, os heróis do grunge Screaming Trees. Então órfã de baterista, a dupla recrutou para o cargo seu fã mais famoso, Dave Grohl (Warren, Ohio, 14 de janeiro de 1969), que abraçou a ideia com a mesma falta de hesitação que dedica a massacrar tambores e pratos, ainda que estivesse em meio à produção de um CD dos seus Foo Fighters.

Essa foi uma suculenta jogada de *marketing* em torno daquele surpreendente e instigante novo supergrupo, que emergia de concorridas sessões em diferentes estúdios californianos. A proposta pintava como pseudoconceitual, já que as canções vêm precedidas por (desnecessárias) vinhetas de uma rádio fictícia. Mas nenhum refrão passava despercebido. As bases são pesadas, só que com credenciais hipster, como indicaram as faixas "Gonna Leave You" e "Go with the Flow" – o segundo single, não raramente escutado em pistas de dança da época.

Coquetel de testosterona

Sem querer, *Songs for the Deaf* promoveu uma interessante atualização dos anos 2000 ao datado grunge. Com direito a uma produção impecável, crua, mas nítida, que faz cada nota soar como um tapa na cara. Uma parafernália robusta e máscula de escalas pentatônicas, movida por uma potência nuclear que funde peso, sujeira e pop com afinco semelhante ao da "rapeize" da Seattle de dez anos antes.

Somente a testosterona despendida pelo *riff* de guitarra da primeira faixa, "You Think I Ain't Worth a Dollar, but I Feel Like a Millionaire", uma das três cantadas/gritadas por Oliveri no repertório (com o incrível verso "*Gimme toro / Gimme some more*"), já basta para que o ouvinte assimile o coice e entre no clima.

O murmúrio se amplificava ainda mais com os dois ícones da cena de Seattle abraçando os postos de integrantes da trupe, e não os de meros convidados. No interior do notável encarte vermelho-sexo de *Songs for the Death*, Grohl e Lanegan posam de igual para igual com Oliveri e Homme. Ali, o quarteto divide espaço, aliás, com um dos mais geniais logos da história do rock: um círculo penetrado por um espermatozoide, formando um Q (que chegou a ser capa de uma edição em vinil).

Peso pop

Mas foi mesmo musical o principal trunfo daquelas duas "contratações". Cantando sozinho com seu timbre cavernoso e atitude mal-humorada, como o faz nas pauladas atmosféricas "Hangin' Tree" e "God Is in the Radio", Lanegan intensifica a autoridade cabulosa do QOTSA. Quando em dueto com Josh, seu gogó rouco e irresistível gruda nos falsetes do colega como uma pitoresca e sedutora cola.

O ponto máximo dessa sintonia é a penúltima faixa, "A Song for the Deaf". Sobre os ataques demolidores de Dave e um *riff* que soa como se Tony Iommi liderasse uma miniorquestra de soul na antessala do inferno, os dois desenham uma dinâmica avassaladora. É do duo Lanegan-Homme, também, a autoria do *stoner-pop* "No One Knows", uma das grandes músicas de 2002 e relativo hit (51º lugar na parada da *Billboard*). Ao lado de faixas do quilate de "Do It Again", um estrondoso galope viking blueseiro, e da psicodélica "The Sky Is Fallin'", mostra o quão bom melodista é o ruivo Homme.

O despertar da fera

Já em Grohl, a aventura ao lado dos novos companheiros surtiu o fabuloso efeito de despertar uma fera adormecida. Desde 1995 priorizando o papel de *frontman* dos Foo Fighters, ele coçava as mãos para empunhar novamente as baquetas. E, uma vez solto no estúdio, sem maiores responsabilidades do que "descer o braço" impunemente, o sujeito só faltou fazer chover. Desde Keith Moon não se via um baterista "pegar tão de jeito" e ao mesmo tempo se divertir horrores num disco de rock.

Quase que dá para apreciar o sorriso de prazer em sua face quando se escuta a introdução alucinada que preparou para "Song for the Dead", que inclui "citação" a "Slip It In", do Black Flag; ou as viradas ensandecidas, mas genialmente bem encaixadas, no arranjo de "No One Knows". Devoto de Sepultura, em "First It Giveth" ele não se acanha em reproduzir uma levada de Iggor Cavalera com a mesma brutalidade precisa do mineiro.

Cume do estilo que o próprio Dave Grohl consagrou – uma intersecção da objetividade *bubblegum*, a fúria punk e a pegada dos hard rockers setentistas – sua performance em *Songs for the Deaf* se equipara em importância a seu outro momento dourado como percussionista em *Nevermind*, lançado pelo Nirvana em 1991 (ver texto sobre esse álbum na página 286). E olha que ele passou o resto dos anos 2000 dando canjas preciosas, emprestando batidas a Cat Power, Nine Inch Nails e muitos outros.

Para quem achava que o QOTSA versão superbanda era pouco, *Songs for the Deaf* ainda trazia pitacos de craques dos estúdios como o guitarrista Dean Ween (Ween) e os multi-instrumentistas Paz Lenchantin (futura baixista do Pixies) e Alan Johannes (colaborador de PJ Harvey e outros tantos). Um vaivém ao qual Josh estava habituado desde que, em 1997, iniciara seu projeto paralelo The Desert Sessions, repleto de participantes ilustres.

Durou pouco

A magia da formação Homme-Oliveri-Grohl-Lanegan durou apenas o período das gravações e de uma turnê subsequentemente ao lançamento do CD, mas entrou para a história e deixou um álbum inteiramente bom como legado. Pouco depois, cada um já estava se atirando numa direção diferente.

Antes de morrer, aos 57 anos, em 2022, Lanegan se dedicaria à carreira solo e a outras parcerias; Nick brigou com Josh e retomou seu outro projeto, Mondo Generator. Grohl seguiu com os Foo Fighters e topou outras mil colaborações, incluindo passagem relâmpago por outro supergrupo, Them Crooked Vultures, ao lado do ex-Led Zeppelin John Paul Jones e do próprio Josh. Consolidado como um dos principais nomes de sua época, o guitarrista, por sua vez, se manteve como líder supremo do QOTSA e trabalhou com uma estelar fauna eclética, incluindo desde Run the Jewels a Meat Loaf. Entre outras peripécias, também produziu os Arctic Monkeys, tocou bateria com os Strokes e dirigiu a banda de Iggy Pop.

2000

Contém trechos de texto originalmente publicado no blogue Lá vem o Mala da Lista a 20 de outubro de 2009.

BETH GIBBONS
& RUSTIN MAN
Out of Season

[2002]

Meus netos hão de dar valor quando eu lhes contar que vi Beth Gibbons ao vivo, numa noite de maio de 2008 em Barcelona, à frente do grande Portishead. De olhos cerrados, cenho sofregamente franzido e coluna arqueada em desenho côncavo, como que suportando o peso de três planetas, ela magnetizou a plateia com a veemência delicada de suas voz e interpretação. Cada espectador finalizou a experiência toureando o ímpeto de esperá-la à porta do camarim, envolvê-la num cobertor e levá-la para casa.

Durante anos, a mística em torno da filha mais reclusa da pacata e bucólica Exeter – cidade a cem quilômetros de Bristol, meca do chamado trip-hop – culpou a hermética intensidade emocional da cantora por sua impressionante performance ao vivo. Mas a verdade é que Beth, nascida em 4 de junho de 1965 e, após a separação dos pais, criada com três irmãs pela mãe numa fazenda, exorciza visceralmente em cena a sua própria aversão aos holofotes. "Não gosto muito de estar no palco, especialmente à noite", afirmou em entrevista de 1995 à revista holandesa *Oor*, uma das poucas que concedeu até hoje. Ressalta-se que o Portishead originalmente era um projeto exclusivamente discográfico, sem previsão de se transpor ao formato ao vivo.

"O que ela tem é uma timidez extrema", definiu em junho de 1995 ao *L.A. Times* Geoff Barrow, que, desde a aparição da banda no ano anterior, por meio do majestoso LP *Dummy*, divide com o igualmente multi-instrumentista Adrian Utley a tarefa de escudar a vocalista do assédio da imprensa e minimizar seu desconforto diante da fama. Tanta fobia de palco dificulta até mesmo o exercício de especular onde a loura encontrou desenvoltura para atuar nos célebres clipes do grupo e em *To Kill a Dead Man*, curta-metragem promocional de *Dummy*. Ao que parece, todos os obstáculos podem ser contornados quando se tem vinte e poucos anos.

Angústia despida

Diante desse panorama, é fácil deduzir o quão especiais são para Gibbons os momentos em que ela adentra o ambiente reservado e bem-refrigerado dos estúdios. Sem olhares desconhecidos com os quais cruzar o seu e em companhia apenas dos colaboradores mais chegados, a artista é integralmente livre para focar, aí sim, somente nos degradês de sua angústia.

Se içada pelas boias de samplers e texturas do Portishead ela já notoriamente flutuava num mar de solidão, quando desprovida de toda aquela áurea de mistério e vista de muito perto o efeito se multiplicava. *Out of Season*, álbum que Beth lançou em parceria com Rustin Man (pseudônimo do ex-Talk Talk Paul Webb) em 28 de outubro de 2002 pelo selo Go! Beat, é o precioso retrato desse experimento.

Incompreensivelmente ignorado pela maioria das listas de melhores da década de 2000, o disco marca não apenas a nova parceria da cantora e o seu distanciamento da parafernália de batidas e *loops* da agremiação que a consagrou, como também inaugura uma outra forma sua de compor. Enquanto com o Portishead Gibbons encaixava versos e melodias sobre as estruturas prontas de elegância cavernosa apresentadas por Barrow e Utley, em *Out of Season* ela e Webb (Southend-on-Sea, Inglaterra, 16 de janeiro de 1962) partiram do zero, recorrendo aos "arcaicos" piano e violão para a criação das canções e mantendo os dois instrumentos como bússola estética dos arranjos. Finalmente o mundo ouvia a Beth Gibbons que estava por trás daquele *som Portishead*.

Na linha do tempo, *Out of Season* é a escala entre o trip-hop influenciado pelas trilhas sonoras cinemáticas dos dois primeiros trabalhos de estúdio do trio – além de *Dummy*, houve *Portishead*, de 1997 – e o claustro-kraut de *Third* (2008), surpreendente reaparição após anos de atividades interrompidas. Estilisticamente, porém, pertence a outro universo.

Épicos do intimismo

Para que os lindos lamentos da colega ganhassem um entorno à sua altura, Rustin Man foi o maestro soberano. Costurou uma requintada teia de órgãos, baixo acústico, acordeom, vibrafone e outros tecidos típicos do neofolk – uma tendência do pop alternativo naquele início de milênio. Nasciam dez pequenos "épicos do intimismo", registrados em três diferentes estúdios ingleses, um tesouro de canções adornado pela rara qualidade da grandiosidade discreta. Ouvir *Out of Season* de ponta a ponta é um mergulho de conforto e reflexão invernal. Quase se detecta o crepitar de uma lareira ao fundo.

A abordagem progressista, mas ao mesmo tempo reverente às sonoridades das décadas de 1960 e 1970, receitava com precisão de gastrônomo molecular a maturidade das composições e o uso sofisticado de instrumentos vintage, executados com uma prudência de requinte soberano pelos músicos britânicos convidados. Entre eles, além de Webb se desdobrando "de goleiro a ponta esquerda", despontam o convidado de luxo Utley (guitarra, baixo e teclados), o fantástico Clive Deamer (aquele "segundo baterista careca" dos shows do Radiohead) e até mesmo o mitológico vibrafonista Frank Ricotti, que em cinco décadas de labuta teve de Freddie Mercury a Amy Winehouse como empregadores.

O álbum tampouco seria o que é sem os mais de vinte instrumentistas de cordas e sopro que comparecem em cerca de metade das dez faixas. Regidos por Nick Ingman, homem em cujos créditos figuram obras-primas como *OK Computer* (1997) do Radiohead, os arranjos camerísticos de *Out of Season* constituem uma voz por si só, instigando e apaziguando os matizes da tristeza de Beth. É sem dúvida um dos melhores empregos desse recurso em um trabalho gravado no século 21.

Adição à beleza

Na imersão dos climas e estrofes, Gibbons ainda demonstra o porquê de ser uma das cantoras mais especiais das últimas três décadas. Sua sutileza interpretativa permite contrastar, na faixa "Show", um verso esperançoso como "há vida a ser encontrada neste mundo" com uma cadência melódica descendente de franca melancolia; admite, na preciosa "Sand River", sujeição à beleza e ao romantismo quando canta "*beauty's got a hold on me*".

Vapores levemente sinistros carregam a grandiloquente "Spider Monkey", enquanto a balada folk-jazzista "Drake" rende tributo a Nick Drake; outra gigante do sofrimento cantado, Billie Holiday, é "mediunicamente" incorporada na fascinante "Romance". Esta, por sinal, traz um dos grandes momentos instrumentais do disco, uma atualização inglesa e contemporânea do orquestrado baile suave das grandes gravações de Burt Bacharach. "Não haverá flores nas árvores", lamuria-se Beth em "Funny Time of the Year", cume de sua dor neste repertório. Torta e com elementos eletrônicos, "Rustin Man", a última da lista, é a única a remeter a Portishead, no caso à fase *Third*, e destoa um pouco das irmãs, o que contribui para o fechamento inesperado de uma grande e subapreciada obra.

Quanto a Beth, sua persona artística seguiu a tendência já conhecida por seus amigos, fechando-se em si mesma e voltando à tona a cada meia década: sua última aparição no mundo da música ocorreu em 2019, cantando em polonês – sim, polonês – em trabalho ao lado do maestro Krzysztof Penderecki numa releitura da obra do compositor erudito contemporâneo Henryk Górecki, ambos nascidos na Polônia e já falecidos (em 2020 e 2010, respectivamente).

Contém trechos de texto originalmente publicado no blogue Lá vem o Mala da Lista a 21 de outubro de 2009.

OUTKAST
Speakerboxxx/ The Love Below
[2003]

Em 12 de dezembro de 2003, resenhei para o site da MTV *Speakerboxxx/The Love Below*, o quinto trabalho do OutKast. "É sério candidato a disco do ano e, desde já, corresponde a um marco na black music", escrevi, eufórico. Lembro de contemplar, ali, a possibilidade de estar, na verdade, diante da obra-prima daquela década. Mas dei de ombros a meus próprios instintos, já que estávamos apenas no quarto dos anos 2000. Mais tarde, em 21 de outubro de 2009, quando publiquei minha lista dos melhores daquele decênio em meu blogue Lá vem o Mala da Lista, fui obrigado a subir o tom: "Agora eu posso anunciar que 'Speakerboxxx/The Love Below' é (são), sim, o(s) disco(s) da década".

Bom, duas décadas depois, ao reouvir o álbum para a preparação deste livro, mantenho intacta minha opinião. Nenhum disco do intervalo 2000-2009 é páreo para *Speakerboxxx/The Love Below* por vários motivos. A começar por seu ineditismo formal, e como tal ousadia gerou espetaculares frutos, tanto artística quanto comercialmente. Trata-se, na realidade, de dois discos diferentes somados: *Speakerboxxx*, produzido e protagonizado por Big Boi, e *The Love Below*, comandado por seu colega André 3000. Projetos solos, na prática, só que sagazmente unificados pela *marca* OutKast, que em 2003 já era fortíssima (nenhum lançamento anterior da banda vendera menos que um milhão de cópias). Por isso os parênteses do primeiro parágrafo, indicando os plurais. Até a sua capa oficial é dividida, para que se contemple parte das duas metades das artes visuais das bolachas envolvidas.

Em cada uma delas, o outro integrante do duo teve o papel de apenas um convidado discreto, daquele tipo que não mete o bedelho.

Nem os Beatles se atreveram a fazer isso. Arriscada e corajosa, a iniciativa não só foi um êxito musical chancelado pelas principais listas de melhores do ano, como também acumulou recordes comerciais e prêmios pomposos. Papou três Grammys, incluindo o de álbum do ano, e até hoje disputa com *The Marshall Mathers LP*, de Eminem, o troféu de disco de hip-hop mais bem-sucedido da história dos EUA, com suas 11 milhões de cópias comercializadas. Ou 5,5 milhões + 5,5 milhões, afinal era assim que se contabilizavam as vendas de títulos duplos na era dos lançamentos físicos.

Speakerboxxx/The Love Below é um daqueles casos raros em que um fenômeno de vendas é também uma obra verdadeiramente genial e inovadora. Triunfa olimpicamente em sua pretensão de derrubar barreiras estilísticas, soterrando os estereótipos do hip-hop como um rolo compressor multicolorido e imprevisível. Entre melodias memoráveis, arranjos inventivos, batidas potentes e refrões que não saem das nossas cabeças nem vinte anos depois, a obra-prima do OutKast viaja do funk à psicodelia, passando por jazz, bubblegum pop, folk e, claro, rap da mais fina procedência, disparado em *flow* futurista.

A ambição da empreitada se refletia na duração dos dois CDs (56 minutos de *Speakerboxxx* e 78 de *The Love Below*), mas o mais assombroso era a qualidade dessas quase duas horas e um quarto de som. Do total de 29 músicas propriamente ditas – excluo aqui as onze vinhetas/intros/interlúdios, cacoetes desnecessários do hip-hop de outrora –, nada menos que 22 são muito, *muito* boas. Uma proporção insana que não se encontra nem no *White Album*. E tampouco no *Songs in the Key of Life*, do Stevie Wonder, ou no *Blonde on Blonde*, do Bob Dylan, ou em outros títulos épicos editados como álbuns duplos na era do vinil. *Speakerboxxx/The Love Below*, cuja versão em LP teve que ser quádrupla, é tão impressionante que inclui participações especiais de Norah Jones e Jay-Z, dois dos artistas mais populares do planeta em seu ano de lançamento, mas isso não passa de um mero detalhe.

Fora, é claro, o fenômeno "Hey Ya!", megasucesso que até o Roupa Nova regravou, indubitavelmente uma das melhores canções pop do novo milênio. E que, diga-se, não foi a única representante desse *blockbuster* a ocupar a primeira posição da parada estadunidense.

A efervescente Atlanta

Quando conquistou o planeta, o OutKast já contabilizava mais de uma década de existência. Tudo começou na aurora dos anos 1990, do encontro entre Antwan André Patton, futuro Big Boi (Savannah, Georgia, 1º de fevereiro de 1975), e seu companheiro de classe na escola Tri-Cities de Atlanta, André Lauren Benjamin, futuro André 3000 (Decatur, Atlanta, 27 de maio de 1975). Mais velho de cinco irmãos, Patton vinha de uma família conflitiva e queria ser terapeuta infantil. Ganhou o irônico apelido por causa de sua baixa estatura. Benjamin era filho único de pais separados e, embora mais tímido que o amigo, chamava a atenção pelo visual extravagante já na adolescência, período em que flertou com gangues locais.

Fãs do hip-hop progressista da turma do De La Soul, do funk dos anos 1970 e de artistas excêntricos que nenhum rapper ousaria citar, como Kate Bush, os dois Andrés passaram a rimar juntos sob o nome 2 Shades Deep, depois Misfits. Cidade com uma das maiores populações afro-americanas, Atlanta tinha uma cena musical forte desde os anos 1980. A metrópole do Sul dos Estados Unidos foi muito importante na expansão do hip-hop para além dos poderosos eixos Leste (Los Angeles) e Oeste (Nova York), além de funcionar como celeiro de compositores e produtores tarimbados, tais quais Babyface e Jermaine Dupri, e nomes do rap alternativo, como o Arrested Development.

Também começava a dar seus passos na capital da Geórgia a banca de *beatmakers* Organized Noize, formada por Rico Wade, Sleepy Brown e Ray Murray. Foi no Dungeon, estúdio-espelunca deles, que Boi e Dre gravaram pela primeira vez, improvisando sobre a batida de "Scenario", do A Tribe Called Quest. Logo suas vozes seriam escutadas num remix de "What About Your Friends", do TLC, lançado em 1992 pela gravadora local LaFace.

O caminho rumo ao topo

No ano seguinte, a LaFace contratou a dupla, então rebatizada como OutKast, com K do meio maiúsculo mesmo. Em novembro lançaram "Player's Ball", cujo clipe foi dirigido por Puff Daddy e que chegou ao número 1 da lista de hip-hop da *Billboard*. Em maio de 1994 saiu o disco de estreia, *Southernplayalisticadillacmuzik*, que se destacava pelas bases produzidas do zero (sem samples) e as rimas de Dre e Boi, um sopro de novidade tanto na forma – com métricas de alta complexidade – quanto no conteúdo, livre da sombra pesada e onipresente do gangsta. Alcançou o 20º posto do ranking geral da *Billboard*.

Com o retorno financeiro da estreia, investiram num estúdio próprio, o Stankonia. O segundo CD, *ATLiens*, de agosto de 1996, era um novo passo da dupla rumo a um hip-hop fora da curva, com direito a um vanguardista rap sem batida ("E.T.") e encarte em forma de quadrinhos. Subiu à segunda posição da parada, gerou o hit "Elevators (Me & You)" e em poucos meses registrou 1,5 milhão de unidades arrematadas. Àquela altura, Dre fugia ainda mais dos principais clichês dos rappers: era vegetariano, abstêmio e adepto de visuais desconcertantes, que transcendiam em muito o *streetwear*. Em novembro, teve um filho com outra artista inovadora de primeira linha, Erykah Badu, então sua namorada.

Aquemini, o terceiro trabalho, saiu em setembro de 1998 parcialmente produzido por eles mesmos e trazendo convidados estelares, como George Clinton, Raekwon (da Wu-Tang Clan) e a própria Badu. Com sua distribuição de acentos pouco ortodoxa, quase abstrata, as rimas da faixa-título justificavam a reputação de Dre como um dos melhores MCs da história. Incluía também a canção "Rosa Parks", que gerou processo por parte da famosa ativista que lhe dá nome (a mulher negra que se recusou a sentar na parte traseira de um ônibus, em tempos de segregação racial nos EUA). Mesmo assim, *Aquemini* repetiu o número 2 na parada nacional e vendeu dois milhões de unidades. Nessa época, abriram concertos da turnê de Lauryn Hill, o principal nome do hip-hop no final do milênio.

Já flertando com o multipop inclassificável que desabrocharia por completo em *Speakerboxxx/The Love Below*, *Stankonia* estreou no Halloween de 2000. O quarto trabalho do OutKast era politizado tanto na capa, estampada pela dupla à frente de uma bandeira estadunidense em preto e branco, quanto no primeiro single, "B.O.B." (o melhor da década para o site Pitchfork). Venderam dois milhões de exemplares em apenas um mês e mantiveram a tradição de vice-campeões da parada. *Stankonia*, que apareceria nos pontos mais altos da maioria das listas de melhores dos anos 2000, emplacou no número 1 sua segunda música de trabalho, "Ms. Jackson", um pedido público de desculpas de Dre à ex-sogra, após a sua recente separação de Erykah. Apresentaram-se no Grammy de 2002, de onde saíram com dois dos cinco prêmios aos quais concorriam.

Cada um no seu quadrado

Depois de tanta badalação, todo mundo previa que o projeto seguinte do OutKast seria bombástico. Só não se sabia como. Em 2001, ano em que lançaram uma coletânea, André 3000 já falava sobre a possibilidade de realizarem um álbum duplo, com cada integrante se encarregando de 50% do conteúdo, e garantia que não havia qualquer tipo de crise entre eles. Na verdade, em *Stankonia* já tinham produzido muita coisa à distância, embora sempre colaborando, com Boi radicado em Fayetteville, Georgia, e o comparsa em Los Angeles. A Arista, gravadora responsável pela banda após adquirir a LaFace, acabou comprando a ideia.

Dre admitia um tédio crescente em relação ao hip-hop e, repartindo o seu tempo entre estudar saxofone, frequentar shows de indie rock e atuar em filmes – o primeiro foi *Divisão de homicídios*, de 2003 –, almejava explorar outros territórios artísticos. Tocando cada vez mais guitarra e teclados, esboçou canções para a trilha de um filme romântico que acabou nunca vingando, *The Love Below*, estrelado por seu alter ego Possum, espécie de Don Juan habitante de Paris.

Tão prolífico quanto o parceiro, Big Boi se trancou no estúdio e, em fevereiro de 2003, *Speakerboxxx*, a sua parte na parceria, já estava pronto. Dre teve, então, que correr atrás, mas foi se complicando com os prazos. Até que, em agosto, recebeu um ultimato para entregar o seu material em no máximo quatro dias, para que os dois primeiros singles – um de cada disco – pudessem sair imediata e simultaneamente, e para que o produto chegasse às lojas no dia 23 do mês seguinte. Boi alucinou quando finalmente escutou as produções do companheiro, que as estava mantendo guardadas a sete chaves. A seguir, gravou sua única contribuição para *The Love Below*, os versos rapeados de "Roses". Já Dre estava um pouco mais familiarizado com *Speakerboxxx*, pois atuou como produtor de três de suas faixas ("GhettoMusick", "Church" e "Last Call"), além de ajudar a compor "War".

E para por aí. Finalizada a gravação, eles montariam equipes diferentes e dariam entrevistas separadamente. Até as fotos das "capas-metade" foram feitas assim, com Big Boi sentado numa poltrona com penachos de pavão na de *Speakerboxxx* e um close de André 3000 na de *The Love Below*. Nas imagens dentro do encarte, essa somatória de estéticas se amplia, compondo uma curiosa miscelânea. Há espaço para desde um retrato familiar fictício protagonizado por Dre a um flagra gangsta do amigo junto a *pole dancers*, passando por um pitoresco homem-cavalo (Dre, novamente) em companhia de três mulheres nuas e um anúncio do canil de pitbulls fundado por Boi (!).

Speakerboxxx

Speakerboxxx, o primeiro CD, ainda é focado em hip-hop e segue parte da cartilha do gênero. Big Boi rima com firmeza, ensaia cara de mal e cede o microfone a MCs amigos. Além de Jay-Z, que contribuiu em "Flip Flop Rock", comparecem, entre outros, Killer Mike (na mesma faixa) e o velho chegado CeeLo (em "Reset"). Nem por isso seu repertório é menos aventureiro. Uma potente introdução dá lugar à pedrada "GhettoMusick", cruzamento de Miami Bass com tecno, regado a vocais femininos cheios de eco e órgãos Hammond. Em seguida, "Unhappy" pega o ouvinte por seu refrão açucarado. "Bowtie" surge depois com um funk ao estilo Parliament – pegada parecida, aliás, com a de "The Rooster".

Não há tempo para respirar na primeira metade do discaço de Big Boi. A próxima é "The Way You Move", um dos singles inaugurais, juntamente com "Hey Ya!", de Dre, ambos lançados em 23 de agosto e com clipes acompanhantes. A faixa resgata a canalhice em hibernação do Earth, Wind & Fire, turbinando-a por meio de um refrão em falsete irresistível (de autoria de Sleepy Brown), uma batida electro e o baixo de Debra Killings (também vocalista de apoio em várias canções). Em dezembro, aterrissou no número 2 do top 100 estadunidense, realizando (mais) uma proeza do álbum, a "dobradinha", já que o primeiro posto estava justamente ocupado por "Hey Ya!". No começo de 2004, "The Way You Move" foi para o trono da *Billboard*, permanecendo ali por seis semanas.

Speakerboxxx ainda traz "War", com complicadas rimas e bases que mudam de andamento, a alegre "Church" e outros momentos memoráveis. É muito som bom. E, nesse ponto, até assusta pensar que ainda temos o repertório de André 3000 inteiro pela frente.

The Love Below

Quando chegamos a *The Love Below*, o buraco é, sem trocadilhos, mais embaixo. Para mim, o impacto foi até maior, porque acabei escutando-o antes de *Speakerboxxx*, devido a um erro grosseiro da Sony-BMG, gravadora responsável pela edição brasileira, que enviou aos jornalistas uma tiragem cujos CDs estavam com os nomes trocados. Sozinha, a parcela que cabe a André 3000 nesse latifúndio provavelmente já garantiria o caneco da década para o OutKast. Uma gorda nuvem de inspiração sobrevoou o sujeito durante a feitura das canções, que em seu caso foi bem mais individualista, sem quase espaço para participações.

Sim, eu ia dizendo canções, devidamente *cantadas*. Pois ele deixou as rimas quase totalmente de lado, utilizando-as em posologia comedida, como se fossem um solo de trompete ou piano. Em sua visionária irresponsabilidade, 3000 emprega o rap como um capricho do qual pode perfeitamente se encarregar quando lhe convém, porque sabe que se garante como um dos melhores no ofício. Das vinte faixas de *The Love Below*, apenas cinco dispõem de rimas, sendo uma delas proferida por Big Boi, e a primeira só comparece, timidamente, na quarta música. Antes de chegar ali, a malemolência de estilos da seleção já atravessou musicais da Broadway (a composição-título), jazz ("Love Hater") e um folk-vinheta "zoador" ("God"). Dá quase para esquecer que essa é uma obra de um grupo consagrado do ecossistema hip-hop.

E, se no papel de cantor André despontou como um jovem e ainda mais escrachado Sly Stone, nos coros a sua voz desprende uma esperteza que não se ouvia desde os melhores momentos das bandas de George Clinton ("Happy Valentine's Day"). Some a isso a sua capacidade de extrair algo legitimamente novo a partir de múltiplas influências e o seu hábito de pensar musicalmente com a "cabeça de baixo" (até no título), e entendemos por que ele foi comparado a Prince. Basta ouvir "Spread", puro sexo sobre ritmo quebrado e floreios jazzísticos, para lembrar na hora do saudoso baixinho. Na faixa seguinte, "She Lives in My Lap", inicialmente cotada como primeiro single, ele desempenha solos de guitarra e sax tenor, enquanto a atriz Rosario Dawson dá canja vocal. Sua batida é utilizada ao contrário mais tarde, em "Vibrate".

E por falar em guitarra, foi tocando os primeiros acordes que aprendeu no instrumento, ainda na época de produção de *Stankonia*, que 3000 rascunhou uma tal "Thank God for Mom and Dad". Era um rock direto, alusivo a bandas que vinha escutando, como Buzzcoks e The Smiths, e de célula rítmica inusual inspirada no refrão de "I Say a Little Prayer", clássico de 1967 de Aretha Franklin. Com programação, teclados, violão e voz gravados pelo astro, a canção foi uma das últimas a serem incluídas em *The Love Below*, sob novo título: "Hey Ya!". Estava criado um monstro. De trilha postiça para vídeo viral da turma do Charlie Brown à paródia no Globo de Ouro de 2004, não foi possível escapar do magnetismo desse hino ao sexo casual de refrão psicodélico, número 1 da parada dos Estados Unidos por nove semanas, a partir de 18 de outubro.

A artilharia de André é muito pesada e fértil, e excessos como a versão drum and bass do *standard* "My Favourite Things" são facilmente perdoáveis. "Roses", a música seguinte a "Hey Ya!" na ordem da tracklist e terceiro single (março de 2004), é uma obra-prima da malandragem sonora e a mais brilhante das 39 faixas. Na suingada "Behold a Lady" e na bonita "She's Alive", ele cumpre o desafio de criar arranjos completos

sem linha de baixo, tal qual Prince em "When Doves Cry", de 1984. (Ver texto sobre o álbum *Purple Rain* na página 222.)

"Pink & Blue", que tem sample de "Age Ain't Nothing but a Number", do pária sexual R. Kelly, desemboca em um arranjo de cordas emocionante, recurso também utilizado a seguir, em "Love in War", de inventiva batida. Já "Dracula's Wedding", cantada em parceria com Kelis, se resolve numa combinação minimalista de baixo sintetizado e violão. O dedilhado acústico é também protagonista num dos momentos mais surpreendentes, o dueto com Norah Jones, uma simpática balada folk do bom verso: "Baby, largue de pose / Quero ver você".

O mundo é do OutKast

Speakerboxxx/The Love Below estreou em 11 de outubro nos EUA, já em primeiro lugar, ficando sete semanas no posto. Em janeiro de 2004 tinha oito certificados de platina. Tudo isso sem uma turnê "como deus manda". Dre odiava a estrada a tal ponto de Boi precisar encarar a tarefa sozinho, apresentando apenas o repertório de *Speakerboxxx*. Devia ser bastante frustrante ver um show do OutKast sem "Hey Ya!".

O ponto mais alto da dupla foi também o começo de seu fim. Nos anos seguintes, produziram gente como Gwen Stefani, e Dre, progressivamente recluso, começou a ser cotado para todo tipo de papel cinematográfico, incluindo uma *biopic* de Jimi Hendrix que jamais saiu do papel. Investiram em uma grife de roupas e em 2006 finalmente lançaram um filme, *Idlewild*, com a trilha sonora correspondente (número 2 nos Estados Unidos).

No ano seguinte, Boi anunciou sua carreira solo, e a dupla só voltaria a se reunir – e por apenas alguns meses – em 2014. O hip-hop, porém, nunca mais seria o mesmo, e, de Kanye West a Genesis Owusu, a influência do OutKast nas gerações posteriores constituiria um crucial legado de criatividade e mistura de estilos.

Contém trechos de texto originalmente publicado no site da MTV a 12 de dezembro de 2003 e no blogue Lá vem o Mala da Lista a 21 de outubro de 2009.

SUFJAN STEVENS
Illinois
[2005]

Você pode ser o mais insensível dos trogloditas. Quem sabe nem ligue para música. De repente, é bolsonarista. Ou então é apenas um indie delicado e de mente aberta, mas empenhado em analisar friamente os álbuns que escuta, com olhar crítico. Não importa, na verdade. Seja você um indiferente compulsivo ou um racionalista convicto, todas as suas camadas de defesa emocional não estão suficientemente imunes à inevitável perfuração pela mais pontiaguda das brocas: a voz e as melodias de Sufjan Stevens.

Lançado em 4 de julho de 2005, três dias após o cantor nascido em Detroit completar 30 anos, o álbum *Illinois*, também conhecido como *Sufjan Stevens Invites You to: Come on Feel the Illinoise* é a sua obra-prima. Saiu por seu próprio selo, Asthmatic Kitty, e mais tarde marcou presença na maioria das listas de melhores dos anos 2000 (entre os vinte principais da *NME* e do Pitchfork).

Indo muito além da notória capacidade do autor de partir corações, o disco não economiza em peculiaridades paradoxais: é experimental, ainda que acessível; orquestrado, mas com 80% de seus mais de vinte instrumentos tocados pelo próprio Sufjan (hábito que carregava desde o início da carreira); soa grandiloquente e barroco, embora tenha sido produzido com pouca grana, geralmente num gravador analógico de fita, em sessões nos apartamentos do cantor e de amigos e até numa igreja do Brooklyn; algumas de suas canções têm títulos quilométricos a ponto de fazerem as dos Smiths parecerem suspiros monossilábicos, só que comunicam narrativas corriqueiras.

A vida como ela é

"Sempre achei que toda história vale a pena, até mesmo as anedotas de nossos amigos." Falando ao jornal britânico *The Guardian* meses após o lançamento de *Illinois*, Stevens explicava a pesquisa na qual se debruçara para fechar a temática do repertório, cruzando experiências humanas cotidianas com as sagas de personagens famosos, do arquiteto Frank Lloyd Wright ao presidente Abraham Lincoln, sempre tendo o referido estado como pano de fundo.

Esse *modus operandi*, que incluiu desde a leitura de romancistas e poetas locais à investigação em arquivos históricos, passando pela compilação de relatos pessoais enviados por fãs, era mais típico do trabalho de um escritor do que de um compositor. De fato, antes de começar a chamar atenção na cena alternativa, Sufjan queria se dedicar à literatura, chegando a trabalhar no mercado editorial.

Não que a música já não estivesse ocupando consideravelmente a sua agenda. Integrante da banda folk-rock Marzuki nos anos 1990, Stevens começou sua carreira solo em 2000 com o LP *A Sun Came*, ao qual se seguiram o experimental *Enjoy Your Rabbit* (2001) e *Greetings from Michigan: The Great Lake State* (2003), ponto inicial de seu mirabolante plano de homenagear cada um dos cinquenta estados norte-americanos com um disco. Era conversa: até a edição deste livro, a lista conta apenas com o álbum dedicado ao seu estado natal e o próprio *Illinois*.

2000

Tudo de cabeça

Se para determinar as letras e a atmosfera de *Illinois* Sufjan já mostrava tanto cuidado, na concepção da complexa e exuberante face musical sua performance foi tão ou mais detalhista. A perícia de Stevens na escolha de instrumentos para os impecáveis e surpreendentes arranjos, bem como seu direcionamento de *backing vocals* e quarteto de cordas estão à altura de sua habilidade na execução de todos (de banjo a vibrafone, de oboé a acordeom, de sax a bateria). Ao mesmo tempo, foi notável também a sagacidade tecnológica do autor ao costurar todo esse caminhão de ideias em canções, algumas com múltiplas partes, ou em inovadoras peças instrumentais.

O baterista James McAlister, um dos poucos músicos convidados a participar das gravações de base – além do trompetista Craig Montoro –, ficou três dias seguidos registrando suas laboradíssimas levadas. Para tal, não tinha sequer uma demo como referência; ali, não parecia haver composições prontas, apenas partes soltas dedilhadas pelo piano Wurlitzer de Sufjan.

McAlister alucinou quando ouviu o resultado, meses depois. Ao que tudo indica, o criador já tinha tudo pronto em sua cabeça, sem que ninguém mais pudesse perceber. Com 71 minutos, *Illinois* ainda poderia ter sido duplo em sua edição original em CD, já que sobrou material suficiente para um disco inteiro de extras, lançado como *The Avalanche* no ano seguinte.

Miscelânea coesa

No álbum, essa "orquestra de quase um homem só" conduz uma odisseia que, mesmo disseminando elementos de rock, folk, jazz e erudito contemporâneo, resulta coesa e original. Antes mesmo de uma introdução instrumental propriamente dita – a pomposa segunda faixa, com título de 53 inacreditáveis palavras (!) –, Sufjan já castiga os corações, munido de piano e voz, em "Concerning the UFO Sighting Near Highland, Illinois" (é, eu sei, não parece o nome de uma canção tocante).

Já a suíte "Come On! Feel the Illinoise!" resume, em pouco menos de sete minutos divididos em dois movimentos, toda a riqueza da proposta do LP duplo. Começa com *riff* em 5 por 4 de piano, vibrafone e metais. Logo passa por um longo interlúdio instrumental, antes de desembocar num *grand finale* melódico, com duas linhas vocais se entrelaçando num sublime coral de pergunta e resposta apoiado em violino, viola e violoncelo. Essa habilidade em criar jogos de vozes reaparece mais tarde em outra maravilha de título longuíssimo, que abreviaremos aqui como "They Are Night Zombies!!".

Lágrimas de assassino em série

Hora de tomar um respiro com outra balada – só que não. Flanando no improvável equilíbrio entre melodia dilacerante, interpretação intimista e letra desconcertante, que faz de Sufjan Stevens um dos grandes compositores da sua geração, "John Wayne Gacy, Jr." conta a história do assassino em série e pedófilo de mesmo nome nascido em Chicago, capital de Illinois. Quando o cantor geme a sequência de notas que coincide com os versos "Eles eram meninos / Com seus carros / Empregos de verão / Oh, meu deus", terminando num arrepiante falsete, a emotividade atinge seu ápice e pode praticamente ser cortada com uma faca. Até um homem sem alma, como o assassino Gacy Jr., choraria escutando-a.

Outros vários momentos belos e tranquilos ainda estão por vir, mas em climas mais amenos, como em "Decatur, or, Round of Applause for Your Stepmother!" e "Casimir Pulaski Day". Já a comovente "The Predatory Wasp of the Palisades Is out to Get Us!" caminha num *crescendo* rumo a uma polifonia de vozes que arrancaria lágrimas de Brian Wilson. Essa ópera-folk também dá espaço para momentos mais roqueiros, com guitarra distorcida e tudo, ainda que ornados com a complexidade de texturas e vozes que caracterizam os arranjos de Stevens. É o caso de "Chicago" e "The Man of Metropolis Steals Our Hearts", com tributo a outra celebridade da terra, o Super-Homem, que aparecia na capa das primeiras edições de *Illinois* ao lado de Al Capone, até a arte original ser vetada pela DC Comics.

Com sintetizador, vibrafone e os vocais femininos sobrepostos para efeito hipnótico, "Prairie Fire That Wanders About" lembra Stereolab. A repetição em *loops* tocados, inclusive, faz *Illinois* remeter a outro grupo experimentalista indie, Tortoise, ou até mesmo ao compositor vanguardista Steve Reich, principalmente em faixas como "Out of Egypt, into the Great Laugh of Mankind, and I Shake the Dirt from My Sandals as I Run", o ponto-final abstrato de uma obra que ainda será destrinchada e degustada por décadas.

TV ON THE RADIO
Return to Cookie Mountain
[2006]

A Nova York do início do terceiro milênio ofertava um cardápio musical verdadeiramente suculento de indie rock. The Strokes, LCD Soundsystem, Interpol, Yeah Yeah Yeahs, The Walkmen, Liars e The Rapture foram alguns dos nomes a emergir do eixo Manhattan-Brooklyn no período. Jovens, bem relacionados e arrogantemente talentosos, eles honravam a tradição da cidade de sempre renovar sua fauna sonora e ditar as novas cartilhas estéticas para o resto do globo, mais ou menos como já ocorrera com o bebop nos anos 1940, o folk nos anos 1950 e 1960, e o punk, a disco e o hip-hop nos 1970.

Só que com a diferença de que, em sua grande maioria, essa rapaziada da safra 2000 investia em propostas retrô pouco revisionistas, sem o mesmo impacto inovador das revoluções que os precederam. Os Strokes, por exemplo, soavam como uma intersecção pop entre Lou Reed e Television, enquanto o LCD sugava de Chic e Talking Heads tudo o que podia, e Paul Banks, vocalista do Interpol, parecia ter passado suas duas primeiras décadas de vida emulando os graves de Ian Curtis no chuveiro. Faltava uma banda genuinamente nova-iorquina, que fosse contemporânea, eclética e vanguardista em seu DNA, só que sem medo de arriscar; e que, ainda assim, falasse de igual para igual com o mesmo público já conquistado pelos festejados conterrâneos da mesma geração.

Essa lacuna foi preenchida com a aparição de uma trupe de nome meio bobo, TV on the Radio, formada em 2001 pelo vocalista, ator e cineasta Tunde Adebimpe (St. Louis, Missouri, 25 de fevereiro de 1975) e seu *roommate*, o guitarrista e produtor David Sitek (Columbia, Maryland, 6 de setembro de 1972). Dedicando-se parcialmente às artes plásticas num loft de um Brooklyn que ainda não havia entrado em sua etapa de gentrificação, a dupla pintava e vendia suas obras nas ruas. Paralelamente, Sitek trabalhava como motorista e técnico de som dos Yeah Yeah Yeahs, de quem produziria o aclamado disco *Fever To Tell* dois anos depois.

CD-Rs em bibliotecas

A dupla começou a atrair atenção no boca-a-boca com a demo caseira *OK Calculator*, de 2002 (óbvia alusão a *OK Computer*, do Radiohead), que distribuíram em táticas de guerrilha "cabeçudas", como esconder cópias em CD-R em estantes de bibliotecas públicas, à espera de ouvidos curiosos. O burburinho se amplificou com o EP *Young Liars* (2003), já lançado pelo mítico selo Touch and Go, e que Sitek admite ter criado como exercício de gravação no *software* Pro-Tools, já que o Liars – que faz participação especial, junto com os Yeah Yeah Yeahs – o tinha contratado para produzir seu próximo trabalho.

Desperate Youth, Blood Thirsty Babes, de 2004, impulsionou o TVOTR ao posto definitivo de *the next big thing* a vir de Nova York. A imprensa destacou à exaustão o fato de possuir uma formação mais ou menos roqueira composta predominantemente por músicos negros: além de Adebimpe, o guitarrista e vocalista Kyp Malone (Moon Township, Pensilvânia, 27 de fevereiro de 1973) e, posteriormente, os guitarristas convertidos em (respectivamente) baterista e baixista Jaleel Bunton (Nova York, 24 de outubro de 1974) e Gerard Smith (Nova York, 20 de setembro de 1974).

Mas quem mais se preocupou com a autenticidade daquele som do que com a cor dos envolvidos se impressionou. Povoado por um emaranhado de ideias que abrangiam do pós-punk ao doo-wop, visitando ainda o dream pop e o afrobeat, o CD faturou o Shortlist Music, um importante prêmio estadunidense vigente entre 2001 e 2007, e caiu nas graças dele, David Bowie.

Fluxo regulado

Mas foi no segundo LP, *Return to Cookie Mountain*, lançado em 6 de julho de 2006, que a turma atingiu um patamar superior, firmando-se como um dos grandes acontecimentos sonoros da década. E o fez com o reforço de duas gravadoras de peso, a estadunidense Interscope e a inglesa 4D, histórica casa de Bauhaus, Cocteau Twins e Pixies. Não por acaso, Vaughan Oliver, o brilhante designer oficial do selo britânico (morto em 2019), assina a capa ilustrada por um ninho.

Aplicando novos significados a pepitas de ouro da tradição musical estadunidense, o grupo redigiu um vocabulário próprio, estranhamente acessível; um tesouro rastreável por caminhos tortuosos. "Eu gosto de música pop. Mas também do som de uma geladeira que está a ponto de quebrar – posso escutá-la por uma hora e meia se estiver no clima", diria Malone ao *New York Times* em 2008. Em sua resenha sobre o LP, o *The Guardian* o classificava como "um trabalho experimental de coração pop".

O jorro de bons lampejos que inundava *Desperate Youth...* a ponto de resvalar na afobação e no excesso de informação, agora tinha a pressão regulada e apaziguava seu fluxo, maduro, numa coleção exuberante em originalidade e ousadia, desprovida de canções fracas. "Não temos fórmula, cada disco fazemos de um jeito", explicaria Sitek em entrevista de 2011 ao programa *Austin City Limits*.

Gravado ao longo de 2005 no Stay Gold, QG do próprio Sitek, e em outro estúdio do Brooklyn, o Headgear, *Return to Cookie Mountain* propõe uma orientação inexplorada diferente em cada uma de suas onze músicas. Sempre resulta em algo interessante e não necessariamente pouco cantarolável. Promove, entre outros flertes fatais, a irmandade entre *grooves* de funk e dub e a estética lisérgico-contemplativa do shoegaze europeu, ineditismo que quiçá talvez apenas o Massive Attack – posteriormente colaborador de Adebimpe – tivera a audácia de levemente insinuar em anos anteriores. Falando em shoegaze, aliás, o álbum é um dos poucos a conseguir se apropriar desse universo a favor de uma visão otimista e pé no chão, menos escapista que a de seus parentes do Velho Continente, mesmo que as letras possam indicar o contrário. O uso de cogumelos alucinógenos também contou pontos para a unicidade do pacote, como admitiu a banda quinze anos mais tarde em sua conta de Instagram.

Olha o Bowie ali

Bastam os vinte segundos iniciais de "I Was a Lover", a faixa de abertura, para se reconhecer tal léxico inconfundível. Nesses poucos compassos se apresentam todas as marcas do quinteto que já despontavam em faixas como "Poppy", do trabalho de estreia. Batidas quebradas desdobradas confrontam colchas de guitarra de *noise* sonhador, coreografando com estranhos samples sequenciados em espasmos, como numa nova lógica para se entender uma canção, além de teclados de ecos experimentais.

É a cama irregular perfeita para a letra de alusões às cagadas militares da era George W. Bush, filtradas pelos peculiares timbres de Tunde (um Peter Gabriel rejuvenescido e imprevisível) e Kyp (o homem dos falsetes). Responsáveis pela entrada do TV on the Radio no seleto clube de grandes bandas com dois vocalistas principais, eles dividem o microfone em grande parte de todas as faixas, o que confere ao grupo outra de suas marcas. A dupla também compartilha a autoria da maioria das composições, incluindo Sitek no clube em alguns casos.

E o que dizer de um disco que tem David Bowie na ficha técnica como um mero detalhe? Pois *Return...* também realiza tal proeza,

2000

mais notável ainda por quebrar fugazmente o silêncio do gênio, que viveu o decênio entre 2003 e 2013 praticamente em reclusão. Sempre cirúrgico na hora de designar novos protegidos, dessa vez ele o fez com notável humildade, limitando-se a engrossar o coro de três vozes da empolgante "Province", pontuada por lindas notas de piano. Bowie como "apenas mais uma voz" é para poucos. No resto do repertório, aliás, comparecem outros convidados, como as cantoras Kazu Makino, do Blonde Redhead ("Hours"), e Katrina Ford ("Wolf Like Me").

Shoegaze com doo-wop

Anunciada por uma prancha pastosa de guitarras cósmicas aprendidas com My Bloody Valentine, que logo se veem entrecortadas por um fabuloso broken beat sujo e incisivo, "Playhouses" concorre ao título de faixa mais tipicamente TVOTR. A tensão criada por esses elementos, aparentemente tão díspares, carrega nas costas o dueto de Tunde e Kyp enquanto eles entoam versos como "Assombrados por espíritos rotos / Apenas tentando ficar chapados". Funciona como uma ótima preparação de terreno para "Wolf Like Me", o single que precedeu o lançamento (chegou ao 37º lugar da parada de rock moderno da *Billboard*), quatro minutos de pura energia, power pop com a cara dos anos 2000.

Já "Method" é daquelas gravações que passam à posteridade por seu aspecto único e desbravador. Pegando carona em "Ambulance", um dos grandes momentos do primeiro CD, a faixa capta os nova-iorquinos em outra de suas obsessões, o resgate de um marco cultural da música afro-americana que há tempos ninguém se atrevia a evocar: os arranjos vocais de doo-wop, o estilo forjado por combos de garotos negros nas esquinas das grandes cidades da América do Norte nos anos 1950. "Abra caminhos para a graça alienígena", vociferam, enquanto a melodia simples composta por Adebimpe multiplica sua grandiosidade entre assobios, ecos, palmas de flamenco e batidas industriais intercaladas com a percussão acústica.

O atordoamento prossegue em "Let the Devil In", cacofonia de batucada, baixo dub, suingue afrobeat e coral *à la* Arcade Fire, e na potente "Blues from Down Here", na qual quase dá para dizer que se pode escutar Bowie nos *backing vocals* novamente (ele não é creditado, mas que parece, parece); em "Tonight", a força da voz de Tunde e a emotiva melodia contrastam com a delicadeza do arranjo de detalhes minimais. O caminho está pavimentado para o *grand finale* que uma obra como essa pedia, "Wash the Day", apoteose roqueira com sobras de barulho na parte derradeira e a estrofe definitiva "Ecos de uma pequena caixa / Ecoam na atmosfera / Criando beleza inadvertidamente".

Brilhantes nerds

Após *Return to Cookie Mountain*, o TV on the Radio continuou aprontando, embora desde a década de 2010 tenha reduzido seu ritmo, mantendo seu espírito discreto. "Somos como um clube de leitura: gente muito nerd fazendo coisas de nerds", brinca Sitek em entrevista concedida a Lizzy Goodman no livro *Meet Me in the Bathroom* (2017), sobre a cena nova-iorquina dos anos 2000. "Quando todos nossos amigos eram *headliners* em festivais gigantescos, ainda fazíamos canções de nove minutos sobre aquecimento global", acrescenta o guitarrista. "A ideia de sucesso nunca fez parte da equação."

A banda lançou mais três álbuns, incluindo o "filme-disco" *Nine Types of Light* (2011), dirigido por Adebimpe, e enfrentou a barra da morte de Gerard Smith, em 2011, vítima de um câncer de pulmão. David Sitek construiu respeitável carreira como produtor, colaborando com uma eclética turma que inclui de Bat for Lashes a Run the Jewels, e Kyp gravou canjas em projetos paralelos.

2000

Contém trechos de texto originalmente publicado no blogue Lá vem o Mala da Lista a 21 de outubro de 2009.

AMY WINEHOUSE
Back to Black
[2006]

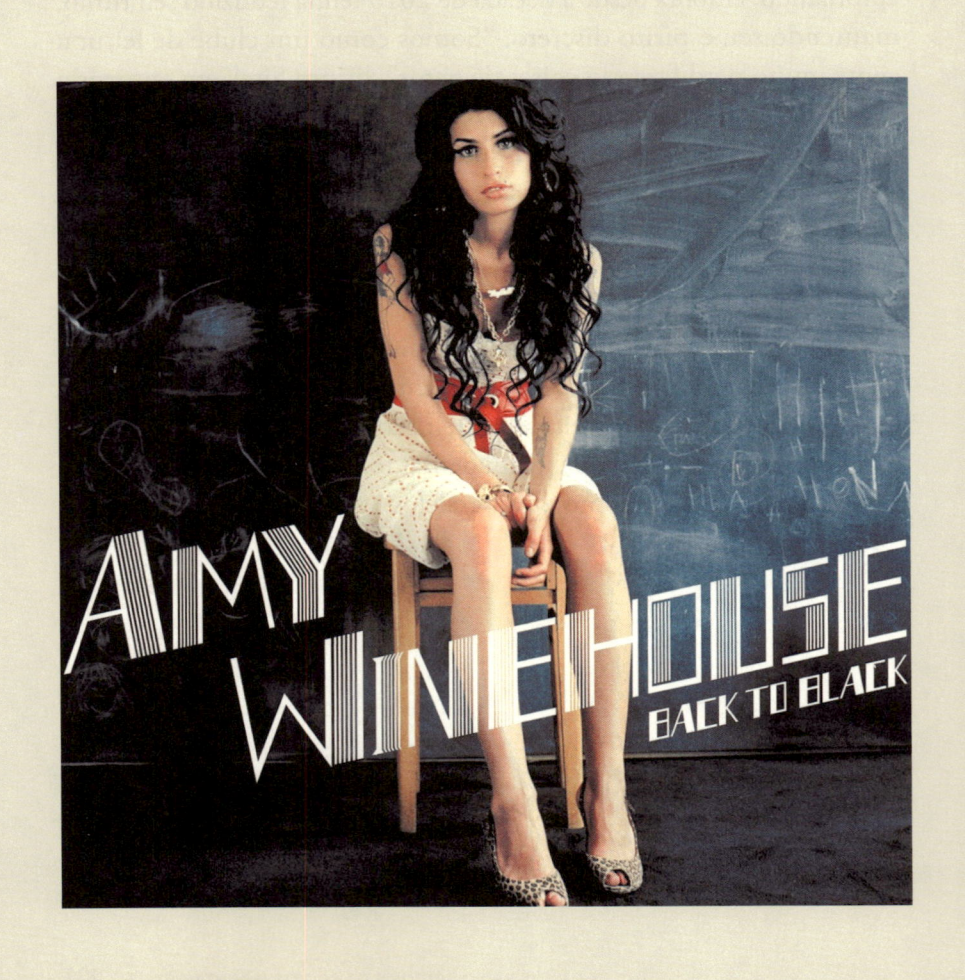

Jimi Hendrix, Janis Joplin, Jim Morrison, Brian Jones, Kurt Cobain – vários foram os ícones da música que partiram aos 27 anos, no auge da fama, em uma macabra coincidência com ares de maldição. Nenhum deles, porém, teve o declínio rumo ao fim tão cruelmente esmiuçado pelo olhar público como Amy Winehouse, a mais recente adesão a esse triste clube. Morta por intoxicação alcoólica em 2011, a cantora londrina passou os quatro últimos anos de sua curta vida num inferno cíclico de dependência de drogas e escândalos, exponencialmente amplificados pelo criminoso circo midiático armado ao seu redor. Dá quase para se dizer que o sucesso a matou.

Mas o implacável show de horror voyeurístico dos tabloides, que exploraram o seu calvário o quanto puderam, não consegue apagar o legado de genialidade e o carisma de Amy. Intérprete totalmente fora da curva e compositora talentosíssima de letras cruas e sinceras, ela cativava justamente por se mostrar tão humana, espontânea e vulnerável. Modesta quanto a seu talento monumental e sua voz única, sempre preferiu a companhia de amigos de infância a outras celebridades. Seu visual espetacular, urbana releitura *millennial* de grupos femininos sessentistas como as Ronettes, gerou provavelmente o último grande emblema pop cartunístico, "vetorizável".

Como principal testamento, Winehouse deixou um unânime clássico contemporâneo, *Back to Black*. O seu segundo trabalho é uma coleção de onze magníficas canções, interpretadas com sensibilidade assombrosa e sofisticado faro pop, escancaradamente tributárias à herança musical negra dos anos 1960. Mas, embora respeitosas, suas atualizações das estéticas do soul, do jazz e das produções grandiloquentes de Phil Spector não desandam na nostalgia, falando diretamente aos ouvintes de seu tempo. Um primor de disco, costurado pela triangulação à distância que a artista mediou entre dois produtores, um branco e um negro: Mark Ronson e Salaam Remi.

Back to Black foi lançado no final de outubro de 2006 no Reino Unido, alcançando o número 1 da parada em duas semanas. Superaria a marca de um milhão de cópias arrematadas no país em menos de um ano. Em dezembro, saiu nos Estados Unidos – com o célebre selo avisando sobre *explicit lyrics* –, onde chegaria à segunda colocação na lista da *Billboard* no início de 2008, quando faturou cinco Grammys (incluindo o de álbum do ano). Estima-se que dezesseis milhões de exemplares tenham sido vendidos mundialmente.

Na última versão de seu ranking dos 500 maiores discos de todos os tempos, de 2020, a *Rolling Stone*, revista que deu mais de uma capa a Amy Winehouse, coloca *Back to Black* no 33º lugar. Já a rádio estadunidense NPR o posicionou, em 2017, como nono entre os 150 melhores álbuns gravados por mulheres.

Sincerona

Oriunda de uma família judia de Southgate, norte de Londres, Amy Jade Winehouse nasceu em 14 de setembro de 1983. O pai Mitch, taxista, se separou de sua mãe, a farmacêutica Janis, antes que a filha completasse dez anos, época em que já montou seu primeiro duo de hip-hop (Sweet N'Sour). Com mais de um tio músico, desde cedo escutou divas de jazz e compositoras de pop adulto clássico, como Carole King. Na adolescência, iniciou-se na guitarra, que pegava emprestada do irmão mais velho Alex, e aos quatorze anos já compunha. Não muito depois começou a sofrer de bulimia, distúrbio que a acompanharia durante o resto da vida e uma das razões para que tomasse antidepressivos.

Amy estudou em escolas de teatro e arte, mas se inclinava instintivamente à música. Aos dezesseis, passou a se apresentar em bares. Em 2002, depois de ouvir uma demo sua cantando jazz, Simon Fuller, criador dos reality-shows *Pop Idol* e *American Idol*, lhe ofereceu seus serviços de empresário. No mesmo ano veio o contrato com o conceituado selo inglês Island, atrelado à Universal, cujo primeiro fruto foi o CD *Frank*, de dezembro de 2003.

O trabalho de estreia funcionou como um belo cartão de visita, colocando a vocalista entre os finalistas do badalado Mercury Prize e lhe garantindo o troféu de melhor canção contemporânea no tradicional prêmio Ivor Novello. A faixa em questão, "Stronger Than Me", tratava sem rodeios do relacionamento com seu namorado da época. Exemplificava, portanto, uma das principais qualidades de Winehouse, criadora sincerona assumidamente incapaz de compor sobre situações alheias à sua vida pessoal.

Ainda assim, *Frank* mantém um laço com o R&B do início do milênio e carrega certa preocupação de sua autora em soar jazzística que o impedem de decolar plenamente. Faltava algo para todo aquele potencial florescer como devido, e a própria Amy, não totalmente satisfeita com o resultado, sabia disso.

Malandro de mulher

Um dos principais legados do processo de feitura de *Frank* foi o início de sua colaboração com Salaam Remi, produtor nova-iorquino responsável por alguns dos maiores discos de música negra dos anos 1990, incluindo o multiplatinado *The Score*, do Fugees. E foi a Remi que a cantora recorreu quando a nova safra de composições começou a brotar, naquele turbulento 2005, ano em que se mudou para o boêmio bairro de Camden e conheceu Blake Fielder-Civil.

O futuro marido tornou-se a sua principal obsessão, inspirando as melhores e mais sofridas composições que integrariam *Back to Black*. Em "Some Unholy War", por exemplo, ela canta: "Se meu homem fosse lutar alguma guerra não santa / Eu estaria do seu lado". Mas, tremendo "chave de cadeia", Blake contribuiu em 200% para o mergulho da namorada em todos os tipos de drogas.

Nesse período, Amy começou a mudar de visual, já bastante inspirada pelo empoderado *girl group* estadunidense The Shangri-Las, cujo dramatismo exagerado ela venerava e a quem agradeceria no encarte de *Back to Black* (juntamente com os ska-punks do Specials). Em entrevista à *Rolling Stone* após o lançamento, Winehouse atribuiria a

2000

mudança de seu enfoque musical ao tipo de substância que adotara como entorpecente. Se o hip-hop e o jazz de *Frank* eram retratos de sua fase maconheira, o soul retrô pós-spectoriano de *Black to Black* encharcava-se de seu novo melhor amigo, o álcool.

Em dezembro de 2005, após uma de suas primeiras crises sérias com Blake, durante a qual bebeu sem parar, a estrela começou a focar no novo projeto. Compôs o lindo e desolador deep soul "Wake Up Alone" com o produtor inglês Paul O'Duffy, veterano colaborador de nomes como Dusty Springfield e Swing Out Sister, e partiu para um detox no Instrument Zoo, estúdio de Salaam Remi em Miami. Passou quatro dias sóbria, ouvindo The Platters e Neil Diamond, enquanto desenvolvia as primeiras versões do ensolarado soul "Addicted" (no qual canta que "nenhum pinto" fazia por ela o que a maconha fazia), "Just Friends" e a irresistível "Tears Dry on Their Own".

Encontro com Mark Ronson

Meio a contragosto, a artista embarcou para Nova York em março de 2006, acatando uma sugestão da gravadora de trabalhar com o produtor anglo-estadunidense Mark Ronson em seu estúdio Allido. Inicialmente desconfiada do currículo mais eclético de Ronson, que abrangia de Christina Aguilera a Macy Gray, ela rapidamente se conectou com o recém-conhecido, e já nas primeiras horas de parceria ele lhe entregaria a sequência de acordes que se transformaria na épica balada "Back to Black".

No dia seguinte, a moça ouviu a demo instrumental, trancou-se numa das salas do Allido e voltou rapidamente com letra e melodia prontos. Em cerca de três horas já a tinham gravado. O produtor estranhou o refrão com frases que não rimavam, mas ela lhe alertou que, se as modificasse, a canção perderia a sua verdade. Prevaleceu o seu argumento, e "*I died a hundred times*" ("morri cem vezes") persiste como um dos melhores versos de sua obra. Lançada em 30 de abril de 2007 como terceiro single de *Back to Black*, a faixa-título, única coautoria Winehouse/Ronson, foi número 8 no Reino Unido.

Os dias com o novo comparsa renderam também o maior hit do LP, "Rehab", top 10 em ambos os lados do Atlântico, e que saiu como single inaugural poucos dias antes da chegada do disco às lojas. O inesquecível refrão veio de uma conversa corriqueira, na qual Winehouse se queixava a Ronson da pressão sofrida para que se internasse numa clínica de reabilitação: "Eles querem me convencer a ir para a *rehab* / Mas eu digo não, não, não".

A dupla ainda trabalhou em outras quatro composições de Amy: "You Know I'm No Good", a segunda música de trabalho (8 de janeiro), lamúria sobre a relação com Blake ("Eu traí a mim mesma, como sabia que faria") apoiada por uma batida embebida em hip-hop; "Love Is a Losing Game", o último single (10 de dezembro), deslumbrante balada soul que trazia arranjo de cordas, recurso que ela odiava, mas que, nesse caso, acabou adorando; "Wake Up Alone"; e "He Can Only Hold Her", melhor exemplo da produção "retrô, *pero no mucho*" de Ronson. O arranjo emprestava a melodia do obscuro compacto "(My Girl) She's a Fox", lançado pela banda de soul Icemen em 1966. Seus autores foram corretamente creditados.

A gangue certa

A grande epifania dos bastidores da produção de *Back to Black*, porém, foi a ideia de Mark Ronson de entregar o instrumental da parte que lhe cabia do repertório aos Dap-Kings. O grupo contava com os melhores músicos do selo Daptone, do Brooklyn, que desde 2001 gravava analogicamente a nata do soul e funk de raiz. Escolados na sonoridade de clássicos de gravadoras como Motown, Stax e Atlantic, figuras do quilate do baterista Homer Steinweiss e do guitarrista Binky Griptite deram o toque descolado definitivo ao álbum, mesmo tendo registrado suas participações sem a protagonista, que já voltara a Londres. Os Dap-Kings a acompanhariam em parte dos shows de divulgação de *Back to Black*.

Em seguida, um executivo da Island mostrou a Salaam Remi a safra produzida por Ronson, pedindo-lhe que desse um jeito de somá-la ao material que ele já criara com Winehouse. O plano era fechar um conjunto homogêneo estilisticamente, ainda que talhado por dois produtores diferentes. E Remi brilhou. Utilizando sua própria equipe de instrumentistas, rearranjou "Me & Mr. Jones", que migrou do jazz acústico ao doo-wop, repaginou "Just Friends" como um suingado rocksteady jamaicano e, num golpe de mestre que chocou a cantora, transformou "Tears Dry on Their Own" na mais pop-sessentista de todas as faixas.

Quarto single do repertório (13 de agosto), a faixa renasceu com introdução idêntica e cadência semelhante a "Ain't No Mountain High Enough", memorável sucesso de 1967 na voz de Marvin Gaye e Tammi Terrell. Ainda assim, era uma música 100% com a cara de Amy. O casal Nickolas Ashford e Valerie Simpson, autor do velho hit da Motown, recebeu o devido crédito. Salam se maravilhava com a contradição entre o arranjo empolgante e a letra "baixo-astralizante" ("Eu deveria ser a minha melhor amiga / Em vez de foder a minha cabeça com homens estúpidos").

Último trago

No caso de Amy Winehouse, o que era bom definitivamente durou pouco. Diante do êxito estrondoso de *Back to Black*, ela intensificou seu abuso de drogas, metendo-se com crack e heroína e tendo sua primeira overdose já em 2007, ano em que se casou com Blake. A fúria da imprensa saiu completamente do controle, e ela jamais voltou a ter paz.

Os papelões ao vivo se tornaram rotina, e o público passou a contar com os seus vexames como parte garantida da atração. Eu mesmo estive num festival em Paris, em agosto de 2008, no qual a plateia ficou só esperando em que momento seria anunciado o cancelamento de seu show – como de fato ocorreu, e pelo segundo ano consecutivo. Mandada para mais de uma *rehab*, ela furava as regras e botava tudo a perder. Teve até bons momentos nos anos seguintes, como quando apareceu saudável em uma temporada na ilha caribenha de Santa Lucia, ou quando cantou com o ídolo Tony Bennett (que a comparou a Billie Holiday e Sarah Vaughan). Mas o turbilhão foi forte demais para Amy Winehouse, que tomou seu último trago em 23 de julho de 2011.

2000

LCD SOUNDSYSTEM
Sound of Silver
[2007]

Não se deve subestimar o efeito que a descoberta de determinadas drogas por certos artistas causa em diferentes eras musicais. O que seria da década de 1960 se Bob Dylan não tivesse apresentado maconha aos Beatles em 1964? Teria a disco music setentista se sustentado sem a cocaína? Não dá para saber. Então arrisco aqui, guardando as devidas proporções e fazendo a necessária contextualização: é capaz que os anos 2000 perdessem uma boa dose (sem trocadilho) de sua graça caso James Murphy não houvesse experimentado êxtase na virada do milênio.

Nascido em Princeton Junction, Nova Jersey, a 4 de fevereiro de 1970, mudou-se para Nova York em 1989. Lá, iniciou sua saga como baterista de formações de rock alternativo que não vingaram, como Pony e Speed King, enquanto se especializava em engenharia de áudio e era técnico de som do grupo Six Finger Satellite. Até que conheceu uma dupla de estrangeiros que mudaria a sua vida. Um era o DJ e produtor norte-irlandês David Holmes, posteriormente conhecido como autor de trilhas classudas de *blockbusters* como *Onze homens e um segredo* (2001); o outro, o inglês Tim Goldsworthy, que construíra reputação anos antes como produtor do selo Mo' Wax, focado em vertentes eletrônicas do tipo trip-hop e breakbeat.

Foi numa discotecagem de Holmes, mais especificamente quando a agulha passou por "Tomorrow Never Knows", a mais revolucionária gravação dos Beatles, que Murphy se rendeu à polêmica pastilha e teve uma espécie de epifania (ver texto sobre o álbum *Revolver* na página 37). "Aquele era o meu verdadeiro eu; estava dançando e me sentia totalmente lúcido", revelaria ele mais tarde no livro *Meet Me in the Bathroom*. Brotava nele ali, de forma repentinamente resoluta, uma

2000

ânsia por levar à pista de dança a sua bagagem indie, filtrada com *know-how* técnico de gravação e colorida pelo mundaréu de referências contemplado por seu "nerdismo" de colecionista pop, aquele do tipo que enche o saco dos outros apontando qual canção obscura é sampleada em determinado *loop*.

Abalado pela recente morte dos pais e cada vez menos confortável em seu papel nos bastidores, James pensou que talvez fosse a hora de assumir a linha de frente de um projeto totalmente seu. "Pensei: sei tocar, posso me encarregar do som, sei cantar, manejar todos os instrumentos... não é possível que com tudo isso não seja capaz de algo bom", conta no livro. Ao mesmo tempo, os amigos o pressionavam, dando-lhe o toque, meio de brincadeira e meio sério, de que ele era tão autoritário dentro do estúdio que deveria mesmo zarpar numa viagem autoral.

"Eu tenho uma combinação tóxica entre ser completamente determinado, inflexível e controlador e ser totalmente tímido, me sentir culpado por ferir os sentimentos de todo mundo e hipersensível às necessidades das outras pessoas; é totalmente paralisante", se abriu James, que em seus anos de maior sucesso chegou a fazer três sessões de terapia semanais, em entrevista de 2017 ao *The Guardian*.

Lei de Murphy

A relação com Holmes azedou rápido, indo não muito além de uma colaboração no disco *Bow Down to the Exit Sign*, que este editou em 2000. Mas Goldsworthy virou sua alma gêmea sonora e um dos sócios na gravadora DFA, originalmente Death from Above (não confundir com a banda Death from Above 1979), fundada em 2001. Tim era o único parceiro com quem o egocêntrico e controlador obsessivo assumido James aceitava dividir o estúdio em pé de igualdade. Pena que, já no início da década seguinte, o *affair* terminaria em disputas legais e numa vasta coleção de ofensas públicas mútuas (incluindo um "James é um sociopata" proferido pelo britânico).

Muito antes do barraco, porém, uma das primeiras amostragens da DFA, assinada apenas por Murphy, trazia o single "Losing My Edge", já lançado com a alcunha LCD Soundsystem em junho de 2002, em parte bancado com a herança dos pais. O nome nunca foi satisfatoriamente explicado, embora circulem teorias de que o LCD possa significar desde "Liquid Crystal Display" (ou seja, as próprias telas LCD) a "Lowest Common Denominator" ("Mínimo Denominador Comum"). Nada assim muito brilhante, em todo caso.

Baseada numa levada *funky* e rústica, criada numa bateria eletrônica analógica presenteada pelo beastie boy Adam Horovitz, "Losing My Edge" era uma irresistível autoparódia da figura do sabe-tudo pentelho encarnada por James Murphy. Na letra, o trintão erudito nos sons bons é assombrado pela chegada de gerações mais talentosas, espertas e, graças à pirataria digital, mais conhecedoras de tudo do que ele. Tim não gostou da abordagem e não a queria lançar. Hipnótica e visceral, a faixa foi tocada em estúdio quase inteiramente pelo autor, que, diante da repercussão rapidamente obtida pela gravação no underground, se viu "obrigado" a montar uma banda e fazer shows.

"Losing My Edge" foi o marco zero de uma espécie de novo disco-punk, tendência que deixaria profundas marcas na década. Teve, para a vertente mais dançante da nova safra, o impacto de uma "Last Nite", dos conterrâneos Strokes (que, por sinal, James adorava), para os mais puramente roqueiros. "Não éramos garotos descolados de Manhattan, nem estudantes de arte do Brooklyn, mas criamos uma cena", explica James no documentário também batizado como *Meet Me in the Bathroom* (2022), de Dylan Southern e Will Lovelace. "Antes do LCD você tinha os garotos do punk, os alternativos e os que saíam para dançar; eram grupos que não interagiam, mas que, de repente, se uniram", opina Alex Kapranos, líder do Franz Ferdinand, um dos contemporâneos que absorveram essa influência, no livro de mesmo nome.

Além dos escoceses, outros que operaram segundo os mandamentos dessa "lei de Murphy" (no caso, o James) foram os nova-iorquinos do grupo The Rapture, parcialmente responsáveis pela sedimentação do *som DFA*. É fácil de explicar: seu indie-hit "House of Jealous Lovers", de março de 2002, teve produção de Murphy e Goldsworthy, e foi lançado pela gravadora. A notória sonoridade bate-estaca sexy e garageira de "Jealous", segundo contam os próprios integrantes do Rapture, só existiu por insistência da dupla. Particularmente, de sua metade estadunidense.

2000

Hora de subir no palco

O Rapture vazou rápido, assinando com a Universal, o que impulsionou ainda mais James Murphy a abraçar às pressas a ideia do LCD Soundsystem como banda, reforçada por comparsas como Pat Mahoney (do Les Savy Fav, um dos mais sucintos e eficazes bateristas daquela fornada), a tecladista sino-coreana-estadunidense Nancy Whang e o baixista Tyler Pope (do !!!). Mais tarde se juntaria ao barco o guitarrista inglês Al Doyle (Hot Chip). Em setembro de 2004, quando já enfileirava outros singles, entre os quais o ótimo "Yeah" (resposta tecno a "Disco Inferno", do Trammps), a trupe fez uma das grandes apresentações do Sónar Sound, em São Paulo, cidade que então vivia o auge da febre punk-bailável.

Estava semeado o terreno para o primeiro e homônimo CD do grupo, parido em janeiro de 2005. Abrindo com outra que se tornaria clássica, "Daft Punk Is Playing at My House", a bolacha caía bem do início ao fim; era irônica, festeira e superficial no melhor sentido. Uma seleção certeira de electro-funk, com momentos mais barulhentos, cozinhada com subgraves de última geração e ritmos orgânicos que bem poderiam entrar no repertório do Chic. A fórmula do Senhor Murphy punha foco declarado no ritmo e no *punch*, abrindo exceções só em momentos destoantes como "Never a Tired as When I'm Waking Up", uma ode a "Dear Prudence", dos Beatles, que ele parece ter feito só para provar que também sabia compor uma canção pop-rock mais convencional.

O público adorou. *LCD Soundsystem* furou a bolha "alternativóide" e transcendeu o hype da nova cena de Nova York, chegando ao 6º lugar da parada dance-eletrônica da *Billboard*, vendendo quase 150 mil cópias nos Estados Unidos e sendo indicado a dois Grammys no ano seguinte (nas categorias melhor disco dance e melhor gravação dance, com "Daft Punk...").

Gerando expectativa

A subida de degraus rumo ao mainstream se acelerava. E não só pelo contrato de distribuição que a DFA fechou com as grandes

Capitol e EMI. O sucesso surpreendente da estreia, aliado à fama que a turma ia construindo com seus shows incendiários, alimentavam o burburinho. Em outubro de 2006, entraram no jogo corporativo ao lançar, sob encomenda da Nike, o disco *45:33*, algo parecido a uma ópera eletrônica destinada a ser escutada durante sessões de corrida.

Era uma espécie de aquecimento para o aguardado segundo trabalho oficial, gravado durante o mesmo período entre o QG da DFA e o Long View Farm, mítico estúdio em uma zona bucólica próxima a Boston, que no passado acolhera Rolling Stones e Aerosmith. Embora contando com onze colaboradores, Murphy mais uma vez estava 100% no comando, não raro regravando as partes apresentadas pelos colegas. "Eu não tenho que fingir que isso é uma democracia", afirmou, sincerão, em entrevista de março de 2007 ao jornal *Village Voice*. Segundo James, o período de produção foi emocionalmente intenso, com ele esbarrando em pensamentos suicidas.

Sound of Silver foi lançado em 12 de março de 2007 no Reino Unido e, oito dias depois, nos Estados Unidos. Sua capa, que traz parte da indumentária de astronauta usada no clipe de "North American Scum", é assinada por Mike Vadino, designer estadunidense ligado ao mundo da moda e responsável pelo icônico logo da DFA em forma de raio. Com nove faixas, o LP representou um evidente salto de qualidade. Soa como feito por alguém com a responsabilidade de se saber observado e denota uma (sadia) preocupação em ter um lado acessível.

Mantendo a potência e a visceralidade rítmicas, pontos fortes dos singles e do disco anterior, Murphy e onze agregados se concentraram em boas melodias e ganchos pop, acertando em cheio. A massa de *grooves* é ainda mais tecnicamente cuidadosa do que antes, de forma que frequências de batidas eletrônicas, síncopes de bateria, firulas percussivas e graves se complementem sem que ninguém "atravesse" ninguém. No entanto, as canções de *Sound of Silver* são isso mesmo, canções, superando de forma madura o atrevimento falsamente despretensioso do material prévio da banda.

"Era a primeira vez que minha entrada em estúdio gerava expectativa", relembra James no livro *Meet Me in the Bathroom*. Ele não se constrange ao mostrar-se competitivo: "Era um 'foda-se' a todos: Interpol, Bloc Party e todos os grupos que eram maiores que a gente.

2000

British Sea Power e todos aqueles que eram *headliners* de festivais. Os que eram gentis e nos desejavam 'boa sorte' antes dos shows. Pensamos: 'Sim, vamos acabar com vocês'".

Fórmula aprimorada

Curiosamente, o LP começa homenageando "Losing My Edge", com uma versão mais polida daquela incrível batida anunciando o tema de abertura, "Get Innocuous!". A primeira parte marcha num *crescendo* impressionante antes mesmo da aparição da voz de Murphy que, quando entra em cena, pega o ouvinte de surpresa. Em registro grave, ele agora lembra um David Bowie na fase *Station to Station* (1976 – ver texto sobre este álbum na página 156), impressão reforçada pelos timbres de sintetizadores analógicos e o funk futurista tão caros ao Camaleão. De quem, aliás, o líder do LCD se amigou, posteriormente participando em seu último trabalho, *Blackstar* (2016).

"Time to Get Away" resgata um James mais malandro, mais brooklyniano, ainda assim melódico, em letra de ataque pessoal que ele explicaria mais tarde ser dirigido a um ex-empresário. "Eu sabia que você jogava sujo / Mas fiquei em choque", canta. Na parte instrumental, ele reitera uma das marcas registradas LCD, os batuques frenéticos com diferentes *cowbells*, tocados como se incorporasse uma versão punk do grande Paulinho da Costa (o brasileiro que fez fortuna e glória preenchendo espaços percussivos em hits de Michael Jackson, Madonna e Lionel Richie).

Lançada como single duas semanas antes da chegada do álbum às lojas e ao mundo digital, "North American Scum" é um boogie com sagaz letra sobre o preconceito sofrido pela "escória norte-americana" ao redor do planeta, sobretudo em tempos de ocupação no Iraque e no Afeganistão e presidência de George W. Bush. "Odeio a sensação de quando você me olha assim / Porque somos norte-americanos / Mas se agimos de forma tímida / Fica tudo bem."

Do divã a Giuliani

O melhor, entretanto, ainda está por vir, com uma sequência de três faixas irretocáveis. Composta para o terapeuta de James, o búlgaro

George Kamen, falecido em 2006, "Someone Great" é possivelmente sua mais melódica e comovente composição. Seu arranjo, desprovido do peso da bateria de Pat Mahoney e com vocal reforçado por um glockenspiel, é sublime. "Eu gostaria que pudéssemos falar sobre isso / Mas aí vem o problema / Com alguém novo eu não poderia começar / Tarde demais para inícios", diz a primeira estrofe. Vale registrar que uma canção sobre um psicanalista aspira indubitavelmente ao trono do hipsterismo musical do novo milênio. Uma encarnação instrumental de "Someone Great" já aparecera no álbum feito para a Nike.

A seguir, apoiada em hipnóticos acordes de piano executados de maneira propositalmente torta, vem "All My Friends", o momento mais pop da trajetória dos nova-iorquinos, a ponto de Murphy, indie convicto que é, admitir posteriormente um certo constrangimento. Reflexão sobre o espírito de Peter Pan – principalmente o acometido por músicos bem-sucedidos com mais de trinta anos –, a música tem inspiração em "Transmission" (1979), do Joy Division. O site Pitchfork elegeu "All My Friends" como a segunda melhor música da década, em um ranking que também posicionou "Losing My Edge" em 13º lugar e "Someone Great" em 22º.

Mal se respira até a aparição de outra pancada, "Us V Them", curiosamente a segunda e inusitada menção indireta a Pink Floyd do álbum (outro título de faixa dos britânicos, "Set the Controls for the Heart of the Sun", é citado na letra de "All My Friends"). Essa releitura mais orgânica das produções de Giorgio Moroder conta com uma linha de baixo brutal e um suingue-transe irresistível, além de circular por caminhos bowieanos na parte B e trazer um coro sensacional com Nancy no refrão.

O baile continua até o final, passando pela faixa-título, uma mistura de tecno minimal e os sons ambient importados do krautrock alemão, mas a serviço de algo palatável e dançante, com direito a haicai bem-humorado como letra: *Sound of Silver* te faz se sentir como um adolescente / Até você se lembrar os sentimentos de um adolescente emotivo real / E aí você pensa duas vezes".

E, para terminar… uma balada. Deep soul assumidamente branco, "New York, I Love You but You're Bringing Me Down" é uma lamúria explícita ao fato de Nova York ter ficado supostamente chata após anos nas mãos de prefeitos como o conservador Rudolph Giuliani e o bilionário Michael Bloomberg.

Rumo ao topo – e ao fim

Sound of Silver vendeu cem mil cópias físicas/digitais apenas no Reino Unido, chegou ao número 1 da parada estadunidense de dance music e ao 46 da principal. O LCD Soundsystem se instalava no patamar dos grandes artistas da década de 2000. *This Is Happening* (2010) chegaria ao 10º posto da *Billboard*, e *American Dream*, o álbum do retorno de 2017, estrearia em primeiríssimo lugar.

Não sem que o êxito causasse fartas doses de desconforto em James Murphy. Ainda que totalitário em sua visão artística, ele nunca se sentiu totalmente à vontade no mainstream, era um *frontman* relutante. Restava a ele uma saída radical: encerrar as atividades, ainda que só por sete aninhos, no auge, com show nada menos que no Madison Square Garden (captado com sensibilidade no documentário *Shut up and Play the Hits*, outro assinado pela dupla Dylan Southern e Will Lovelace, lançado em 2012).

"Os três primeiros álbuns dos grupos punks sempre são bons e o resto uma merda; que sentido havia em continuar?", teoriza James no livro de Lizzy Goodman. "Eu gosto de brigar. Sou perdedor por natureza e por isso sempre tive que fazê-lo. Não componho músicas para mim mesmo. Componho música para brigar."

Contém trechos de texto originalmente publicado no site da MTV em 08 de julho de 2005.

LOW
Drums and Guns
[2007]

Dentre os enigmas musicais que mais me intrigam está a discrepância entre o estilo de vida aparentemente "carola" de Mimi Parker e Alan Sparhawk, casal-núcleo do Low, e a arte deslumbrantemente desafiadora que a banda produzia.

Em *Low: You May Need a Murderer* (2008), documentário de David Kleijwegt sobre o grupo, aprecia-se o que foi a rotina dos dois durante anos. Acompanhados de algum resignado baixista, Mimi (bateria e voz), vestida num decoro opaco pouco visto na esfera roqueira, e Alan (guitarra e voz), cujos olhos se injetam da imprevisibilidade perigosa de um louco de bairro, conduziam uma van.

Com os dois filhos da dupla, Hollis e Cyrus, no banco de trás, e o porta-malas repleto de instrumentos e material escolar, o veículo rumava aos festivais mais badalados do planeta, onde hordas de indies sensíveis os aguardavam. "O casamento é basicamente a banda", admitiria treze anos mais tarde Mimi, em matéria sobre o grupo publicada pela revista inglesa *Mojo*.

De volta à casa em Duluth, Minnesota (terra de Bob Dylan), onde Alan hoje leciona guitarra a jovens aspirantes, aos domingos todos pulavam da cama e se dirigiam à filial mais próxima da igreja de Jesus Cristo dos Santos dos Últimos Dias, onde exerciam sua fé de mórmones. Alan ainda o faz, mas Mimi infelizmente faleceu em novembro de 2022, aos 55 anos, em decorrência de um câncer de ovário, muito provavelmente dando fim à banda.

"Antifesta" mágica

Criado em 1993, o Low enfeitiçou plateias por quase três décadas com suas canções sombriamente líricas, entregues em arranjos minimalistas ultralentos e interpretadas por duas espetaculares vozes antagônicas, que pareciam entrosadas desde outra encarnação. De fato, Mimi (Bemidji, Minnesota, 15 de setembro de 1967) e Alan (Seattle, Washington, 1969) se conheceram na quarta série.

Seus shows eram autênticas cerimônias, permeadas por uma emoção quietamente catártica; banquetes sensoriais nos quais se degustava um uso magistral de silêncios entre notas, por vezes tão longos que o trio já foi chamado de "a mais *slow* de todas as bandas do slowcore". Tratava-se de uma "antifesta" mágica de texturas e ruídos, na qual o público fechava os olhos, não dava um piu e sincronizava coletivamente a respiração, enquanto o casal cantava como se o mundo estivesse para acabar. Ela tocando, com admirável desinteresse e falsa preguiça, o kit baterístico mais descomplicado desde o usado por Maureen Tucker, do Velvet Underground, formado apenas por prato, caixa e surdo (ver texto sobre o álbum *The Velvet Underground & Nico* na página 61); ele enchendo o ar com os trêmulos e *drones* de sua guitarra, enquanto mantinha o olhar estrábico perdido em algum ponto do horizonte.

Realce na medida

A discografia do Low, composta por treze trabalhos oficiais de estúdio – sem contar EPs e projetos paralelos –, está à altura de sua reputação no palco, que pude atestar quatro vezes. E tem como ponto mais alto o oitavo LP, *Drums and Guns*, editado em 20 de março de 2007 pelo histórico selo Sub Pop, segundo e último do grupo a ser produzido pelo estadunidense Dave Fridmann. Outros queridinhos do ecossistema indie, como Jeff Tweedy, do Wilco, e Steve Albini, estão entre os produtores que já colaboraram com o trio ao longo de 29 anos.

Disputado a tapa pelos alternativos desde o início dos anos 1990, Fridmann construiu seu currículo realçando a viagem de doidões sonoramente lúdicos, do porte de The Flaming Lips e MGMTs. Trabalhando com o Low, ele ajudou Alan, Mimi e o baixista de então, Matt Livingston,

2000

a atingirem um novo patamar em sua trajetória. Para isso, os atraiu ao seu quartel-general, o estúdio Tarbox Road, em Cassadaga, no estado de Nova York, território de mais de cem de suas concorridas produções.

Abandonando o som cru, magro, "ao vivão" dos primeiros (e ótimos) discos, em *Drums and Guns* a trinca enxertou na fórmula teclados, sutis programações eletrônicas e efeitos. Com isso, elaborou camadas de sujeira e ambiência totalmente compatíveis com a agonia dos versos sanguinários entoados por Sparhawk, cortantes como uma lâmina.

Intensidade dilacerante

Sempre às voltas com os fantasmas que, em 2005, o levaram a uma internação para tratamento psiquiátrico – "achei que eu era o diabo", admitiu à *Mojo* –, o vocalista abre o álbum com um chute no peito, "Pretty People". Sobre uma valsa percussiva rústica e um caos de microfonias, ele canta: "Todos os soldados, todos os bebês / Todos os poetas, todos os mentirosos / Todas as pessoas bonitas, todos vão morrer". Como a Guerra do Iraque foi a principal inspiração para o álbum, esse é um desespero que se mostrará recorrente, reaparecendo mais tarde na canção "Take Your Time". Não surpreende, portanto, a revelação posterior de Alan, dando conta de que "perdeu a cabeça" durante a feitura de *Drums and Guns*.

A impressionante voz de Mimi, cuja beleza desconcertante foi forjada numa família de cantoras de country amadoras, dá o ar da graça pela primeira vez na suave "Belarus", um experimento no qual guitarra e bateria abrem espaço a cordas e samples.

O afã por novos arranjos persiste em "Breaker", em que palmas e um órgão de igreja envolvem o haicai perturbador "Minha mão mata e mata / Isso precisa acabar". A sequência de canções dilacerantes não para com "Dragonfly" e "Sandinista", os dois duetos vocais mais comovedores do repertório, e a maravilhosa "Dust on the Window", balada *bluesy* pontuada por dois vocais de Mimi, uma caixa com *delay* e guitarras longínquas. No meio do caminho, um rápido alívio vem por meio de "Hatchet", talvez o mais próximo que a trupe já chegou de uma música pop, com direito a referência à rivalidade entre os Beatles e os Rolling Stones.

Já "Your Poison" confronta as versões antiga e nova do Low, com um coro gospel desembocando numa toada slowcore que poderia estar no trabalho de estreia, *I Could Live in Hope* (1994). Pela mesma rota segue a épica "Murderer", da inesquecível estrofe "Você talvez precise de um assassino / Alguém para fazer o seu trabalho sujo". A apoteose está perto do final, e a obsessão com a morte não freia nem na última faixa, outra de título esplêndido: "Violent Past". É quase muita intensidade para um disco só.

Inclui trecho de texto originalmente publicado em no blogue Lá vem o Mala da Lista a 9 de junho de 2011.

RADIOHEAD
In Rainbows
(2007)

Embora não especialmente vasta, com nove álbuns entre 1993 e a edição deste livro, a discografia de estúdio do Radiohead é uma das mais celebradas da história do rock. Tornou-se consenso no mundo pop que ao menos três de seus itens, *OK Computer* (1997), *Kid A* (2000) e *In Rainbows* (2007), adentraram pela porta da frente o seleto clube dos álbuns realmente espetaculares, canônicos.

Os dois primeiros, por exemplo, figuram respectivamente nos primeiríssimos lugares das listas de melhores dos anos 1990 e 2000 do respeitável site estadunidense Pitchfork. Simplesmente não há, nos rankings do gênero, caso de nenhum outro artista ocupando o trono em mais de uma década. E olha que a relação de nomes cuja atividade em estúdio atravessa as eras é longa, de The Rolling Stones a PJ Harvey, de Michael Jackson a David Bowie, de Stevie Wonder a The Flaming Lips.

O mais "redondo"

Se não é o mais impactante e comercial (eis *OK Computer*, com suas oito milhões de cópias vendidas) nem o mais inovador (o alienígena *Kid A*), *In Rainbows* desponta como o mais "redondo" e maduro dessa tríade de clássicos. Antes de mais nada, ele *É* um pouco *Kid A* e *É* um pouco *OK Computer*. Sintetiza, afinal, o melhor de tudo que o quinteto formado na cidadezinha de Abingdon (vizinha a Oxford) produzira até aquele ponto de sua carreira, incluindo também acenos a elementos de *Pablo Honey* (1993), *The Bends* (1995), *Amnesiac* (2001) e *Hail To The Thief* (2003).

As dez faixas do sétimo trabalho do Radiohead atestam que Thom Yorke (Wellingborough, 7 de outubro de 1968), os irmãos Colin (Oxford, 26 de junho de 1969) e Jonny Greenwood (Oxford, 5 de novembro de 1971), Ed O'Brien (Oxford, 15 de abril de 1968) e Phil Selway (Abingdon, 23 de maio de 1967) perceberam que não precisavam mais gastar tanto tempo revirando do avesso as estruturas da canção, garimpando timbres tão "extraterrestres" ou criando atmosferas de insuperável estranheza para chegar "lá".

A maior banda da virada do milênio concluiu que, com seu arsenal composto pela imortal voz de Yorke – daquelas que constituem um som único na natureza –, um voluptuoso abastecimento de acordes e melodias memoráveis, letras introspectivas e uma infinidade de ideias para arranjos originais, seu resultado poderia soar mais singelo e natural. Em resumo, foi preciso mergulhar fundo na complexidade para se reencontrar com a simplicidade. OK: simplicidade, ao menos, para os padrões radioheadianos. Uma batalha que a banda travou lidando com a encrenca de já ter duas reconhecidas obras-primas no portfólio.

Enquanto *Kid A* anunciava uma viagem fantástica a lugares jamais antes visitados, promovendo o encontro do space rock com o *"mondo bizarro"* da eletrônica de vanguarda, *In Rainbows* era a assimilação dessa viagem na forma de melhores e mais objetivas composições. Que, para sossego dos entusiastas do período 1997–2001, vêm embrulhadas em bem dosadas películas do experimentalismo lapidado ao longo do tempo.

Paralelamente, voltavam à cena as criações mais francamente roqueiras, com até três guitarras por arranjo, que encantaram o planeta em *OK Computer*. Dessa vez, porém, elas aparecem em estruturas mais descomplicadas, menos congestionadas por camadas de barulhos e até permeadas por uma certa leveza, elemento inédito no universo da banda em seus primeiros quinze anos.

Rasteira na indústria

In Rainbows também foi um marco na década de 2000 pela iniciativa revolucionária e controversa do Radiohead de disponibilizá-lo inicialmente apenas no formato digital e, durante os três primeiros meses de venda, a partir do lançamento em 10 de outubro de 2007, pelo preço que o ouvinte desejasse (não) pagar. Extasiada com o fim de seu contrato com a Parlophone, gravadora então atrelada à EMI e que lançara seus trabalhos desde o EP inaugural *Drill* (1992), a banda quis mostrar que seu espírito aventureiro transcendia a esfera musical.

A manobra foi criticada por alguns colegas, chacoalhou a indústria e enfureceu a EMI, que se apressou em soltar no mercado um box sem consentimento do grupo, dois meses depois. Mas rendeu suculentos frutos a Yorke e equipe. Mesmo com estimativas posteriores do site de análises de dados *online* Comscore, segundo as quais até 60% das cerca de 1,2 milhão de pessoas que fizeram o download não desembolsaram sequer um centavo, a média entre os que gastaram algo foi de US$ 6 por descarga. Trent Reznor, do Nine Inch Nails, por exemplo, revelou posteriormente que deu aquela força corporativista, pagando US$ 5 mil por *In Rainbows*.

Independentemente do montante gasto pelos consumidores, o fato é que, nesse caso, toda a grana angariada – ou quase toda – ia para os autores. Sem contar, claro, que a partir de dezembro a brincadeira gratuita acabou e *In Rainbows* foi lançado, inclusive fisicamente, pelo selo independente britânico XL Recordings, o mesmo responsável por *The Eraser*, estreia solo do vocalista no ano anterior.

Em 12 de janeiro, a bolacha chegou ao número 1 da parada britânica, na qual permaneceria por 21 semanas, ocupando diferentes posições. Editado nos EUA pelo selo TBD Records, também abocanhou o posto mais alto na semana seguinte, estabelecendo-se na lista por outras 51. Foi o terceiro do Radiohead a alcançar a marca no Reino Unido, depois de *OK Computer* e *Kid A* (este também número 1 nos EUA). A banda contestou os números do Comscore, mas confirmou o levantamento revelado por sua editora Warner Chappell em 2008, segundo o qual *In Rainbows* fora vendido três milhões de vezes nos diferentes formatos, incluindo 1,75 milhões unidades em CD.

"Se eu morrer amanhã, serei feliz por não termos continuado dentro dessa indústria gigante, com a qual não sinto nenhuma conexão", disse Thom Yorke em entrevista à *Rolling Stone* no período da chegada de *In Rainbows* ao mundo virtual. Não que ele ou seus amigos se importassem, mas, ironicamente, essa mesma indústria premiou o álbum com dois Grammys em 2008, incluindo o de melhor alternativo, além de indicar a banda em várias outras categorias da premiação.

Longo caminho

Após a extensa turnê de mais de setenta shows de *Hail to the Thief* pelo hemisfério Norte, realizada entre 2003 e 2004, o Radiohead, nunca lá muito chegado nesse lance de rodar o mundo, tinha dado um tempo. Thom tirou férias de seis meses e depois começou a gravar o eletrônico *The Eraser*, uma empreitada muito mais para *Kid A* do que para *The Bends*, com o produtor e fiel escudeiro Nigel Godrich.

Terminado o período sabático, no começo de 2005 a turma voltou a se reunir para trocar ideias e tirar um som em seu estúdio de Oxford. Só que, sem gravadora no cangote para botar prazo, as sessões eram relapsas e sem foco. Chegaram a contar, no final do mesmo ano, com o produtor Spike Stent, aliado de Björk e Depeche Mode, mas a colaboração não vingou. Em muitos dias havia mais postagens dos músicos no blogue oficial Dead Air Space do que gravações propriamente ditas.

Com "tudo certo, nada resolvido", partiram para nova série de shows em maio e junho de 2006. Na bagagem, versões preliminares do que viria a ser metade do repertório de *In Rainbows*. "Bodysnatchers", "15 Step", "Nude", "Videotape" e uma encarnação adolescente de "House of Cards", por exemplo, foram tocadas pela primeira vez no festival estadunidense Bonnaroo já em 17 de junho de 2006.

Para que no regresso da estrada todos relaxassem e a labuta começasse a fluir, foi necessário trazer de volta Godrich. Por sua sugestão, passaram três semanas num casarão no interior da Inglaterra meio abandonado, precário a ponto de os integrantes terem que dormir em trailers do lado de fora, com as gravações feitas numa biblioteca.

Funcionou bem também a ideia de fixar um prazo. Nos próximos meses, passariam ainda por outros estúdios, incluindo o do próprio produtor, em Londres, e o novo material foi sendo testado ao vivo. Em 1º de outubro, Jonny, que no mês anterior vira estrear na telona sua espetacular trilha sonora para o filme *There Will Be Blood*, de Paul Thomas Anderson, anunciou no Dead Air Space: "Bem, o disco novo está pronto e sai em 10 dias... o batizamos de 'In Rainbows'".

De tão entusiasmado que estava com a safra de canções, o grupo caiu na estrada incluindo frequentemente todas as dez faixas nos setlists dos shows da turnê subsequente. Presente no 13º concerto da caravana, realizado em 12 de junho de 2008 em Barcelona, testemunhei o quão todas soavam maravilhosamente bem no palco.

Enxuto e impecável

Embalado por uma capa de apelo cósmico, a mais colorida já criada para o quinteto pelo designer Stanley Donwood (colaborador desde *The Bends*), *In Rainbows* é um LP enxuto, em seus quase 43 minutos de duração. O repertório irrompe sem firulas com "15 Step", cuja batida eletrônica, organizada inicialmente em compasso 5 por 8, vai ficando dançante de uma forma estranha a partir da entrada da levada de Phil e a linha grave de Colin. Aqui, o baixista repete o truque da mítica "Airbag", abertura de *OK Computer*, acrescentando suas notas no bolo pouco a pouco. "Como eu terminei onde havia começado?", pergunta Yorke na letra. Serve como aquecimento para a introdução-porrada de sua guitarra Gibson SG em "Bodysnatchers", que caminha suja até a metade, depois guinando para uma parte mais climática até voltar à barulheira e atingir um rápido clímax, antes do final brusco.

O andamento se desdobra múltiplas vezes para desembocar num dos momentos gloriosos de toda a obra do Radiohead, "Nude". Tocada pela banda desde a etapa *OK Computer*, ainda que em arranjo mais rápido e creditada como "Big Ideas", ela finalmente conquistava seu espaço em um álbum do grupo. A espera valeu. Nessa balada, Thom Yorke encarna uma espécie de Smokey Robinson pálido e tristonho, anunciando a era glacial que se aproxima. Com ininteligíveis grunhidos em falsete, ele canta frases como "Você irá para o inferno pelo que sua mente imunda está pensando". A maestria da banda em explorar espaços e silêncios se pronuncia esplendorosamente aqui, tanto no revezamento entre texturas orquestrais e guitarras pilotadas via eBow, quanto no emprego de mais um belo desenho rítmico-melódico do baixo. "Nude" foi o segundo single, lançado em 31 de março de 2008, chegando à 21ª posição na parada britânica e 37ª na estadunidense.

Por outro lado, é o entrelace dos dedilhados de guitarra de Thom, Jonny e Ed a espinha dorsal da faixa seguinte, "Weird Fishes/Arpeggi", um relato que nasce doce, mas acaba com o vocalista descrevendo a experiência de ser devorado por criaturas marinhas, sobre paredes de acordes fantasmagóricos. O falso alarme romântico se compensa em outro momento crucial do álbum, "All I Need" (o último dos cinco singles, lançado em 5 de janeiro de 2009), uma bela pepita de pop tristonho com o manifesto de uma espécie de *stalker* em desespero.

"Há bem pouca raiva no *In Rainbows*; não é nada político", afirmou Yorke numa entrevista de julho de 2008 ao site The A.V. Club, em referência ao álbum anterior, *Hail to the Thief*, parcialmente inspirado pelas guerras do Iraque e do Afeganistão. "O disco explora principalmente as ideias de transitoriedade. Parte de um lugar e termina em outro totalmente diferente. Começa cru e agitado, depois tudo se acalma e você tira tudo do seu organismo."

De fato, após outra surpresa, "Faust Arp", que lembra as toadas folk que Paul McCartney e Donovan criavam nos anos 1960 com a técnica de *fingerpicking*, chega "Reckoner", a penúltima faixa de trabalho, de memorável melodia em falsete, segurando a onda e cortando a bateria sincopada, reforçada pela percussão de Ed, Colin e Jonny. O ritmo simples e certeiro elaborado por Phil e Thom – espécie de releitura do skinhead reggae dos anos 1970 – é também o segredo da impecável e romântica "House of Cards", o terceiro single (editado em 1º de maio de 2008 trazendo "Bodysnatchers" no lado B).

In Rainbows avança, subindo a intensidade mais uma vez, com outro folk-rock acelerado de tintes psicodélicos ("Jigsaw Falling into Place", o primeiro single, de 14 de janeiro de 2008, 30º lugar na parada no Reino Unido), e ruma a um *grand finale* indie com o emocionante lamento ao piano "Videotape". Margeada por uma bateria processada que parecesse estar sendo engolida por um redemoinho, essa seria a única música de *In Rainbows* que caberia como uma luva em *Kid A*. Thom diz que é a sua favorita em todo o acervo da banda.

Contém trechos de textos originalmente publicados no site G1 a 13 de junho de 2008 e no blogue Lá vem o Mala da Lista a 21 de outubro de 2009.

O STREAMING E A REVANCHE DO VINIL

Ouça uma seleção de músicas da
década em sua plataforma preferida

Racismo, feminismo, questões de gênero. Os anos 2010 foram um período de importante agitação ideológica no âmbito musical, acompanhando os movimentos sísmicos de um mundo convulso. Reivindicativas como nunca, as mulheres tomaram a linha de frente, e artistas colossais como as irmãs Knowles, Beyoncé e Solange, Lana Del Rey e St. Vincent fizeram da década uma das mais femininas da genealogia pop. Novos fenômenos, como o trap, tomaram de assalto o mainstream, enquanto adeptos de caminhos mais alternativos se enviesavam para releituras do rock psicodélico e outras modalidades canônicas (Tame Impala, Thee Oh Sees). O afrofuturismo pulsou forte na veia dos herdeiros da melhor soul music (Alabama Shakes, Frank Ocean, Janelle Monáe).

A evolução sonora e estética dos anos 2010 coincidiu com outro período de grandes mudanças na forma de se consumir música. Em 2012, quando as vendas digitais superaram, por fim, as de mídias físicas, a loja do iTunes gerou US$ 2 bilhões, chegando ao seu ponto máximo. Mas essas estatísticas assumiram uma curva descendente a partir do ano seguinte, por causa de uma tecnologia que apresentava um crescimento estratosférico, o streaming, então já movimentando um bilhão em assinaturas das plataformas e anúncios, e crescendo 50% ao ano.

Criadas a partir da segunda metade da década de 2000, empresas pioneiras na modalidade, como Spotify e Deezer, redefiniram rapidamente o esquema todo. Tínhamos passado uma década tentando nos acostumar a não ter mais música fisicamente em LPs ou CDs. O mundo pós-Napster nos guiava a armazenar em nossos computadores o MP3, um produto que, mesmo virtual, era de *nossa posse* (mesmo que, em muitos casos, ilegalmente). E aí veio um novo sistema para mudar as regras novamente.

Financiado por anúncios e assinaturas, o streaming funciona como se, em vez de sermos os donos definitivos daquela faixa ou álbum, fôssemos na verdade detentores de uma espécie de aluguel perpétuo do material. Ter arquivos de MP3, ou um iPod, ficava radicalmente obsoleto. Nos Estados Unidos, a fatia de mercado abocanhada pelo novo formato saltaria de 7% em 2010 para 80% em 2019. Até o videoclipe se ressignificou comercialmente, passando de ferramenta cara de promoção a fonte de renda para bandas e gravadoras no YouTube e em plataformas semelhantes.

Num cavalo de pau espetacular, a indústria encontraria no streaming uma espécie de salvação, de certa forma retomando as rédeas da brincadeira. Depois de acharmos que nunca mais pagaríamos para escutar os nossos sons favoritos, descobríamos o contrário: passaríamos a pagar para sempre para ter acesso a eles, ainda que em mensalidades aceitáveis. Porém, diante da praticidade de consumir um álbum em streaming e da rapidez com que essas plataformas permitem que se acesse quase toda a música já produzida pelo ser humano, respiramos fundo, demos de ombros e nos resignamos com a novidade.

Mesmo reclamando, com razão, da métrica abusiva de distribuição de lucros de seus novos aliados, os artistas também abraçaram massivamente o modelo. Jovens talentos surgidos no período já entravam em cena pensando a música pela ótica do streaming. A engrenagem comercial se enquadrou em termos técnicos, com a *Billboard* e afins redefinindo as medições para as paradas de sucessos de acordo com o número de vezes que uma faixa ou um disco é escutado. Nos balanços do fim da década de 2010 do Spotify, a faixa com mais streamings, "Shape of You", de Ed Sheeran, fora tocada inimagináveis 2,4 bilhões de vezes. O single, portanto, voltava com tudo em sua nova roupagem para o século 21.

Ainda assim, as bandas continuam a lançar álbuns – mesmo que digitalmente –, o público persiste em escutá-los, e a crítica, em repercuti-los nas suas infinitas listas, como sempre fez. Atestando isso, os discos de vinil, que já passavam por um certo revival na década de 2000, não pararam de crescer e, numa vingança lentamente épica, chegaram a 2019 gerando nove vezes mais receita que uma década antes, atingindo US$ 450 milhões nos EUA. Superaram, assim, os seus algozes CDs. E isso foi bonito de ver.

TAME IMPALA
InnerSpeaker
[2010]

Iniciada com Paul McCartney em *McCartney* (1970), a tradição dos fabulosos "álbuns feitos por uma pessoa só", LPs com no mínimo 80% de instrumentos e vozes gravados pelo(a) próprio(a) artista, vem atravessando as décadas. Muitas vezes, essa metodologia gera títulos memoráveis. Stevie Wonder e Todd Rundgren foram os mais notórios adeptos nos anos 1970 (*Music of My Mind* e *Something/Anything?*, respectivamente, ambos de 1972), Prince, uma década depois, com vários de seus discos, seguido mais tarde por Lenny Kravitz (*Let Love Rule*, de 1989) e Sufjan Stevens (*Illinois*, de 2005 – ver texto sobre este álbum na página 389), entre outros.

Felizmente, os anos 2010 deram continuidade à saga, com belas contribuições de nomes como Cat Power (*Wanderer*, de 2018). Mas nenhum outro produto da estirpe individualista do período alcançou a exuberância multicolorida de *InnerSpeaker*, estreia de Tame Impala, alcunha do australiano Kevin Parker (Sydney, 20 de janeiro de 1986). Lançado em maio de 2010, o álbum enfeitiçou a crítica, cavou rapidamente lugar cativo de seu autor nas letras grandes dos cartazes dos melhores festivais e chancelou toda uma safra de *millennials* pró-analógicos, chapados sob uma perspectiva retrofuturista.

Trancado numa mansão no oeste australiano com vista infinita para o Oceano Índico, Parker, então aos 23 anos, labutou praticamente sozinho, contando com as colaborações de Dom Simper, em apenas três faixas, e Jay Watson, em duas. Finalizadas as sessões, que duraram de junho a agosto de 2009, ele tinha em mãos um denso bloco neopsicodélico, pavimentado de grossas fundações de guitarras e sintetizadores e alavancado por uma sólida base rítmica.

Egotrip quase completa

Inicialmente tentado a completar a *egotrip* também mixando o resultado, Parker acabou não satisfeito com o que ouvia. Entregou, então, o material à pessoa mais adequada possível no que se refere a lisergia sonora nos últimos trinta anos: Dave Fridmann, produtor estadunidense conhecido por joias de indie pop cósmico como *Deserter's Songs* (Mercury Rev, 1998), *Yoshimi Battles the Pink Robots* (The Flaming Lips, 2002) e *Drums and Guns* (Low, 2007 – ver texto sobre esse álbum na página 419).

Sábia decisão. *InnerSpeaker* soa como um monólito de texturas alienígenas, com arestas de melodia que derretem e escorrem a um buraco negro, enquanto a voz plana pelo espaço, dançando entre diferentes dimensões em versos descomplicados. Uma sensação auditiva representada graficamente com competência pela capa de horizontes eternos do artista australiano Leif Podhajsky.

O resultado instrumental do disco parece muito mais uma bem-ensaiada banda de músicos com cacoetes próprios – atenção para as viradas e rufos de bateria – do que a sobreposição de *overdubs* desempenhados por um mesmo cidadão.

Ciente disso, Parker orientou a trupe responsável pela encarnação ao vivo do projeto, que traz ainda Simper e Watson operando guitarra e teclados, o baixista Cam Avery (integrante também do Pond) e o baterista francês Julien Barbagallo (do ótimo quinteto Aquaserge), a tocar de maneira rigorosamente igual ao que se ouve no álbum. Idêntico a ponto de incomodar, aliás, mas isso é outra história.

"Aquele" Lennon

Outro elemento impossível de ignorar em *InnerSpeaker* é a voz de Kevin Parker e sua relação com o resto dos sons que ele produz. Durante meio século, gargantas que emitissem frequências semelhantes às dos integrantes dos Beatles sempre foram motivo de debate. Quem não se lembra do burburinho causado pela aparição do Oasis em 1994? Pois não foi diferente no surgimento de Tame Impala: era fácil perceber uma clara semelhança entre os timbres vocais e desenhos melódicos de Parker e os de um tal John Lennon.

Mas estamos falando de uma obra concebida por um hipster da porção mais ensolarada do Primeiro Mundo, que cresceu acostumado a ter toda a música e informação desejada a um clique de distância, e que aproveitou isso do melhor jeito possível. Parker não queria emular um Lennon qualquer, e sim um Lennon "customizado". "Aquele" Lennon, o de 1966, já psicodélico mas ainda pré-Yoko, ocupado em entregar maravilhas liquefeitas em LSD do porte de "Rain" e "She Said She Said". Um Lennon fase *Revolver* (ver texto sobre esse álbum na página 37), é claro, mas munido de conhecimento tecnológico pós-digital retroanalógico, familiarizado com *loops* editáveis pelo ctrl+v e aparelhado por catálogos inteiros das últimas versões de pedais de *fuzz, reverb* e *delays.*

A desejada sombra do beatle, que seria atenuada nos seus três trabalhos posteriores – sobretudo a partir de *Currents* (2015), uma guinada a um soft pop mais eletrônico –, misteriosamente não faz de *InnerSpeaker* menos autêntico. O "fator John", pelo contrário, compõe uma rede de elementos que, combinados, permitem ao ouvinte naturalmente detectar que "isso é Tame Impala".

Ponto para Parker, que, absolvido de uma hipotética acusação de imitador, pôde mostrar, impune, as outras várias qualidades de seu primeiro trabalho. Entre as quais, a presença de ritmos funkeados ("Alter Ego", "Jeremy's Storm") ou a divertida média de um *riff* mastodôntico de verve garageira contemporânea, da laia de gente como Ty Segall e John Dwyer, do Thee Oh Sees, mais ou menos a cada três das onze faixas. Tenta não bater pé e *banguear* a cabeça com "Desire Be Desire Go", "Lucidity" e "The Bold Arrow of Time" (a única registrada com um *power trio* propriamente dito) e falharás miseravelmente. Como em vão será, resumindo globalmente, considerar *InnerSpeaker* um exercício de mero revivalismo virtuoso.

ARCADE FIRE
The Suburbs

(2010)

Lembro do quão defensiva era minha postura de espectador quando o Arcade Fire subiu a um dos palcos montados no Museu de Arte Moderna (MAM), no Rio de Janeiro, na segunda noite do Tim Festival 2005, em 22 de outubro daquele já longínquo ano. Graças ao primeiro álbum dos canadenses, *Funeral*, lançado em setembro de 2004 pelo selo independente estadunidense Merge Records, o que se via e ouvia sobre eles era cercado de um hype asfixiante. Uma das últimas aparições públicas dos caras antes da experiência carioca havia sido ao lado de ninguém menos que David Bowie no Fashion Rocks, em Nova York, no mês anterior. Pelo globo afora, reproduzia-se uma vez mais o fenômeno do jornalista-adorando-tudo-sem-sequer-ouvir-o-disco, o que me gerava desconfiança, para não dizer preguiça. E nem culpa da banda era.

Para alguém que, pelo menos naquela noite, bancava o cético ranzinza meio sério, meio que para divertir os amigos, a entrada em cena da trupe, então "só" com sete músicos em ação, começou como um prato cheio. Eu não perdoei o "ruivo tocando essa porra de tambor", que logo descobriria ser o multi-instrumentista Richard Reed Parry (Ottawa, 4 de outubro de 1977). Mas foi necessária apenas a introdução de "Wake up", canção catedrática de refrão grudento e sem letra – na linha "Hey Jude" –, a mesma cantada por Bowie dias antes, para que o septeto me ganhasse.

Fiquei embasbacado com o sangue, o suor e a saliva que cada um dos integrantes dava em cena, cantando e tocando como se não houvesse amanhã. Para um coletivo cuja fama incluía uma aversão a drogas pesadas e um figurino que algum crítico classificou, maldosa mas genialmente, como "amish", o impacto era ainda mais surpreendente.

Deve ser por isso que aqueles caretas performáticos, saltitando em frenética gincana de troca de instrumentos, seriam definidos por Darcy Frey da *New York Times Magazine* como "um encontro do Clash com o Cirque du Soleil". E tinha outra coisa: as músicas, claro, eram muito boas, em seu jeito épico de ser.

Grandiloquência indie

Uma vez quebrado meu preconceito, só me restava contemplar, ao longo dos anos seguintes, a conversão do Arcade Fire num dos principais nomes do rock daquela década. E não só. Mais de vinte anos após sua formação, em 2001 em Montreal, a partir do encontro entre os cantores e multi-instrumentistas Win Butler (Truckee, Califórnia, 14 de abril de 1980), Régine Chassagne (Montreal, Quebec, 19 de agosto de 1976) e Josh Deu (que saiu antes de *Funeral*), o grupo ainda figura no time dos nomes que abocanham os maiores cachês e encabeçam os melhores festivais do planeta.

Parte da reputação da banda continua a se justificar com seus catárticos concertos, nos quais os antes sete – hoje cinco, com as baixas de Will Butler e Sarah Neufeld – dobram de tamanho, reforçados por cordas, metais e percussão. Ao mesmo tempo, uma porção considerável desse respeito adquirido sempre se sustentou pela qualidade dos discos. Um levantamento do site Metacritic apontou *Funeral* como o segundo mais bem cotado nas listas de melhores dos anos 2010, atrás apenas de *Kid A* (2000), do Radiohead, enquanto o segundo trabalho, o ótimo *Neon Bible* (2007), chegou ao 2º lugar da parada discográfica dos EUA.

Inicialmente uma febre indie, a gangue de bons moços e moças saltou rapidamente ao mainstream sem nunca deixar de lado as características que lhe trouxeram fama desde o começo. Entre as quais, sobretudo, o dom de fazer mil coisas soarem ao mesmo tempo sem que os arranjos deixem de parecer coesos. Além disso, sabem ser obedientes ao conceito inegociável de que, independentemente de quantos instrumentos possam pintar na mixagem, o que importa são as canções (assinadas coletivamente, mas com seu núcleo criado pelo casal Win e Régine, no que ele brincou ser uma "democracia fascista").

Na visão arcadiana, piano, acordeom, guitarras shoegaze, sintetizadores vintage e theremin trabalham juntos em harmonia, como numa atualização para o novo milênio da *Wall of Sound* de Phil Spector. Nem que para isso seja preciso recorrer a duas baterias tocadas simultaneamente, uma a cargo de Jeremy Gara (Ottawa, 6 de junho de 1976), a outra assumida por Régine. Com a diferença de que eles são capazes de reproduzir essa montanha sonora no palco quando, reforçados por outros instrumentistas, se transformam numa quase *big band*.

Essa grandiloquência assumida no som, que Win definiu em entrevista à *Spin* como uma "mistura de Neil Young com Depeche Mode", carrega nas costas canções que versam sobre as angústias de pessoas comuns. Executadas com tal ímpeto raçudo, elas fazem do Arcade Fire uma espécie de E Street Band hipster e canadense. Uma E Street Band mais eclética e diversa, favorecida pelo interessante distanciamento do olhar de vizinho dos Estados Unidos, e de certa nuance europeia, propiciada pela vivência na francófona Montreal. Não que várias das músicas da banda não lembrem Bruce Springsteen, *anyway*.

Conceito bem-amarrado

Foi no terceiro trabalho, *The Suburbs*, que o Arcade Fire equilibrou sua ambição, que não era pouca, com a maturidade em instrumentação e arranjos adquirida nos anos de estrada, ascendendo a seu ponto mais alto artisticamente.

A temática recorrente nos fartos 64 minutos do álbum (duplo em vinil) brotou quando Win recebeu uma foto de um amigo de infância, posando com a filha pequena. A partir dessa fagulha de memória afetiva, o vocalista e principal letrista talhou canções que recuperavam a experiência dele e do irmão mais novo, o multi-instrumentista Will (Truckee, Califórnia, 6 de outubro de 1982), nos redutos de classe média dos arredores das grandes cidades, que os norte-americanos chamam de *suburbs*. No caso deles, únicos estadunidenses da turma, a referência eram as adjacências de Houston, Texas.

Win amarrou essas lembranças musicais num pacote com os elementos clássicos de disco conceitual. Tanto em detalhes mais estruturais, como o entrelace entre faixas e a repetição do tema principal ao final (em outra versão), como no campo temático: a vida naquelas enfadonhas bolhas sociais, aparentemente seguras e controladas, mas assoladas por apatia e desesperança. E, em se tratando dos Estados Unidos, que estão sempre a um mero erro de comunicação de distância da violência física. Era, aliás, o aprofundamento de um assunto que já assombrava o lirismo do grupo desde *Funeral*, em cujo repertório houve espaço para nada menos que quatro músicas batizadas "Neighborhood" ("Vizinhança").

Trabalhando em diferentes ambientes, entre os quais a igreja centenária de Quebec que transformaram em estúdio, e operando em parafernália analógica que incluiu uma mesa de gravação da década de 1940, triaram dezesseis composições de um material mais amplo. Francamente tocante, a seleção final é de uma nostalgia contagiosa, que engatilha nos ouvintes a retomada de suas próprias experiências de angústia, alegria, dor e tédio adolescente. "Senti que eu precisava voltar àquelas lembranças antes que elas ficassem distantes demais", explicou Win à época do lançamento de *The Suburbs*.

O currículo do produtor escolhido para o projeto, o britânico Markus Dravs, traduzia bem os anseios da "rapeize" em gestar uma obra grandiosa, aventureira e – por que não? – conceitual, só que ao mesmo tempo acessível. Dravs colaborara com representantes de diferentes gerações do pop eletrônico de sensibilidade experimental, do naipe de Brian Eno, Björk (ver texto sobre o álbum *Homogenic* na página 325) e Depeche Mode, mas vinha servindo a nomes fortes do pop-rock do início do novo milênio, como Coldplay e Mumford & Sons. A empreitada tinha um inevitável cheirinho de clássico instantâneo e a corja do Grammy esfregou as mãos, sabendo que havia encontrado algo de "credibilidade" a premiar.

Fartura sem desperdício

O álbum, do qual não se desperdiça nada, abre sem perder tempo com a faixa-título, um redondo hino de pop barroco impulsionado pelo piano de Win e que, no refrão, nos convida a não perder de vista as nossas recordações. Outro dos seis singles, a acelerada "Ready to Start", vem a seguir com teclados melancólicos e mais versos sob medida à alienação juvenil da *suburbia* ("Eu preferiria ficar sozinho / Do que

2010

fingir que me sinto bem"). Já a springsteeniana "Modern Man" é tão bem-acabada que não se nota sua batida torta, em compasso 9 por 8.

Variado, *The Suburbs* engata uma segunda e muda de ares com a pesada "Rococo", sobre a rivalidade centro/periferia, esbarrando em serialismo e krautrock na introdução de "Empty Room", uma das quatro com a voz docemente esganiçada de Régine. "City with No Children" tem *riffs* roqueiros memoráveis, enquanto as duas partes de "Half Light" – a primeira um dream pop cheio de camadas etéreas, a segunda mais dançante – antecipam a pegada do álbum seguinte, *Reflektor* (2013), produzido por James Murphy, do LCD Soundsystem.

Tirando rápidas descargas de energia, como a hipnótica "Month of May", que com uma pitada a mais de distorção caberia num LP do Queens of the Stone Age, a emotividade e as rememorações agridoces não dão trégua em *The Suburbs*. Com deliciosa guitarra beatlemaníaca, "Suburban War" lamenta a doída ruptura das amizades inquebrantáveis de outrora ("Escolha o seu lado, eu escolho o meu"), ao passo que o embalo folk melancólico "Wasted Hours" é uma fotografia dos dezesseis anos: "Todas aquelas horas desperdiçadas que conhecemos / Passávamos o verão olhando pela janela". Quem nunca?

E segue com a bela "Deep Blue", a pegada pop de "We Used to Wait" ("A gente esperava / Às vezes não chegava") ou as duas partes de "Sprawl": uma em que o narrador canta sobre "o dia mais solitário da vida" ao tentar buscar a casa onde morou na infância, e a outra, com Régine no vocal, dançante como se fosse uma versão tristonha do Scissor Sisters.

Para Spike Jonze filmar

A moral do Arcade Fire no final de 2010 era tamanha que, no ano seguinte, *The Suburbs* inspirou até um curta-metragem de 28 minutos, *Scenes from the Suburbs*, assinado por Spike Jonze, mestre dos videoclipes "fora da casinha" e o maior diretor indie do mundo naquele momento.

As canções de *The Suburbs* são tão cinematicamente eficazes em criar a atmosfera de juventude sonhadora/desiludida almejado pelos irmãos Butler, responsáveis pelo roteiro, que nem precisava de tanto. Mas a verdade é que o filme, do qual se extraiu trecho adaptado ao clipe da faixa-título, capta plenamente a ideia e funciona como um sensível e estranho prenúncio da conturbada década que entrava. Sua linguagem e seu conteúdo de distopia, opressão policial, violência gratuita e instabilidade adolescente estão em perfeita sintonia com a trilha sonora.

Em 2013, devolveram o "favor", musicando o magnífico longa *Ela*, de Jonze. Destaque também para o labor do fotógrafo Gabriel Jones, que registrou várias residências suburbanas no Texas até chegar ao clique que terminou na icônica capa: um carro estacionado em uma garagem de um *suburb* qualquer, em foto feita a partir de uma projeção de *slides*.

Consolidação no mainstream

Tanto esmero foi devidamente recompensado com sucesso de público e crítica. Ainda editado pela Merge – desde 2017 a banda passaria a integrar o elenco da Columbia –, *The Suburbs* chegou ao mercado nos formatos físico e digital em 3 de agosto de 2010. Duas semanas depois, ocupava o número 1 das paradas norte-americana e britânica, dobradinha-fenômeno que se repetiria com os dois lançamentos seguintes, *Reflektor* (2013) e *Everything Now* (2017).

Em contabilidade da Nielsen Soundscan de 2013, *The Suburbs* foi comercializado 765 mil vezes em território norte-americano, superando a marca de um milhão pelo mundo afora. Em tempos de migração do MP3 para o streaming e com os fantasmas da pirataria ainda assombrando, era uma verdadeira façanha. No ano seguinte, ele ganhou o Grammy de álbum do ano e figurou com autoridade nas mais confiáveis listas de top 10. Ao final da década, apareceu justamente como uma de suas melhores obras em rankings como o da *NME* (9º posto) e *Rolling Stone* (51º).

PJ HARVEY
Let England Shake
[2011]

Dos criadores excepcionais trazidos nas marés chamadas "alternativas" dos anos 1990, não foram muitos os que conseguiram manter uma trajetória relevante nas décadas posteriores. Thom Yorke, Beck e Damon Albarn figuram entre os raros exemplos de artistas que, mesmo já acumulando mais de trinta primaveras de talento distribuído em diferentes projetos e colaborações, podem a qualquer momento lançar o disco da vez e jantar toda uma nova geração de admiradores.

Mas nenhum deles parece ter tantas cartas na manga quanto PJ Harvey. Ou ao menos não ostentam a segurança que ela, nascida numa fazenda em Yeovil, no sudoeste da Inglaterra, a 9 de outubro de 1969, transparece a cada mudança de norte estético. Mesmo quando pula de um barco a outro entre projetos e os fãs demoram a compreendê-la, essa cantora, compositora e multi-instrumentista sempre passa a ideia de que sabe o que está fazendo.

Gravado em uma igreja em Dorset, no sul da Inglaterra, *Let England Shake*, seu oitavo trabalho e primeiro nos anos 2010, foi um dos mais deslumbrantes acontecimentos musicais e a grande unanimidade de 2011. Rendeu à sua autora o prestigiado Mercury Prize britânico pela segunda vez (já faturara o prêmio por *Stories from the City, Stories from the Sea*, de 2000) e acabou coroado como o melhor do ano por publicações gabaritadas de seu país, entre as quais *NME*, *Uncut*, *Mojo* e *The Guardian*. Também chegou ao 8º posto da parada britânica. Mais tarde, povoou os principais rankings de melhores daquela década.

Metamorfose ambulante

Abertamente avessa a se repetir, Polly Jean Harvey sempre se equilibrou numa instigante e cuidadosa corda bamba estilística entre seus discos. Dessa forma, ela demarca etapas diferentes que, invariavelmente interessantes, são aparentadas o suficiente para que sua identidade se sobressaia e permeie todas. Os primeiros, *Dry* (1992) e *Rid of Me* (1993), por exemplo, eram crus e cortantes a ponto de a aproximarem de seus contemporâneos da turma de Seattle. Já em *To Bring You My Love* (1995) ela se aventurava por redomas mais climáticas, enquanto *Stories...* parecia acessível, quase pop. *Uh Huh Her* (2004), por sua vez, surgiu como uma resposta ruidosa ao premiado antecessor.

Em abril de 2010, quando conseguiu convencer o pároco da Eype, igreja do século 19 em Dorset, a alugar as dependências do templo para a gravação, PJ tinha 41 anos, metade deles de carreira. Vinha de outro belo álbum, *White Chalk* (2007), uma coleção de baladas sentidas e atmosféricas, boa parte delas entoada apenas com a ajuda de um piano. Relutante a composições autobiográficas, ela contaria depois que, naquele período, mergulhou nos clássicos dos grandes romancistas russos, com o intuito de entender melhor a psique humana e filtrar os resultados no melancólico material que produzia.

PJ vai à guerra

Para *Let England Shake*, que ela começou a conceber em 2008, a guinada foi, como de costume, quase total. E não só pelo visual da moça, que evoluiu do estilo "noiva-cadáver" da capa e da turnê de *White Chalk* ao emprego de um desconcertante chapéu plumado negro, remetente a alguma espécie de pássaro de avantajado penacho. Superados Tolstói e Dostoiévski, Harvey curvou-se a uma nova obsessão: o passado e o presente bélico da Inglaterra.

Pesquisou muito sobre guerras, da Antiguidade ao século 21, concluindo que o sofrimento vivido pelas pessoas em cada uma delas é sempre muito parecido. À época do lançamento, em 15 de fevereiro de 2011, e posteriormente, Harvey revelou que há tempos já desejava se debruçar sobre o tema, mas que até então ainda não estava pronta.

Quando a hora por fim chegou, ela se esforçou em fugir de canções que soassem professorais ou literais demais. "Queria evitar fazer música de protesto dogmática; isso não funcionaria", explicou ao jornal inglês *The Guardian*. "Queria produzir algo que mantivesse uma ambiguidade, apresentar uma espécie de narrativa."

Comunicando sua visão direta ou indiretamente, fato é que o *timing* de PJ não poderia ter sido mais apropriado. O ano de 2011 foi turbulento, marcado por protestos e conflitos não só no Reino Unido, como em vários outros países (Primavera Árabe, *indignados* da Espanha, Occupy Wall Street…). Em 11 de setembro de 2011, ela pôde dar o seu oblíquo recado, em pessoa, ao então primeiro-ministro britânico David Cameron. Sócio dos Estados Unidos em pelo menos duas guerras que estavam em andamento, Cameron participou de um programa de TV no qual ela se apresentou.

Novo instrumento, nova voz

Let England Shake foi gravado com ajuda do célebre e plurinacional esquadrão de multi-instrumentistas colaboradores da artista, formado pelo inglês John Parish, pelo australiano Mick Harvey (ex-membro do Bad Seeds) e pelo francês Jean-Marc Butty. Os quatro ainda desfrutaram do reforço do disputadíssimo produtor inglês Flood, conhecido por sua labuta com U2 (ver texto sobre o álbum *The Joshua Tree* na página 236), Depeche Mode, Nine Inch Nails, com a própria PJ Harvey (em *White Chalk*) e com a estreia do Warpaint (ver texto sobre este último álbum na página 465).

O LP fascina e surpreende logo na faixa inicial, homônima. Sobre uma base hipnótica e melodia infantil de piano, ela introduz seu instrumento favorito do momento: a estranha auto-harpa, tocada no colo como se fosse um bebê e na qual a inglesa compôs parte do repertório. "Let England Shake", a canção, mostra que sua autora está explorando uma outra forma de cantar, ainda mais aguda que a usada no disco de 2007, com a qual desenha novas melodias, intervalos ousados e pouco previsíveis.

O resultado vocal da iniciativa remete a entidades do canto excêntrico britânico, como Kate Bush e Liz Fraser (ver texto sobre o álbum *Treasure* na página 230), mas é devidamente absorvido – com a ajuda da auto-harpa, de textura onírica por natureza – pelo toque pessoal da "Nova PJ". Marca um aprofundamento, ainda que com diretriz inédita, do que obtivera no trabalho anterior. A introspecção dá lugar a duras reflexões anglófilas inspiradas em batalhas. Um dos elementos mais bonitos a permear toda a obra é o contraste entre sua poética dura e a sonoridade etérea dos arranjos. "As letras já eram muito pesadas, então tentei que a música soasse a mais inspiradora e bela possível", explicou a cantora ao jornal *The Guardian*.

Alternando peças contemplativas que justificam a opção pela acústica de igreja (as lindas "The Glorious Land", "All and Everyone", "On Battleship Hill" e "Hanging in the Wire") com indies diretos da "Velha PJ" ("Bitter Branches", "In the Dark Places"), *Let England Shake* nunca se acomoda e reafirma o status de Polly Jean Harvey com um dos maiores nomes de sua geração.

Ainda sobra espaço para as baladas folk "England" e "The Colour of the Earth", além da cereja do bolo, "Written on the Forehead".

Organizada sobre sample de "Blood and Fire", do cantor jamaicano Niney the Observer, a faixa promove uma soturna simbiose de coração britânico entre reggae e shoegaze, tão bem-sucedida quanto os experimentos do Massive Attack. Uma fusão, aliás, que só um álbum sobre a Inglaterra poderia abrigar. O repertório também se destaca pelas imagens fortes, muito bem resolvidas em versos, como em "The Last Living Rose", quando ela canta: "Neblina correndo por trás das montanhas / Nos túmulos e nos capitães mortos do mar".

Disco "visual"

Uma série de composições tão "visuais" pediam um complemento fílmico à altura, e PJ Harvey sabia disso. Após ver em Londres a exposição *A Darkness Visible* (2008), de Seamus Murphy, fotógrafo irlandês que acompanhava conflitos no Afeganistão desde 1994, ela contatou-o para fazer minicurtas de todas as doze faixas.

Mas quem esperava uma série de filmes sobre guerra ficou confuso. Nos vídeos, Murphy retratou a nova colaboradora de maneira intimista, intercalando paisagens do Reino Unido com imagens aleatórias do cotidiano dos habitantes, de velhinhas jogando bingo a um concerto de rock. Uma abordagem com certa dose de influência de um dos diretores favoritos da cantora, Ken Loach.

FRANK OCEAN
Channel Orange
[2012]

Corria o primeiro semestre de 2011 quando Shawn Carter, o Jay-Z, introduziu um CD no equipamento de som de um de seus carrões. Queria apresentar à esposa, Beyoncé Knowles, as produções de um jovem cantor, rapper e compositor de 23 anos que lhe havia impressionado. Em plena confecção de seu novo álbum, *4* (2011), a Queen Bey não esperou até o fim da última faixa para ordenar ao marido: "Coloque esse cara num avião o mais rapidamente possível".

O novo xodó do casal mais poderoso do *showbusiness* atendia pelo nome artístico de Frank Ocean. E o motivo da paixão súbita da rainha do pop era *Nostalgia, Ultra*, a *mixtape* – na acepção contemporânea do termo, uma espécie de disco extraoficial com samples não autorizados – divulgada por ele em seu próprio Tumblr (sim, era a época dele) em fevereiro daquele ano.

Antes que percebesse, Ocean (nascido Christopher Edwin Breaux em Long Beach, Califórnia, 28 de outubro de 1987) havia emplacado a canção "I Miss You" no quarto trabalho da cantora, lançado em junho de 2011, dividindo créditos com ela e Shea Taylor. Um mês depois, aparecia em outro peso-pesado discográfico, *Watch the Throne*, dessa vez de Jay-Z, em parceria com o outro *capo di tutti capi* do rap no século 21, Kanye West (agora chamado Ye), como coautor e vocalista da faixa de abertura, "No Church in the Wild".

Moral nos bastidores

Cinco anos antes, em 2006, Ocean já vinha começando a colher os frutos de sua labuta de produção de hip-hop e R&B. Entretanto, por causa da tragédia do furacão Katrina, viu-se obrigado a trocar a New Orleans onde crescera por Los Angeles. Em 2008, ainda assinando como Lonny Breaux, teve canções gravadas por Brandy ("1st & Love") e John Legend ("Quickly"). Justin Bieber recrutou seus serviços no ano seguinte ("Bigger"), época em que assinou contrato de artista solo com a Def Jam.

Só que, "colocado na geladeira" pela mítica gravadora, precisou continuar na correria. Isso significou, entre outras coisas: aderir à Odd Future, banca de rappers que revelaria figuras-chave para a década de 2010, como Earl Sweatshirt e Tyler, the Creator; adotar o novo pseudônimo, uma referência a Frank Sinatra e seu personagem Danny Ocean em *Onze homens e um segredo*, filme de 1960; e lançar, por sua conta e risco, assim, como quem não quer nada, *Nostalgia, Ultra*.

Com narrativas que prendem a atenção do ouvinte, samples surrupiados de Radiohead, MGMT, Coldplay e Eagles e, sobretudo, com uma voz carregada de emoção e melodias decididas, a *mixtape* chocava. Ao final do ano, figurou não só na lista de favoritos do matrimônio Carter-Knowles, como também nos rankings de melhores discos de publicações como Pitchfork, *Spin* e *Mojo*. Tudo isso mesmo sem ser tratada como um lançamento oficial. Dava para cortar com uma faca o arrependimento da Def Jam, que tentou compensar o erro lançando dois singles do repertório que renegara. Um deles, "Novacane", chegou ao 17º lugar da parada de hip-hop e R&B da *Billboard* e ao 82º da principal.

Pompa e circunstância

"Tenho me sentido muito mortal ultimamente, então de agora em diante quero fazer tudo num patamar de excelência." Em uma entrevista do final de 2011 ao *Sound of 2012*, programa televisivo e premiação da BBC que celebra as apostas para o ano seguinte, Frank Ocean antecipava, de forma curiosamente não arrogante, o que estava prestes a aprontar. O mundo ainda absorvia o impacto de *Nostalgia, Ultra* enquanto ele já preparava o sucessor, que ganharia o mundo como deus manda, pelas mãos e pelo bolso da Def Jam.

Gravado em diferentes estúdios mastodônticos de Los Angeles, entre os quais o EastWest (onde Sinatra registrou "My Way") e o Record Plant (que acolheu The Rolling Stones e Madonna),

Channel Orange, o primeiro álbum propriamente dito de Frank Ocean, surgiu exclusivamente no iTunes em 10 de julho, após o lançamento de três singles. Passou às outras plataformas de venda digital uma semana depois e, posteriormente, emergiu também em CD e vinil, ressaltando o labor gráfico da capa... er... alaranjada dos *designers* Thomas Mastorakos e Aaron Martinez. Na noite anterior ao lançamento, Frank apareceu no programa *Late Night with Jimmy Fallon* à frente da disputada banda da casa, The Roots, e de uma orquestra. Cantou a nova "Bad Religion".

A pompa da ocasião estava à altura da ficha técnica do álbum, povoada por astros do quilate de André 3000 (OutKast) e John Mayer, os companheiros em ascensão Tyler e Sweatshirt, craques de estúdio como o baterista Matt Chamberlain, coprodutores de fino trato da laia de Malay (Big Boi, Jamie Foxx) e Om'Mas Keith (Chic, Jay-Z), além do superprodutor e estrela pop Pharrell Williams.

Conquista lenta – e irreversível

Disco que amadurece no coração do ouvinte pouco a pouco, *Channel Orange* é o manual do que deu certo na segunda década do século 21: melodias pensadas com o *flow* do rap, rimas de insinuação melódica na dose certa, instrumental orgânico equilibrando-se entre o fetiche vintage e a tecnologia de ponta, arranjos brilhantemente enxutos – daqueles tão bem-feitos que até parecem simples –, captação de som fora de série, realce na emoção da interpretação e uma temática lírica de rápida assimilação, ao mesmo tempo elegante, sagaz e urbana. A partir dele, Frank passaria a ser frequentemente lembrado como um dos letristas de sua geração. "Para mim, tudo começa com as histórias; mesmo nas partes sem letra, tento criar uma fotografia", revelou à BBC o cantor, entusiasta de Stevie Wonder, Beatles e Beach Boys.

Após a desnecessária vinheta "Start", o álbum começa meio preguiçoso, mas já irresistível, com o primeiro single, "Thinkin Bout You". Balada R&B de memorável melodia em falsete, a canção já aparecera para o mundo no ano anterior, na voz da cantora Bridget Kelly. Lançada em 17 de abril, quase três meses antes do disco, a versão do próprio compositor chegou ao 32º lugar nos Estados Unidos.

Depois vem "Fertilizer", um pedacinho de joia pop sessentista que Ocean cortou pela metade só para mostrar que tinha canções de sobra, antecedendo "Sierra Leone", outra belezura suave do verso "Eu te canto uma cantiga do Lennon". Já a funkeada "Sweet Life", composta com Pharrell e editada como single em 6 de julho, aponta o dedo para o mundo no qual o moço adentrava na vida real, o dos ricos. "Você teve um jardineiro e uma empregada desde que nasceu", diz em uma passagem. A mesma temática aparece duas faixas depois, em "Super Rich Kids" ("Garrafas demais dessas que não podemos pronunciar" e "Garotos super-ricos com nada, a não ser amigos falsos"), espécie de marcha lenta e progressiva, pontuada pelas rimas de Frank e com participação de Earl Sweatshirt. Também seria música de trabalho, mas já em março de 2013.

Um dos pontos fortes do lirismo oceânico, a observação de personagens da fauna metropolitana norte-americana, dá também o tom da sofisticada "Pilot Jones" ("Ela veio tropeçando no meu gramado novamente / Não sei por que tento manter uma mulher adulta sóbria") e, principalmente, do balanço "Crack Rock". Inspirado nos relatos que ouvia nos grupos de narcóticos anônimos comandados por seu avô materno, Ocean narra a saga de um cidadão que "saía com uma loira" em outra

era, mas que acabou "fumando pedras em casas abandonadas". Só que ele o faz de uma maneira tão estilosa e refinada que quase dá para esquecer do peso do assunto tratado.

Engatilha-se então a mais surpreendente canção do álbum, "Pyramids". Com seus quase dez minutos de duração, partes totalmente distintas entre si, atmosfera épica e letra que promove uma analogia entre Cleópatra e uma *stripper*, é – guardadas as diferenças estilísticas – o "Paranoid Android" dos anos 2010. Até porque, como a multifacetada suíte do Radiohead, "Pyramids" foi, contra as recomendações de todos os manuais pop estritos sobre duração de canções, também lançada como single, a 8 de junho. Depois de uma parte que lembra hits cafonas do concurso Eurovision – seguramente uma provocação subliminar de Frank –, ela evolui a um embalo electro-funk tocado com baixo-teclado que traria Bernie Worrell ou Rick James de suas tumbas a qualquer momento. Depois, atravessa um interlúdio etéreo, até embocar numa batida de trap lento e um refrão difícil de esquecer: "*She's working for the Pyramid tonight*".

Nesse momento, quando até o mais cético já está rendido, explode "Lost", uma canção pop perfeita, música de estrada que cita nominalmente Amsterdá, Espanha, Índia e Tóquio e que, certamente, já foi dançada por muita gente nesses lugares (53º lugar no Reino Unido). Promovida como quarto single em dezembro, é sem dúvida uma das músicas da década passada. E isso que ainda estão por vir belezuras como "Forrest Gump", de magia feita com pouco, a sempre bem-vinda safadeza de André 3000 no suingue lento "Pink Matter", e "Bad Religion", com seu início *à la* Prince, diluído em órgão Hammond, e um eu lírico implorando: "Taxista, seja meu analista por uma hora / Deixe o taxímetro rodando". Detalhada a ponto de que o ouvinte saiba que o taxista em questão é muçulmano (o cumprimento *Allahu Akbar* é empregado pelo eu lírico), a balada encaminha a seguir uma senhora descrição do amor: "Se me põe de joelhos, é uma má religião".

Novo mito

Não bastando todo o pedigree de Ocean e a expectativa que gerava desde o ano anterior, na semana prévia ao parto de *Channel Orange*, ele utilizou o mesmo Tumblr velho de guerra para publicar um texto seu, escrito cinco meses antes, no qual abordava uma relação amorosa sua com outro homem. Causou enorme controvérsia, afinal o seu nome estava ligado ao historicamente homofóbico hip-hop, alimentando ainda mais o interesse do público pelo álbum e por seu autor.

Mas, ao mesmo tempo, o episódio fortaleceu o perfil então já reservado do cantor, que a partir dali se recusou a discutir sua vida pessoal, evitou ao máximo falar com jornalistas e foi ficando cada vez mais na sua. Para divulgar *Channel Orange*, Frank fez menos de vinte shows e aparições promocionais, cancelando vários compromissos. No ano seguinte, deletaria sua conta do Twitter logo após ser perguntado sobre sua suposta bissexualidade pela revista *GQ*.

Channel Orange subiu ao número 2 da parada da *Billboard*, encabeçou dezenas de listas respeitáveis de fim de ano e levou o Grammy de melhor disco de música urbana/contemporânea em 2013. Ao final da década, figuraria nos rankings de top 10 de todas as publicações mais importantes e a seguir, em 2020, seria incluído na relação de 500 melhores de todos os tempos divulgada pela *Rolling Stone*. Para um astro *millennial* vivendo no topo do mundo, portanto, nada mais chocante do que uma saída súbita de uma grande rede social. Os anos vindouros mostrariam que aquele bate-papo com a BBC fora um dos poucos protagonizados por Ocean na esfera pública.

Nascia com força mais um mito do artista-genial-autossuficiente-renovador-do-soul-com-aura-excêntrica, enigmático e relutante a lugares comuns, honrando linhagem inaugurada por Prince nos anos 1980 e perpetuada por D'Angelo e Erykah Badu na virada do milênio. Daqueles que fazem período sabático por tempo indeterminado e que, quando ameaçam voltar à ativa, fazem o mundo prender a respiração de tanta excitação. Incensado e complexo a ponto de demorar outros quatro anos – um deles só de atraso e enrolação – para lançar o trabalho seguinte, o espetacular *Blonde* (2016), que o site Pitchfork, por exemplo, cravou como o melhor da década de 2010. No momento da edição deste livro, Frank Ocean já está há mais de sete anos sem lançar discos.

Publicado originalmente no site Popload a 12 de julho de 2022.

NICK CAVE & THE BAD SEEDS
Push the Sky Away
[2013]

Quando a década de 2010 começou, Nick Cave tinha 52 anos, sendo mais de 30 deles dedicados à sua carreira artística. O astro nascido em Warracknabeal, Austrália, a 22 de setembro de 1957, atravessava uma de suas etapas mais prolíficas e multidisciplinares, repartida entre música, literatura e cinema.

Cave acabara de publicar o bom romance *A morte de Bunny Munro* (2010), sobre as peripécias de um devasso caixeiro-viajante inglês, e preparava o segundo trabalho do Grinderman, versão de bolso dos Bad Seeds com a qual explorou uma sonoridade mais tribal e barulhenta. Vinha compondo, desde a metade da década anterior, uma média de duas trilhas sonoras fílmicas por ano, sempre a quatro mãos com o multi-instrumentista conterrâneo Warren Ellis (Ballarat, Austrália, 14 de fevereiro de 1965), amigo do peito e parceiro também nas duas bandas.

Ainda assim, ele não poderia prever o quão intenso seria o período que se iniciava, para o bem e para o mal. Por um lado, lançou três dos melhores e mais desafiadores álbuns de seu catálogo, protagonizou dois documentários de notável originalidade e partiu para concorridíssimas turnês, exorcizando-se, xamânico, em concertos monumentais.

Por outro, em julho de 2015 experimentou o momento mais tenebroso de sua vida pessoal, com a morte do filho Arthur, de quinze anos, após a queda de um penhasco em Brighton (Inglaterra), cidade onde vivia com os pais. Corajoso, o artista fundiu arte e biografia ao abordar direta e terapeuticamente a inimaginável perda num desses documentários (*One More Time with Feeling*, de Andrew Dominik, lançado em 2016) e num desses discos (o infinitamente triste *Ghosteen*, de 2019). Em maio de 2022, inacreditavelmente, ele reviveria o pesadelo com a morte de outro filho, Jethro.

Quase ambient

Dois anos antes da primeira tragédia, porém, tudo ia às mil maravilhas com a chegada ao mercado de *Push the Sky Away* (2013), seu 15º trabalho de estúdio com os Bad Seeds, o primeiro que, ocupadíssimo, encontrara tempo para realizar desde *Dig, Lazarus, Dig!!!* (2008), cume da sua fase "bigodão". E, desde a introdução de teclados reflexivos da bela canção inaugural, "We No Who U R", fica claro que o rock adrenalizado do álbum anterior estava não há cinco, mas mil anos-luz de distância da nova abordagem de Cave e seus sócios de longa data, uma das mais invejáveis gangues de *sidemen* já paridas pelo rock.

Gravado no La Fabrique, casarão do século 19 transformado em estúdio no sul da França, sem pressa (durante oito meses), *Push the Sky Away* integra a porção mais tranquila da discografia do grupo. Nessa linhagem, que abrange títulos como *The Boatman's Call* (1997) e *No More Shall We Part* (2001), Cave e os Seeds contrapõem o transe elétrico de seus catárticos e messiânicos shows com canalizações sutilmente introspectivas.

Mas, enquanto os dois álbuns anteriores flagram um Nick acústico, exalando amargura e raiva ao piano, o de 2013 propõe uma outra direção: elegante, por vezes quase ambient, ao mesmo tempo surpreendente e perfeitamente adequada ao DNA artístico de seus criadores. "O disco foi o começo de uma aventura nova e selvagem para os Bad Seeds", comentaria Cave no site da banda, em fevereiro de 2023, por ocasião dos dez anos de aniversário do álbum. "Abriu para nós uma abordagem completamente nova quanto à composição – um tipo de improvisação controlada."

Os arranjos se apresentam minimalistas e modernos, econômicos em percussão e ricos em texturas, pontuadas pelos *loops* analógicos e o violino de Ellis. As melodias são delicadas e as letras, contemplativas, se esquivam em boa parte da visão apocalíptica de trabalhos anteriores, esbarrando até no otimismo da linda faixa-título. A foto da capa, feita pela francesa Dominique Issermann, é uma metáfora aceitável para essa sonoridade. A imagem capta o cantor abrindo as janelas para a entrada de luz, numa sessão de fotos de sua esposa, a modelo Susie Cave, que está nua.

Lirismo em dia

Ainda assim, abundam no lirismo de *Push the Sky Away* as narrativas bipolares, que vão do cinismo ao ressentimento e constituem um pilar da obra de Cave. É o caso de "Water's Edge", em que um homem mais velho resmunga sobre a dinâmica de flerte entre os jovens, tendo como pano de fundo a tensão criada pelo baixo loopado de Martyn P. Casey (Chesterfield, Inglaterra, 10 de julho de 1960); ou a orgânica "Jubilee Street", cujo *riff* de guitarra já é um *script* por si só e conduz a um final épico, em que o relato se aproxima da estética de *A morte de Bunny Munro*.

Do livro, a propósito, o cantor empresta também a obsessão de um cinquentão por ninfetas famosas. Enquanto no texto Munro cita várias vezes a "vagina de Avril Lavigne", na climática balada "Higgs Boson Blues" a musa erótica é Miley Cyrus.

O fator Warren Ellis

À época do lançamento de *Push the Sky Away*, Cave não escondeu sua admiração pela contribuição de Warren Ellis, integrante dos Bad Seeds desde o álbum *Let Love in* (1994) que, após a debandada do membro fundador, Mick Harvey, em 2009, assumira o posto de braço direito do chefe.

No fundo, teria sido razoável se a bolacha tivesse sido creditada à dupla, que assina as nove composições, duas delas com a ajuda de um dos dois bateristas do Bad Seeds, Thomas Wydler (Zurique, Suíça, 9 de outubro de 1959), e as digitais de Ellis contaminam cada fragmento das canções. A sintonia e cumplicidade do par foi captada com sensibilidade nos documentários *Nick Cave: 20.000 dias na Terra* (2014), de Iain Forsyth e Jane Pollard, e *This Much I Know to Be True* (2022), de Andrew Dominik.

"O disco é o bebê-espírito na incubadora e os *loops* de Warren são seus trêmulos batimentos cardíacos", metaforizou Nick no site do

2010

grupo, após o lançamento do primeiro single, "We No Who U R", ainda em dezembro de 2012. Sem saber, eles estavam não só levando sua parceria a outro nível, mas também colocando a pedra fundamental em uma trilogia quase mística que marcaria a década, formada também por *Skeleton Tree* (2016) e *Ghosteen* (2019). Em 2021, os dois assinariam juntos, sem os Bad Seeds, o belo disco *Carnage*.

WARPAINT
Warpaint
(2014)

O ecletismo de referências e a libertação das amarras rotuladoras estão entre as principais qualidades dos melhores artistas do século 21. Sobretudo daqueles consolidados nos anos 2010, já mais visceralmente desvinculados do século analógico e de suas picuinhas limitadoras. É o caso do Warpaint. Desafio os leitores deste texto a definirem o som perpetrado por essas quatro musicistas residentes em Los Angeles. Dream-hop? Funk-gaze? Uma versão mais experimental do Luscious Jackson produzida pelo Angelo Badalamenti?

Sem medo de se arriscar, a banda cria uma atmosfera diferente a cada canção, prendendo a atenção dos ouvintes logo de cara e os envolvendo em suas garras a fogo lento, compasso a compasso. Uma vez dentro, eles são convidados a vagarem soltos e sem medo, pois cada ideia e arranjo pode rumar a uma direção ainda não explorada, mas sem que se perca de vista a inclassificável marca registrada do grupo, essa misteriosa fusão de sonho, melodia e balanço. Seu segundo trabalho, intitulado apenas *Warpaint* e lançado em 17 de janeiro de 2014 pelo renomado selo inglês Rough Trade, sintetiza perfeitamente essa estética e brilha no altar das boas-novas da década.

Som labiríntico

Capazes de passar dias tocando em *jams* livres e preparar "umas 49 versões para cada música" – segundo entrevista dada no Coachella em 2014 –, elas desenvolveram um som labiríntico que é o retrato vivo do entrosamento; um salutar exemplo da capacidade de transformar ímpeto improvisador em sólidas composições. Afinal, seu núcleo fundador, Jenny Lee Lindberg (baixo e vocais), Theresa Wayman e Emily Kokal (ambas se alternando entre voz, guitarra e teclado), toca junto desde 2004.

Num ritmo sossegado, corroborado por uma discografia enxuta de apenas quatro álbuns em dezoito anos, puderam moldar sua identidade sem pressa e com convicção. Nesse cardápio, que conseguiram maturar dando tempo ao tempo, vigoram preciosas idiossincrasias, entre as quais a delicada simbiose das vozes de Theresa e Emily (e ocasionalmente Jenny), que grudam uma à outra de forma peculiar, gerando uma textura única; ou o emprego elegante de *reverb* e outros efeitos oníricos em vocais, guitarras e teclados, influência clara do dream pop das décadas de 1980 e 1990.

Também saltam aos ouvidos as batidas firmes, inventivas e estilosas de Stella Mozgawa (Sydney, Austrália, 25 de fevereiro de 1986), baterista de invejável currículo como colaboradora – de Kurt Vile a Jagwar Ma –, que completou o time a tempo para a estreia em estúdio, *The Fool* (2010). Igualmente importante é o belíssimo labor de Jenny, extraindo de seu Rickenbacker algumas das melhores linhas de baixo de sua época, que acenam tanto ao transe do dub quanto ao suingue do funk, ainda que sempre pautadas por sensibilidade melódica indie.

Nas entranhas de Hollywood

Theresa Wayman (23 de junho de 1980), que nasceu em Eugene, no Oregon, estado norte-americano hipster por excelência, era amiga de Emily Kokal (Chico, Califórnia, 30 de setembro de 1980) desde que as duas tinham onze anos de idade. Aos dezenove, já em Los Angeles, conheceu Jenny Lee Lindberg (Elko, Nevada, 30 de julho de 1981) numa seleção de elenco para um comercial. Jenny tocava com sua irmã mais velha, Shannyn Sossamon, atriz havaiana e baterista que já começava a ganhar fama em Hollywood. As duas duplas resolveram se juntar e, em 14 de fevereiro de 2004, realizaram o primeiro ensaio no formato quarteto. Tocaram por horas e horas a fio, "entrando em transe umas com as outras", como descreveria a baixista uma década mais tarde em entrevista ao canal do YouTube FaceCulture.

2010

Por dois anos, não se preocuparam muito com shows ou gravações. Preferiram aperfeiçoar a sua fórmula, aproveitando as regalias que a vida de estrela em ascensão de Shannyn oferecia, como passar dias ensaiando nas casas alugadas para ela durante as filmagens de seus diferentes projetos. Por outro lado, a agenda da atriz e a maternidade de Theresa em 2005 adiavam os planos do grupo de estrear em estúdio. Chegaram a fazer um ano sabático antes do EP *Exquisite Corpse* (2008), que teve mixagem do célebre John Frusciante, namorado de Emily por um tempo. Josh Klinghoffer, que substituiria Frusciante no Red Hot Chili Peppers no ano seguinte, participa como baterista convidado.

Já pela Rough Trade, o primeiro álbum, *The Fool*, saiu em outubro de 2010, com Stella no lugar de Shannyn, finalmente decidida pela atividade nas telas. Seu repertório era um impactante mostruário do que aqueles anos de reclusão sonora haviam proporcionado, com o adicional da presença da nova integrante, baterista de ofício, bem mais técnica e criativa do que a antecessora. Resenhado em sites influentes da laia do Pitchfork e Consequence of Sound, *Warpaint* chegou a figurar no top 200 da *Billboard*, garantindo boas doses de hype e presença nos festivais mais bacanudos das seguintes estações.

Ímã de craques

A vida durante os anos seguintes se decorreria basicamente na estrada, com a banda azeitando sua máquina de *grooves* e paisagens etéreas em mais de cem shows. Puderam desacelerar em 2012, aproveitando as voltas a casa para registrar novos esboços de canções. Ainda tiveram que esperar o produtor escolhido, o veterano inglês Flood (ver textos sobre os álbuns *The Joshua Tree* na página 236 e *Let England Shake* na página 447), terminar sua colaboração com o Foals, para poderem finalmente passar seis semanas enfurnadas no estúdio gravando. Realizado entre o estúdio 5 Star Recorders de Los Angeles e o Assault & Battery de Londres, *Warpaint* chegou às lojas e plataformas na terceira semana de janeiro de 2014. Antes, a 28 de outubro de 2013, os tamborins se esquentavam com a apresentação do single "Love Is to Die". De *groove* pesado e cadência que convida a viajar na voz de Theresa, a faixa era um promissor ensaio sobre a ruptura sentimental e o quase-refrão com os versos "O amor é para morrer / O amor é para dançar".

Além de Flood, outros nomes britânicos de peso despontavam nos créditos. Um era o de Nigel Godrich, notório produtor do Radiohead (ver texto sobre o álbum *In Rainbows* na página 424), que, ao participar na mixagem, dá ao álbum o caráter denso, por vezes até meio sinistrão, que o distingue claramente de *The Fool*; o outro era Chris Cunningham, um dos papas do videoclipe de vanguarda, autor de "All Is Full of Love", de Björk (ver texto sobre o álbum *Homogenic* na página 325), que, então casado com Jenny, cuidou da bela capa, formada por imagens das integrantes entrelaçadas. Inclusive, foi divulgado um trailer de um documentário que Cunningham teria dirigido a seu respeito, mas depois nunca mais se falou no assunto.

Com letras evasivas sobre relacionamentos, harmonizando sob medida com o ambient indie costurado junto a Flood, o repertório do disco reflete a sintonia lapidada pelas quatro em incessantes turnês, e escancara o desejo do grupo de desnudar um pouco os arranjos. Para o Warpaint, o álbum de estreia tinha informação demais, o que significava uma certa dificuldade em reproduzi-lo ao vivo satisfatoriamente. Outra vez, as composições são assinadas a oito mãos.

Múltiplas vias

"Intro" emenda em "Keep It Healthy", que impõe já de cara uma aura de mistério, a primeira parte cantada só por Emily, a segunda com o reforço de Theresa. "Nos meus sonhos estamos acordados", entoam, sobre o ritmo torto de Stella e Jenny e os dedilhados sugestivos das guitarras. Carregada por levada híbrida de breakbeat eletrônico e síncope jazzística, e encorpada por um baixo hipnótico, "Hi" possui uma atmosfera gélida que não destoaria na obra do Massive Attack, nem em *Amnesiac* (2001), do Radiohead. A toada mais-Bristol-que-Califórnia prossegue, aliás, em "Biggy", pontuada por um espetacular *riff* no Juno – o sintetizador por excelência do electro-funk oitentista – tocado por Emily, enquanto ela dá o recado: "Em meu silêncio há uma cor que nunca vi".

A introspecção se acentua nas elegantíssimas baladas "Teese" e "Go in", que parece tirada da trilha de um curta de David Lynch.

2010

As duas são entrecortadas pela paulada "Disco//Very", que rendeu clipe simples, barato e certeiro (9,5 milhões de visualizações no YouTube até a edição deste livro): elas descendo uma colina, dançando, cantando e desviando de skatistas, em câmera lenta com tempo sincronizado no pulso disco-dub do arranjo. A direção é do californiano Laban Pheidias. Grande momento, como também é "Feeling Alright", enfeitada pelo canto doce de Theresa, o baixo sem frescura de Jenny e a marcação cheia de nuances de Stella. Já "CC" consegue ser uma *jam* simultaneamente fantasmagórica, espacial e dançante. Para finalizar, ainda temos a climática "Drive" e a bela balada "Son", com Theresa nos teclados, soando como PJ Harvey na fase *White Chalk* (2007).

Warpaint multiplicou a moral do grupo que o batiza, chegou ao 9º lugar do ranking de vendas do Reino Unido e ao 10º na parada alternativa dos Estados Unidos. Seus sucessores, o ótimo *Heads up* (2016) e o regular *Radiate Like This* (2022), flertariam mais com o pop. Mas o seu segundo disco ainda está por ser compreendido e superado.

FUTURE ISLANDS
Singles

(2014)

Fosse eu roteirista de séries que abordam o lado mais lúdico e absurdo do pop, escreveria ao menos um piloto no qual uma máquina do tempo abduziria os emperiquitados frequentadores do clube noturno londrino Blitz em 1980, despejando-os num show do Future Islands em 2014, na turnê de seu disco *Singles*.

No *flash-forward*, a turma criadora da chamada cena "new romantic", vestida numa miscelânea entre Vivienne Westwood e espartilhos dos cortesãos de Maria Antonieta, se jogaria aos pés desses estadunidenses. Rendidos diante da mais simbiótica fusão entre o synthpop que praticavam e os vocais embebidos na música negra estadunidense que amavam, aceitariam, extasiados, que os Messias haviam chegado. Só que com 34 anos de atraso e, para assombro daquela gangue adornada em fru-frus e rímel, comandados por um cidadão barrigudinho, semicalvo e vestido na mais *normcore* combinação de camisa social para dentro da calça, cinto de caubói e parca.

Sina pop

Esse encontro milagroso entre sons eletrônicos melancólicos europeus e um vozeirão soul, que aquela geração de Spandau Ballet, Soft Cell e Yazoo idealizou lá atrás, demorou para se tornar a marca registrada do Future Islands. O grupo precisou lapidar o seu estilo em três álbuns até entregar o glorioso *Singles*.

Formado em 2006 em Greenville, Carolina do Norte, das cinzas do projeto performático Art Lord & The Self-Portraits, a banda mudou de CEP a partir do ano seguinte, quando seus fundadores, o vocalista Samuel T. Herring (Condado de Carteret, Carolina do Norte, 13 de abril de 1984), o baixista William Cashion e o tecladista Gerrit Welmers, foram se transferindo a Baltimore, Maryland. Nesse período, cercavam-se de aliados como o baixista e baterista Erick Morillo e a percussionista Kymia Nawabi, que depois assinaria a arte das capas de dois de seus discos.

Já como trio, em 2008 estrearam pelo selo britânico Upset the Rhythm (Deerhoof, No Age) com *Wave Like Home*. Curioso apanhado de hardcore-synth meio bizarro de produção *lo-fi*, traz ritmos que parecem extraídos de um tecladinho Cassio derrubado no chão com o botão *rock* apertado em 200 BPM. O segundo disco, *In Evening Air* (2010), já saiu pelo renomado selo underground estadunidense Thrill Jockey (Tortoise, Boredoms), ainda mantendo a estranheza na ambientação e os experimentalismos.

A cada lançamento, porém, a trinca ia percebendo que a natureza melódica e emotiva de suas composições, sempre assinadas coletivamente, não poderia ser desperdiçada em produções de baixa fidelidade. Urgia, também, explorar mais o notável gogó e potencial interpretativo de Herring, um *soulman* branco de caixa torácica e carisma que demandam espaço para preencher. Dessa forma, no terceiro álbum, *On the Water* (2011), o andamento foi baixando, as batidas ficando mais dançantes e as impressões digitais que os tornariam conhecidos começaram a aflorar, em temas épicos como "Close to None" e "Balance". Sinal verde para a pavimentação do caminho rumo ao sucesso.

Faltava um produtor que enquadrasse definitivamente Herring, Cashion e Welmers, convencendo-os a tesourar esquisitices que não levavam a lugar nenhum e focar naquilo que eles suspeitavam já saber fazer: música pop de primeira qualidade, ainda que concebida sob filtro indie. Tal entidade se materializou na figura de Chris Coady, estadunidense que então ostentava um currículo impressionante no mundo "alterna" do início do milênio, colaborador de Foals, Grizzly Bear e Beach House, entre outros. Com Coady a bordo, o grupo se fechou nos estúdios Dreamland e DNA, de Nova York, no segundo semestre de 2013. Em 24 de março, o quarto disco do Future Islands, *Singles*, era lançado.

Letterman e o lagarto arisco

Com sua capa remetente ao universo surrealista do belga René Magritte, assinada por Matt De Jong (Deerhunter, Vampire Weekend), o LP trazia algo que, embora esboçado no trabalho anterior, ainda não havia aflorado: um hit. Ou pelo menos um hit no âmbito mais alternativo. Era "Seasons (Waiting on You)", uma gema de pop melancólico com letra sincerona sobre um amante de fidelidade canina, e introdução semelhante à de "Born Slippy", do Underworld.

Lançada no mundo digital como single em 4 de fevereiro de 2014, a música incendiou a internet após apresentação dos três e do baterista Michael Lowry – que seria oficializado como membro no disco seguinte – na edição de 3 de março do programa *Late Show with David Letterman*, da CBS. O próprio apresentador foi menos contido do que de costume para saudar a hoje mítica performance, em cujos 04min03 é impossível tirar os olhos de Samuel T. Herring.

Por trás de seus traços físicos e figurino daquele primo eleitor do Bolsonaro que todo mundo tem, revelava-se um antidançarino de movimentos reptilianos imprevisíveis; um lagarto arisco e anguloso a

desferir, com cabeça e membros, chicotadas poliédricas no ar. Sensualizando de forma desconcertante, *sentindo* cada movimento, emitindo sons guturais aleatórios, gesticulando e batendo no peito como um italiano de opereta, Herring dava ao mundo uma lição: três décadas e meia após sua criação, do outro lado do Oceano Atlântico, o synthpop, esse lance tão britânico, introspectivo e sexualmente ambíguo, via-se apropriado por um homenzarrão másculo e parrudo da Carolina do Norte.

O vocalista se mostrava um cabra marcado para brilhar, nunca hesitante em recorrer ao melodrama performático. Sua pinta de tabelião concursado não lhe inibia sair deslizando pelos assoalhos, como um imitador espontâneo de James Brown num caraoquê de churrascaria. Contemplá-lo em ação em pleno 2014, ao lado de seus três colegas visualmente inócuos, de vestimenta igualmente pouco extravagante, tem, de certa forma, efeito parecido ao que deve ter sido ver os punks em 1976, embora com sinais invertidos. "Quer dizer que de dia eu posso trabalhar na repartição e à noite despirocar com minha banda?", era a mensagem que passava. Estávamos diante do triunfo do homem comum sobre o fantasma permanente, ao menos no mundo artístico indie, da obrigatoriedade em parecer descolado.

De alguma forma, a aparição do Future Islands no programa de Letterman e a cada vez mais comentada presença cênica do vocalista falaram e continuam falando com algo muito profundo nas pessoas, possivelmente mais até nos homens. Gerou, inclusive, ensaios com títulos tais quais "Sentimentos masculinos: como o estilo cênico de Samuel T. Herring desafia os conceitos de masculinidade emocional numa era de virais na internet" (publicado em 2016 no blogue Dyladvised).

Já eu, imediatamente após assistir Samuel pela primeira vez, petrificado, sonhei secretamente em vê-lo interpretado por Jack Black em algum esquete de canal pago. Um desejo que o ator e humorista possivelmente atenderia se soubesse da seguinte informação, confirmada pelo próprio cantor em entrevista ao canal australiano [V] em 2014: só até aquele ano ele havia rasgado pelo menos 25 calças durante shows do Future Islands. Pelo menos pareceu que estava falando sério.

Desde então, muita gente familiar com o grupo ainda está imune a outro segredo fascinante sobre seu carismático *frontman*: sua trajetória

2010

paralela como rapper. Sim, Herring começou na música rimando, e, além de ser um *connoisseur* do gênero, que zanza nos bastidores de festivais tietando MCs como Big Boi e Danny Brown, mantém projeto paralelo sob o codinome Hemlock com o fabuloso produtor Madlib, batizado Trouble Knows Me, que editou EP homônimo em 2015. Nada como o ecletismo da geração *millennial*, um dos pontos positivos da música na década de 2010.

Atualizando Cure e Bryan Ferry

A inesquecível "Seasons (Waiting on You)", que tem também um clipe ambientado em rodeios (!), foi apontada de forma praticamente unânime como a melhor música de 2014 (*NME*, Pitchfork, *Spin*…), posteriormente sendo lembrada com louvor também nas listas de final de década. Mas *Singles*, álbum que chegou ao número 40 da parada norte-americana e 34 da britânica, é inteiro bom. Sobram em seu repertório ganchos pop e letras descomplexadas sobre relações humanas; sua produção é grandiosa, limpa, objetiva, pontuada por teclados glaciais "maiores que o planeta" e linhas de baixo de uma eficácia irresistível.

As três faixas seguintes a "Seasons…" pegam carona em sua bem-sucedida fórmula. "Spirit" faz dançar, enquanto promove uma atualização pós-cínica de autoajuda, tipo uma mensagem do Bruce Lee ("Seja mais do que palavras)"; "Sun in the Morning" traz um dos melhores refrões do álbum (do verso "Ela me alimenta a alma todo dia") e "Doves" resulta numa espécie de synthfunk sensual.

A intensidade só dá uma leve baixada na quinta faixa, a ainda assim dançante "Back in the Tall Grass", que desemboca no emotivo soul invernal "A Song for Our Grandfathers", com guitarra e baixo que poderiam estar numa música do Cure. Atmosfera semelhante é evocada na densa "Fall from Grace", amargo reconto de um encontro amoroso ("Agora estou mais velho, ficando branco / Observando os dias virarem noite"). É nessa faixa também que Samuel apresenta outra de suas peculiaridades vocais, os rompantes uivantes aparentados com o death metal, um truque que ele descobriu por acaso ao tentar jogar com as mudanças dinâmicas "de zero a cem", inspirado pelos Pixies.

Já "Light House" tem um ritmo e uma cadência quase motivacional, que emulam a sensação de se estar correndo em direção ao farol mencionado na letra. Foi utilizada em cena especialmente brilhante, protagonizada por bombeiros dançarinos, no desconcertante filme *Titane* (2021), da diretora francesa Julia Ducournau. Por outro lado, é a fase yuppie do Roxy Music que guia a bela "Like the Moon", outro ponto alto do disco, que parece uma continuação de "Don't Stop the Dance" (1985), sucesso da carreira solo de Bryan Ferry. Outro single, "A Dream of You and Me", encerra os trabalhos com outra amostragem de pop docemente tristonho que a turma do synthpop daria tudo por ter composto: *"I asked myself for peace / And found a piece of me staring at the sea"*.

2010

ALABAMA SHAKES
Sound & Color

[2015]

No novo milênio, a correnteza de resgate de sonoridades soul e funk dos anos 1960 e 1970 fluiu palpitante, produzindo fenômenos pop (Amy Winehouse) e reparando injustiças (Sharon Jones, Charles Bradley). Mas tal curso chegou à segunda década estancado numa bifurcação. Para um lado remaram os obcecados em soar idênticos a seus heróis (James Hunter, Eli "Paperboy" Reed, entre outros); à outra direção rumou o leme dos mais ávidos pela criação de frescas identidades, sem renunciar a transparecer sua devoção às raízes negras estadunidenses.

Na proa dessa jangada de não acomodados estava o Alabama Shakes. Ainda que tenha lançado apenas dois álbuns na década, é na comparação entre os dois títulos que se aprecia o seu salto estético. Se *Boys & Girls* (2012), surpreendente e premiada estreia do quarteto da pequenina Athens, Alabama, era uma leitura pouco revisionista do soul-gospel sulista com pitadas de rock, o segundo trabalho, *Sound & Color* (2015), tingia-se, como o título indica, de várias outras cores. "Você não atinge a sua essência criativa quando apenas segue uma tradição", afirmou a vocalista à revista britânica *Uncut* pouco antes do lançamento do disco, ocorrido em abril de 2015. "As pessoas vão pensar que fiquei maluca."

Expectativa

Não foi só a curiosidade sobre a suposta nova sonoridade do grupo que abasteceu a expectativa sobre a chegada de *Sound & Color* às plataformas e lojas (em LP duplo e CD). O mundo pop também

2010

queria saber se Brittany Howard (Athens, Alabama, 2 de outubro de 1988) e seus companheiros, o guitarrista Heath Fogg (Athens, 10 de agosto de 1984), o baterista Steven Johnson (19 de abril de 1985) e o baixista Zac Cockrell (16 de fevereiro de 1988), seriam capazes de dar uma resposta convincente ao barulho que haviam feitos três anos antes. Pairavam no ar, ainda, dúvidas sobre a confirmação do talento da moça, voz e alma daquela turma, além de ótima guitarrista.

Então com 26 primaveras completas, ela não teve um caminho exatamente fácil até o estrelato. Junto com o pai negro e a mãe branca, enfrentou o racismo e a perda de uma casa num incêndio. Aos nove anos, em 1998, faleceu sua irmã mais velha, Jamie, de treze (homenageada no título de seu trabalho solo de 2019). A causa da morte foi um retinoblastoma, câncer de visão que acometeu as duas, o que explica o fato de Brittany não ter boa parte da visão do olho esquerdo. Fã de Hanson, mas também de Pink Floyd, ela começou a tocar guitarra sozinha e, aos treze anos, decidiu que seria musicista, já gravando ideias no quarto com programas de produção caseira.

Do Alabama a Obama

Superações pessoais à parte, fato é que tudo foi acontecendo rápido demais. Entre 13 de setembro de 2011, data de publicação do EP homônimo de quatro faixas *Alabama Shakes* na plataforma Bandcamp, e a noite de 10 de fevereiro de 2013, quando concorreram a três troféus na 55ª edição do Grammy Awards, não havia passado nem um ano e meio.

Embora criada em 2009, apenas em 2011 a banda conseguiu realizar sua primeira turnê, o que possibilitou que Howard pudesse sair pela primeira vez de seu estado natal, cujo mapa tem tatuado no braço direito. Empregos em lugares como agência de correios e churrascaria (no caso da vocalista), ou como pintor (Fogg), estavam com os dias contados.

O minidisco artesanal atraiu a atenção de várias gravadoras, mas os Shakes, que incluíram o Alabama no nome quando descobriram uns xarás rivais, fecharam com a ATO para o mercado estadunidense e a lendária Rough Trade para o britânico. Ambos os selos estavam animados com a difusão virtual e radiofônica de "Hold on", um irresistível soul-rock ensolarado.

Boys & Girls, que incluía essa e as outras três canções do EP, foi composto durante os três primeiros anos de existência da trupe (2009-2011), mas sua gravação se deu em apenas uma semana. Lançado em abril de 2012, chegaria ao número 6 da parada da *Billboard* no ano seguinte, registrando mais de setecentas mil cópias vendidas em plena era do streaming. Tocaram para os Obamas na Casa Branca, no *Saturday Night Live* e até participaram do Lollapalooza Brasil 2013, em São Paulo. Depois do maremoto, fizeram um rápido descanso até que, em 2014, Brittany passou a compor novas ideias.

Novos sons, novas cores

Sound & Color foi gravado durante dois meses no histórico estúdio Sound Emporium (Johnny Cash, Willie Nelson, Elvis Costello), em Nashville, cidade onde Howard comprou uma casa após o sucesso da estreia. Cálido, parrudo, mais limpo e cuidadoso com silêncios e espaços que o antecessor, o álbum teve inspiração declarada de visionários de diferentes gerações, gente da laia de David Axelrod, Funkadelic, Prince e Erykah Badu.

A escalação como coprodutor de Blake Mills, jovem cujo eclético currículo abrange de Fiona Apple a John Legend, fornece pistas sobre a variedade das doze canções do repertório, selecionadas a partir de uma leva original de cerca de vinte.

Para que o novo som arquitetado nas elaboradas demos da vocalista se materializasse, empregou-se boas doses de experimentação em estúdio. Os músicos, que registraram os arranjos de base juntos na sala, aprontaram livremente. Utilizaram amplificadores de guitarras para captar bateria; criaram "ruidinhos" doidos em pequenos reprodutores de cassete e gravaram vozes com microfone de bumbo. Até cantar com algodão dentro da boca Brittany cantou.

Além de Mills, teve grande importância o engenheiro de som canadense Shawn Everett (Weezer, Julian Casablancas), que ganharia um Grammy por seu labor no disco. Mills também foi indicado ao prêmio de melhor produtor.

Cada uma de um jeito

Com vibrafone tocado por Brittany e barulhinhos de teclado retrofuturista, a balada "Sound & Color" inaugura uma sequência amplamente diversa, em que cada música é de um jeito. A funkeada segunda faixa, primeira a ser solta nas redes como single já em 10 de fevereiro, é "Don't Wanna Fight", de notório refrão em falsete. Segundo a cantora, foi inspirada pela infinita capacidade das pessoas de entrarem em conflito umas com as outras.

O terreno continua em preparo com "Dunes", representante da veia roqueira da trupe no repertório, para explodir a seguir, em "Future People". A partir de um entrelace de dois saborosos *riffs* de guitarra de Howard e Fogg, a canção evolui com classe, conforme a voz explora o espaçamento rítmico da ótima cozinha de Johnson e Cockrell. Sobre uma cama de sombrios vocais gospel, ela examina a consciência para, em novo e estremecedor falsete, gemer: "Prefiro encontrar o meu eu na estrada / para me guiar na neblina". É o momento mais memorável do LP.

A seguir, pausa para um deep soul atualizado que levantaria Otis Redding da tumba, "Gimme All Your Love", e uma colorida balada voz e violão, "This Feeling". O retorno ao *groove*, agora lindamente polido e texturizado, se dá em "Guess Who". A guinada mais radical aparece em "The Greatest", um galope de ritmo hardcore mas simultaneamente *soulful* e melódico, e deságua no delicioso power pop de verve indie batizado, veja só, de "Shoegaze".

Sem nunca abandonar a autenticidade, *Sound & Color* persiste diversificado e surpreendente na trinca final de canções: "Miss You", tijolada staxiana de pegada remanescente do primeiro álbum; a majestosa balada "Gemini", com toques de Funkadelic, e o nu-soul quebrado "Over My Head", de letra existencial e complexo arranjo de vocais desconstruídos. Foi a última ser gravada, já em outro estúdio, United Recording, de Los Angeles, onde Mills e Everett mixaram o resultado, sempre com pitacos de Howard, durante um mês.

Frutos

Como *Boys & Girls*, *Sound & Color* também mereceu disco de ouro nos Estados Unidos (por superar quinhentas mil cópias vendidas, digitais ou físicas), aparecendo em 1º lugar na parada estadunidense. Além do Grammy abocanhado por Everett e o disputado por Mills, outras quatro categorias citaram o Alabama Shakes, incluído a de álbum do ano.

O grupo, que se apresentou na festa ocorrida em 15 de fevereiro de 2016, no Staples Center de Los Angeles, levou para casa três outras estatuetas: melhor álbum alternativo por *Sound & Color*, melhor canção de rock e melhor performance de rock por "Don't Wanna Fight". Pena que, não muito depois, o quarteto tenha dado uma pausa por tempo indefinido, coincidindo com os lançamentos das carreiras solo de Brittany Howard em 2019 e de Heath Fogg, à frente do projeto Sun on Shade, no ano seguinte.

CHILDISH GAMBINO
"Awaken, My Love!"
[2016]

Em certa altura da metade da década de 2010, não havia ninguém mais descolado do que Donald Glover no *showbizz* estadunidense. Nascido em 25 de setembro de 1983 na base militar californiana de Edwards, ele foi revelado em 2006 como roteirista e ator do programa humorístico de internet Derrick Comedy, espécie de Porta dos Fundos da Universidade de Nova York. Em seguida, colaborou com a poderosa Tina Fey na sitcom *30 Rock*, enquanto cavava seu espaço em Hollywood e, de quebra, acumulava dois álbuns como rapper (*Camp*, de 2011, e *Because the Internet*, de 2013) sob o pseudônimo Childish Gambino.

O ponto máximo do hype ocorreu em 2016. Em setembro, o canal pago FX estreava *Atlanta*, série criada, protagonizada, coescrita e às vezes dirigida por Glover, que faturaria três Emmys e diversos outros prêmios no ano seguinte. Para completar, em dezembro ele lançava seu terceiro trabalho, *"Awaken, My Love!"*, mostrando mais um talento até então desconhecido do público, o de *pseudosoulman* psicodélico. Era compreensível que o moço se metesse também nesse território, afinal poucas jogadas foram mais anos 2010 do que transitar da rima ao canto. Campeões de vendas como Drake e Frank Ocean que o digam.

Gingando em campo minado

O disco foi produzido pelo jovem multi-instrumentista sueco Ludwig Göransson, parceiro desde o início da "aventura Gambino" e, mais tarde, autor da ótima trilha sonora da série *The Mandalorian* (2019), *spin-off* de grande sucesso da saga Guerra nas estrelas. Antes de tudo, *"Awaken, My Love!"* é um tributo aos grandes da música negra norte-americana, principalmente George Clinton. Vêm da admiração por eles os *grooves* cálidos, os timbres analógicos, os arranjos vocais maliciosos e as composições redondas que deram forma ao seu repertório. Um arsenal de referências que o produtor, mais ligado a hip-hop e indie pop, precisou investigar a fundo antes de que os dois entrassem em estúdio.

Sem a voz ou os dons interpretativos de seus ídolos, Glover foi habilidoso o suficiente para, num campo minado para cantores, como é o universo soul-funk, compor com Göransson músicas que lhe permitissem dar seu toque pessoal vocal, sem a obrigatoriedade de nenhum virtuosismo. Decifrado esse código, as canções transparecem uma tranquilidade modesta, arranjadas sob espectro nostálgico, mas de ambição *millennial*. O álbum não está isento de culpa pelo exagero de acenos à herança black-setentista, mas constitui um conjunto fino e coerente.

Viagem no tempo

Após uma introdução "emaconhada" (inclusive na letra), conectada ao afrofuturismo de Erykah Badu e D'Angelo, a balada "Me and Your Mama" explode de repente, com Glover soltando a garganta, apoiado em guitarras distorcidas e um coro gospel de efeitos lisérgicos. É uma bela senha de entrada para as duas maiores evocações a George Clinton no repertório, por meio de alusões diretas às duas impagáveis bandas do maestro do funk doidão.

Conduzida por uma linha de baixo saborosa, a pacifista "Have Some Love" soa como a continuação de "Can You Get to That", lançada pelo Funkadelic em 1971, replicando praticamente todas as nuances de seu arranjo, incluindo os múltiplos vocais fraternais e a levada de violão. "Boogieman", por sua vez, é Parliament em cada célula, da bateria surrupiada (sem o devido crédito) de um clássico do grupo ("Do That Stuff") ao cântico esponjoso e ácido de Glover, que aqui emprega as cordas vocais como se estivesse pisando num pedal wah-wah.

O patrimônio do Funkadelic ainda enriquece o repertório com o sample (esse sim reconhecido) de "Good to Your Earhole" (1975), presente na base rítmica de "Riot" e com o solo de guitarra espacial de "The Night Me and Your Mama Met", no qual o convidado ilustre Gary Clark Jr. emula o espírito de Eddie Hazel. Ao longo dos 49 minutos do disco, Childish Gambino ainda visita os legados de Bill Withers (na levada acústico-percussiva da ótima "California"), Stevie Wonder e Al Green (no clavinet e na voz em falsete da sensual "Baby Boy").

Outra referência é Prince, gênio que faleceu em abril daquele ano. Ele adoraria ter composto "Redbone". Guardando forte semelhança com "I'd Rather Be With You" (1976), de outro ícone funkeiro, o baixista Bootsy Collins, esse foi o segundo single, chegando ao número 1 da parada de R&B da *Billboard* (12 na lista geral). Em 2018, venceu o Grammy de melhor performance tradicional de R&B. O álbum, aliás, concorreu em outras três categorias na premiação. No momento da edição deste livro, "Redbone" ultrapassa 1,4 bilhão de reproduções no Spotify.

2010

Lando, Simba e um clipe inesquecível

Mas ele não sairia ileso de *"Awaken, My Love!"* se tudo nele se tratasse de reverência retrô. Há faixas que só poderiam ter surgido na segunda década do novo milênio, como "California" (destaque para a voz processada), a quase dream pop "Terrified" e a soul-folk "Stand Tall".

Camaleônico, Donald Glover mudaria de ares em seguida com o bombástico trap "This Is America" (2017), que gerou o melhor clipe da década. Produzido pelo mesmo Ibra Ake, artista nigeriano-estadunidense que se encarregou da linda capa de *"Awaken, My Love!"*, o vídeo dirigido por Hiro Murai alegoriza, de forma brilhantemente impactante, a violência policial contra a população afro-americana.

Antes de 2020, ano em que lançou o bom e nada revivalista LP *3.15.20*, Glover ainda encontraria tempo para estrelar uma segunda temporada de *Atlanta*, viver Lando em outro desdobramento de *Guerra nas estrelas* (*Han Solo*, de 2018), contracenar com Rihanna no média-metragem *Guava Island* e dublar Simba em *Rei leão* (ambos em 2019). Ufa.

LANA DEL REY
Norman Fucking Rockwell!
(2019)

Sem Lana Del Rey, a música nos anos 2010 teria sido consideravelmente menos dramática, poética e glamorosa. Letrista e melodista de rara sensibilidade e dona de um vozeirão de preencher salões, a cantora e compositora nova-iorquina transformou sua obsessão pela cultura estadunidense numa estética própria, autêntica e acessível ao grande público. A resposta comercial ao seu trabalho abrange marcas impressionantes, como quatro discos no número 1 no Reino Unido, dois nos Estados Unidos, 53 milhões de streamings mensais no Spotify e seis indicações ao Grammy.

Seu estoque aparentemente inesgotável de canções, baixas em BPM e altas em intensidade, unifica os elementos que a inspiram: o charme decadente de Hollywood, a teatralidade dos *girl groups*, as referências cinematográfico-literárias e um certo filtro onírico, absorvido de colaborações audiovisuais entre mestres, como a de David Lynch com Angelo Badalamenti. Ávida por abraçar o vasto espectro musical norte-americano, ela até pode inserir toques de hip-hop ou country em seus arranjos, mas nunca desvia o foco das composições certeiras, até formalmente clássicas, e das performances vocais de inclinação épica.

Assim, ganhou admiração de algumas de suas heroínas, entre as quais Joan Baez, e dividiu microfone com outras, como Stevie Nicks. Versando com maestria sobre relacionamentos, só que com o olhar atualizado da segunda década do século 21, Lana ajudou a formar uma nova geração de ouvintes de baladas. Tudo isso após enfrentar, em mais de uma ocasião, uma insistente desconfiança da mídia por ser, também, mulher e símbolo sexual.

Prolífica como poucos *millennials*, entregou nove álbuns, quatro EPs, um curta-metragem e um livro-disco de poesias entre a sua estreia, em 2008, e a edição deste livro. *Norman Fucking Rockwell!*, o sexto LP, lançado em 30 de agosto de 2019, brilha especialmente, esbanjando todo o seu talento. Alabado como melhor daquele ano por veículos como *The Guardian* e Pitchfork, figurou nas listas da década de vários outros. É um dos títulos mais recentes a comparecer na edição de 2020 da relação dos 500 maiores discos de todos os tempos da revista *Rolling Stone* (321º lugar).

May, Lizzy, Lana

Antes de criar seu sonoro pseudônimo, a partir do fascínio pela atriz Lana Turner e pelo folclórico modelo automobilístico Ford Del Rey, ela atendia por Elizabeth Woolridge Grant, nascida em Nova York em 21 de junho de 1985. Ainda era bebê quando a família se mudou para Lake Placid, no norte do estado de mesmo nome. A imagem que se criou a seu respeito no começo, bastante misógina, era a de uma patricinha bancada pelo pai. Ela até hoje rebate, afirmando que a família era lutadora e sem grana, mesmo que oriunda do mundo publicitário. Na adolescência, deu canseira por sua volúpia alcóolica, o que a levou a ser enviada a um internato, época que depois retrataria na música "This Is What Makes Us Girls", de 2012.

Com ou sem "paitrocínio", sua carreira musical demorou a decolar. A primeira tentativa frustrada ocorreu em 2006, com o codinome May Jailer, na demo acústica *Sirens*, que só seria publicada em 2021; a segunda, na qual recuperava o apelido Lizzy Grant, já foi mais séria. Produzido por David Kahne (Fishbone, The Strokes), o EP *Kill Kill* chegou a sair pelo selo 5 Points em 2008, quando ela se dividia entre aulas de Filosofia na Universidade Fordham, de Nova York, e de Música no Songwriters Hall of Fame. Mas o miniálbum não emplacou, e Lizzy precisou seguir atirando para outros lados, fazendo audição para o musical da Broadway *Spider-Man: Turn Off the Dark* e atuando em comerciais de TV. Mudou novamente de alcunha, mas de forma confusa e utilizando Ray (com "a" mesmo) como sobrenome, para apresentar *Lana Del Ray A.K.A. Lizzy Grant* em 2010, mas o álbum foi recolhido meses depois por desacordo com a 5 Points.

2010

Glória, martírio e redenção no tribunal da internet

Del Rey estava morando em Londres quando a internet começou a responder ao seu novo single, a soberba balada piano/voz/cordas "Video Games", lançada em outubro de 2011 pela Interscope, gravadora com quem ainda mantém contrato. Um dos grandes fenômenos virais da entrada da década, a música a colocou em programas televisivos de primeira linha, como o britânico *Later... With Jools Holland*, e disparou um hype incontrolável. Entre as aparições promocionais do primeiro álbum sob o nome que a consagrou, *Born to Die*, lançado em janeiro do ano seguinte – precedido por EP com as quatro primeiras faixas do repertório –, performou ao vivo no *Saturday Night Live*. Mas, claramente nervosa, simplesmente não segurou a onda e travou, com a voz reduzida a um fiapo indeciso, ao interpretar "Video Games" no popular programa de TV. Tornou-se meme e alvo de uma tempestade de críticas.

Logo depois, porém, deu a volta por cima não só pelo desempenho comercial de *Born to Die* (1º lugar no Reino Unido, 2º nos Estados Unidos), mas também por defendê-lo dignamente em turnê. Flagrei um desses shows, a 15 de junho de 2012 no festival barcelonês Sónar, no qual Lana atuou à vontade, corando levemente aos brados de *guapa!* ("bonita", em espanhol) e soltando até alguns palavrões para demonstrar sua alegria por estar ali. Entre agradecimentos e sorrisos, não se intimidou com as centenas de câmeras e olhares hipnotizados por sua figura, compondo com as imagens do telão o pastiche perfeito de referências pop estadunidenses que adornam o seu conceito: filmes em Super-8 da família Kennedy, Elvis gordo em Las Vegas, a boneca Barbie, cartuns, Chet Baker filmado em branco e preto por Bruce Weber e, claro, o logo do Del Rey. Terminou literalmente no meio do público, sorrindo nos braços do povo.

Traumas devidamente superados, cabia à cantora engatar uma das mais produtivas trajetórias do já não tão novo milênio. Por debaixo de sua carcaça indie florescia uma diva fadada à feitura de hits precisamente emotivos, emitidos com habilidoso coloquialismo, do alto de uma montanha inalcançável de *reverb* e sensualidade. A seu lado, teria sempre produtores esporádicos de primeiro time, como Rick Rubin ou Dan Auerbach, dos Black Keys, além do fiel escudeiro Rick Nowels, veterano cujo currículo quilométrico abarca de Tina Turner a Madonna, seu colaborador desde *Born to Die* até o álbum que motiva este texto.

Antes do final de 2012, já dispunha de um novo EP, *Paradise*, parcialmente usado como trilha sonora de *Tropico* (2013), curta-metragem musical de nuances bíblicas e surrealistas que escreveu e protagonizou (e que rendeu um outro EP de mesmo nome). Em junho de 2014, lançou *Ultraviolence*, com influência de psicodelia e country-rock que foi número 1 nos dois lados do Atlântico. Pouco mais de um ano depois, em setembro de 2015, emendou *Honeymoon*, no qual somava o jazz ao seu lirismo sofrido, elegante e barroco (vice-campeão nas paradas norte-americana e britânica). Após apenas dez meses, em julho de

2017, surgiu *Lust for Life*, outro que liderou as listas dos dois principais mercados, no qual promovia o encontro entre o dream pop e o trap, convidando à dança os contemporâneos ASAP Rocky e The Weeknd e cravando belos duetos com Sean Lennon e Stevie Nicks.

Sua contribuição para a década, portanto, já estava mais do que dada. Mas ela quis fechar a conta sacando o seu melhor trabalho até então.

Tributos e profecias

Em janeiro de 2018, durante a cerimônia de entrega do Grammy na qual *Lust for Life* fora indicado a melhor álbum pop vocal, Del Rey revelou que já preparava as canções que resultariam em *Norman Fucking Rockwell!*, a ser lançado só no fim de agosto do ano seguinte. Como grande novidade do recente repertório, destacava-se a presença nos créditos de coautoria e produção do multi-instrumentista Jack Antonoff, um dos nomes mais requisitados da década, especializado em parcerias com estrelas femininas do porte de Taylor Swift, Lorde e St. Vincent.

Foram utilizados nada menos que onze estúdios de gravação de Los Angeles, Nova York, Seattle e Londres, entre os quais o histórico Westlake, onde Michael Jackson registrou *Thriller* (ver texto sobre esse álbum na página 204), e Electric Lady, fundado por Jimi Hendrix. O título do LP, impresso na capa em balãozinho pop art, se refere ao pintor Norman Rockwell, conhecido por seus retratos da vida e da cultura dos Estados Unidos. Na imagem, a musa aparece ao lado de Duke, neto de Jack Nicholson, num barco na costa californiana.

As duas músicas de trabalho iniciais de *Norman Fucking Rockwell!* apareceram bem antes de seu lançamento, em duas semanas subsequentes de setembro de 2018. A primeira era a toada folk quase crua "Mariners Apartment Complex"; a segunda, "Venice Bitch", uma balada bucólica que toma um rumo inesperadamente psicodélico, com direito a solo de sintetizador remetente ao rock progressivo dos anos 1970. "Você compõe, eu excursiono / Nós damos um jeito / Você é lindo e eu louca / Somos americanos natos", canta ela num trecho. Na ordem do disco, elas são antecedidas pela ótima faixa-título, na qual Lana coloca, apoiada apenas por piano, um "novinho" no seu devido lugar ("Sua poesia é ruim e eu não consigo mudar o seu astral").

Após uma canção cujo título só ela poderia dar, "Fuck It I Love You", vem "Doin' Time", cover do Sublime, mais lenta e atmosférica que a original. Foi também bastante típico dela, em seu fascínio por ícones norte-americanos, resgatar uma composição cujos créditos se dividem entre os irmãos Gershwin (pela citação do *standard* "Summertime") e os Beastie Boys (autores de "Slow and Low", que têm trecho mencionado na letra). Melhores ainda são as músicas seguintes, perfeitos exemplares de seu acervo de baladas redondas, bem roteirizadas e de melodia memorável: "Love Song" (na qual entoa "Espalhe as minhas roupas pelo chão do seu carro / É seguro, é seguro apenas sermos quem somos?") e "Cinnamon Girl", de atmosfera melancólica e *riff* de voz-teclado que gruda na memória.

A violência masculina, outra das fixações da autora, comparece em forma de elegante valsa em "How to Disappear" ("Vi os caras alucinarem ao brigar / Pelas coisas de que gostam / Para esquecer das coisas que temem") e o seu estado-fetiche, Califórnia, é homenageado em canção homônima. Já "The Next Big American Record" tende a ser um relato pessoal sobre sua trajetória rumo ao estrelato, com direito a referências a Led Zeppelin e Eagles.

E por falar em vida real, a cantora afirmaria, em entrevista à edição de abril de 2021 da revista inglesa *Mojo*, que se surpreendeu com o quão profética era a faixa seguinte, "The Greatest". "Aonde você vai após a América ser queimada?", pergunta ela em verso da canção, composta antes da pandemia e da invasão do Capitólio por apoiadores de Donald Trump. Na sequência, a deslumbrante canção de ninar "Bartender", uma das primeiras compostas para o disco, nomina outra entidade estadunidense, Crosby, Stills, Nash & Young. Nessa canção, bem como nos dois tristonhos temas de encerramento ("Happiness Is a Butterfly" e "Hope Is a Dangerous Thing for a Woman – But I Have It"), o piano desponta como único acompanhamento.

Inquietude

Em 14 de setembro de 2019, *Norman Fucking Rockwell!* estreou no 3º posto do ranking de álbuns dos EUA, no qual permaneceu por 25 semanas. No Reino Unido, foi o quarto número 1 da diva. No total, cinco músicas receberam o tratamento de single digital, mas nenhuma teve o mesmo êxito de sua empreitada imediatamente posterior, "Don't Call Me Angel (Charlie's Angels)", faixa gravada com Ariana Grande e Miley Cyrus, que beliscou a 2ª colocação britânica.

Em novembro de 2020, Lana lançou o livro de poesias *Violet Bent Backwards over the Grass*, acompanhado de disco de mesmo nome em que recita o material, servida apenas por sutis bases instrumentais. Incorrigivelmente inquieta, em 2021 botou na praça outros dois ótimos trabalhos, *Chemtrails over the Country Club* e *Blue Banisters*. Dois anos depois veio *Did You Know That There's a Tunnel under Ocean Blvd*. E ela não dá o menor indício de que reduzirá o seu ritmo criativo tão cedo.

Contém trechos de texto publicado originalmente no blogue de Ricardo Setti no site da revista *Veja* a 16 de junho de 2012.

BIBLIOGRAFIA

Livros

ASTON, M. *Facing the Other Way: The Story of 4AD*. 1. ed. London: The Friday Project, 2013.

BOYD, J. *White Bicycles: Making Music in the 1960s*. 1. ed. London: Serpent's Tail, 2006.

BREAVMAN, L. (1963). *A brincadeira favorita*. São Paulo: Cosac & Naify, 2012.

CAVE, N. *La muerte de Bunny Munro*. Tradução de Miquel Izquierdo. 1. ed. Barcelona: Papel de Liar, 2009. [Edição brasileira: CAVE, N. *A morte de Bunny Munro*. Tradução de Fabiano Morais. Rio de Janeiro: Record, 2010.]

CHEMAM, M. *Massive Attack: Out of the Comfort Zone*. 1. ed. Bristol: Tangent Books, 2019.

COHEN, L. (1963). *A brincadeira favorita*. São Paulo: Cosac & Naify, 2012.

COHEN, L. (1966). *Beautiful Losers*. 1. ed. New York: Vintage Books, 1993.

CROSS, C. *Room Full of Mirrors: A Biography of Jimi Hendrix*. 1. ed. London: Sceptre, 2006.

DIMERY, R. *1001 Discos que hay que escuchar antes de morir*. 1. ed. Barcelona: Grijalbo, 2005. [Edição brasileira: DIMERY, R. *1001 discos para ouvir antes de morrer*. Tradução de Eliane Azevedo e Carlos Costa. Rio de Janeiro: Sextante, 2007.]

FLEA. *Acid for the Children: A Memoir*. 1. ed. London: Headline Publishing Group, 2019. [Edição brasileira: FLEA. *Acid for the Children: a autobiografia de Flea, a lenda do Red Hot Chili Peppers*. Tradução de Paulo Alves. Caxias do Sul: Belas Letras, 2020.]

FRANTZ, C. *Remain in Love: Talking Heads, Tom Tom Club, Tina*. 1. ed. New York: St. Martin's Press, 2020.

GOODMAN, E. *Nos vemos en el baño: renacimiento y rock and roll en Nueva York, 2001-2011*. Tradução de Ainhoa Segura Alcalde. 1. ed. Madrid: Neo Person, 2018.

GRANATA, C. L. *Wouldn't It Be Nice: Brian Wilson and the Making of the Beach Boys' Pet Sounds*. Edição revisada. Chicago: Chicago Review Press, 2016.

GRIERSON, T. *Public Enemy: Inside The Terrordome*. 1. ed. London: Omnibus Press, 2015.

HEYLIN, C. *Sgt. Pepper's Lonely Hearts Club Band: um ano na vida dos Beatles e amigos*. Tradução de Patricia De Cia e Marcelo Orozco. São Paulo: Conrad, 2007.

HURST, B. *Radiohead*. 1. ed. London: Top Spot, 2012.

JACKSON, M. *Moonwalk*. 1. ed. London: Heinemann, 1988.

JOVANOVIC, R. *Throwing Frisbees at the Sun: A Book About Beck*. 1. ed. London: Jawbone Press, 2015.

KAYE, L. *Lightning Striking*. 1. ed. London: White Rabbit, 2021.

KIEDIS, A.; SLOMAN, L. *Scar Tissue*. Tradução de Andréia Moroni. 1. ed. Caxias do Sul: Belas Letras, 2004.

KOT, G. *I'll Take You There: Mavis Staples, the Staple Singers, and the Music That Shaped the Civil Rights Era*. 1. ed. New York: Scribner, 2014.

LECOCQ, R.; ALLARD, F. *Michael Jackson – All the Songs: The Story Behind Every Track*. 1. ed. London: Cassell, 2018.

MACKAY, E. *Björk's Homogenic*. 1. ed. New York: Bloomsbury Academic, 2017.

MASON, N. *Inside Out: A Personal History of Pink Floyd*. 1. ed. London: Weidenfeld & Nicolson, 2004.

MAYFIELD, T.; ATRIA, T. *Traveling Soul: The Life of Curtis Mayfield*. 1. ed. Chicago: Chicago Review Press, 2016.

MCDERMOTT, J.; KRAMER, E. *Hendrix: Setting the Record Straight*. 1. ed. New York: Grand Central Publishing, 1992.

MCNEIL, L.; MCCAIN, G. *Mate-me por favor: uma história sem censura do Punk*. Tradução de Lúcia Brito. Porto Alegre: L&PM, 1997.

MORGAN, J. *She Begat This: 20 Years of the Miseducation of Lauryn Hill*. 1. ed. New York: Atria Books, 2018.

MURPHY, G. *Cowboys and Indies: The Epic History of the Record Industry*. 1. ed. London: Serpent's Tail, 2014.

NEEDS, K. *George Clinton & the Cosmic Odyssey of the P-Funk Empire*. 1. ed. London: Omnibus Press, 2014.

NICKSON, C. *Lauryn Hill: She's Got That Thing*. New York: 1. ed. New York: St. Martin's Paperbacks, 1999.

NICKSON, C. *Hey Ya! The Unauthorized Biography of OutKast*. 1. ed. New York: St. Martin's Griffin, 2004.

RAMONE, J. *Commando: The Autobiography of Johnny Ramone*. 1. ed. New York: Abrams, 2012.

REYNOLDS, S. *Rip It up and Start Again: Postpunk 1978-1984*. 1. ed. London: Faber & Faber, 2005.

REYNOLDS, S. *Shock and Awe: Glam Rock and Its Legacy from the Seventies to the Twenty-first Century*. 1. ed. New York: Dey Street, 2016.

RIBOWSKY, M. *The Supremes: A Saga of Motown Dreams, Success, and Betrayal*. 1. ed. Cambridge: Da Capo Press, 2009.

RODGERS, N. *Le Freak: An Upside Down Story of Family, Disco and Destiny*. 1. ed. New York: Little, Brown Book Group, 2011.

RODRIGUEZ, R. *Revolver: How The Beatles Re-Imagined Rock'n'Roll*. 1. ed. Montclair: Backbeat Books, 2012.

SHAW, P. *Patti Smith's Horses*. 1. ed. New York: Continuum, 2008.

SIMMONS, S. *I'm Your Man: a vida de Leonard Cohen*. Tradução de Patrícia Azeredo. 1. ed. Rio de Janeiro: BestSeller, 2016.

STANLEY, B. *Yeah! Yeah! Yeah! The Story of Pop Music from Bill Haley to Beyoncé*. 2. ed. New York: W. W. Norton & Company, 2014.

STRUMMER, J.; JONES, M.; SIMONON, P; HEADON, T. *The Clash*. 1. ed. London: Rocket 88, 2011.

SUMNER, B. *Chapter and Verse: New Order, Joy Division and Me*. 1. ed. London: Transworld Publishers, 2014.

TENNENT, S. *Slint's Spiderland*. New York: Continuum, 2010.

THORNE, M. *Prince*. Tradução de Víctor Obiols e Elena Vilallonga. 1. ed. Barcelona: Alba Editorial, 2013.

WADE, C. *The Music of the Velvet Underground*. 1. ed. Leeds: Wisdom Twins Books, 2015.

WALL, M. (2013). *Black Sabbath: Symptom of the Universe*. 2. ed. London: Orion, 2014.

WALL, M. *Last of the Giants: The True History of Guns N' Roses*. 1. ed. Orion, 2016.

WHEATON, R. J. *Portishead's Dummy*. 1. ed. New York: Bloomsbury, 2011.

WHITE, A.; ALES, B. *Motown: el sonido de la joven América*. Tradução de Laura Collet Teixidó e María Teresa Rodríguez Fischer. 1. ed. Barcelona: Blume, 2016.

WITT, S. *Como a música ficou grátis*. Tradução de Andrea Gottlieb. 1. ed. Rio de Janeiro: Intrínseca, 2015.

Reportagens – mídia impressa e digital

BANGS, L. Stagger Lee Was A Woman. *Creem*, Detroit, n. 336, p. 58-59, fev. 1976. (Patti Smith).

BOSSO, J. The Leading Edge: U2's Minimal Guitarist Makes It Seem so Easy, but That's Only Because Maximal Thought Went Into It. *Guitar World*, Nova York, jul. 1987.

BREIHAN, T. Status Ain't Hood Interviews LCD Soundsystem. *Village Voice*, Nova York, mar. 2007. Disponível em: https://bit.ly/40AY3wf. Acesso em: 13 abr. 2023.

BROWN, G.; SNOW, M. The soul emperor. *Mojo*, Londres, n. 183, p. 62-69, fev. 2009. (The Supremes).

CAMERON, K. Nirvana salió a la superfície. *Rolling Stone España*, Madrid, n. 143, p. 52-59, set. 2011.

CANTER, A. LCD Soundsystem's James Murphy: "I Was a Joke – My Wife Said I Was Going to Die". *The Guardian*, Londres, ago. 2017. Disponível em: https://bit.ly/3V4JkZg. Acesso em: 13 abr. 2023.

COLE, L. Public Enemy: Def or Dumb? *Rolling Stone*, Nova York, n. 563, out. 1989. Disponível em: https://bit.ly/45uUYkA. Acesso em: 13 abr. 2023.

DARCY, P. New Arcade Fire: "Depeche Mode meets Neil Young". *Spin*, Nova York, jul. 2010. Disponível em: https://bit.ly/41Vencb. Acesso em: 13 abr. 2023.

DEMÉTRIO, S. Por entre a música, as luzes e sombras de um outsider. *Cult*, São Paulo, n. 196, nov. 2014. Disponível em: https://bit.ly/3N8JyfZ. Acesso em: 14 abr. 2023. (Nick Drake).

ELISCU, J. Amy Winehouse, 1983-2011. *Rolling Stone España*, Madrid, n. 143, p. 66-71, set. 2011.

ENTREVISTA com Brian Eno. *Los Angeles Times*, Los Angeles, maio 1982.

FRICKE, D. Radiohead Destroys Rock to Save It. *Rolling Stone*, Nova York, dez. 2009. Disponível em: https://bit.ly/41B6cCk. Acesso em: 13 abr. 2023.

GILBERT, P. I'm Not Here... *Mojo*, Londres, n. 196, p. 75, mar. 2010. (Syd Barrett).

GILBERT, P. Philly dogs. *Mojo*, Londres, p. 108-130, edição especial The Collector's Series – Changes 1947-2016 Bowie, nov. 2020. (David Bowie).

GREENWOOD, J. In Rainbows. *Dead Air Space*, Nova York, out. 2007. Disponível em: https://bit.ly/3R3ZF0l. Acesso em: 13 abr. 2023.

GUðMUNDSDÓTTIR, B. Compose Yourself. *Dazed & Confused*, Londres, n. 23, p. 42-42, ago. 1997. (Björk).

HANLEY, L. State Trouper. *The Guardian*, Londres, nov. 2005. Disponível em: https://bit.ly/3n2Igsp. Acesso em: 12 abr. 2023. (Sufjan Stevens).

HILBURN, R. Rockin' on with Rap. *Los Angeles Times*, Los Angeles, maio 1989. (Public Enemy). Disponível em: https://bit.ly/45UqVm6. Acesso em: 12 abr. 2023.

HOCHMAN, S. No Mystery in Portishead: The British band, which is named for the small town near Bristol, is making its mark with distinctive "soundtracks without movies". *Los Angeles Times*, Los Angeles, jun. 1995. (Beth Gibbons & Rustin Man). Disponível em: https://bit.ly/3EmTgGg. Acesso em: 23 abr. 2023.

HOMOGENIC. *NME*, Londres, out. 1997. (Björk). Disponível em: http://www.bjork.fr/NME-1997. Acesso em: 27 jun. 2023.

JONES, C. Fugee Life. *The Face*, Londres, out. 1996. (Lauryn Hill).

KELLY, D. Interview with Public Enemy. *NME*, Londres, out. 1988.

LAMONT, Tom. Alabama Shakes: from small-town bar band to titans of rock. *The Guardian*, Londres, mar. 2015. Disponível em: https://bit.ly/3oKLgtM. Acesso em: 14 abr. 2023. (Alabama Shakes).

LANDAU, J. Review: Aretha Franklin's "Aretha Now". *Rolling Stone*, San Francisco, jul. 1968. Disponível em: https://bit.ly/41A6p8T. Acesso em: 14 abr. 2023.

LEMOS, J. A. Doce deleite. *Bizz*, São Paulo, n. 53, dez. 1989. (Björk).

LINSKEY, D. Smells Like Victory. *Mojo*, Londres, n. 334, p. 52-59, set. 2021. (Nirvana).

MARCHESE, D. The Spin Interview: Lou Reed. *Spin*, Nova York, nov. 2008. Disponível em: https://bit.ly/3RlrZvB. Acesso em: 14 abr. 2023.

MCNAIR, J. The Mojo interview: Slash. *Mojo*, Londres, n. 175, p. 50-59, jun. 2008. (Guns N' Roses).

MINCHER, C. Radiohead's Thom Yorke and Ed O'Brien. *The A.V. Club*, Chicago, jul. 2008. Disponível em: https://bit.ly/442xoeB. Acesso em: 13 abr. 2023.

MULVEY, J. A Change Is Gonna Come. *Uncut*, Londres, n. 215, p. 46-52, maio 2015. (Alabama Shakes).

MURPHY, D. How Samuel T. Herring's Performative Style Challenges Concepts of Male Emotional Masculinity in an Age of Internet Virality. *Dyladvised*, Cork, dez. 2016. Disponível em: https://bit.ly/3N9WTov. Acesso em: 13 abr. 2023.

NEEDS, K. Fun House! *Mojo*, Londres, n. 173, p. 60-69, abr. 2008. (The Clash).

ORTENZI, R. Slint: Breadcrumb Trail. *Alternative Press*, Los Angeles, n. 201, abr. 2005.

PARELES, J. Brittany Howard Cuts Loose from Alabama Shakes. *The New York Times*, Nova York, set. 2019. Disponível em: https://bit.ly/3L5nMqP. Acesso em: 13 abr. 2023. (Alabama Shakes).

PARELES, J. Keeping it Indie, but Thinking Big Thoughts. *The New York Times*, Nova York, set. 2008. Disponível em: https://bit.ly/3LvcgXp. Acesso em: 13 abr. 2023. (TV on the Radio).

ROCHOLL, J. Blues for Amy. *Mojo*, Londres, n. 333, p. 64-76, ago. 2021. (Amy Winehouse).

SCULLEY, A. Alabama Shakes' Drummer Steve Johnson & "Sound & Color". *Source Weekly*, Bend, maio 2016. Disponível em: https://bit.ly/3HfDUVM. Acesso em: 13 abr. 2023.

SEGAL, V. Grace under Pressure. *Mojo*, Londres, n. 335, p. 46-52, out. 2021. (Low).

SEGAL, V. Wild at Heart. *Mojo*, Londres, n. 329, p. 66-76, abr. 2021. (Lana del Rey).

SETTI, D. "Cano" de Amy Winehouse irrita franceses e organização ameaça processo. *G1*, São Paulo, ago. 2008. Disponível em: https://bit.ly/3LEroSt. Acesso em: 13 abr. 2023.

SETTI, D. Entrevista com Angelo Moore. *Bizz*, São Paulo, n. 208, dez. 2006. (Fishbone).

SETTI, D. The iPod Years (Parte 2). *Lá vem o Mala da Lista*, Barcelona, 21 out. 2009. Disponível em: https://bit.ly/45wfzox. Acesso em: 12 abr. 2023. (OutKast).

SIMMONS, S. "I fell I'm Peter Pan, Methuselah, and a child…". *Mojo*, Londres, n. 190, p. 60-65, set. 2009. (Michael Jackson).

SIMMONS, S. Traveling Light. *Mojo*, Londres, n. 181, p. 84-94, dez. 2008. (Leonard Cohen).

SNOW, M. Death or Glory. *Mojo*, Londres, n. 180, p. 78-98, nov. 2008. (The Clash).

SNOW, M. Autumn's Child. *Mojo*, Londres, n. 187, p. 66-74, jun. 2009. (Nick Drake).

SNOW, M. The Man in the Middle. *Mojo*, Londres, n. 183, p. 44-51, fev. 2009. (Jimi Hendrix).

SOGHOMONIAN, T. How Public Enemy Became the Most Exciting Band on the Planet – A Classic NME Interview With Chuck D. *NME*, Londres, jul. 2015. Disponível em: https://bit.ly/3HcSkWO. Acesso em: 14 abr. 2023.

SUTCLIFFE, P. King of Pain. *Mojo*, Londres, n. 184, p. 85-99, mar. 2009. (Nick Cave).

SUTHERLAND, S. Review of Treasure. *Cocteau Twins*, Londres, 10 nov. 1984.

TINA Turner: On the Prowl Without Ike. *People*, Nova York, dez. 1981.

TINGEN, P. Inside Track: Alabama Shakes' Sound & Color. *Sound on Sound*, Cambridge, jul. 2015. Disponível em: https://bit.ly/41Glx4C. Acesso em: 13 abr. 2023. (Alabama Shakes).

TROUSSÉ, S. P. J. Harvey on *Let England Shake*, Poetry and Her Career: "I Was Quite Prepared to Fail". *Uncut*, Londres, n. 176, jan. 2012. Disponível em: https://bit.ly/3AsP4mb. Acesso em: 14 abr. 2023. (PJ Harvey).

TRYNKA, P. Safe European Home. *Mojo*, Londres, p. 42-51, n. 219, fev. 2012. (David Bowie).

VAN DEN BERG, E. There's not only emotion in the way you sing but also in what you sing. *Oor Magazine*, Amsterdá, n. 6, abr. 1995. (Beth Gibbons).

WILLIAMSON, N. Blues Brothers. *Uncut*, Londres, n. 84, maio 2004. (Jimi Hendrix).

Vídeos – mídia digital

ARCADE Fire – The Suburbs, EPK (July 2010). 2011. 1 vídeo (13 min). Publicado no canal Flashspacer. Disponível em: https://bit.ly/44Euzj4. Acesso em: 13 abr. 2023.

ADEBIMPE, T. *Sobre os 15 anos de Return to Cookie Moutain*. Los Angeles, 6 jul. 2021. Instagram: @tvontheradio. Disponível em: https://bit.ly/47ZZidw. Acesso em: 13 abr. 2023.

ALT 949-SAN DIEGO'S ALTERNATIVE. FM 94/9 Coachella 2014: Warpaint (Full Interview). 2014. YouTube: @fm949video. Disponível em: https://bit.ly/40FqoSf. Acesso em: 13 abr. 2023.

AUSTIN City Limits Interview with TV on the Radio. 2017. 1 vídeo (6 min). Publicado no canal AustinCityLimitsTV. Disponível em: https://bit.ly/40A3lYR. Acesso em: 13 abr. 2023.

DEL REY, Lana. Video Games (Live on SNL). 2012. 1 vídeo (4 min). Publicado no canal Lana Del Rey. Disponível em: https://bit.ly/3LaJRUS. Acesso em: 14 abr. 2023.

FM 94/9 Coachella 2014: Warpaint (Full Interview). 2014. 1 vídeo (7 min). Publicado no canal Alt 949 – San Diego's Alternative. Disponível em: https://bit.ly/44zOsHZ. Acesso em: 13 abr. 2023.

FRANK Ocean interview – BBC Sound of 2012. 2012. 1 vídeo (9 min). Publicado pelo canal BBC. Disponível em: https://bit.ly/47OYXdk. Acesso em: 13 abr. 2023.

FUTURE Islands Performs "Seasons (Waiting on You)". 2023. 1 vídeo (4 min). Publicado em Lettlerman. Disponível em: https://bit.ly/3Lut00Q. Acesso em: 13 abr. 2023.

HARVEY, P. J. "I was just trying to survive." *The Guardian*, 2011. Disponível em: https://bit.ly/3HdpOUI. Acesso em: 13 abr. 2023.

WARPAINT Interview – Emily and Jenny (Part 1). 2014. 1 vídeo (12 min). Publicado no canal FaceCulture. Disponível em: https://bit.ly/3L68UZp. Acesso em: 13 abr. 2023.

Websites

Acclaimed Music

AllMusic

Beatles Bible

Billboard

Britannica

Cocteau Twins

Discogs

Grammy

IMDb

Metacritic

Nick Cave

Official Charts

Oscars

Pitchfork

Setlist

WhoSampled

Wikipedia

Filmes e séries

1991: The Year Punk Broke. Direção: David Markey. Los Angeles: Geffen Pictures; Sonic Life; We Got Power, 1992.

A SKIN Too Few: The Days of Nick Drake. Direção: Jeroen Berkvens. Amsterdã: Luijten Macrander Productions, 2002.

A STRANGER Among Us: Searching for Nick Drake. Direção: Tim Clements. Londres: Tim Clements, 1999.

AMY. Direção: Asif Kapadia. Londres: Film4; On The Corner Films, 2015.

BEAUTIFUL Noise : a era shoegazer. Direção: Eric Green. Seattle: HypFilms, 2014.

BREADCRUMB Trail. Direção: Lance Bangs. Louisville: Lance Bangs, 2014.

CLASSIC Albums – Nirvana: Nevermind. Direção: Bob Smeaton. Londres: Eagle Vision, 2005.

CLASSIC Albums – U2: The Joshua Tree. Direção: Philip King; Nuala O'Connor. Londres: Eagle Vision, 1999.

CONTROL. Direção: Anton Corbijn. Londres: Becker Films, 2007.

CRACKED Actor. Direção: Alan Yentob. Londres: BBC, 1975.

CURE For Pain: The Mark Sandman Story. Direção: David Ferino; Robert G. Bralver. Los Angeles: Gatling Pictures, 2011.

DARKER Than Blue: Curtis Mayfield. Direção: Michael Houldey. Londres: Michael Houldey, 1995.

DAVID Bowie: Five Years. Direção: Francis Whately. Londres: BBC, 2013.

DE LA SOUL Is Not Dead: The Documentary. Direção: Rob Kenner. Nova York: Mass Appeal, 2016.

DEPECHE Mode 101. Direção: D. A. Pennebaker; Cris Hegedus; David Dawkins. Nova York: Mute Films; Pennebaker Associates, 1989.

DEPECHE Mode: 1987-88 (Sometimes You Do Need Some New Jokes). Direção: Ross Hallard; Phil Michael Lane. Londres: Ross Hallard; Phil Michael Lane, 2006.

EVERYDAY Sunshine: The Story of Fishbone. Direção: Lev Anderson; Chris Metzler. Nova York: Pale Griot Film, 2010.

FOME de Viver. Direção: Tony Scott. Los Angeles: Metro-Goldwyn-Mayer, 1983.

FROM CRADLE to Stage. Temporada 1, episódio 2 Direção: Dave Grohl. Los Angeles: Live Nation Productions, 2021.

FUNKY Monks. Direção: Gavin Bowden. Dallas: D.N.A., 1991.

GEORGE Clinton: Tales of Dr. Funkenstein. Direção: Don Letts. Londres: Somethin' Else, 2006.

HIP-HOP Evolution. Direção: Darby Wheeler; Sam Dunn; Scott McFadyen. Toronto: Banger Films, 2016.

HITSVILLE: The Making of Motown. Direção: Benjamin Turner; Gabe Turner. Hollywood: Capitol Music Group; Fulwell 73; Ghost Pictures; Motown; PolyGram Entertainment, 2019.

JOY Division. Direção: Grant Gee. Londres: Hudson Productions; Brown Owl Films, 2007.

KRAFTWERK and the Electronic Revolution. Direção: Rob Johnstone. Londres: Prism Films, 2008.

KRAUTROCK: The Rebirth of Germany. Direção: Benjamin Whalley. Londres: BBC, 2009.

LEONARD Cohen: I'm Your Man. Direção: Lian Lunson. Beverly Hills: Horse Pictures; Lionsgate; Sundance Channel, 2005.

LEONARD Cohen: The Early Years. Direção: Andy Cleland; Rob Johnstone. New Malden: Chrome Dreams, 2011.

LOW: You May Need a Murderer. Direção: David Kleijwegt. Londres: Cinatura; VPRO, 2008.

MADONNA and the Breakfast Club. Direção: Guy Guido. Nova York: Guy Guido Entertainment, 2019.

MARIANNE & Leonard: Words of Love. Direção: Nick Broomfield. Londres: BBC; Kew Media, 2019.

MEET Me in the Bathroom. Direção: Dylan Southern; Will Lovelace. Los Angeles: Pulse Films; XTR, 2022.

MOONAGE Daydream. Direção: Brett Morgen. Santa Monica; Beverly Hills: BMG; Live Nation Productions; Public Road Productions, 2022.

MTV Rockumentary: Depeche Mode. Direção: Nick Wickham. Hollywood: MTV, 1993.

MUSCLE Shoals. Direção: Greg Camalier. Santa Fe: Ear Goggles, 2013.

NICK Cave: 20.000 dias na Terra. Direção: Iain Forsyth; Jane Pollard. Londres; Los Angeles: Corniche Media; BF1; Film 4; JW Films; Pulse Films, 2014.

NILE Rodgers: the Hitmaker. Direção: Martyn Stevens. Londres: BBC Wales, 2013.

O HOMEM que caiu na Terra. Direção: Nicolas Roeg. Londres: British Lion Corporation; Houtsnede Maatschappij N.V.; Cinema 5, 1976.

ONE More Time with Feeling. Direção: Andrew Dominik. Paris; Los Angeles: Iconoclast; JW Films; Pulse Films, 2016.

OPRAH's Master Class. Temporada 3, episódio 8: Berry Gordy. Direção: Annetta Marion. Londres: RadicalMedia, 2013.

OTIS Redding: Soul Ambassador. Direção: Jeremy Marre. Londres: BBC, 2013.

PARLIAMENT-Funkadelic: One Nation under a Groove. Direção: Yvonne Smith. North Yorkshire: Brazen Hussy Productions, 2005.

PUBLIC Enemy: Prophets of Rage. Direção: James Hale. Londres: BBC, 2011.

PURPLE Rain. Direção: Albert Magnoli. Cleveland; Burbank: Purple Films; Warner Bros, 1984.

SCENES from the Suburbs. Direção: Spike Jonze. The Woodlands; Montreal: Merge; Arcade Fire, 2011.

SHUT UP and Play the Hits. Direção: Dylan Southern; Will Lovelace. Nova York; Los Angeles: Killer Films; Pulse Films, 2012.

SOM na Faixa. Direção: Per-Olav Sørensen; Christian Spurrier. Paris; Stockholm; Los Angeles: Banijay Group; Yellow Bird, 2022.

SONIC Fantasy. Direção: Marcos Cabotá. Yorkshire: Nova Productions, 2022.

SOUNDBREAKING: Stories from the Cutting Edge of Recorded Music. Episódio 2: Painting With Sound. Direção: Maro Chermayeff; Jeff Dupre; James Manera. Los Angeles: Higher Ground, 2016.

SOUTHCLIFFE. Direção: Sean Durkin; Tony Grisoni. Londres: Warp Films, 2013.

SUPER Fly. Direção: Gordon Parks Jr. Nova York: Sig Shore Productions; Superfly Ltd., 1972.

SYNTH Britannia. Direção: Benjamin Whalley. Londres: BBC, 2009.

THE BEATLES Anthology. Direção: Bob Smeaton; Geoff Wonfor; Kevin Godley. Londres: Apple Corps; Capitol Records; Granada Television, 1995.

THE BEATLES: Eight Days a Week – The Touring Years. Direção: Ron Howard. Londres; Beverly Hills: Apple Corps; Imagine Entertainment, 2016.

THE CLASH: Westway to the World. Direção: Don Letts. Londres: Sony Music, 2000.

THE SOUTH Bank Show: The Velvet Underground. Direção: Kim Evans. Londres: London Week Television, 1986.

THE VELVET Underground. Direção: Todd Haynes. Nova York; Los Angeles: Motto Pictures; Killer Films; Polygram, 2021.

THIS Much I Know to Be True. Direção: Andrew Dominik. Londres: Uncommon Creative Studio, 2022.

TINA. Direção: Daniel Lindsay; T. J. Martin. Los Angeles; Londres: HBO Documentary Films; Lightbox, 2021.

TITANE. Direção: Julia Ducournau. Paris: Kazak, 2021.

UM LOBISOMEM americano em Londres. Direção: John Landis. Londres: Polygram Pictures; Lyncanthrope Films, 1981.

VELUDO azul. Direção: David Lynch. Nova York: DEG, 1986.

AGRADECIMENTOS

Agradeço a Rejane Dias dos Santos, pela oportunidade e pela confiança; Afonso Borges, pela atenção, pelo carinho e por me apresentar à Autêntica; Irene Buarque de Hollanda, pelas pacientes dicas editoriais; Cecília Martins, Rafaela Lamas, Anna Izabella Miranda, Bruni Emanuele Fernandes, Lorrany Silva e Marina Guedes, pelo cuidado minucioso na edição e na revisão; Diogo Droschi pelo esmero no projeto gráfico e na capa; Guilherme Fagundes, pela diagramação; Maria Eduarda Oliveira, pela incansável pesquisa de imagens; Núdia Fusco, por cuidar da comunicação do projeto; Gunter Sarfert, por ilustrar lindamente a publicação de um texto que precedeu o livro; Gustavo Mayrink, Ramiro Zwetsch, Paulo Werneck e Ricardo Moreno, que ajudaram com ideias ou contatos durante o processo; Sandro Reiss, por me apontar o rumo do ecletismo; Okky de Souza, primeiro editor de meus textos sobre música, pelo incentivo; meus amores Anita, minha companheira de vida e primeira entusiasta da ideia do livro, e André, meu filho, que toleraram meu confinamento no quarto para começar este livro em pleno caos pandêmico – e que depois aturaram os horários absurdos que adotei para terminá-lo; minha mãe, Marcia, por uma vida de amoroso apoio incondicional; meu pai, Ricardo, pelo mesmo suporte inabalável e por me guiar no caminho das Letras; minha irmã, Adriana, fonte de inspiração e sabedoria e, além de tudo, parceira na formulação do título do livro.

Créditos de imagens

Página 26	© Stax Records, 1967, via Wikimedia Commons
Página 43	EMI, via Wikimedia Commons
Página 52	Nationaal Archief, via Wikimedia Commons
Página 58	Jack de Nijs para Anefo/Nationaal Archief, via Wikimedia Commons
Página 61	© 2023 – The Andy Warhol Foundation for the Visual Arts, Inc./ Licenciado por AUTVIS, Brasil.
Página 64	Fotógrafo desconhecido. Publicado pela Verve Records, filial da MGM Records à época, via Wikimedia Commons
Página 91	Hannu Lindroos/Lehtikuva, via Wikimedia Commons
Página 102	Atlantic Records/Billboard Magazine, via Wikimedia Commons
Página 112	Warner Bros. Records, via Wikimedia Commons
Página 142	Vista White, via Wikimedia Commons
Página 154	Zuma Press/Easypix Brasil
Página 181	Avalon Photoshot/Easypix Brasil
Página 199	Imago Images/Easypix Brasil
Página 215	Zuma Press/Easypix Brasil
Página 219	Picture Alliance/Easypix Brasil
Página 230	*Treasure*, de Cocteau Twins Licenciado por cortesia de 4AD
Página 253	Zuma Press/Easypix Brasil
Página 291	Avalon Photoshot/Easypix Brasil
Página 309	Photo de Jimmy Steinfeldt/Michael Ochs Archives/Getty Images
Página 325	Reprodução/One Little Indian Records
Página 341	Avalon Photoshot/Easypix Brasil
Página 346	A.PAES/Shutterstock

Página 377 yakub88/Shutterstock

Página 387 Avalon Photoshot/Easypix Brasil

Página 392 Interrobang, via Wikimedia Commons

Página 398 Treefort Music Fest, via Wikimedia Commons

Página 406 eddievanderwalt, PDM-owner, via Wikimedia Commons

Página 419 Direção de arte por Low. Design por Jeff Kleinsmith. Pintura por Bridget Riversmith

Página 424 *In Rainbows*, de Radiohead
Licenciado por cortesia de XL Recordings

Página 444 Rama, via Wikimedia Commons

Página 450 Man Alive!, via Wikimedia Commons

Página 457 david_hwang, via Wikimedia Commons

Página 460 Reproduzido com a permissão de Bad Seed Ltd. Design de Nick Cave & Hingston Studio, Londres. Fotografia de Dominique Issermann

Página 464 Alessandro Bonvini de Reggio Emilia, via Wikimedia Commons

Página 465 *Warpaint*, de Warpaint
Licenciado por cortesia de Rough Trade Records

Página 471 *Singles*, de Future Islands
Licenciado por cortesia de 4AD

Página 474 Zuma Press/Easypix Brasil

Página 478 *Sound & Colour*, de Alabama Shakes
Licenciado por cortesia de Rough Trade Records

Página 486 MephistoPuck, via Wikimedia Commons

Página 493 Justin Higuchi de Los Angeles, via Wikimedia Commons